Conocer la España de ayer
para comprender la de hoy

HISTORIA DEL PENSAMIENTO ESPAÑOL

Sebastián Quesada Marco

Para Carmina, Alberto, Arancha, Belén y Marco.

"Me alegré de abandonar la inactividad y adentrarme en el flujo de la historia, que no conoce principio ni fin, y que añade a su curso todo lo que merece la pena en una ola permanente de amor a la verdad eterna".
(Naguib Mahfuz)

"La historia es un análisis de problemas, no la defensa de una causa".
(Juan Pablo Fusi)

"El historiador es aquel a quien el problema del presente le es más propio".
(Manuel Cruz)

Primera edición: 2016

© Edelsa Grupo Didascalia S.A.
Autor: Sebastián Quesada Marco
Dirección editorial: Departamento de Edición de Edelsa
Diseño de cubierta: Departamento de Imagen de Edelsa
Diseño y maquetación de interiores: Abel Mancha Fernández

Imprenta: Cofás, S.A.
ISBN: 978-84-9081-804-6
Depósito Legal: M-21859-2016
Impreso en España/*Printed in Spain*

ÍNDICE

10.- EL FRANQUISMO.................................Pág. 237

11.- LA TRANSICIÓN DEMOCRÁTICA.................................Pág. 270

12.- LA POSTMODERNIDAD.................................Pág. 282

NOTA DEL AUTOR

RESULTA difícil poner límites a materias y cuestiones como las que se tratan en este libro, que intenta ordenar, contextualizar y exponer el pensamiento más relevante de los españoles en su historia. Nos hemos limitado a los autores creadores de un pensamiento original o que aportaron perspectivas personales respecto a las circunstancias y/o problemas de su época. Se ha excluido la literatura de ficción, con excepción de aquellos autores y obras que de una u otra manera transmiten pensamiento -político, teológico, económico, histórico, científico, jurídico, etc.- o expresan una actitud sobre la cultura o las circunstancias de su tiempo histórico. Por tratarse este libro de un trabajo de síntesis y divulgación, no de tesis, cuya comprensión no necesita de conocimientos previos especiales, se han evitado los tecnicismos y se ha procurado emplear un lenguaje sobrio y preciso y una sintaxis sencilla.

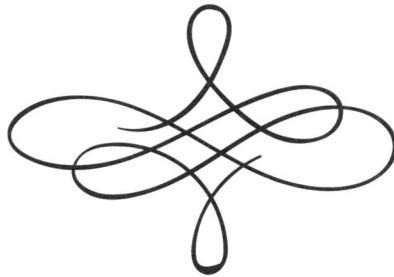

1.- EL RENACIMIENTO

La monarquía española de los siglos modernos se enfrentó al reformismo heterodoxo y a las nacientes monarquías nacionales europeas, en defensa de la ortodoxia católica y del ideal político medieval del imperio cristiano universal, regido por el papa y el emperador - *"universitas cristiana"*-, e invirtió en ello ingentes recursos humanos y económicos, proporcionados sobre todo por Castilla-León. La defensa de aquellos ideales medievales y el absolutismo confesional dificultaron la adecuación de España a la modernidad renacentista; sin embargo, la cultura española alcanzó altas cimas de creatividad y originalidad durante los siglos XVI y XVII, los Siglos de Oro.

La "Unidad Nacional" y el confederalismo

Los Reyes Católicos, Isabel I de Castilla-León y Fernando V de Aragón-Cataluña, se unieron en matrimonio y pactaron la confederación de sus reinos (Concordia de Segovia, 1475) en pie de igualdad. Ambos reinos conservaron su soberanía, fueros y libertades, órganos de gobierno, lenguas, estructuras económicas y ordenamientos jurídicos. Así, la llamada *"Unidad Nacional"* no fue sino una unión dinástica y no supuso el nacimiento de la nación española, pero sí marcó un hito en su génesis. Aquella unión dinástica sería el origen de la monarquía confederal o monarquía compuesta hispánica de los siglos modernos, en la que los reinos y territorios que la formaban solo compartían la dependencia del mismo soberano, del rey de España. Así, Cataluña quedó fuera de la empresa americana hasta el siglo XVIII, hasta 1714-1717 no se suprimieron las aduanas interiores y no se creó un mercado único español, y hasta 1778 no se suprimió el monopolio castellano en el comercio con las colonias americanas. Los fueros y privilegios vascos y navarros sobrevivieron hasta el último tercio del siglo XIX. El que Isabel II de España (1839-1904) fuera denominada en los documentos Isabel I de Navarra es prueba manifiesta de aquella peculiar organización política.

En la monarquía confederal hispana el poder ejecutivo era ejercido por los

Consejos, órganos de gobierno y administración territorial y sectorial —Consejo Real de Castilla, de Aragón, de Estado, de Hacienda, de Indias, de Italia, de Portugal, de la Suprema Santa Inquisición, etc.—. De las relaciones entre el monarca y los Consejos se encargaban los secretarios, altos funcionarios de extracción universitaria y burguesa, que presidían la Secretaría de Estado y Despacho Universal, creada por Felipe II.

El confederalismo suplió la inexistencia de un Estado centralista y unitario, es decir, de un verdadero Estado Moderno, pero no impidió el ejercicio absolutista del poder.

La formación del Imperio

Los Reyes Católicos conquistaron en 1492 el reino de Granada, último baluarte del Islam en España, y lo incorporaron a la Corona de Castilla. A partir de aquel hecho y del descubrimiento de América en aquel mismo año de 1492 se formó el Imperio español, al que el emperador Carlos, nieto de los Reyes Católicos, legó extensos territorios europeos. En 1581 Portugal se unió al conglomerado de reinos hispánicos, realizándose entonces el viejo ideal de la unidad peninsular, aunque sobre la frágil base jurídica de la herencia dinástica. Con la incorporación de Portugal, los territorios bajo soberanía del rey español constituyeron el más extenso imperio territorial hasta entonces conocido. Felipe II (1556-1598) reinó sobre unos 30 millones de kilómetros cuadrados. Durante algunas décadas de los siglos XVI y XVII, España detentó la hegemonía política y militar en Europa.

Andrés Bernáldez (1450-1513) historió el reinado de los Reyes Católicos. *"Memorias del reinado de los Reyes Católicos"* recoge acontecimientos relevantes del mismo: toma de Granada, expulsión de los judíos, datos sobre Colón.

> *"(...) y partieron del real, lunes, dos días de enero, con gran hueste, muy ordenadas sus batallas, y al llegar cerca de la Alhambra, salió el rey moro Muley Babdili, acompañado de muchos caballeros, con las llaves en las manos, montado en un caballo. Se quiso apear y besar la mano al rey, pero este no le consintió descabalgar del caballo ni le quiso dar la mano, y el rey moro le besó en el brazo, le entregó las llaves y le dijo:*
> *Toma, señor, las llaves de tu ciudad, que yo y los que estamos dentro somos tuyos (...). Y fueron, entraron y la tomaron, y se apoderaron de lo alto y bajo de ella, y mostraron en la mayor altura y más alta torre, primeramente, el estandarte de Jesucristo, que fue la Santa Cruz, que el rey traía sienpre en la santa conquista consigo".*

(De *Memorias del reinado de los Reyes Católicos*, de Andrés Bernáldez, 1594. Adaptado al español moderno por S. Quesada)

El apoyo de los Reyes Católicos a los planes de Colón de viajar a Oriente navegando hacia Occidente hizo posible el descubrimiento de América. El 12 de octubre de 1492 desembarcaron los marinos españoles en la isla de Guanahani, en el Caribe. En esta carta Colón anuncia a los Reyes Católicos el descubrimiento y comenta sus impresiones sobre la isla Española, actual República Dominicana: *"La Española es maravilla: las sierras y las montañas y las vegas y las campiñas, y las tierras tan hermosas y aptas para plantar y sembrar, para criar ganados de todas clases, para edificios de villas y lugares.* (De *La Carta de Colón Anunciando el Descubrimiento,* ¿1496-1497?)

La limpieza étnica

La difícil convivencia entre cristianos, musulmanes y judíos se acrecentó con las crisis de los siglos bajomedievales: epidemias de peste, hambrunas, guerras civiles, revoluciones campesinas y antinobiliarias, ruina económica. Las masas populares, enardecidas por exaltados predicadores, culparon a los judíos de sus desgracias. En 1391 se produjeron, en Sevilla, los primeros pogromos, seguidos por los de Toledo, Valencia y otras ciudades. Ante tan dramática situación, gran número de judíos optó por convertirse al cristianismo. Los no convertidos fueron recluidos en barrios extramuros, las aljamas, obligados a llevar un distintivo y, en el caso de los propietarios, a pagar un impuesto especial. Los judíos se dividieron entonces en "musamad", conversos sinceros, y "anusim", falsos conversos.

El problema de las minorías étnico-religiosas se agravó cuando los cristianos viejos exigieron a los nuevos, a los conversos, demostrar la carencia de antepasados familiares semitas -"limpieza de sangre"- como condición para ocupar cargos oficiales y eclesiásticos e ingresar en las universidades.

En 1449 se produjo una revuelta anticonversa en Toledo, dirigida por el alcalde mayor de la ciudad, Pedro Sarmiento, quien tras ahorcar a los líderes conversos decretó la Sentencia-Estatuto de Limpieza de Sangre, primero de los estatutos que excluían a los conversos de los cargos oficiales. Las acusaciones contra los conversos eran las mismas que tradicionalmente se habían hecho contra los judíos: traidores que se habían entregado a los musulmanes y les habían vendido la ciudad de Toledo, consumidores de carne en Jueves Santo; lo peor, con todo, es que se creía que acusaban a los cristianos viejos de adorar a un dios humano. Para Sarmiento, los conversos eran herejes acaparadores de oficios públicos y del arrendamiento de las rentas reales.

> *"Nos los dichos Pedro Sarmiento, Repostero mayor de nuestro señor el rey y de su consejo, y su asistente y alcalde mayor (...) pronunciamos y declaramos que por cuanto es notorio por derecho así canónico como civil, que los conversos del linaje de los judíos, por ser sospechosos en la fe de nuestro Señor y Salvador Jesucristo, en la cual frecuentemente vomitan de ligero judaizando, no pueden tener oficios ni beneficios públicos ni privados tales por donde puedan hacer injurias, agravios y malos tratamientos a los cristianos viejos lindos".*

(De *Sentencia-Estatuto,* de *Pedro Sarmiento*)

La Inquisición y la expulsión de los judíos

Los cristianos habían tomado de los musulmanes y judíos el concepto de la religión como seña de identidad fundamental de la organización política; confundieron, pues, religión y política, de manera que los no cristianos estaban excluidos de la comunidad hispana. Por esta razón, la unidad política era incompatible con la pluralidad religiosa de la sociedad.

En 1478 se instituyó el Tribunal del Santo Oficio de la Inquisición para perseguir a los criptojudíos o falsos conversos. Pronto se encargó también de reprimir cualquier tipo de desviacionismo o disidencia. Fue un eficaz instrumento al servicio de los poderes dominantes, por ser el único tribunal con jurisdicción sobre todos los territorios de la monarquía. La Corona lo utilizaba, además, para controlar al poderoso clero, y este, a su vez, para dominar a los poderes civiles.

Tomás de Torquemada (1420-1498), confesor de la reina Isabel la Católica, fue el primer inquisidor general. Se distinguió por su celo en la persecución de los conversos.

> *"(...) determinaron que por cuanto los herejes y apóstatas, si vuelven a la fe católica y son reconciliados, son infames de Derecho. Y porque deben hacer y cumplir sus penitencias con humildad, lamentando el error en que cayeron, los dichos inquisidores les deben mandar que no tengan, ni puedan tener oficios públicos (...) y que no traigan ni puedan traer oro, ni plata, ni corales, ni perlas, ni otras cosas, ni piedras preciosas, ni vistan seda alguna".*

(De *Compilación de las instrucciones del oficio de la Santa Inquisición hechas por dicho Torquemada*. Madrid, por Diego Díaz de la Carrera. 1667)

El órgano supremo del tribunal era el Consejo de la Suprema y General Inquisición, del que dependían los tribunales provinciales y redes de confidentes. El procedimiento inquisitorial, los delatores y la naturaleza de las acusaciones se mantenían secretos. Las penas variaban según el grado de culpabilidad: muerte en la hoguera -quema en efigie cuando el acusado estaba huido-, galeras, flagelación, destierro, y obligación de vestir el "sambenito", hábito infamante de color amarillo. En caso de arrepentimiento, al condenado se le concedía la muerte por estrangulamiento antes de ser quemado. Esta compleja organización mantendría bajo sospecha a los españoles durante siglos y ejercería un rígido control sobre sus conciencias, vida privada, actividad social, profesional e intelectual. El terror impuesto por la Inquisición esterilizó las conciencias y las inteligencias, causando así un grave perjuicio a la ciencia y el pensamiento. La Inquisición se estableció también en América, pero los indios quedaron fuera de su jurisdicción. En el siglo XVII se creó un tribunal inquisitorial en Cartagena de Indias, puerto de llegada de los esclavos africanos, a fin castigar sus ritos ancestrales. La Inquisición no puso término al problema del rechazo de la minoría judía por parte de los cristianos viejos, lo que movió a los Reyes Católicos a decretar su expulsión (31 de marzo de 1492).

La Inquisición fue suprimida por las Cortes de Cádiz en 1813, restablecida por Fernando VII (1808-1833) y finalmente suprimida en 1834. Durante su dilatada vigencia procesó y encarceló a miles de individuos y quemó en la hoguera a casi 40 000 en persona o en efigie.

Antisemitismo

Las pruebas de limpieza de sangre crearon un ambiente social de recelo, miedo y odio, en el que la maledicencia, las denuncias y la falsificación de identidades fueron corrientes. A este ambiente respondieron *El libro verde de Aragón* (1507), redactado por Juan de Anchías, asesor de la Inquisición aragonesa, y el libelo *El tizón de la nobleza española* (1560), del cardenal Francisco Mendoza y Bobadilla (1508-1566), que atribuye antepasados judíos a ilustres linajes nobles.

A pesar de su difícil situación, los descendientes de los conversos darían a la cultura española personalidades tan ilustres como Luis Vives, Miguel de Cervantes, fray Luis de León, Santa Teresa de Jesús y otros muchos. Aún a comienzos del siglo XIX, José María Blanco White se hacía eco de la persistencia de aquella psicología social que excluía de la comunidad hispana a los descendientes de las minorías semitas.

> *"En el cual tiempo, así por intervenir en muchos actos de la Inquisición, como por hallarme en grandísima muchedumbre de presos, que en aquellos tiempos concurrieron en este reino, como por haber visto la mayor parte de los testamentos y capítulos matrimoniales (...) antiguos y modernos de estos de quien entiendo escribir, y juntamente con esto, haber platicado con algunos sabios y antiguos judíos y muchos convertidos, de ellos tuve clara noticia de las genealogías de la mayor parte de los conversos de este reino de Aragón. Y así deliberé de hacer este sumario para dar luz a los que no tuvieren voluntad de mezclar su limpieza con ellos, que sepan de que generaciones de judíos descienden".*

(De *El libro verde de Aragón*, de Juan de Anchías, Zaragoza. Librería Certeza. 2003)

> *"A Vizcaya se fue a vivir un médico que se llamaba maese Pablo; tuvo cuatro hijas y fue judío. Casolas con pretendientes de cuatro casas muy hidalgas, y de allí se mancilló mucha parte de Vizcaya, hasta las montañas de Burgos y Asturias de Santillana, de cuya limpieza se precian tanto los montañeses, pues dicen que por ser tierras tan miserables, no llegó allá cosa de moro ni judío.*
> *Y tienen razón en parte, porque es la de España menos contaminada; pero con todo eso se salpicaron las más nobles casas de aquellos montes y valles con casamientos non sanctos".*

(De *El tizón de la nobleza española o máculas y sambenitos de sus linajes*, por el cardenal Francisco Mendoza y Bobadilla. Valencia. Librerías "París-Valencia". 2005)

Gitanofobia

Al problema de los judíos se añadirían el de los moriscos y el de los gitanos. Grupos de gitanos se habían instalado en la península ibérica en el primer tercio del siglo XV. Al principio gozaron de la protección de la monarquía y eran tratados como iguales; sin embargo, al final de aquella centuria comenzaron a ser percibidos como gentes de la internacional del vicio, vagabundos, ociosos, depravados y ladrones. Los Reyes Católicos los obligaron a sedentarizarse (1499) y, de no hacerlo, a abandonar el reino. Estas órdenes nunca se cumplieron y a partir de aquel año de 1499 se promulgaron sucesivas disposiciones a fin de integrarlos.

> *"(...) egipcianos que andan vagando por nuestros reinos y señoríos con sus mujeres e hijos, que del día que esta ley fuera notificada y pregonada en nuestra corte, y en las villas, lugares y ciudades que son cabeza de partido hasta sesenta días siguientes, cada uno de ellos viva por oficios conocidos, que mejor supieran aprovecharse, estando atada en lugares donde acordasen asentar o tomar vivienda de señores a quien sirvan, y los den lo que hubiese menester y no anden más juntos vagando por nuestros reinos como lo hacen".*

(De la *Real Pragmática de 1499* promulgada por los Reyes Católicos. En la *Novísima Recopilación*)

Interés económico frente a moral cristiana en la colonización de América

La bula *Inter Caetera* del papa Alejandro VI (3 de mayo de 1493) otorgó a los Reyes Católicos la soberanía sobre las Indias, a cambio de evangelizar a sus naturales. La evangelización será el argumento sistemáticamente empleado por la Corona para justificar ética y legalmente la conquista. Además, el papado reconoció a los reyes de España jurisdicción sobre los asuntos religiosos en las Indias, el llamado *"Patronato Real de las Indias"*.

A fin de combinar beneficio económico y mandato papal, en 1503 se instituyó, en el Nuevo Mundo, el sistema medieval de las encomiendas, que imponía a los indios el trabajo obligatorio al servicio de los colonos, a la vez que estos les adoctrinaban en la religión cristiana. El sistema significó esclavitud del indio y planteó un problema de carácter jurídico-ético: si los indios eran capaces de comprender el dogma cristiano, eran por tanto seres racionales, humanos -durante algún tiempo se dudó de que lo fueran- y, en consecuencia, los españoles no estaban legitimados para imponerles su dominio, privarles de libertad y ocupar sus tierras.

Los eclesiásticos denunciaron los abusos de los colonos. El primero en hacerlo fue el dominico fray Antonio de Montesinos, en una iglesia de La Española en la Navidad de 1511, con su Sermón de Adviento, preparado por todos los frailes de la comunidad. Con posterioridad, el superior de los dominicos negó la absolución a los encomenderos maltratadores. Se produjo entonces una escisión entre sociedad civil y sociedad eclesiástica. Los poderes civiles querían instaurar en las Indias un imperio político-económico; la Iglesia, un imperio misional.

> *"Decid, ¿con qué derecho y con qué justicia tenéis en tan cruel y horrible servidumbre a estos indios? ¿Con qué autoridad habéis hecho tan detestables guerras a estas gentes que estaban en sus tierras mansas y pacíficas, donde tan infinitas de ellas, con muertes y estragos nunca oídos, habéis consumido? ¿Cómo los tenéis tan opresos y fatigados, sin darles de comer ni curarlos de sus enfermedades, que de los excesivos trabajos que les dais incurren y*

*se os mueren, y por mejor decir los matáis por sacar y adquirir oro
cada día?".*
(Del *Sermón de fray Antonio de Montesinos.* Navidad de 1511)

La incompatibilidad entre los intereses económicos y la moral cristiana fue durante mucho tiempo motivo de enfrentamiento entre colonos y clérigos. La polémica tuvo dos protagonistas principales: fray Bartolomé de las Casas (1474-1566) y fray Juan Ginés de Sepúlveda (1490-1573), ambos dominicos y creyentes en la existencia del Derecho Natural, suma de valores y derechos básicos inherentes a la condición humana. Las Casas, obispo de Chiapas (México), cronista y ferviente defensor de los indios, el *"apóstol de las Indias",* recogió las protestas de los dominicos y consiguió, contra la opinión de los colonos, la revisión a favor de los indios de las Leyes de Burgos de 1512. Sugirió importar esclavos africanos a fin de aliviar los trabajos de los indios, idea de la que se arrepentiría al final de su vida. Para Las Casas, la libertad era necesaria para recibir la fe, pues en caso contrario solo se lograrían conversiones forzadas; para Sepúlveda, apoyándose en la tesis aristotélica sobre la existencia de humanos de segunda categoría, los infieles y los bárbaros eran seres inferiores y esclavos por naturaleza, y, además, afirmaba, la fe no puede recibirse si antes no se tiene noticia de ella, y para ello es preciso dominar y civilizar a los indios. Ambos se enfrentaron en la Junta de Valladolid (1550-1551), que rechazó los argumentos de Sepúlveda.

Las Leyes de Indias reconocerán personalidad jurídica a los indios; sin embargo, la abundancia de normas y lo reiterado de su promulgación ponen de manifiesto que nunca se lograron erradicar los abusos. De hecho, las órdenes metropolitanas eran habitualmente incumplidas -*"obedézcase, pero no se cumplan"*-. De todas maneras, los españoles fueron el primer pueblo europeo que se cuestionó la legalidad de sus conquistas.

"Ver a estos indios cuando se aparejan para llevar las cargas de los españoles es haber de ellos una gran compasión y lástima, porque vienen desnudos, en cueros, solamente cubiertas sus vergüenzas y con unas redecillas en el hombro con su pobre comida; pónense todos en cuclillas, como unos corderos muy mansos. Todos ayuntados e juntos en el patio con otras gentes que a vueltas estaban, pónense a las puertas del patio españoles armados que guardasen y todos los demás echan mano a sus espadas y meten a espada y a lanzadas todas aquellas ovejas, que uno ni ninguno pudo escaparse que no fuese trucidado".
(De *Brevísima relación de la destrucción de las Indias,* de Bartolomé de Las Casas.1552. Impresa en Sevilla, reimpresa en Londres, y ahora en Filadelfia, por Juan F. Hurtel, 1821)

"¿Qué se va a esperar de hombres entregados a toda clase de pasiones y nefandas liviandades y no pocos dados a alimentarse de carne humana? No creas que antes de la llegada de los españoles

vivían en una paz saturniana que cantaron los poetas; al contrario, se hacían la guerra casi continuamente entre sí con tanta rabia que consideraban nula la victoria si no saciaban su hambre prodigiosa con las carnes de sus enemigos, crueldad que entre ellos es tanto más portentosa cuanto más distan de la invencible fiereza de los Escitas, que también se alimentaban de los cuerpos humanos".

(De *Demócrates segundo o de las justas causas de la guerra contra los indios*, de Juan Ginés de Sepúlveda. Edición crítica bilingüe, traducción castellana, introducción, notas e índices por Ángel Losada. Madrid. Madrid CSIC. 1951)

A fin de dar visos de legalidad a la conquista, se instituyó el trámite del Requerimiento, documento que los conquistadores tenían que leer ante los indios. Les conminaba a reconocer la soberanía del rey de Castilla y del papa y les amenazaba con los mayores males en caso de rechazo.

"Por ende como mejor podemos os rogamos y requerimos que entendáis bien esto que os hemos dicho, e toméis para entenderlo y deliberar sobre ello el tiempo que fuere justo, y reconozcáis a la Iglesia por señora y superiora del universo mundo, y al sumo pontífice, llamado papa, en su nombre, y al emperador y reina doña Juana nuestros señores en su lugar, como a superiores y señores y reyes de estas islas y tierra firme por virtud de la dicha donación, y consintáis y deis lugar que estos padres religiosos os declaren y prediquen lo susodicho.
Si así lo hiciéredes haréis bien y aquello que sois tenidos y obligados, y sus altezas y nos en su nombre os recibiremos con todo amor y caridad (...).
Y si no lo hiciéredes o en ello maliciosamente dilación pusiéredes, certificoos que con la ayuda de Dios nosotros entraremos poderosamente contra vosotros e os haremos guerra por todas las partes e maneras que pudiéremos".

(De *El Requerimiento*, del *Cedulario Indiano*, de D. de Encinas. 1531)

Algunas voces se alzaron en defensa de los conquistadores y colonos: por ejemplo, el franciscano Pedro de Quiroga (1510-¿1593?), canónigo de la catedral de Cuzco, comisario inquisitorial, los exculpa y considera un premio a su labor los bienes materiales recibidos.

"¿Qué dices de los conquistadores? ¿Querrás decir que son causa de los daños y males de esta tierra? Si ellos no son autores o consienten en los tales daños y males, ¿qué culpa tienen?, ¿son dioses que lo pueden evitar? Mal les pagas el bien que te hicieron, que descubrieron y ganaron tierras que tú poseas y goces. Muy en contrario juzgas de lo justo, porque los tales conquistadores mérita y justamente gozan y son partícipes de todo honor y obras meritorias

y bienes temporales y espirituales de esta tierra, como personas
que lo reciben de mano de sus Príncipes por premio y honor de sus
hechos, y como personas por cuya causa se desarraigó el demonio y
la idolatría de esta tierra".

(De *Coloquios de la verdad*, de Pedro de Quiroga. Seminario Americanista de la Universidad de Valladolid. 1992)

Las crónicas de Indias, "precedente del realismo mágico"

El descubrimiento y conquista de América estimularon la imaginación de conquistadores y funcionarios, que en algunos casos dejaron testimonio escrito de los hechos de los que fueron testigos. Estas crónicas y relatos son, según Vargas Llosa, lejano precedente del realismo mágico. En las crónicas de Indias suele prevalecer el valor cultural y antropológico de los datos que recogen sobre el literario.

"Bien parece, como la experiencia nos enseña y la Divina Escritura
manifiesta, por el pecado de la soberbia, hasta estas partes haberse
derramado la confusión de lenguas, porque las que hay en la Nueva
España, con mucho trabajo se podrían contar, tan diferentes las
unas de las otras, que cada una parece ser de reino extraño y muy
apartado, y esto es tan cierto que en un pueblo que se llama Tacuba,
una legua de México, hay seis lenguas diferentes, las cuales son:
la mexicana, aunque corrupta por ser serranía donde se habla; la
otomí, la guata, la mazaua, la chuchumé y la chichimeca, aunque es
de saber que en toda la Nueva España y fuera de ella es la mexicana
tan universal, que en todas partes hay indios que la hablan como la
latina en los reinos de Europa y África".

(De *Crónica de la Nueva España*, de Francisco Cervantes de Salazar. Madrid. Atlas. 1971)

Los iusnaturalistas

En la jurisprudencia española existía una dilatada tradición de iusnaturalismo. He aquí cómo Alfonso X el Sabio ya en el siglo XIII había definido los derechos natural y de gentes: *"Derecho natural es el que han en sí los hombres, y todos los animales sensitivos; y por cuyo impulso se junta el macho con la hembra, y crian los padres a sus hijos. Derecho de gentes es el común a todos hombres, y no a los demás animales; fue introducido por razón y fuerza, para que los hombres, usando de él, pudiesen vivir en paz y concordia..."*

Un grupo de juristas iusnaturalistas y teólogos neoescolásticos, vinculados a la Universidad de Salamanca, adaptaron el tomismo al racionalismo humanista, y a partir de la afirmación de la primacía del Derecho Natural sobre el positivo, formularon un avanzado cuerpo de doctrina ético-política sobre la libertad, la ley, la guerra, los derechos humanos, la legitimidad del sometimiento de los indios a los españoles, el orden precapitalista que se estaba instaurando en Europa, la justicia internacional, el poder, la soberanía, las causas del alza constante de los precios en España, la propiedad privada y la teoría cuantitativa del dinero.

El dominico Francisco de Vitoria (1483-1546), fundador de la escuela, fue el creador del Derecho de Gentes o Internacional. Creía en la existencia de una comunidad universal, regida por el Derecho Natural y poseedora de potestad para delegar en una autoridad supraestatal la resolución de los conflictos internacionales. Vitoria abordó la interpretación de la conquista de América a partir del reconocimiento de la dignidad de los seres humanos y de su igualdad esencial. Muchos de aquellos teólogos-juristas defendieron en el Concilio de Trento la libertad humana frente a la tesis luterana de la predestinación. La Escuela de Salamanca fue la más valiosa aportación española a la modernidad renacentista.

> *"Pero yo pregunto, a ver si alguien me responde a esto: antes de la ley escrita, ¿cómo probaría que el suicidio es pecado? No se puede probar de otro modo. En efecto, digo que es suficiente esta prueba: es contra la inclinación natural, luego es un precepto, porque mi entendimiento, sin que nadie se lo enseñe, juzga que es bueno vivir, que hay que amar a los padres, etc., y la voluntad se inclina naturalmente a todas estas cosas. De donde se infiere correctamente de este principio que aquello a lo que el hombre naturalmente se inclina es bueno, y lo que naturalmente aborrece es malo".*

(Tomado de *Francisco de Vitoria. La ley*. Estudio y traducción de Luis Frayle Delgado. Madrid. Editorial Tecnos. 2009)

Los teólogos-juristas salmantinos se plantearon la cuestión de la legitimidad de la conquista del Nuevo Mundo. Francisco de Vitoria reconoce -*De temperantia* (1537), *De Indis* (1539)- los derechos de España y el de los indios a su libertad y a la posesión de sus tierras. Afirma que eran propietarios de las mismas antes de la llegada de los conquistadores, que el papa, por no ser cristianos, no posee jurisdicción sobre ellos, y que no puede entregar a los españoles lo que no le pertenece; el emperador, por su parte, no puede apropiarse de lo que no es suyo. Admite como títulos legítimos, entre otros, el derecho de los españoles a extender la fe cristiana, al libre comercio y al libre tránsito, su deber de intervenir para proteger a los débiles y de dar un soberano cristiano a los indios convertidos, así como los pactos voluntariamente acordados entre partes soberanas.

> *"El emperador no es señor de todo el orbe (...). Por el derecho natural los hombres son libres, excepto en el dominio paterno y marital; por el derecho natural el padre tiene dominio sobre los hijos y el marido sobre la mujer. Luego no hay nadie que por derecho natural sea el señor de todo el orbe (...).*
> *El Papa no tiene potestad temporal, si no es en orden a la espiritual. Ahora bien, no tiene potestad espiritual ninguna sobre ellos (...), luego tampoco temporal. De aquí se desprende este corolario: aunque los indios no quieran reconocer ningún dominio del Papa, no se les puede hacer la guerra por ese motivo, ni ocuparles sus bienes".*

(De *Doctrina sobre los indios*, de Francisco de Vitoria. Transcripción y traducción Ramón Fernández Martín. Salamanca, O. P. Editorial San Esteban. 1972)

Sobre la legitimidad de las guerras

La conquista del Nuevo Mundo planteó también la cuestión de la legitimidad de las guerras. Para Juan Ginés de Sepúlveda, las guerras que se hacían contra los indios rebeldes eran justas. Vitoria sostuvo que las guerras son un mal solo justificable cuando se ha sido víctima de grave injuria y son el único medio para repararla, cuando son declaradas por una autoridad competente con el fin de defender el orden y la justicia, no persiguen la eliminación del contrario, no agravian los derechos naturales y no producen males mayores que los que se pretende reparar.

> *"Hay además otras causas que justifican las guerras, no de tanta aplicación ni tan frecuentes; no obstante, son tenidas por muy justas y se fundan en el Derecho natural y divino. Una de ellas, la más aplicable a esos bárbaros llamados vulgarmente Indios, de cuya defensa pareces haberte encargado, es la siguiente: que aquellos cuya condición natural es tal que deben obedecer a otros, si rehúsan su imperio y no quedan otros recursos, sean dominados por las armas; pues tal guerra es justa según opinión de los más eminentes filósofos".*

(De *Demócrates segundo o de las justas causas de la guerra contra los indios,* de Juan Ginés de Sepúlveda. Edición de Ángel Losada. Madrid. CSIC. 1951)

> *"Ninguna guerra es justa, si consta que se sostiene con mayor mal que bien y utilidad de la república, por más que sobren títulos y razones para una guerra justa.*
> *Se prueba. Porque la república no tiene poder de declarar la guerra, sino para defenderse a sí misma y sus intereses, y para protegerse, está claro que cuando ella con el hecho mismo de la guerra más bien pierde y se agota que se acrecienta, la guerra será un desatino, declárela el rey o la república".*

(De *El Estado y la Iglesia. Relecciones teológicas,* de Francisco de Vitoria. Madrid. Publicaciones Españolas. 1960)

Los reyes también están sometidos a la ley

El pactismo estaba presente en la cultura política hispana desde el siglo XIV. El catalán Francesc Eiximenis (1340-1408) había afirmado que *"... todos los que Dios por inspiración suya o los que el pueblo elegía para regirlo, todos estaban obligados a ciertos pactos y leyes dadas por Dios y acordadas entre los electores y el elegido..."*. (En *La ciudad y el príncipe.* Estudio y traducción de José Luis Martín. Publicacions i Edicions de la Universitat de Barcelona. 2004)

Del pactismo se derivó la doctrina del sometimiento de los soberanos a la ley. En 1521 se publicó en Burgos *Tractado de República,* del trinitario neotomista Alonso de Castrillo, ideólogo de la revolución comunera, que rechaza la monarquía hereditaria, sobrepone el Derecho Natural a las leyes positivas y demanda la adecuación del Estado a la tradición pactista.

> *"Cosa cierta es que el temor de todo gobernador tiene de ser presto súdito o gobernado le hace más justo cuando gobierna, mas los largos tiempos engendran incomportables daños porque la duración del oficio no es sino atrevimiento para el pecado y así cuando es perpetuo el gobernador malo así mismo es perpetuo su mal porque no se puede acabar el mal sin que se acabe el que gobierna y aun si de los perpetuos gobernadores no fuesen más eternos sus daños que sus oficios, medio mal sería acabarse su mal juntamente con su vida".*

(De *Tractado de República*, de Alonso de Castrillo. Madrid. Instituto de Estudios Políticos. 1958)

Sobre la revolución comunera

El emperador Carlos (1516-1556) trató de limitar las libertades de las ciudades castellanas, les impuso altos gravámenes fiscales, las sometió a la vigilancia de gentes armadas y ordenó levas de jóvenes para su ejército. Los burgueses de Toledo, Valladolid y Burgos se declararon en rebeldía, y a ellos se unieron también nobles, clérigos, campesinos y marginados sociales. Para Maravall, el movimiento comunero (1520-1522) trató de poner límites al poder real y establecer una forma de gobierno consensuada; otros autores lo consideran una revolución social y religiosa promovida por los conversos; para Menéndez y Pelayo y Marañón fue un movimiento retardatario, defensor de ideales ajenos a la modernidad. Los comuneros fueron vencidos por las tropas imperiales en Villalar (1521). El humanista-erasmista Juan Maldonado (¿1525-1572?) historió (1540) la rebelión desde el punto de vista de los sublevados.

> *"Los de Valladolid, principalmente, habiendo llegado a conocer que las súplicas y quejas enviadas en sus cartas eran de poco valimiento para con el fraile, toman las armas, comienzan a cerrar las puertas, a reparar las murallas, a dividir las guardias, a poner centinelas en los caminos, a burlarse de los amenazadores decretos del virrey, a echar fuera a los nobles que desaprobaban el voto popular, a desempeñar, en fin, con vigilancia todo lo que es propio de unos sitiados. A tenor de Valladolid las otras ciudades, aunque al parecer estaban tranquilas, formaban alianza y amistad por medio de mensajeros y enviados ocultos, preparándose para resistir".*

(De *La revolución comunera*, de Juan Maldonado. Edición de Valentina Fernández. Traducción de José Quevedo. Madrid. Ediciones Centro. 1975)

Doctrina del tiranicidio

La doctrina del tiranicidio, de origen clásico grecorromano, fue formulada en España por el jesuita Juan de Mariana (1535-1624) -*Sobre el rey y la institución real (1599)*-, teórico que pretendía sustituir el absolutismo real por la teocracia papal. A título de curiosidad, parece que de Juan de Mariana procede el nombre de "Marianne", símbolo de la República Francesa que suele representarse con el busto de una belleza femenina del momento —Brigitte Bardot, Catherine Deneuve, Laeticia Casta- ataviada con un gorro frigio.

> *"En primer lugar, tanto los filósofos como los teólogos, están de acuerdo en que si un príncipe se apoderó de la República a fuerza de armas, sin razón, sin derecho alguno, sin el consentimiento del pueblo, puede ser despojado por cualquiera de la corona, del gobierno, de la vida; que siendo un enemigo público y provocando todo género de maldades a la patria y haciéndose verdaderamente acreedor por su carácter al nombre de tirano, no sólo puede ser destronado, sino que puede serlo con la misma violencia con que él arrebató un poder que no pertenece sino a la sociedad a la que oprime y esclaviza".*

(De *Del rey y de la institución real*, de Juan de Mariana. Madrid. Publicaciones Españolas. 1961)

Causas morales del desastre de la Invencible

Pedro de Rivadeneyra (1527-1611), jesuita, historiador y biógrafo, da una explicación moral a la derrota de la armada española, la Armada Invencible, en su intento de invadir Inglaterra en 1588.

> *"(...) quiero poner aquí las cosas que después de alguna oración y mucha consideración se me han ofrecido que podrían haber sido causas de este azote y castigo universal (...).*
> *La primera es que mande Su Majestad desagraviar a muchas personas que en estos reinos, y particularmente en Andalucía, han sido agraviados de sus ministros, y con nombre y vara de justicia han sido despojados de su sustento y del remedio de sus hijos, sin ser pagados ni oídos, antes aprisionados y afligidos por querer defender sus haciendas. Esto entiendo ha sido con tan gran exceso y violencia, que a personas graves y temerosas de Dios he oído decir antes que partiese la Armada, que no era posible tuviera buen suceso, pues iba cargada de los sudores y maldiciones de tanta gente miserable".*

(De *Tratado de la tribulación*, de Pedro de Rivadeneyra. Madrid. La España Editorial. 1890)

La unidad de fe religiosa, razón de Estado. Antimaquiavelismo

Para los tratadistas españoles, moral y política no podían disociarse, rechazaban, por tanto, las tesis de Maquiavelo sobre la razón de Estado; sin embargo, asumieron las tesis de musulmanes y judíos sobre la unidad de fe religiosa como seña fundamental de la organización política, y al servicio de esta unidad excluyeron de la suya a judíos, moriscos y heterodoxos. La oposición entre maquiavelismo y moral católica fue origen de polémicas. Pedro de Rivadeneyra (1527-1611), antimaquiavelista, sostuvo que las leyes y la acción de los príncipes son inseparables de la moral.

> *"Supuesta esta verdad, que no hay virtud perfecta sino en la religión cristiana, como queda declarado, della se sigue que las virtudes del príncipe cristiano deben ser verdaderas virtudes, y no fingidas; porque, a no ser verdaderas, no serían virtudes, sino sombras de virtudes, y ninguna ventaja haría el príncipe cristiano a los príncipes gentiles y filósofos, que como dijimos, no tuvieron las verdaderas y excelentes virtudes, antes sería inferior a muchos dellos, en lo cual Maquiavelo enseña una doctrina muy falsa, impía e indigna, no sólo de pecho cristiano, pero de hombre prudente y entendido; porque en el libro que escribió del Príncipe, muchas veces dice y repite que para engañar mejor y conservar su estado, debe fingir el príncipe que es temeroso de Dios aunque no lo sea".*

(De *Tratado de la religión y virtudes que debe tener el príncipe cristiano*, de Pedro de Rivadeneyra. Barcelona. Imprenta de la Viuda e Hijos de J. Subirana. 1881)

"Revolución de los precios"

La inexistencia de ciencia económica en los siglos XVI y XVII impidió a los españoles desarrollar su economía y la de sus colonias. En América organizaron una economía de subsistencia; aplicaron sus esfuerzos en la extracción sistemática de metales preciosos a muy bajo coste. La afluencia masiva de oro y plata a España generó una inflación galopante, de manera que resultaba más barato importar productos extranjeros que fabricarlos. Como resultado de aquella circunstancia, la industria y la burguesía empresarial se arruinaron. Así, a la vez que España se empobrecía, las potencias enemigas, en las que los españoles se proveían de los productos que ya no fabricaban, desarrollaban potentes industrias, se fortalecían sus empresarios, financieros y clases medias y productivas, y mejoraban su nivel científico y tecnológico. España, pues, proporcionó cobertura económica a la emergencia de la economía capitalista europea, a la vez que se convertía en un país subdesarrollado y tecnológicamente dependiente.

Al desastre económico no era ajena la consideración de las actividades productivas, artesanales, manuales y liberales, como *"oficios viles"*, infamantes, propios de judíos y musulmanes, las *"razas impuras"*. A los nobles e hidalgos se les tenía prohibido la práctica de aquellas actividades, solo podían dedicarse al ejercicio de las armas, o bien ingresar en la administración o la Iglesia, de lo que se derivó un elevado número de parásitos sociales.

La ruina de la economía movió a los arbitristas, seguidores de la escuela económica mercantilista, a formular remedios -arbitrios- para la misma. Algunos se percataron de la relación existente entre la llegada masiva de metales preciosos americanos y el alza constante de los precios, causa del desastre económico. Sin embargo, no todos acertaron en sus análisis ni en sus propuestas. Tomás de Mercado (1530-1576) señaló la relación existente entre masa monetaria y nivel de precios. Luis Ortiz (mediados del siglo XVI) aconseja prohibir la exportación de materias primas, reducir las importaciones, aumentar la productividad, fomentar el comercio y el crecimiento demográfico, ahorrar para invertir, extender los regadíos, favorecer la repoblación forestal e industrializar el país. Para conseguir estos objetivos proponía adecuar la legislación, mejorar la imagen social de los oficios mecánicos y ejercer su práctica independientemente del estatus social de cada uno e incluso por los menores de diez años.

> *"(...) es de advertir, no ser lo mismo el valor y precio del dinero y su estima. Ejemplo clarísimo es de esto, que en Indias vale el dinero, lo mismo que acá (conviene a saber) un real y treinta y cuarto maravedís. Un peso de minas trece reales, y lo mismo vale en España, mas aunque el valor y precio es el mismo, la estima es muy diferente en entrambas partes. Que en mucho menos se estima en Indias que en España. (...) Tras las Indias do en menos se tiene es en Sevilla, como ciudad que recibe en sí todo lo bueno que hay allá, luego las demás partes de España. Estímase mucho en Flandes, en Roma, en Alemania, en Inglaterra".*

(De *Suma de tratos y contratos*, de Tomás de Mercado. 1571. Madrid. Editora Nacional. 1975)

> *"Entendido está que de una arroba de lana que a los extranjeros cuesta quince reales hacen obraje de tapicerías y otros paños y cosas labradas fuera de España de que vuelven dello mismo a ella, valor de más de quince ducados y por el semejante de la seda cruda en madeja de dos ducados que les cuesta una libra, hacen rasos de Florencia y terciopelos de Génova, telas de Milán y otras de que sacan aprovechamiento de más de veinte ducados y en el fierro y acero de lo que les cuesta un ducado hacen frenos, tenazuelas, martillos, escopetas, espadas, dagas y otras armas y cosas de poco valor de que sacan más de veinte ducados y a veces más de ciento y ha venido la cosa a tanta rotura que aún la vena de que se hace el fierro llevan a Francia y allá vienen de poco acá herrerías nuevas todo en daño no solo de nuestras honras, pues nos tratan peor que a bárbaros, más aún de nuestras haciendas, pues con estas industrias nos llevan el dinero".*

(De *Memorial del Contador Luis de Ortiz a Felipe II*. 1558. Madrid. Instituto de España. 1970)

El militar Marcos de Isaba (segunda mitad del siglo XVI) señala las carencias de la industria armamentística española. Propuso medidas para bien del ejército, honra de España y servicio del rey.

> *"Y esto es y se entiende de no haber en todos los reinos de España alguna ciudad o villa que sea celebrada en labrar y forjar armas, como Milán, Brescia, Argentina, Ulma, Francaforte, Augusta y, en Francia, París, Urliers y otras. De manera que de esta falta que España padece, por descuido de sus hijos o fiados en el valor y ánimo de sus personas, algunas naciones extranjeras tienen mucho*

que decir y hablar, maravillándose mucho, tan gran falta, de donde procede, pues es un reino y nación tan famosa en esta era y tan tenida y aborrecida en el mundo".

(De *Cuerpo Enfermo de la Milicia Española*, de Marcos de Isaba. 1594. Madrid. Ministerio de Defensa, Secretaría General Técnica. 1991)

En aquellas circunstancias de ruina económica y emergencia de la economía precapitalista se planteó la cuestión de la pobreza. Los tratadistas se escindieron entre partidarios de proteger a los pobres y quienes los consideraban un freno para la economía. Juan de Medina (1489-1545), teólogo moral, propuso ayudar más a los vecinos pobres que a los extranjeros: *"Que a los extranjeros y peregrinos hagamos toda humanidad y todo acogimiento mándalo Dios en el Deuteronomio... Pero aunque esto sea tan gran verdad como dicho es, mayor y más particular obligación tenemos de proveer y hacer limosna a los pobres de nuestra tierra que a los extranjeros de ella* (En *La orden que en algunos pueblos de España se ha puesto en la limosna*). El médico y político Cristóbal Pérez de Herrera (1558-1620) señaló la necesidad de desenmascarar a los falsos pobres: *"Lo tercero es tener esta gente un pecado de codicia tan insaciable, que no gastando casi nada, juntan mucho dinero; que pienso haber gran cantidad repartido entre ellos, como se ha visto algunas veces, que se han hallado dineros hartos en la pobre ropa de muchos que se mueren por los portales de casas y calles, que parecía no tener un maravedí.* (En *Discursos del amparo de los legítimos pobres y reducción de los fingidos*)

Teoría del Consejo

Los tratadistas españoles asumieron las tesis de Erasmo -*Institutio principis christiani"* (1516), dedicada a Carlos V- sobre la necesidad de educar al príncipe de forma adecuada a sus funciones y de asistirle por medio de un consejo de eméritos. Entre los tratadistas de la teoría del Consejo, el valenciano Frederic Furió i Ceriol (1527-1592), militar y diplomático al servicio de Felipe II, formuló una teoría laica del poder. Para Furió, la moral es ajena a la política, que se rige por principios racionales, sin relación con la religión, categoría perteneciente al ámbito privado. El consejo propuesto por Furió era una forma de abrir cauces a la participación política de la sociedad civil y limitar así el poder de los monarcas.

"El Concejo del Príncipe es una congregación o aiuntamiento de personas escogidas para aconsejarle en todas las concurrencias de paz i de guerra, con que mejor i más fácilmente se le acuerde de lo passado, entienda lo presente, provea en lo por venir, alcance buen sucesso en sus empresas, huia los inconvenientes, a lo menos (ia que los tales no se puedan evitar) halle modo con que dañen lo menos que ser pudiere. A este aiuntamiento muchos lo llaman Consejo".

(De *El Concejo y consejeros del Príncipe*, de Frederic Furió i Ceriol. Estudio de Henry Mechoulan. Madrid. Editorial Tecnos, S. A. 1993)

Aljamía

Los moriscos redactaron textos en lengua romance transcrita en caracteres árabes, tal vez por el deseo de mantener viva su cultura ancestral y su lengua, de la que solo conservaban el alfabeto. Estos textos, llamados aljamiados, se generalizan a partir de la toma de Granada por los Reyes Católicos; tratan cuestiones religiosas, teológicas, jurídicas y legendarias. El llamado Mancebo de Arévalo, seudónimo de un autor musulmán de la primera mitad del siglo xvi, escribió un texto llamado *Tafsira*.

> *"Solo Allah es, ha sido y será por siempre sin principio, medio ni fin. Al cual hemos de adorar y servir sin poner otra invocación a su incomparable semejanza ni poner a su deidad igual ninguno, que es error sobre las (sic) errores, fuera de toda alqafara, sin remedio. Pues para servir perfectamente a este menester, estar apercibidos de las cosas necesarias de las cuales la primera es la fe, que es la primera causa antes que otra ninguna causa, porque la fe, es fundamento para todas las demás cosas, porque ba (sic) sin fe es obra muerta y la fe sin obras tampoco salva el alma, ni las obras sin fe".*

(De *Tafsira*, de Mancebo de Arévalo. Tomado y adaptado de *Mancebo de Arévalo, Tafsira*. Edición de María Teresa Narváez Córdova. Madrid. Editorial Trotta, S. A. 2003)

La Compañía de Jesús

San Ignacio de Loyola (1491-1556), fundador de la Compañía de Jesús (1540), combatió la herejía en una época de espiritualidad convulsa: él mismo fue procesado por la Inquisición, por encontrar su doctrina próxima a la de los alumbrados o iluminados. La obra ignaciana fundamental, *Ejercicios Espirituales* (1522), es *"un código sapientísimo y completamente universal de normas para dirigir las almas por el camino de la salvación y perfección"*. (Pío XI).

> *"La primera anotación es que por este nombre, ejercicios espirituales, se entiende todo modo de examinar la conciencia, de meditar, de contemplar, de orar vocal y mental, y de otras espirituales operaciones, según adelante se dirá. Porque así como el pasear, caminar y correr son ejercicios corporales, por la mesma manera todo modo de preparar y disponer el ánima, para quitar de sí todas las afecciones desordenadas, y después de quitadas para buscar y hallar la voluntad divina en la disposición de su vida para la salud del ánima, se llaman ejercicios espirituales".*

(De *Ejercicios Espirituales*, de San Ignacio de Loyola. Barcelona. Cristianisme i Justicia. 2014)

Renovación de la escolástica

Desde el siglo viii estaba vigente en el mundo católico el escolasticismo, escuela de pensamiento aristotélico, fundada por Santo Tomás (1225-1274) de Aquino, que definió y sistematizó las verdades reveladas y los dogmas. El escolasticismo se desacreditó a causa de su transformación en un simple juego verbal sobre asuntos intrascendentes. La renovación del escolasticismo fue liderada por los teólogos de la escuela salmantina: aplicaron criterios racionales en la reflexión teológica y utilizaron un lenguaje claro y preciso en el análisis y comentario de las fuentes.

Numerosos neoescolásticos españoles participaron (163 en total) en el Concilio de Trento (1545-1549, 1551-1553, 1562-1563), en el que se fijó el dogma y se proclamó la infalibilidad del papa y su relevancia sobre los concilios. Así, la monarquía española no sólo actuó como brazo armado de la Contrarreforma, sino que también proporcionó un cuerpo de doctrina contra el reformismo heterodoxo.

Entre los neoescolásticos, el teólogo Melchor Cano (1509-1560) fue el autor del tratado *Los lugares de la teología* (1563), sobre las fuentes de la doctrina cristiana. El jesuita Francisco Suárez (1548-1617) creó un cuerpo de doctrina metafísica autónoma -*Disputaciones Metafísicas*.1597- en torno al ser y la creación; negó validez a las pruebas tomistas de la existencia de Dios, excepto a la de la causalidad: todo lo existente forma parte de una cadena de causas origen unas de otras que nos llevan a Dios, la Causa incausada. En estos párrafos Suárez comenta la utilidad de las ciencias prácticas al servicio de la verdad.

> *"(...) todo conocimiento de la verdad es de por si apetecible, aun cuando no proporcione otra utilidad (...). Por consiguiente, las ciencias prácticas son también apetecibles por el conocimiento de la verdad, aunque se detengan en ella ni la ordenen a la utilidad.*
> *Se confirma esto, porque si ocurriera lo contrario, en realidad no serían apetecidas en virtud del apetito de saber, puesto que se desearían únicamente como medios, y el medio como tal no se desea más que por la inclinación a un fin; y así la música no sería deseada más que por razón del apetito de placer o de lucro, y así en las demás cosas, pero no por el apetito de ciencia como tal, a pesar de que se trata de ciencias verdaderas y perfectas en su género".*

(De *Disputaciones Metafísicas*, de Francisco Suárez. Edición y traducción de Sergio Rábade, Salvador Caballero y Antonio Puigcerver. Madrid. Editorial Gredos, S. A. 1960)

Sobre la oración mental

La oración mental, eco del intimismo de la religiosidad renacentista, fue defendida por el dominico erasmista Fray Domingo de Valtanás (1488-1568), inspirándose para ello en San Pablo y Moisés. Santa Teresa de Jesús (1515-1582) equipara oración mental y oral.

> *"Arguyéronme de esto, sin dar razón, ni tener motivo para ello.*
> *Y, por tanto, lo que entonces dije en esta materia, torno a lo afirmar, y digo que decir que no hay oración mental es error contra la divina historia, que en muchas partes enseña que hay oración mental. Así lo enseñó nuestro Redemptor cuando dijo a la samaritana: "Los verdaderos adoradores orarán al padre en espíritu y verdad y tales los quiere Dios". San Pablo dice, escribiendo a los Corintios: "Oraré*

al señor en espíritu y con la mente." Y en otra parte: "Alabad al Señor en vuestros corazones, y oradle"(...).

Es de tanta eficacia este modo de orar con sola la mente, que, no orando Moisés vocalmente, sino sólo entre sí en la mente, le dijo Dios: ¿Quid clamas ad me? ¿Qué clamores son esos con que me haces oración?"

(De *Apología sobre ciertas materias morales en que hay opinión y Apología de la comunión frecuente*, de Fray Domingo de Valtanás. Edición de Álvaro Huerga, O.P. y Pedro Sáinz Rodríguez. Barcelona. Juan Flors, Editor. 1963)

"Yo he de poner siempre junta oración mental con la vocal, cuando se me acordare, porque no os espanten, hijas; que yo sé en qué caen estas cosas, que he pasado algún trabajo en este caso, y así no querría que nadie os trajese desasosegadas, que es cosa dañosa ir con miedo este camino. Importa mucho entender que vais bien, porque en diciendo a algún caminante que va errado y que ha perdido el camino, le hacen andar de un cabo a otro, y todo lo que anda buscando por dónde ha de ir se cansa y gasta el tiempo y llega más tarde.

¿Quién puede decir es mal, si comenzamos a rezar las Horas o el rosario, que comience a pensar con quién va a hablar y quién es el que habla, para ver cómo le ha de tratar? Pues yo os digo, hermanas, que si lo mucho que hay que hacer en entender estos dos puntos se hiciese bien, que primero que comencéis la oración vocal que vais a rezar, ocupéis harto tiempo en la mental. Sí, que no hemos de llegar a hablar a un príncipe con el descuido que a un labrador, o como con una pobre como nosotras, que como quiera que nos hablaren bien".

(De *Camino de perfección*, de Santa Teresa de Jesús. Tomado de *Obras Completas*. Salamanca. Sígueme. 2015)

Ascetas y místicos

Del intimismo erasmiano se derivó un pensamiento filosófico-teológico de carácter ascético y místico. Los ascetas muestran el camino para acceder a Dios, los místicos describen los sentimientos de quienes han alcanzado la purificación y la unión con Dios. El franciscano Francisco de Osuna (1492-1540) argumenta a favor del recogimiento. Alejo de Venegas (1497-1562), humanista, gramático y lexicógrafo, escribió una de las obras ascéticas más relevantes de la época: *Agonía del tránsito de la muerte* (1537). Juan de Ávila (1500-1569) exalta el valor salvífico del martirio. Fray Luis de Granada (1504-1588) escribió una preparación para la muerte -*Guía de pecadores*- y sobre las vías que conducen al conocimiento de Dios y a la perfección cristiana: *Introducción al símbolo de la fe*.

"Día vendrá en que amanezcas, y no anochezcas, o anochezcas, y no amanezcas. Día vendrá, y no sabes cuándo, si hoy, si mañana, en el cual tú mismo que estás ahora leyendo esta escriptura, sano

y bueno de todos tus miembros y sentidos, midiendo los días de tu vida conforme a tus negocios y deseos, te has de ver en una cama con una vela en la mano, esperando el golpe de la muerte".
(*Guía de Pecadores*, de Fray Luis de Granada. Madrid. Espasa-Calpe. 1966)

Teresa de Cepeda (1515-1582), Santa Teresa de Jesús, fusionó espontaneidad y riqueza conceptual, equiparó la oración mental a la oral: *"Yo he de poner siempre junta oración mental con la vocal".* (En *Camino de perfección*).

"Pues estándome sola, sin tener una persona con quien descansar, ni podía rezar ni leer, sino como persona espantada de tanta tribulación y temor de si me había de engañar el demonio, toda alborotada y fatigada, sin saber qué hacer de mí. En esta aflicción me vi algunas y muchas veces, aunque no me parece ninguna en tanto extremo. Estuve así cuatro o cinco horas, que consuelo del cielo ni de la tierra no había para mí, sino que me dejó el Señor padecer, temiendo mil peligros. ¡Oh Señor mío, cómo sois Vos el amigo verdadero; y como poderoso, cuando queréis podéis, y nunca dejáis de querer si os quieren".
(De *Libro de la vida*, de Santa Teresa de Jesús. Tomado de *Obras Completas*. Salamanca. Sígueme. 2015)

San Juan de la Cruz (1542-1591), cumbre del pensamiento místico español, elaboró un elevado cuerpo de doctrina mística en torno al conocimiento de Dios, el amor divino y el simbolismo de la Noche Oscura, alegoría de eternidad y de renuncia de lo sensible: *Subida al Monte Carmelo, Cántico Espiritual* (1630).

"Para que el alma pueda llegar a la unión divina es necesario que carezca de todos los apetitos, por mínimos que sean.
1. Parece que el lector está mucho tiempo con ganas de preguntar si es necesario que para llegar a este elevado estado de perfección haya precedido una total mortificación de todos los apetitos, pequeños y grandes. O si bastará mortificar algunos, dejando otros, por lo menos los de menor importancia. Y es que parece muy fuerte y difícil que pueda el alma llegar a tanta pureza y desnudez de no tener voluntad y afición a nada (...).
La razón es que el estado de la unión divina consiste en tener el alma identificada su voluntad con la de Dios, totalmente transformada en ella. No debe haber en la voluntad del alma nada contrario a la voluntad de Dios. Toda su actividad ha de ser voluntad de Dios".
(De *Subida al Monte Carmelo*, de San Juan de la Cruz. Tomado de *Obras Completas*. Madrid. Editorial de Espiritualidad. 1980)

Alumbrados y beatas

El misticismo tomó una orientación heterodoxa entre los iluminados o alumbrados, de espiritualidad intimista. Oponían la oración mental a la oral y rechazaban cualquier mediación entre Dios y los seres humanos. Afirmaban haber extraído su verdad directamente de la Biblia; proponían la contemplación y el dejamiento místico como únicas vías de unión con Dios; rechazaban tanto la justificación por la fe como por las obras, que consideraban siempre interesadas. El iluminismo surgió entre los franciscanos reformados, encontró eco entre familias nobles y pronto se extendió entre grupos de conversos y universitarios. Tuvo muchos adeptos. Sospechosos de iluminismo fueron San Ignacio de Loyola, fray Luis de Granada, Santa Teresa de Jesús, San Juan de la Cruz y las beatas, mujeres de espiritualidad rigorista y eremítica, voluntariamente recluidas en pequeñas comunidades llamadas *beaterios* en los que se dedicaban a la práctica de las virtudes cristianas. Jerónimo Gracián de la Madre de Dios (1545-1614), teólogo, místico y humanista, discípulo de Santa Teresa de Jesús, dejó testimonio escrito de aquellas corrientes heterodoxas.

> *"Contóme, hará más de treinta años un buen viejo de noventa, el tío Antonio Ximénez, que yo confesaba en Pastrana, que conoció a un su tío, llamado Juan Ximénez de Pedro Corona, el cual le contó que vinieron de Guadalajara a Pastrana un clérigo y ciertas mujeres, sembrando la secta de los Alumbrados por muchos lugares de la Mancha. Y acaeció que estando un día de fiesta en Misa Mayor éstos, y muchos otros discípulos que ya tenían, al tiempo de levantar el Santísimo Sacramento, ponían la boca en el suelo y aullaban y temblaban. Este Juan Ximénez, no lo pudiendo sufrir, echó mano del hisopo del agua bendita, que en aquella tierra es un razonable garrote, y comenzó a darles en las cabezas, con que descalabró algunos, diciendo: "levantad en horamala los ojos, mirad y adorad al Santísimo Sacramento y no estéis aullando como bestias".*

(De *Diez lamentaciones del miserable estado de los ateístas de nuestros tiempos*, de Jerónimo Gracián. Madrid. Instituto de Estudios Políticos. 1959)

Luteranos y calvinistas

Felipe II organizó un "cordón sanitario" en España, a fin de impedir la extensión de la heterodoxia: prohibió importar libros extranjeros y estudiar a los españoles en el exterior. A pesar del aislamiento intelectual del país, desde fechas muy tempranas hubo en España seguidores de corrientes reformistas y heterodoxas.

> *"Que de aquí adelante ninguno de los nuestros subditos y naturales no puedan ir ni salir de estos reinos a estudiar ni enseñar, ni aprender ni a estar ni a residir en universidades, estudios ni colegios, fuera destos reinos, y que los que hasta agora y al presente estuvieron y residieron en las tales universidades, estudios y colegios, se salgan y no estén mas en ellos dentro de cuatro meses, después de la data y publicación desta".*

(*Prohibición ordenada por Felipe II*. 1559)

Entre los heterodoxos españoles, Miguel Servet (1511-1553) atacó el misterio de la Trinidad y la tesis católica de la transustanciación. En *La Restitución del Cristianismo* (1553) vierte duras críticas contra el papado. Murió en la hoguera, en Ginebra, condenado por Calvino.

> *"Aunque a disgusto, debo hablar ahora de la transustanciación papista, de esa transelementación y reducción del pan a nada más que pura blancura. Más bien dudo que Satanás les haya dejado un resto de sentido común a esos cerebros circuncisos, que del pan nos hacen no pan, hasta el extremo de tener como pan algo tan venal como la blancura. Por un bocadito de blancura, ¡y nos lo dan sin vino!, nos obligan los sacerdotes a darles dinero (...). Hasta tal punto tienen su mente retorcida, que afirman que bajo esa blancura comen la carne de Cristo incluso los brutos, los perros y los ratones (...). A pesar de todo, voy a inferir estas dos reglas de los profetas. Primera: que todos los dogmas papistas no son más que enseñanza del demonio y vanas ilusiones".*

(De *Restitución del Cristianismo*, de Miguel Servet. Traducción de Ángel Alcalá y Luis Betes. Edición de Ángel Alcalá. Madrid. Fundación Universitaria Española. 1983)

El monasterio sevillano de frailes jerónimos de San Isidoro del Campo fue el más importante foco de heterodoxia reformista en España. Algunos de aquellos religiosos huyeron al extranjero al sentirse espiados por la Inquisición y, entre los que se quedaron, 40 murieron en la hoguera.

Las autoridades inquisitoriales habían prohibido traducir la Biblia, por considerar esta tarea patrimonio exclusivo de la Iglesia. Casiodoro de Reina (1520-1594) tradujo la *Biblia del Oso* (1569) al español, Biblia de los protestantes españoles, incumpliendo así las disposiciones vigentes: *"... el estudio de la divina Palabra es cosa encomendada y mandada de Dios a todos por tantos y tan claros testimonios de Viejo y Nuevo Testamento, que sin muy largo discurso no se podrían aquí recitar".*

Juan Pérez de Pineda (1500-1567) argumenta a favor de la justificación por la fe: *"Porque tenemos sabido que no es justificado el hombre por las obras de la ley, sino por la fe de Jesu Christo".* (En *Epístola Consolatoria*). Antonio del Corro (1527-1591) defendió la libertad de conciencia y rechazó todo lo que estuviera en desacuerdo con las Sagradas Escrituras: *"Mi único maestro es Cristo".* En la carta que dirigió a Felipe II le advierte de la inutilidad del empleo de la violencia para mantener la fe: *"Es una cosa muy evidente que la religión del hombre debe de ser libre".* Con el pseudónimo de Reinaldo González de Montes publicó *"Artes de la Inquisición española"*, libro en el que ataca a la Inquisición y opone los valores de la modernidad al racismo, la intolerancia, el fundamentalismo y la xenofobia. El calvinista Cipriano de Valera (1532-1602) tradujo al español la *Institución de la religión cristiana*, de Calvino.

> *"El modo, con que en las cárceles inquisitoriales, suelen tratar a los presos, en cuanto al sustento, i demás necesidades de la vida, corresponde, en todo, a la opinión que de ellos tienen los señores*

> inquisidores, i demás ministros de aquella santa ofizina (...).
> Primeramente, el lugar que a cada uno sirve de cárzel particular,
> por su estrechez, hedor, i si es subterráneo, por su humedad; mas
> bien debe llamarse sepulcro, que carcel de vivos; si es alto, en
> verano, por el demasiado calor, es mui semejante a un horno. En
> cada uno de estos sepulcros, por lo comun, (especialmente en las
> capturas abundantes, cuando la multitud de presos excede a la de
> los encierros) suelen echar juntos a dos o tres presos, a quienes, para
> conciliar el sueño cuando se acuestan, como no sea el espacio de un
> pie, que ocupan el orinal y un cántaro de agua fría para apagar la
> sed, no queda otro lugar en el sepulcro".

(De *Artes de la Inquisición española*, de R. González de Montes. Edición de 1851)

Polémica sobre la omnipotencia divina y la libertad humana

La cuestión de la libertad humana se trató en el Concilio de Trento y dio origen a una animada polémica –*"de auxiliis"*– sobre su adecuación a la omnisciencia y omnipotencia divinas. El jesuita Luis de Molina (1535-1600), en su *Concordia del libre arbitrio con los dones de la gracia* (1588), argumenta que Dios participa en la ejecución de los actos humanos de forma simultánea –*"doctrina del concurso simultáneo"*–, sin determinarlos. Si los hombres no fueran libres, afirmaba, Dios no los castigaría por sus pecados. Para el dominico Domingo Báñez (1528-1604), los seres humanos necesitan del estímulo de Dios para actuar, es decir, otorgó prioridad a la Gracia sobre la voluntad humana, lo que significaba el reconocimiento, en cierto modo, de la predeterminación defendida por Lutero. Los dominicos enviaron al tribunal de la Inquisición una *Apología* (1595), redactada por Domingo Báñez, en la que denunciaban y combatían los supuestos errores del jesuita Luis de Molina.

> *"Consideremos el siguiente pasaje de Jeremías, X, 23: "Yo sé que no
> depende del hombre su camino, ni del que anda enderezar su paso".
> Según Lutero, estas palabras suprimen la libertad de arbitrio. Sin
> embargo, nosotros creemos que la interpretación de este pasaje debe
> ser totalmente distinta. Pues en nombre del pueblo judío, caído en
> pecado y carente de gracia, el profeta pide su conversión, reconociendo
> la imposibilidad de que esto se produzca sin el auxilio de Dios".*

(De *Concordia del libre arbitrio*, de Luis de Molina. Traducción de Juan Antonio Hevia. Biblioteca Filosofía en Español. Fundación Gustavo Bueno. Oviedo. Pentalfa Ediciones. 2007)

> *"Luis de Molina, al errar, como ya hemos demostrado, en la definición
> de libre arbitrio y al querer comprender de qué manera concuerda
> el libre arbitrio con la predestinación divina, cae en varios y graves
> errores".*

(De *Apología de los hermanos dominicos contra la Concordia de Luis de Molina*, de Domingo Báñez. Traducción de Juan Antonio Hevia Echevarría. Oviedo. Fundación Gustavo Bueno. Oviedo. Pentalfa Ediciones. 2002)

El Humanismo

El Humanismo fue una cultura esencialmente antropocéntrica: *"el hombre, medida de todas las cosas"*. Los humanistas diferenciaron entre teología y filosofía, analizaron la religión más a través de la razón que de la fe, abordaron la interpretación de la realidad a través del relativismo: sustituyeron la certeza y el dogmatismo por la duda como fundamento del progreso científico. Se interesaron más por el conocimiento de lo real físico que por lo abstracto y metafísico; elevaron la observación y la experiencia a la categoría de fundamentos de la ciencia, y afirmaron la universalidad e independencia de las leyes físicas. Perseguían dar una explicación racional a los arcanos del mundo. Profesaron la moral del esfuerzo y consideraron el mérito única vía legítima de ascenso social. El estoicismo senequista y la filosofía cristiana de Erasmo fueron sus principales referencias. La irradiación del Humanismo en España se debió a la acción de los Reyes Católicos y a la labor de las universidades de Salamanca y Alcalá de Henares, los dos grandes centros de la cultura hispana de la época. Aquella adaptó los métodos y las doctrinas de la escolástica tradicional al racionalismo moderno. En la de Alcalá, fundada en 1508, se tradujeron a la lengua vulgar los textos aristotélicos y se preparó y editó la *Biblia Políglota Complutense*, la primera en presentar juntos los textos hebreo, griego y latino.

El pensador holandés Erasmo de Rotterdam (1467-1536), máximo representante del racionalismo crítico cristiano, fue el mentor intelectual de los humanistas españoles. Su influencia en los humanistas españoles comenzó tras la publicación de su *Enquiridion* (1521). Entre sus muchos amigos españoles, el cardenal Cisneros le ofreció una cátedra en la Universidad de Alcalá de Henares y participar en la preparación de la *Biblia Políglota Complutense*, oferta que declinó (*"Non placet Hispania"*), por su rechazo de la Inquisición. Su pensamiento -*Philosopha Christi*- sirvió de apoyo doctrinal a la idea imperial española y a la reforma religiosa ortodoxa impulsada por España. La huella de su pensamiento fue tan profunda que, a pesar de la persecución de sus libros por la Inquisición desde 1530, dio origen a la corriente racionalista española que a través de tácitos, novatores, reformistas ilustrados, proyectistas, krausistas e institucionistas se ha prolongado hasta nuestros días.

Juan Luis Vives (1492-1540), el más erasmista de los humanistas españoles, negó validez a las ideas apriorísticas como fuente de conocimiento y criticó el vacío intelectual de la lógica y la dialéctica de la Sorbona. Creó la psicología experimental y elaboró tesis innovadoras sobre las pasiones, los caracteres y las aptitudes mentales. Defendió el derecho de todos los seres humanos a la educación: *"Que se establezca en cada ciudad una escuela; que se llame a ella a preceptores, hombres de probada sabiduría, honradez y prudencia, y que se les pague un salario del erario público. Que los niños y los muchachos aprendan de éstos aquellas artes que puedan captar en virtud de su edad e inteligencia"*. Vives fue *"el genio más universal y sintético que produjo el siglo XVI"*, *"gran pedagogo del Renacimiento, el escritor más completo y enciclopédico de aquella época portentosa, el reformador de los métodos, el instaurador de las disciplinas"*. (Menéndez y Pelayo). Vives fue antiimperialista y antibelicista: *"todas las guerras son guerras civiles"*.

Los seres humanos, su dignidad y sus creaciones, el entorno natural y social, la teología, la moral y el derecho, polarizaron el interés de los humanistas. Divulgaron su pensamiento en obras didácticas bajo la forma de tratados, diálogos, epístolas y misceláneas, cuya difusión fue facilitada por la invención de la imprenta. Emplearon las lenguas vulgares en sus escritos y tratados, equiparándolas así al latín. Con los humanistas nació el pensamiento profano moderno.

El franciscano Antonio de Guevara (1480-1545), cronista, consejero del emperador Carlos y teórico de la idea imperial, trató de crear una moral práctica para enfrentarse a los avatares de la vida: *"No hay estado en el mundo, en el cual, en caso de injuria, no sea más seguro perdonarla, que vengarla".* Alfonso de Valdés (1490-1532) puso la filosofía cristiana de Erasmo al servicio del ideal del imperio cristiano universal carolino y contra sus enemigos, Francia y el Papado: *"¿Dónde halláis vos que Jesucristo instituyó su Vicario para que fuese juez entre príncipes seglares, cuanto más ejecutor y revolvedor de guerra entre cristianos?* Fernán Pérez de Oliva (1494-1531), ingeniero-humanista, afirma la dignidad del hombre, su libre albedrío y la excelencia de su inteligencia y de sus creaciones técnicas e intelectuales: *"Considerando, señores, la composición del hombre -de quien hoy he de dezir-, me parece que tengo delante los ojos la más admirable obra de cuantas Dios ha hecho".* Antonio Gómez Pereira (1500-1560), médico, se adelantó al famoso *"Pienso, luego existo"* de Descartes: *"Conozco que yo conozco algo. Todo el que conoce es. Luego, yo soy".* Juan de Mal Lara (1524-1571), literato y paremiólogo: *"Antes que hubiese filósofos en Grecia, tenía España fundada la antiguedad de sus refranes".* Pedro Simón Abril (1530-1595), helenista, trata cuestiones de Lógica: *"Es pues la lógica una ciencia, o arte, o facultad que enseña cómo se ha de demostrar la verdad en las cosas dudosas cuanto al entendimiento humano le es posible".*

La utopía de la vida retirada

El hombre renacentista recuperó los mitos antiguos –Campos Elíseos, Arcadia, Jardín de las Hespérides, Edad Dorada– y los fusionó con la filosofía cristiana de Erasmo. Imaginó mundos habitados por gentes nobles y bondadosas, e idealizó lo natural y sencillo, el campo, la aldea y los pueblos primitivos -*"Buen Salvaje"*-, la vida en armonía con la naturaleza, alejada de los sinsabores y vanidades del mundo. Los humanistas y renacentistas fueron ecologistas "avant la lettre".

Del ideal de la vida retirada y contemplativa se derivó una utopía ruralista y pastoril que se manifestó en las novelas pastoriles y de caballerías y en composiciones poéticas de carácter moralista. El agrarista Gabriel Alonso de Herrera (1470-1539) evoca las ventajas del mundo rural: *"Labrar el campo es vida santa, vida segura, de sí mesma llena de inocencia, y muy ajena de pecado".* (En *Agricultura General*). El escritor y religioso Antonio de Guevara (1480-1545) dio un sugestivo título a uno de sus libros: *Menosprecio de corte y alabanza de aldea* (1539): *"Es privilegio de aldea que no tengan allí los hombres mucha soledad ni enojosa importunidad, del cual privilegio no gozan los que andan en la corte y viven en los pueblos grandes, a donde cada día les faltan los dineros y le sobran los cuidados.* Fray Luis de León (1528-1591), poeta horaciano, exalta la vida retirada: *"¡Qué descansada vida / la del que huye el mundanal ruido / y sigue la escondida / senda por donde han ido / los pocos sabios que en el mundo han sido!* (En *Oda a la vida retirada*).

La metafísica de los nombres

El poeta lírico y pensador fray Luis de León (1528-1591) elaboró un cuerpo de doctrina bíblica a partir del sentimiento de la naturaleza como creación divina y del concepto del orden universal como reflejo de la unidad de Dios. Para fray Luis, los seres y las cosas se representan en nuestro cerebro cuando les damos un nombre, por lo que el análisis de los nombres que las Sagradas Escrituras dan a Jesucristo facilita su conocimiento: *De los nombres de Cristo* (1585).

> *"El nombre, si avemos de dezirlo en pocas palabras, es una palabra breve, que se sustituye por aquello de quien se dize, y se toma por ello mismo. O nombre es aquello mismo que se nombra, no en el ser real y verdadero que ello tiene, sino en el ser que le da nuestra boca y entendimiento.*
> *Porque se ha de entender que la perfectión de todas las cosas, y señaladamente de aquellas que son capaces de entendimiento y razón, consiste en que cada una dellas tenga en sí a todas las otras, y en que, siendo una, sea todas quanto le fuere possible; porque en esto se avezina a Dios, que en sí lo contiene todo. Y quanto más en esto creciere, tanto se allegará más a él haziéndosele semejante. La qual semejança es, si conviene dezirlo assí, el principio general de todas las cosas, y el fin y como el blanco adonde embían sus desseos todas las criaturas".*

(De *De los nombres de Cristo*, de fray Luis de León. Madrid. Espasa-Calpe. 1968)

Sobre la mujer

El concepto grecorromano de la mujer como ser inferior al hombre se mantuvo en la sociedad medieval y moderna. A la mujer no se le reconocía plena personalidad jurídica y se la destinaba fundamentalmente a la función reproductora o al enclaustramiento en un centro religioso. El humanista Luis Vives (1492-1540) defiende su derecho a la educación y al trabajo: *"Para muchos las mujeres doctas son sospechosas; como si su malicia natural recibiera el apoyo de una astuta erudición.* (En *Sobre la instrucción de las muchachas*). Fray Luis de León (1528-1591) sobrepone las virtudes morales femeninas a su belleza física: *"Pone la hermosura de la buena mujer, no en las figuras del rostro, sino en las virtudes secretas del alma".* (En *La perfecta casada*). Para el médico y filósofo Huarte de San Juan (1529-1588), la mujer no puede alcanzar gran ingenio a causa de su sexo: *"Los padres que quisieren gozar de hijos sabios y que tengan habilidad para letras han de procurar que nazcan varones; porque las hembras, por razón de la frialdad y humedad de su sexo, no pueden alcanzar ingenio profundo.* (En *Examen de ingenios para las ciencias*).

La ciencia. Geocentrismo. Heliocentrismo

El interés por conocer y aprovechar los recursos naturales movió a los españoles a desarrollar los estudios científicos y tecnológicos relacionados con la navegación, la extracción de minerales, la selección de plantas, la farmacopea, la arquitectura civil y la construcción de máquinas. El médico y botánico Nicolás

Monardes (1507-1588) instaló en Sevilla un jardín de plantas exóticas americanas y estudió sus efectos curativos: *"Esta hierba que comúnmente llaman Tabaco, es hierba muy antigua y conocida entre los Indios: mayormente entre los de nueva España; que después que se ganaron aquellos reinos por nuestros Españoles, enseñados por los Indios, se aprovecharon de ella en las heridas que en la guerra recibían, curándose con ella, con grande aprovechamiento de todos.* (En *Historia Medicinal de las cosas que se traen de nuestras Indias Occidentales*)

Negar el geocentrismo significaba atentar contra los fundamentos de la ortodoxia cristiana: Dios no hubiera nacido en nuestro planeta si este no fuera el centro del universo. Sin embargo, las tesis de Copérnico y la demostración empírica de la redondez de la Tierra por Magallanes-Elcano marcaron el principio del reconocimiento del heliocentrismo y de la mutabilidad del universo. El astrónomo Gerónimo Muñoz (1520-1591) se mostró receptivo a las nuevas teorías. No obstante, hasta 1822 el movimiento del sistema solar se enseñaba en las universidades españolas a través del geocentrismo.

> *"(...) habiendo observado con instrumentos las mudanzas que hay en el cielo, como son la irregularidad de los movimientos y revoluciones particulares de cada uno de ellos, y viendo que las revoluciones de ellos no son iguales, y que los lugares de las estrellas se han mudado desigualmente y que las máximas declinaciones del Sol (que pensaban ser inmutables) se han mudado, y que los apogeos y perigeos de planetas (que son los puntos de la máxima y mínima distancia de ellos hasta la Tierra) de tiempo de Ptolomeo hasta ahora se han mudado en más de 26 grados, y eran tenidos por inmutables. Viendo que los años se hacen menores de lo que solían ser, como por instrumentos se puede ver, he entendido que es falso lo que dice, que es común opinión de todas las gentes que nunca ha habido en el cielo mudanza".*

(De *Libro del Nuevo Cometa*, de Jerónimo Muñoz. 1573. Valencia. Valencia Cultural. 1981)

Emergencia de la ciencia jurídica moderna

El aumento de la pobreza significó también el del bandolerismo y los delitos y, en consecuencia, la emergencia de la ciencia jurídica moderna: Tomás Cerdán de Tallada (1533-1614), especialista en Derecho canónico, analizó el sistema judicial y demandó regular y adecuar las penas a los delitos:

> *"... dispone el fuero que ha de ser preso el acusado, y puesto en la cárcel, con que si por el tal delito no fuere debida pena corporal principalmente, o en subsidio, que es caso que no tenga bienes para pagar la pena, se le ha de dar sentencia dentro de dos días precisos, y si el juez que lo tuviere a cargo, no lo hiciere, ha de ser luego sacado de la cárcel libremente, absolviéndole de la acusación".*

(De *Visita de la cárcel, y de los presos: en la cual se tratan largamente sus cosas, y casos de prisión*, de Tomás Cerdán de Tallada. Madrid. Editorial Complutense. 2009)

Los médicos humanistas

Los médicos humanistas asignaron a las enfermedades un origen natural, explicaron la fiebre como síntoma de un mal y de la lucha del organismo por librarse del mismo, analizaron las funciones cerebrales y su relación con los demás órganos del cuerpo. Legitimaron sus teorías con razonamientos filosófico-éticos. En 1488 se autorizó la disección de cadáveres.

Miguel Servet (1511-1553) situó en el cerebro la sede de las funciones intelectuales *"En el cerebro reside la facultad príncipe del alma: el entendimiento raciocinante, al que, por ser más difícil y estar situado en una atalaya elevada, han sido adapatados con gran ingenio diferentes órganos"*. (En *Restitución del Cristianismo*). Juan Valverde de Amusco (1525-1587) describió la estructura interna del cuerpo humano: *"Es, pues, de saber que la verga se compone de dos cuerpos esponjosos, y muy diferentes de todas las otras partes del cuerpo, salvo el cuello de la madre, con el que tienen alguna semejanza.* (En *Historia de la composición del cuerpo humano*). Juan Huarte de San Juan (1529-1588) relacionó inteligencia y masa cerebral, radicó el pensamiento en el cerebro, estudió sus funciones y creó un cuerpo de doctrina psicológica acerca de los caracteres: *"La cantidad de cerebro que ha menester el ánima para discurrir y raciocinar es cosa que espanta, porque entre los brutos animales ninguno hay que tenga tantos sesos como el hombre; de tal manera que si juntásemos los que se hallan en dos bueyes muy grandes, no igualarían con los de un solo hombre por pequeño que fuese"*. (En *Examen de ingenios para las ciencias*). Su libro fue prohibido por la Inquisición; influiría en Cervantes, Gracián, Balmes y en gran número de filósofos, pedagogos y lingüistas, incluso en Chomsky.

En 1587 se publicó en Madrid *Nueva filosofía de la naturaleza del hombre*, tratado científico-filosófico sobre las causas naturales de la salud y la felicidad. El autor relaciona psique y cuerpo, moderación, higiene y salud, y comenta la capacidad curativa de la música. Atribuye la salud del hombre a la templanza: *"La templanza en todos los deleites, apetitos y afectos es la maestra, señora y gobernadora de la salud del hombre, y de la salud del alma. Ésta sustenta la vida y salud humana, y hace llegar a la vejez"*. (En *Nueva filosofía de la naturaleza del hombre*. Atribuido a Miguel Sabuco y a su hija Olivia, médica y filósofa).

"Siempre la lengua fue compañera del Imperio"

La lengua - *"primera ciencia del hombre"* (Vives), *"nuncio del entendimiento"* (Vitoria)- interesó vivamente a los humanistas. Elio Antonio de Nebrija (1441-1522) publicó (1492) su *Gramática de la lengua castellana*, "obra notable: la primera dedicada a una lengua vulgar moderna" (B. Malmberg). Nebrija relacionó lengua e identidad de los grupos humanos y políticos; sin embargo su frase *"siempre la lengua fue compañera del Imperio"* se refiere al Imperio romano: *Cuando bien conmigo pienso, muy esclarecida Reina, y pongo delante los ojos la antigüedad de todas las cosas que para nuestra recordación y memoria quedaron escritas, una cosa hallo y saco por conclusión muy cierta: que siempre la lengua fue compañera del Imperio, y de tal manera lo siguió que juntamente comenzaron, crecieron y florecieron, y después junta fue la caida de entrambos..."*. (En *Gramática de la lengua castellana*).

Luis Vives (1492-1540) señala la función esencial de la lengua como instrumento de la comunicación humana: *"Pero puesto que esta mente está encerrada en un cuerpo, y puesto que el hombre mismo ha de vivir su vida en sociedad, como fue creado para esa sempiterna sociedad, a fin de que pudiese explicarse a los demás fue agraciado con el lenguaje, que fluye de la mente como de la fuente fluye el arroyo,* (En *Del Arte de hablar*. Edición y traducción de José Manuel Rodríguez Peregrina. Universidad de Granada. 2000). Huarte de San Juan (1529-1588) reflexionó sobre la adquisición del lenguaje. *"Cuán impertinente sea la imaginativa, y el entendimiento, para aprender lenguas y maneras de hablar, pruébalo claramente la niñez, que con ser la edad en la cual el hombre está más falto de estas dos potencias, con todo eso dice Aristóteles que los niños aprenden mejor cualquiera lengua que los hombres mayores, aunque sean más racionales".* (En *Examen de ingenios para las ciencias*).

El erasmista Juan de Valdés (1509-1542) llevó a cabo el *"primer examen reflexivo de la lengua castellana"* (M. Bataillon): *Diálogo de la lengua*, obra escrita en 1533 e impresa por vez primera en Madrid en 1737. En estos párrafos Valdés expone su tesis sobre el origen del castellano: *"Lo que por la mayor parte los que son curiosos destas cosas tienen y creen, es que la lengua que oy usan los vizcaínos es aquella antigua española. Esta opinión confirman con dos razones harto aparentes: la una es que, assí como las armas de los romanos, quando conquistaron la España, no pudieron passar en aquella parte que llamamos Vizcaya, assí tampoco podo passar la lengua al tiempo que, después de averse hecho señores de Spaña, quisieron que en toda ella se hablasse la lengua romana. La otra razón es la disconformidad que tiene la lengua vizcaína con qualquiera de todas las otras lenguas que el día de oy en España se usan; por donde se tiene casi por cierto que aquella nación conservó juntamente con la libertad su primera lengua. Desta mesma opinión fui yo un tiempo".*
(De *Diálogo de la lengua*, de Juan de Valdés. Edición de 1737)

El poeta petrarquista y neoplatónico Fernando de Herrera (1534-1597), renovador del lenguaje por medio de innovaciones léxicas y sintácticas precursoras del barroquismo literario, considera la lengua castellana tan digna como la toscana para la expresión literaria.

> *"Porque la toscana es muy florida, abundosa, blanda y compuesta, pero libre, lasciva, desmayada, y demasiadamente enternecida y muelle y llena de afectación; admite todos los vocablos, carece de consonantes en la terminación, lo cual, aunque entre ellos se tenga por singular virtud y suavidad, es conocida falta de espíritu y fuerza; tiene infinitos apóstrofos y concisiones; muda y corta y acrecienta los vocablos. Pero la nuestra es grave, religiosa, honesta, alta, magnífica, suave, tierna, afectuosísima y llena de sentimientos, y tan copiosa y abundante que ninguna otra puede gloriarse de esta riqueza y fertilidad más justamente...".*

(De *Anotaciones a la poesía de Garcilaso*, de Fernando de Herrera. 1580. Madrid. Cátedra. 2001)

Fernando de Herrera (1534-1597) escribió *Anotaciones a la poesía de Garcilaso* (1580), elocuente ejemplo de crítica literaria de la época renacentista.

> *"Es el estilo de Garci Lasso inafetado, como se dixo de Xenofón, o, por más cierto, que ninguna afetación lo puede alcançar; halla con agudeza i perspicacia; dispone con arte i juicio, con grande copia i gravedad de palabras i concetos, que no podrá aunque escriva cosas umildes, inclinar su ánimo a oración umilde; está lleno de lumbres i colores i ornato poético donde lo piden el lugar i la materia, i de grandes afetos i eloquencia, no sólo esprimiendo mas amplificando i componiendo i ilustrando sus pesamientos con tanta elegancia que ninguno le ecede. Tiene riquíssimo aparato de palabras ilustres, sinificantes i escogidas con tanto concierto que la belleza de las palabras da luz al orden i la hermosura del orden da resplandor a las palabras, i aunque en algunas partes se pudieran mudar algunas vozes i ilustrar con mejor disposición, está todo tan lleno de ornamentos i bellezas que no se puede manchar ni afear con un lunar que se halle en él".*

(De *Anotaciones a la poesía de Garcilaso*, de Fernando de Herrera. Madrid. Cátedra. 2001)

Clasicismo arquitectónico

Diego de Sagredo (1490-1528), diseñador de planos arquitectónicos y de arquitecturas efímeras, escribió el primer tratado español sobre estética: *Medidas del romano* (1526). Sagredo tomó de Vitrubio el concepto de la belleza como proporción y armonía entre el conjunto y sus partes. La publicación de *Medidas del romano* marcó el comienzo de la difusión en España del clasicismo arquitectónico.

> *"Y como los primeros fabricadores no tuviesen reglas para trazar, repartir y ordenar sus edificios, parecióles debían imitar la composición del hombre, el cual fue creado y formado de natural proporción, y especulando los tercios y escudriñando las medidas de su estatura, y cotejando unos miembros a otros, hallaron la cabeza ser más excelente, y de ella todos los otros, como de miembro más principal tomaban medida y proporción, porque de su rostro sacaban el compás para formar los brazos, las piernas, las manos, y finalmente todo el cuerpo, de donde tomaron ciertas reglas y medidas naturales para dar proporción y autoridad a los repartimientos y ordenanzas de sus edificios. De manera que todo el edificio bien ordenado y repartido es comparado al hombre bien dispuesto y proporcionado".*

(De *Medidas del Romano*, de Diego Sagredo. 1553. Valencia. Vicent Garcia. 2004)

Juan de Herrera (1530-1597), arquitecto del palacio-monasterio de El Escorial, monumento emblemático del clasicismo español, escribió tratados sobre técnicas constructivas y sobre la fundación, en Madrid, de la Academia de Matemáticas.

"Siendo la Majestad del Rey Don Felipe N.S. informado, que aunque en las Universidades y estudios de estos Reinos hay instituidas, y dotadas cátedras de Matemáticas, no hay muchos que las profesen, antes tan pocos, que apenas ni en las universidades, ni fuera de ellas se halla quien con fundamento de principios sepa ni pueda discernir, lo falso de lo cierto en estas ciencias, ni diferenciar los profesores verdaderos (...) y que de parte de esto hay falta en la republica de artífices entendidos y perfectos para muchos usos, y ministerios necesarios a la vida políca. Ha sido su Majestad servido que en su Corte haya una lección pública de Matemáticas, trayendo para ello personas eminentes que las lea y enseñe pública y graciosamente, a todos los que las quisiere oír".

(De *Institución de la Academia Real Mathemática*, de Juan de Herrera. 1584. Madrid. Instituto de Estudios Madrileños. 1995)

Sobre música y pintura

La música fue una de las manifestaciones artístico-culturales más relevantes del primer Siglo de Oro. La instrumental contó con la aportación de las escuelas de organistas y de vihuelistas. Antonio de Cabezón (1510-1560), tal vez el más destacado músico de la época, compuso tientos y obras para arpa, tecla y vihuela.

"Ninguna facultad hay que menos necesidad tenga de ser alabada que la música, por ser su perfección tan generalmente y sin contradición de nadie, conocida y confesada y principalmente de los que la profesan, los cuales no tienen necesidad de ser convidados con sus alabanzas a seguir lo que con tanto gusto y contentamiento tratan. Pero, porque la estimación y precio de los hombres suele por la mayor parte tener en poco las cosas propias y ordinarias por muy buenas que sean, y hace mucho caso de las ajenas y raras, aunque no sean tales, y así podrá alguno haber puesto en olvido las excelencias de esta su arte, no dándole la estimación que merece".

(De *Antonio de Cabezón, Obras de música para tecla, arpa y vihuela*, de Antonio de Cabezón, recopiladas y puestas en cifra por Hernando de Cabezón, su hijo. 1578. Barcelona. Instituto Español de Musicología. 1982)

Para Francisco de Holanda (1517-1585), ensayista de origen portugués, la pintura es plasmación del pensamiento en obra visible.

"La Pintura, diría yo, que es una declaración del pensamiento en obra visible y contemplativa y segunda naturaleza. Es imitación de Dios y de la Naturaleza prontísima. Es muestra de lo que pasó, y de lo que es presente, y de lo que será. Es imaginación grande que nos pone delante de los ojos aquello que se pensó tan secretamente en la idea, mostrando lo que aún no se vió, ni fue por ventura, que es

más. Es ornamento y ayuda de las obras divinas y naturales, dando al árbol del Hombre, que las raíces trae del cielo, el maravilloso fruto de la Pintura".

(De *De la pintura antigua,* de Francisco de Holanda. 1548. Madrid. Por Jaime Ratés. 1921)

• **Bibliografía:** página 305

2.- EL BARROCO

Europa sufrió una grave crisis política y social durante el siglo XVII, el siglo barroco. Factor coadyuvante de la misma, en España, fue la inflación constante generada por las remesas regulares de metales preciosos americanos, que acabó con la competitividad de los productos españoles y arruinó a la burguesía empresarial. Esta, desengañada y convencida de la inutilidad de sus esfuerzos, puso su empeño en vivir sin trabajar y en gozar de los mismos privilegios que la nobleza. Los prejuicios sociales, la ruina, y el empobrecimiento de la Corona y del pueblo (innumerables pobres no tenían más sustento diario que la *"sopa boba"*, distribuida gratuitamente por los conventos) sometieron a la economía nacional a una situación de dependencia respecto de los prestamistas extranjeros. El Estado tuvo que declarar ocho suspensiones de pagos entre 1557 y 1668 y la Corona tuvo que vender numerosos señoríos (realengos), lo que aumentó la concentración de la propiedad agrícola y la señorialización de la sociedad. Además, la negativa valoración social del trabajo manual y de las actividades útiles, los *"oficios viles"*, apartó de la actividad económica a extensos sectores sociales y redujo las posibilidades laborales a las carreras eclesiástica, administrativa y militar: *"Iglesia o casa real o mar"*.

La crisis significó también el fracaso de la política europea de los Austrias españoles, líderes del contrarreformismo y del ideal medieval de la supremacía del Papado y del Imperio frente al nuevo orden político de las monarquías modernas. En 1640 se produjeron movimientos secesionistas en Cataluña, Andalucía, Portugal, Nápoles y Sicilia, que se saldaron con la derrota de Cataluña en la «Guerra dels Segadors" (1640-1659) y la independencia de Portugal (1640-1668). España perdió la hegemonía militar (Rocroi, 1643) y política (paces de Westfalia, 1648, y de los Pirineos, 1659). La Paz de Westfalia significó el triunfo de los estados-naciones sobre el estado-imperio.

Otro aspecto de la crisis fue el incremento del "absolutismo confesional" -expulsión de los moriscos (1609-1614)- y del cerco inquisitorial a las creaciones intelectuales. El miedo a la Inquisición y el peso de la tradición tomista apartaron a los españoles (Ortega y Gasset: *"ensimismamiento"*, *"tibetanización de España"*) del cultivo de la ciencia y de la filosofía, desvinculándose así de la corriente racionalista europea, pero, a pesar de ello, participaron activamente en el movimiento cultural y artístico del Barroco.

La crisis generó un profundo pesimismo entre los intelectuales. Los arbitristas se preguntaron sobre las causas de las desgracias de España y propusieron reformas y fórmulas redentoras, muchas veces quiméricas. Los literatos cultivaron el conceptismo y el culteranismo, estilos que aprovechaban al máximo la capacidad expresiva de las palabras. La novela picaresca sirvió de conciencia crítica de las sombrías circunstancias sociales; las comedias, de cauce de evasión para un público poco exigente en el aspecto intelectual, y los autos sacramentales pusieron el simbolismo metafísico al servicio de la difusión de los valores contrarreformistas. La escenografía solemne y efectista del arte barroco, también al servicio de la difusión del contrarreformismo, exageró y distorsionó los elementos superficiales y decorativos del clasicismo renacentista.

"He resuelto que se saquen todos los moriscos de ese reino"

Las capitulaciones garantizaban a los habitantes de las ciudades tomadas a los andalusíes el uso de su lengua, la práctica de su religión y la vigencia de sus leyes; sin embargo, tras la caída de Granada, los cristianos identificaron rendición con cristianización. En 1502 se obligó a los moriscos a elegir entre el destierro o la conversión, en 1525 se abolió el Islam oficialmente en España, y al año siguiente se prohibieron el uso de la lengua y los nombres, los bailes, los baños y los vestidos moriscos. Muchos moriscos se bautizaron entonces por necesidad, y muchos falsos conversos fueron castigados por la Inquisición. Los moriscos solicitaron ayuda a los turcos y facilitaron las incursiones de piratas berberiscos en las costas españolas. En 1568 se rebelaron en las Alpujarras y proclamaron rey a un descendiente de los Omeyas. La rebelión fue sofocada por un ejército al mando de Don Juan de Austria y unos 50 000 moriscos fueron obligados a instalarse en Castilla (1570) y las Alpujarras repobladas con cristianos. Estas medidas no lograron acabar con la insurrección, que se extendió también a Levante. Fracasadas las medidas coercitivas, se optó por la expulsión. La orden se dictó en 1609, no sin la oposición de algunos sectores cristianos, sobre todo de nobles valencianos, que trataban de evitar la pérdida de una mano de obra experta y barata. La expulsión se llevó a cabo entre aquel año y 1614.

El literato Ginés Pérez de Hita (1544-1619), pionero de la novela histórica y de los romances del género morisco, narra, en la segunda parte de su obra *Historia de las Guerras civiles de Granada*, publicada en 1619, la rebelión de los moriscos, su derrota por Don Juan de Austria y su expatriación posterior. Pérez de Hita combina elementos históricos y mítico-poéticos.

> *"En seguida mandó S. M. que los moriscos fueran sacados de sus tierras, y llevados a Castilla, a la Mancha, y a otras partes más distantes del reino de Granada. Publicado este mandamiento,*

luego se puso por obra su expulsión del reino. ¿Quién podria ahora esplicar el profundo dolor que sintieron los granadinos, al ver que se les mandaba salir de sus tierras? No fue menor que en los cartagineses cuando después de rendidas las armas les fue mandado que dejaran á Cartago para que fuese asolada. ¡Cuántas lágrimas se derramaron en todo el estado granadino al tiempo que los moriscos se despedian de sus tierras! ¡Con qué pesadumbre lloraban las paredes y besándolas muchas veces, al traer a la memoria sus glorias pasadas, su presente destierro y sus trabajos, por venir! Decian los desventurados sollozando: ¡Ay, dios mio, ay tierras mias, que no esperamos veros más!"

(De *Historia de las Guerras Civiles de Granada*, de Ginés Pérez de Hita. Edición de 1833)

"(...) he resuelto que se saquen todos los moriscos de ese reino y que se echen en Berbería. Y para que ejecute lo que S.M. manda, hemos mandado publicar el bando siguiente:
Primeramente, que todos los moriscos de este reino, así hombres como mujeres, con sus hijos, dentro de tres días de como fuere publicado este bando en los lugares donde cada uno vive y tiene su casa, salgan de él y vayan a embarcarse a la parte donde el comisario les ordenare, llevando consigo de sus haciendas los muebles, los que pudieren en sus personas, para embarcarse en las galeras y navíos".

(Del *Bando general de expulsión de los moriscos* (22 de septiembre de 1609). Colección de Documentos Inéditos para la Historia de España. Tomo 18. Madrid. 1842-1883)

Los textos sobre los moriscos y su expulsión son muy abundantes. Luis del Mármol Carvajal (1520-1600), soldado del ejército de Don Juan de Austria en las guerras de las Alpujarras, escribió *Historia de la rebelión y castigo de los moriscos del reino de Granada* (1600).

"Apaciguadas las alteraciones del reino de Granada, y convertidos los moros a nuestra santa fe católica de la manera que hemos dicho, los Católicos Reyes los fueron regalando con nuevas mercedes y favores, gobernándolos con amor, y haciéndoles todo buen tratamiento, y mandando a sus ministros de justicia y guerra que los favoreciesen y animasen. Mas luego se entendió lo poco que aprovechaban estas buenas obras para hacerles que dejasen de ser moros; porque si decían que eran cristianos, veíase que tenían más atención a los ritos y cerimonias de la secta de Mahoma que a los preceptos de la Iglesia Católica...".

(De *Historia de la rebelión y castigo de los moriscos del reino de Granada*, de Luis de Mármol y Carvajal. Madrid. Edición de 1797)

Damián Fonseca, de la Orden de Predicadores de la Provincia de Aragón, señala los perjuicios derivados de la expulsión.

> *"Entre los daños temporales que desta expulsión se siguieron, tres a mi parecer fueron los principales, con otros muchos que de ellos resultaron. El primero el que se siguió a los Titulados, Barones, y Señores de lugares, ora fuesen de Moriscos, ora de Cristianos. El segundo la pérdida de los censos que estaban cargados sobre las comunidades de los Moriscos. El tercero la falta de oro, y plata que ellos se llevaron consigo, y la confusión de la moneda que dejaron en el Reino".*

(De *Relación de lo que pasó en la expulsión de los moriscos del Reyno de Valencia*, del M.F. Damián Fonseca. En Roma, por Iacomo Mascardo. 1612)

Los moriscos expulsados, unos 300 000, se dirigieron en mayoría al norte de África, llevando consigo el legado artístico, cultural y tecnológico andalusí y abundantes vocablos hispanos, hoy en día integrados en el árabe dialectal magrebí (*dariya*). Entre los expulsados, los de Hornachos (Badajoz) permanecieron durante décadas independientes de los sultanes marroquíes en Salé (Rabat). Los expulsados a Túnez utilizaron durante siglos la lengua castellana como vehículo de comunicación grupal, a fin de mantener en secreto las técnicas importadas de España. La música andalusí, llevada por los moriscos, conocida hoy día con los nombres de *"palabras de Granada"* y de *"canto andaluz"*, constituye un importante patrimonio cultural de los países magrebíes. He aquí un texto que da idea de la opinión de los moriscos expulsados sobre los cristianos:

> *"Dios ha querido sacarnos de entre esos malditos cristianos, enemigos de la verdad, que en la ceguera de su falsa secta clavan a su dios en un madero, le llaman hijo, madre y padre y fabrican mil otras mentiras. Con su inflexible injusticia y su cruel Inquisición, nos tenían sujetos y aniquilados por la fuerza de su rigor y de sus castigos. Quemando a nuestros padres y a nuestros amigos y apoderándose con crueldad y tiranía de nuestros bienes, nos forzaban a nosotros y a nuestros hijos a perder nuestra alma. A Él mil gracias. Él nos ha hecho salir de entre ellos, y nos ha librado de innumerables peligros, en tierra y en mar, así como de la esclavitud, de la humillación y de las desgracias de la fortuna y de la muerte".*

(Texto de Abu l-Gayt al-Qassas, religioso morisco instalado en Túnez. Tomado de l´Acueil par de Tunisiens aux morisques expulsés d´Espagne: Un temoignage morisque, de Henri Pieri, en Recueil d´Etudes sur les Morisques Andalous en Tunisie, préparé par Miguel de Epalza et Ramón Petit. Madrid. Dirección General de Relaciones Culturales. 1973)

Un Kama Sutra morisco

Un anónimo morisco expulsado a Túnez redactó un curioso texto sobre el arte amatorio que por su mestizaje cultural y moral, fusión de erotismo y mandamientos coránicos, recuerda al *Libro de Buen Amor*, del Arcipreste Hita.

> *"Y se lo prohibe tener el acto en el baso [vagina] en tiempo de su costumbre, o estar con la sangre del parto; y es pecador el que tal hace. Y neçsita haçer tauba [contrición, penitencia] dello hasta que se corte la sangre y se labe, ora sea muçlima, o sea de los erejes, cristiana y judía; y a éstas se les forçará a que se laben. Y les es prohibido también en este tiempo el tener acto con ella de las Rodillas abajo y del ombligo aRiba, como entre los pechos y en su mano.*
>
> *Y así como a él le es permitido goçar de todo el cuerpo della, lo es también a ella que goçe del todo el cuerpo dél, mirando su miembro y demás partes, y Regucijarse con él con todas las circunstançias que pueda, a pedimento de su marido, y añadir más otras muchas para caçalle el coraçón y probocarle a tener acto y gusto".*

(De *Un Kama Sutra español*, de autor anónimo. Luce López Baralt. Madrid. Ediciones Siruela, S. A. 1992)

La imagen literaria de los moriscos

Al mismo tiempo que los moriscos eran vilipendiados por tratadistas y memoriales, los novelistas los incluían como personajes secundarios en algunas obras. Las del género morisco los idealizan y atribuyen virtudes caballerescas, como la historia de Osmín y Daraja, incluida en el *Guzmán de Alfarache*, de Mateo Alemán; novelas como *La pícara Justina*, de Francisco López de Úbeda, reiteran los tópicos habituales.

> *"Esta vieja, en cuya casa posaba, era advenediza, natural de Andújar (...).*
>
> *Yo creo en Dios; pero que ella creía en él, créalo otro. Cuando se persinaba no hacía cruces, sino tres mamonas en la cara, como quien espanta niños, y cuando llegaba al pecho hacía un garabato y dábase un golpecito con el dedo pulgar en el estómago, entiende por allá el per signum.*
>
> *Si la quería enmendar, respondía:*
>
> *No querer max persino, que no ser santiguadera.*
>
> *Preguntábala si sabía el Ave María.*
>
> *Respondía:*
>
> *Ben saber Almería e serra de Gata e todo.*
>
> *En las cuatro oraciones decía más herejías que palabras, que por no hacer agravio a tan santas oraciones, no quiero conquistar la risa con trabucos de necedades y aun blasfemias.*
>
> *Preguntábala por qué no se había casado ni quería casar.*
>
> *Respondía:*
>
> *No haber marido bueno, si no ser morisco".*

(De *La pícara Justina*, de Francisco López de Úbeda. 1605. Barcelona. En casa Pedro Lacavallería. 1640)

Miguel de Cervantes (1547-1616) se hace eco, en el *Quijote*, del problema morisco.

Llama Ricote al morisco con el que Don Quijote y Sancho se encuentran (Capítulo LIV de la Segunda Parte). Ricote es el nombre de un valle murciano cuyos habitantes, a fin de evitar la expulsión, proclamaron de forma reiterada la autenticidad de su fe cristiana. Sin embargo, en octubre de 1613 se confirmó la orden de expulsión de los 2500 habitantes del valle. Cervantes vierte juicios muy negativos sobre los moriscos en *El coloquio de los perros*.

> *"Bien sabes, ¡oh Sancho Panza y vecino y amigo mío, cómo el pregón y bando que Su Majestad mandó publicar contra los de mi nación, puso terror y espanto en todos nosotros; a lo menos en mí, la puso de suerte que me parece que antes del tiempo que se nos concedía para que hiciésemos ausencia de España, ya tenía el rigor de la pena ejecutando en mi persona y en la de mis hijos. Ordené, pues, a mi parecer como prudente (bien así como el que sabe que para tal tiempo le han de quitar la casa donde vive, y se provee de otra donde mudarse), ordené, digo, de salir yo solo sin mi familia de mi pueblo, e ir a buscarla donde llevarla con comodidad, y sin la priesa con que los demás salieron".*

(Del Capítulo LIV de *Don Quijote de la Mancha*. Segunda Parte, de Miguel de Cervantes)

> *"¡Oh, cuántas y cuáles cosas te pudiera decir, Cipión amigo, de esta morisca canalla, si no temiera no poderlas dar fin en dos semanas! (...).*
> *Por maravilla se hallará entre tantos uno que crea derechamente en la sagrada ley cristiana. Todo su intento es acuñar y guardar dinero acuñado, y para conseguirle trabajan y no comen; en entrando el real en su poder, como no sea sencillo, le condenan a cárcel perpetua y a obscuridad eterna; de modo que ganando siempre y gastando nunca, llegan y amontonan la mayor cantidad de dinero que hay en España. Ellos son su hucha, su polilla, sus picazas y sus comadrejas: todo lo llegan, todo lo esconden y todo lo tragan".*

(De *El coloquio de los perros*, de Miguel de Cervantes)

"Los gitanos son muy perniciosos a España"

La hostilidad contra judíos y moriscos se hizo extensiva también a los gitanos. Varios memoriales describen y condenan su vida ociosa, depravada y al margen de la ley, su irreligiosidad y libertinaje sexual y de costumbres, e incluso su supuesta antropofagia. Su imagen de enemigos naturales de los españoles, como los moriscos, era aún peor que la de estos, que al menos, se decía, trabajaban y contribuían a la riqueza del país. Las Cortes solicitaron reiteradamente su expulsión.

> *"No son cristianos, ni confiesan, ni comulgan, ni ayunan; comen carne en tiempos prohibidos; ni oyen misa; de manera que su vida es escandalosa, pues está cargada de ofensas a Dios; tienen perdida*

gran parte de la labranza y crianza de estos reinos, porque como sus hurtos son caballerías, y roban tantas, los miserables labradores, al primero que les hacen, quedan perdidos, sin sustancia ni hacienda para poder comprar otras, obligándolas a encerrar de noche y a no dejarlas en los pastos, y no tienen de qué sustentarlas en su casa, y así se les mueren de hambre".

(Del *Memorial aprobado por las Cortes de 1611*)

El arbitrista Sancho de Moncada (primera mitad del siglo XVII) fue uno de los primeros en señalar la gravedad del problema; califica a los gitanos de ladrones y raptores de niños, de brujos, magos y quiromantes. El también arbitrista Fernández de Navarrete (1564-1632) considera que existen sobradas razones para expulsarlos de España.

"La mayor parte dice que son de África, que vinieron con los Moros cuando se perdió España, o Tártaros, Persas, Cilices, Nubianos de Egipto inferior, de Suria, o de otras partes de Asia, y África, y algunos los tienen por descendientes de Chus, hijo de Chan, otros dicen que son de Europa, Bohemios, Alemanes, y de otras naciones de ella.
La segunda y la cierta opinión es que los que andan en España no son Gitanos, sino enjambres de zánganos y hombres ateos, y sin ley ni religión alguna".

(De *Restauración política de España.* de Sancho de Moncada. 1619. Madrid. Instituto de Estudios Fiscales. Ministerio de Hacienda. 1974)

"La expulsión de los moriscos me da motivo a tratar de la que se debiera hacer de los gitanos, tantas veces deseada, y tan mal ejecutada; no siendo tan dificultosa la ejecución, cuanto dañosa la tolerancia de esta gente tan perniciosa en la república".

(De *Conservación de monarquías y discursos políticos*, de Pedro Fernández de Navarrete. Madrid. Instituto de Estudios Fiscales, Ministerio de Hacienda. 1982.)

Cervantes, en su novela *La Gitanilla*, pone en boca de un gitano estas palabras: *"Somos astrólogos rústicos, porque casi siempre dormimos al cielo descubierto, a todas horas sabemos las que son del día y las que son de la noche; vemos cómo arrincona y barre la aurora las estrellas del cielo, y cómo ella sale con su compañera el alba, alegrando el aire, enfriando el agua y humedeciendo la tierra, y luego, tras ella el sol, "dorando las cumbres" –como dijo el otro poeta- y "rizando montes"; ni tememos quedar helados por su ausencia cuando nos hiere a soslayo con sus rayos, ni quedar abrasados cuando con ellos perpendicularmente nos toca; un mismo rostro hacemos al sol que al hielo, a la esterilidad que a la abundancia. En conclusión, somos gente que vivimos por nuestra industria y pico, y sin entrometernos con el antiguo refrán: "Iglesia, o mar, o casa real, tenemos lo que queremos, pues nos contentamos con lo que tenemos".*

Sobre los enemigos de España

En una época en que la monarquía mantenía varios frentes de batalla, los tratadistas políticos, Baltasar Álamos de Barrientos (1555-1640) entre ellos, se interesaron por conocer a los enemigos reales y potenciales de España.

"*Reinos de la Corona de Aragón*

De los heredados, que aunque lo son, las leyes y la manera del trato y gobierno de los de la corona de Aragón los hace diferentes de nosotros. Y los movimientos pasados, aunque sosegados fácilmente y con la menos sangre que se pudo, los tiene inquietos de ánimo y aun quejosos, pareciéndoles que aún en alguna manera se les ha ofendido sus libertades, que basta para que tengamos recelo de ellos.

Francia

Francia, hasta ahora poco ha, era enemigo público; y aunque a su príncipe hayamos de llamar amigo por la paz nuevamente capitulada entre esta corona y aquélla, con general contento de ambas, todavía no me parece amistad segura, y a aquel príncipe y a sus pueblos tengo por enemigos secretos de esta monarquía, y no más amigos que antes.

Inglaterra

Inglaterra es enemigo público nuestro por la religión, fortísima causa de la enemistad, y, a juicio de los prudentes, la más poderosa de cuantas hay en las naciones y que más duras y perpetuas guerras causa.

Los Moros

Los Moros y sus príncipes de Fez y Marruecos están muy cerca de nosotros, enemigos también por la religión. Y aunque no gente a propósito para conquistar a España en ningún tiempo, y más en éste, y con las armas que ahora se usan, es de mal nombre y agüero para España...".

(De *Discurso político al rey Felipe III al comienzo de su reinado*, de Baltasar Álamos de Barrientos. 1601. Barcelona. Anthurpos. 1990)

Diego Saavedra Fajardo (1584-1648), tratadista político, diplomático en las conversaciones de paz entre los contendientes en la guerra de los Treinta Años, dejó testimonio de las negociaciones en el opúsculo *Locuras de Europa* (1643-1644). Fusiona, en sus escritos, análisis y crítica de la decadencia de España, teoría sobre política práctica, maquiavelismo, moral, providencialismo histórico y concepción pactista del poder.

"*Mercurio.- Así es verdad; pero dice un discurso francés que la república de Holanda ha crecido más en setenta años que en cuatrocientos los romanos, y que los estados levantados con mucha prisa, declinan presto a su menguante; y así, parece que ya va declinando y que los mismos holandeses trabajan en su ruina, pues por mar y tierra hacen espaldas a las empresas de los franceses para que ocupen los Países Bajos, como si no les conviniera más confinar con los españoles que con los franceses. Aquéllos, cansados ya de dominar, tratan más de conservarse en lo que hoy poseen que en recobrar sus derechos antiguos; y éstos, tan ambiciosos de ensanchar sus confines, que ni la religión, ni la justicia, ni la amistad, ni el parentesco, ni la fe pública detendrán sus vastos designios".*

(De *Locuras de Europa. Diálogo de Mercurio y Luciano*, de Diego Saavedra Fajardo. 1748)

"¡Oh, desdichada España!"

Varios autores de la época barroca levantaron su voz en defensa de España y contra sus enemigos: Antonio Carnero (1584-1641), contador principal de los ejércitos de Flandes, historió las guerras con los Países Bajos. El cronista José Pellicer de Ossau y Tovar (1602-1679) denuncia las calumnias de Francia.

"Han sido tantos y tan diversos los sucesos y cosas que han acaecido en esta larga y prolija guerra y obstinada rebelión de Flandes, que parece cosa de admiración que en unas provincias tan pequeñas y cortas se ha podido mantener y sustentar la guerra contra las fuerzas tan poderosas de un tan gran Príncipe y Monarca, como el Rey Don Felipe, y particularmente que lo ha podido sufrir y comportar el país manteniéndose con tanta abundancia de vituallas tantos y tan poderosos ejércitos como de continuo han campeado en ellos".

(De *Historia de las guerras civiles que ha habido en los Estados de Flandes*, de Antonio Carnero. En Bruselas. En casa de Juan de Meerbeque. 1625)

"Diez años ha que me comencé a lastimar de ver cuán descaradamente sectarios, protestantes y políticos, infaman en sus historias e invectivas y apologías, la pureza real de España, la sinceridad católica de su monarca, y la legalidad fiel de sus confidentes. Desde entonces empecé también a culpar la flojedad o negligencia, de tantos ingenuos españoles, que divertidos en acciones inútiles, desatendían la contemplación de tan gloriosos empeños, como son volver por su Patria, y acallar tanto número de herejes que la injurian. Quisiera yo hallarme tan hábil, como fino, para cumplir con esta leal cólera y responder a sus pérfidos denuestos, porque no cobraran crédito ni orgullo con nuestro silencio".

(De *Defensa de España contra las calumnias de Francia*, de José Pellicer Ossau de Tovar. Venecia. 1635)

Francisco de Quevedo (1580-1645) se duele de la ruina del país; atribuye sus males a los enemigos extranjeros y a los vicios de la sociedad española. Fue el primero en plantearse el problema de España como objeto de análisis, asunto recurrente desde entonces entre tratadistas y politólogos, sobre todo en épocas de crisis.

"Miré los muros de la patria mía,
si un tiempo fuertes ya desmoronados
de la carrera de la edad cansados
por quien caduca ya su valentía.
(De *Miré los muros de la patria mía*, de Francisco de Quevedo)

"¡Oh, desdichada España! ¡Revuelto he mil veces en la memoria tus
antigüedades y anales, y no he hallado por qué causa seas digna
de tan porfiada persecución! (...) No nos basta ser tan aborrecidos
en todas las naciones, que todo el mundo nos sea cárcel y castigo
y peregrinación, siendo nuestra España para todos patria igual y
hospedaje. ¿Quién no nos llama bárbaros? ¿Quién no nos dice que
somos locos ignorantes y soberbios, no teniendo nosotros vicio que
no le debamos a su comunicación de ellos? ¿Supieran en España qué
ley había para el que, lascivo, ofendía las leyes de la Naturaleza,
si Italia no se lo hubiera enseñado? ¿Hubiera el brindis repetido
aumentado el gasto a las mesas castellanas, si los tudescos no
lo hubieran traído? Ociosa hubiera estado la Santa Inquisición si
sus Melantones, Calvinos, Luteros y Zuinglios y Besas no hubieran
atrevídose a nuestra fe".
(De *España defendida y los tiempos de ahora, de las calumnias de los noveleros y*
sediciosos, de Francisco de Quevedo. 1616. Pamplona. EUNSA. 2013)

La ruptura del confederalismo

El confederalismo de la monarquía hispánica se asentaba sobre el pacto entre el rey y los súbditos. El conde-duque de Olivares (1587-1645), valido de Felipe IV (1605-1665), dirigió al rey un memorial (1624) en el que le exponía sus ideas sobre la necesidad de convertir el conglomerado de reinos y territorios bajo su soberanía en una monarquía unitaria, organizada según las leyes y costumbres de Castilla. Ideó un instrumento militar, la Unión de Armas, ejército de reserva de 140 000 hombres costeado equitativamente por todos los reinos de la corona. A sus propuestas respondieron los catalanes y portugueses con la rebelión independentista, por considerar que atentaba contra el pacto que los unía al rey de Castilla. La corona, imposibilitada de atender todos los frentes de batalla -al mismo tiempo se produjeron sublevaciones en Sicilia, Nápoles y Andalucía-, logró doblegar la rebelión catalana -Guerra dels Segadors (1640-1659)-, pero no pudo reprimir el movimiento separatista portugués y en 1668 tuvo que reconocer la independencia de aquel reino.

"Tenga Vuestra Majestad por el negocio más importante de su
monarquía el hacerse rey de España; quiero decir, Señor, que no se
contente V. Majd. con ser rey de Portugal, de Aragón, de Valencia,
conde de Barcelona, sino que trabaje y piense con consejo maduro y
secreto por reducir estos reinos de que se compone España al estilo y
las leyes de Castilla, sin ninguna diferencia en todo aquello que mira

a dividir límites, puertos secos, el poder celebrar cortes de Castilla, Aragón y Portugal en la parte que quisiere, a poder introducir V. Majd. acá y allá ministros de las naciones promiscuamente y en aquel temperamento que fuere necesario en la autoridad y manos de los consellers, jurados, diputaciones, consejos de las mismas provincias en cuanto fuesen perjudiciales para el gobierno y indecentes a la autoridad real, en que se podrían hallar medios proporcionados para todo, que si V. Majd. lo alcanza será el príncipe más poderoso del mundo".

(De *Gran Memorial del conde-duque de Olivares a Felipe IV*)

El humanista Baltasar Álamos de Barrientos (1555-1640) comenta cómo los tributos recaían sobre los reinos de Castilla, cabeza de la monarquía. Para Quevedo, *"Sólo Castilla y León -y el noble reino andaluz- llevan a cuestas la cruz".*

"Los reinos de Castilla, que son sin duda la cabeza de esta monarquía, (...) los que dan más gente, más dinero y más sustancia, es justo que considere Vuestra Majestad cómo están y cómo los tienen las guerras extranjeras y los servicios propios; porque todos los demás reinos de Vuestra Majestad tienen apariencia de señorío y hacen sombra de grandeza, pero dan poca gente y ningún dinero que salga de los mismos que lo contribuyen para ésta o para los demás reinos de Vuestra Majestad; y así están ricos, o al menos no necesitados".

(De *Discurso político al rey Felipe III al comienzo de su reinado*, de Baltasar Álamos de Barrientos. 1601. Barcelona. Anthurpos. 1990)

"Los catalanes son vasallos pactados"

El concepto del poder como resultado del pacto entre gobernantes y gobernados, que había sido formulado en el siglo XIV por el catalán Francesc Eiximenis (1340-1408), es indisociable de la cultura política tradicional catalana. El pactismo se reflejaba en el juramento de fidelidad de las Cortes medievales catalano-aragonesas ante el heredero de la Corona: *"Nos, que cada uno valemos tanto como Vos, y que juntos podemos más que Vos, os ofrecemos obediencia si mantenéis nuestros fueros y libertades, y si no, no".* Por la misma razón se opusieron los aragoneses a la intervención del ejército de Felipe II en Zaragoza, donde se había refugiado su secretario Antonio Pérez, acción declarada contraria al fuero por el Justicia Mayor, Juan Lanuza, que fue procesado y ejecutado.

La política centralista del conde-duque de Olivares fue considerada en Cataluña, como en Portugal, un agravio a la legalidad vigente. Se imprimieron entonces, en Cataluña, innumerables folletos contra el rey Felipe IV y el conde-duque de Olivares. El agustino fray Gaspar Sala i Berart (1605-1670) publicó *Proclamación Católica* (1640), firmada por los consellers de Barcelona y pagada por el Consell de Cent. Fue traducida a las principales lenguas europeas. Sala resume la ideología secesionista catalana de la época barroca y con veladas amenazas trata de conseguir la destitución del conde-duque y de disuadir al rey de invadir Cataluña.

La *Proclamación Católica* exalta las virtudes del pueblo catalán, los servicios prestados a la Corona, la legitimidad de sus reclamaciones y las limitaciones del poder real en el principado.

> *"Este, Señor, es el principio, y origen del derecho que tienen los Condes de Barcelona en Cataluña. De donde con evidencia se infiere ser los Catalanes vasallos pactados y convencionales, y que están libres, cuanto a lo reservado en el contrato. Y aunque es verdad, que esta retención y limitación del poder absoluto se hicieron estas provincias, cuando se entregaron libremente, fue mayor, o menor en unas partes que en otras, porque como en todo el dominio residía antes de la elección en el pueblo, transfirieron el poder en el señor electo, según las condiciones que les parecía a cada pueblo. De donde nació ser unas Provincias más privilegiadas que otras, aunque todas convengan en haberse entregado libremente, y poder los Reyes en una Provincia más que en otra. La retención que hicieron fue de las leyes Góticas, de suerte, que aunque se entregaban al Rey de Francia, no para que los gobernase, como Rey de Francia, sino como Rey electo, según las leyes y condiciones antiguas, con que los reyes Godos los habían gobernado (...).*
> *De todos estos principios se infieren estas legítimas consecuencias, que son expresas constituciones de Cataluña. La primera, que el Conde (salve su real clemencia) no usa de poder absoluto, ni hace leyes solo, ni puede derogarlas".*

(De *Proclamación Católica*, de Gaspar Sala. Madrid (s.n.). 1640)

La rebelión de Cataluña

Francisco de Rioja (1583-1659), teólogo, jurista y poeta neoestoico y horaciano, alto funcionario de la Inquisición, amigo y propagandista del conde-duque de Olivares, critica la infidelidad y antiespañolismo de los catalanes.

> *"En el parágrafo octavo se encarecen los desordenes y atrocidades que los soldados han hecho al Principado desde el año de veintiséis, (...) y comenzaron a tratar mal los soldados, de manera que les quitaban la comida, no queriéndosela vender a ningún precio. ¿En este estado de cosas que hicieran los soldados que pareciera demasía? Encarécese lo que dicen que hicieron, y no se refieren las crueldades que ejecutaron los naturales con ellos, y con los ministros del Rey. Ordenó el Conde de Santa Coloma a los jueces de la Audiencia, que fuesen a poner en ejecución el modo de los alojamientos que mandaba su Majestad; y fueron tan mal recibidos, que si no se escondieran los mataran, como mataron a uno dentro de un convento; al alguacil Monredon que fue a la ejecución de los alojamientos, le quemaron vivo; los de Barcelona degollaron el tercio de Módena, y derrotaron la caballería de Chrinos, y mataron al Virrey a puñaladas".*

(De Aristarco o Censura de la Proclamación Católica de los catalanes, de Francisco de Rioja. Madrid (s.n.). 1640)

José Pellicer de Ossau (1602-1679), poeta y cronista, refiere, en sus *Avisos históricos*, episodios de la sublevación de Cataluña. El historiador y militar portugués Francisco Manuel de Melo (1611-1667), oficial de las fuerzas castellanas en la Guerra dels Segadors, escribió *Historia de los movimientos, separación y guerra de Cataluña en tiempo de Felipe IV* (1645).

> *"AVISOS DE 4 DE JUNIO DE 1640*
> *El origen de las alteraciones de Cataluña viene dependiente desde que se comenzó a alojar la gente de guerra en aquel principado. Alegan que es en descrédito de sus fueros dar a los soldados más que casa, cama, agua, sal y lumbre. A esta se arrimarían algunos desmanes de las tropas (...). En tanto en Cataluña, en un lugar del rey llamado Santa Coloma de Tornes, del distrito de Girona, se amotinaron los paisanos contra unas tropas y mataron a muchos cabos y soldados. Fue de orden del virrey el alguacil mayor Monredon a hacer justicia. Quemaron a él y a sus ministros en su misma casa los del lugar (...). Con esto los villanos eran contra ellos, como contra malditos y excomulgados. Juntáronse más de seis mil. Hoy tienen un cabo que se afirma el capitán de Cataluña. Acometieron por todas partes a los miserables soldados. Degollaron mucha parte de infantería y caballería con muerte de muchos cabos y oficiales de nombre. Llegó su insolencia a tal extremo que a 22 del pasado entraron en Barcelona. Rompieron las cárceles. Sacaron los presos, y entre ellos al diputado militar, causa principal de la embajada".*

(De *Avisos históricos*, de José Pellicer Ossau. 1601. Madrid. Taurus. 1965)

> *"Entonces, algunos de los soldados de milicia que guardaban el palacio del Virrey, tiraron hacia el tumulto, dando a todos más ocasión que remedio. A este tiempo rompían furiosamente en gritos: unos pedían venganzas; otros, más ambiciosos, apellidaban la libertad de la Patria; aquí se oía: ¡Viva Cataluña y los catalanes!; allí otros clamaban: ¡Muera el mal gobierno de Felipe! (...). La duda, el espanto, el peligro, la confusión, todo era uno; para todo había su acción, y en cada cual cabían tan diferentes efectos; sólo los ministros reales y los de la guerra lo esperaban, iguales en el celo. Todos aguardaban por instantes la muerte (el vulgo, furioso, pocas veces para sino en sangre); muchos, sin contener su enojo, servían de pregón al furor de otros; éste gritaba cuando aquél hería, y éste, con las voces de aquél, se enfurecía de nuevo. Infamaban los españoles con enormísimos nombres, buscábanlos con ansia y cuidado, y el que descubría y mataba, ése era tenido por valiente, fiel y dichoso".*

(De *Historia de los movimientos, separación y guerra de Cataluña en tiempos de Felipe*

IV, de Francisco Manuel de Melo. Edición de 1912)

Francisco Martí y Viladamor (1616-1687), cronista y abogado, fiscal de la Bailía General de Cataluña, ideólogo de la rebelión catalana de 1640, propuso entregar Cataluña a Luis XIII de Francia, que consideraba señor natural del principado.

> *"Rebeldes a su ley, y a su rey, arrojadamente llaman a los catalanes. No lo son a su ley, pues por ella pelean. No a su Rey, pues por su fidelidad gozan de toda la gracia del gloriosísimo Luis XIII, su verdadero Rey y Señor (...).*
>
> *(...) los castellanos nos llaman rebeldes, porque defendemos nuestras leyes y libertades, y sacudimos el yugo de las tiranías, defensa que por ser tan justa, se opone directamente al ignominioso título de rebeldía".*

(De *Manifiesto de la fidelidad catalana*, de Francisco Martí y Viladamor. (s.n.). 1646)

> *"Viéronse presto por toda Cataluña miserables efectos, pues siendo comun el odio entre naturales, y Soldados, al marchar estos a donde les era señalado, los temian los naturales como a enemigos, y les salian a recibir armados a los Lugares: sin mas averiguación, que el temor de los Pueblos, los ofendian, y robavan sin piedad alguna; pagando muchas vezes unos el desorden de los otros, con incendios, muertes, y estragos; sin ser suficiente para impedirlo ningun poder, o industria, por no hallarse ninguna capaz para templar la malicia de todos".*

(De *Anales de Cataluña y epílogo breve de los progresos, y famosos hechos de la Nación Catalana*, de Narciso Feliú de la Peña y Farell. Barcelona. Base. 1999)

Francisco de Quevedo (1580-1645) se hace eco de la deslealtad de catalanes y portugueses y de la inquina antiespañola de los franceses.

> *"Mucho desanima amparar al que se ofende de que le amparen: peleábamos contra los franceses por Cataluña, y los catalanes obligaban a los franceses contra nosotros con no acompañarnos. Nuestra desgracia su ingratitud la mereció, nosotros la padecimos; desquitárnosla con muchas ventajas sobre Fuenterrabía: esta plaza les hizo llorar lo que cantaban. Fué gran disposición pelear por guipuzcoanos y no por catalanes; defendíamos a los que se defendían en la Ocata, a los que se ofendían de que los defendiésemos. Dejábanse gobernar de las conciencias de los bandoleros, cuyo número es el mayor y más bien armado, el grueso de ellos gabachos y gascones, y herejes y delincuentes de la Lenguadoca. Al fin, plebe sobrada de Francia y desecho aún de los ruines de ella".*

(De *La rebelión de Barcelona ni es por el güevo ni es por el fuero*, de Francisco de Quevedo. *Obras Completas. Obras en prosa*. Madrid. Aguilar, S. A. de Ediciones. 1988)

Para el maquiavelista Alfonso de Lancina (1649-1703):

> *"En la Monarquía de España el ánimo menos conocido es el de los catalanes, amigos de su libertad y que no es prudencia tocarles sus privilegios; por fuerza, el regirlos, imposible; pero, de voluntad y con los buenos modos, muy tratables; gente que se contenta con los bienes de su provincia y se defiende de la Francia; cortos de palabras y poco amigos de burlas. También son fáciles a la venganza y de genio implacable".*

(De *Comentarios políticos a los Anales de Cayo Vero Cornelio Tácito* (1687), de Alfonso de Lancina. Madrid. Centro de Estudios Políticos y Constitucionales. 2004)

Antijudaísmo

Con el paso del tiempo, el recuerdo de los moriscos se borró de la memoria colectiva de los españoles, no así el de los judíos, cuya imagen negativa ha pervivido largo tiempo. Quevedo vertió sobre los judíos juicios muy negativos e incluso propuso al rey Felipe IV dictar una nueva orden de expulsión.

> *"Tal es aquella nación que los príncipes no tuvieron por salud entera desterrarlos. Antes, por todo lo dicho, reconocieron el peligro y el contagio en pequeña participación de sus venas. El vaho de su vecindad inficiona, su sombra atosiga (...). Y es, Señor, caso admirable y maravilla grande que premiase Dios Nuestro Señor la expulsión postrera de los abominables judíos y el establecer contra su perfidia el Tribunal del Santo Oficio con dar a los Reyes Católicos tanto mundo, que ignorancia tan antigua guardó hasta sus días para que fuese recompensa de acción tan colmada de gloria y, juntamente, señal de lo mucho que se agradó la majestad divina de tan santa determinación".*

(De *Execración contra los judíos*, de Francisco de Quevedo. 1633 Barcelona, Crítica. 1993)

El médico-filósofo Isaac Cardoso (1603-1680), portugués de origen converso convertido al judaísmo, profesor de Filosofía en la Universidad de Valladolid, vulcanólogo e investigador de las causas de los terremotos y de los vientos, comenta la expulsión de los judíos llevada a cabo por los Reyes Católicos en 1492.

> *"El año 1492 desterraron los Reyes Católicos de España los judíos en un término de cuatro meses, en que salieron ciento y veinte mil familias con 400 mil judíos; otros ponen mayor número con que pudiesen vender su hacienda, mas que no sacasen del reino oro, plata y joyas, y los que pasaban la mar pagaban dos ducados al Rey por cabeza, (...) más las calamidades que pasaron, los robos de las haciendas, la miseria, la afrenta e infortunios que padecieron son innumerables...".*

(De *Las excelencias de los hebreos*, por el Doctor Ysaac Cardoso. Amsterdam, en casa de David de Castro Tartas. 1679)

La defensa de la colonización de América

En el enfrentamiento de España con las potencias europeas desempeñaron un importante papel la propaganda y la guerra psicológica. Los enemigos de España aprovecharon las obras de Las Casas para desacreditar y dañar su imagen. Contra aquellos ataques se elevaron voces como la del cronista mayor de las Indias y de los Reinos de las dos Castillas Gil González Dávila (1570-1658) y la del diplomático e historiador Diego Saavedra Fajardo (1584-1648).

"España le ha dado la nobleza de su sangre, y lo precioso de sus estudios y letras, las artes liberales y mecánicas; ganado mayor y menor, animales, plantas, semillas y aves, con que vive aquella parte del mundo, por la clemencia de vuestra Majestad y por la industria de sus leales vasallos, abastecida de cuanto pide el deseo: i diciéndolo en una sola palabra, España les ha dado lo dichoso que ellos gozan. Y con los metales de oro y plata que han venido de aquel orbe, en retorno de tanto bien recibido, se han enriquecido los reinos de la Europa, y Asia: y lo que ha tocado a España se ha ocupado en defensa de la Fe Católica, haciendo guerra a los enemigos de ella".

(De *Teatro eclesiastico de la primitiva Iglesia de las Indias Occidentales*, de Gil González Dávila. 1649-1655. Madrid. José Porrúa Turanzas. 1959)

"No niego que en las primeras conquistas de América sucederían algunos desórdenes, por haberlas emprendido hombres que, no cabiendo la bizarría de sus ánimos en el mundo, se arrojaron, más por permisión que por elección de su rey, a probar su fortuna con el descubrimiento de nuevas regiones, donde hallaron idólatras más fieros que las mismas fieras, que tenían carnicerías de carne humana, con que se sustentaban; los cuales no podían reducirse a la razón si no era con la fuerza y el rigor. Pero no quedaron sin remedio aquellos desórdenes, enviando contra ellos los Reyes Católicos severos comisarios que los castigasen, y mantuviesen los indios en justicia".

(De *Empresas políticas. Idea de un príncipe político-cristiano. Empresa 12*, de Diego Saavedra Fajardo. Madrid. Editora Nacional. 1977)

Emergencia del criollismo

En fechas muy tempranas comenzó a gestarse entre los españoles nacidos en América un sentimiento de identidad diferenciada respecto a los peninsulares, es decir, el criollismo. Este fenómeno tendría gran trascendencia histórica, por constituir el motor del futuro movimiento independentista del Nuevo Mundo. La emergencia de esa conciencia de especificidad fue, en gran medida, la respuesta a los agravios cometidos por los recién venidos de España, tanto funcionarios como particulares, los llamados despectivamente "gachupines" o "chapetones". Frente a la prepotencia de los recién llegados, los criollos argumentaban el haber organizado la colonia con grandes sacrificios, sus padres y ellos mismos, y les recriminaban el acaparar los cargos públicos y su desconocimiento de la realidad americana.

En un lento pero incesante proceso, los criollos, a la vez que despreciaban y explotaban a la población indígena, comenzaron a valorar su historia y costumbres, de aztecas e incas sobre todo, y a asumir el pasado de estos pueblos como algo propio. Así, los criollos, en el siglo XVII, se consideran ya españoles americanos, distintos de los españoles de España. Esta nueva conciencia se reflejó en las creaciones culturales y artísticas. En ese mismo siglo la Virgen de Guadalupe se convirtió en patrona y símbolo de la Nueva España criolla, y en Perú se canonizó a Isabel Flores de Oliva como Santa Rosa de Lima, patrona universal de América.

Elocuente es el hecho referido por el mexicano Carlos de Sigüenza y Góngora (1645-1700), historiador, astrónomo, matemático y literato, autor de *Theatro de virtudes políticas* (1680): con motivo de la entrada en la ciudad de un nuevo virrey, los criollos mexicanos erigieron un arco triunfal con estatuas de los emperadores aztecas.

> *"Y si era destino de la fortuna, el que en alguna ocasión, renaciesen los mexicanos monarcas de entre las cenizas en que los tiene el olvido, para que fénixes del Occidente los inmortalizase la fama: nunca mejor pudieron obtenerlo, que en la presente, por haber de ser V.E. quien los infundiese el espíritu, como otras veces lo ha hecho su real y excelentísima casa, con los que ilustran la Europa".*

(De *Teatro de Virtudes Políticas que constituyen a un Príncipe*, de Carlos de Sigüenza y Góngora. México. Imprenta de Vicente García Torres. 1856)

"El paraíso terrenal estuvo en el Nuevo Mundo"

El descubrimiento de América había estimulado el ideal utópico de "un mundo nuevo", sin las lacras del viejo. La utopía movió a los eclesiásticos a ensayar formas de integración de los indios a salvo de colonizadores y encomenderos: hospitales-pueblos de Vasco de Quiroga, obispo de Michoacán; resguardos de Bartolomé de las Casas en Vera Paz (Guatemala), reducciones jesuíticas del Paraguay y misiones franciscanas en las zonas fronterizas y conflictivas.

De la confluencia del imaginario colectivo de los conquistadores con las mitologías indígenas se derivó un universo mítico-utópico que en muchos casos sirvió de motor de la conquista. Por ejemplo, el mito de la Fuente de la Eterna Juventud tuvo su origen en el culto que los indios del Orinoco rendían al "palo santo", la palmera "moriche", a la que llamaban "árbol de la vida", de cuyos frutos creían que había vuelto a nacer la humanidad tras su destrucción por un diluvio. Los conquistadores deformaron la leyenda: sustituyeron el Orinoco por una fuente. Los ideales utópicos movieron a Antonio León Pinelo (1590-1660), cronista mayor de Indias y miembro del Consejo de Indias, a situar el paraíso terrenal en la Amazonia: *El Paraíso en el Nuevo Mundo* (1656).

"En solo haberla propuesto con los fundamentos vulgares que la apoyan se reconoce la facilidad y propiedad con que por sí misma se verifica en nuestras Indias Occidentales, y que el decir hoy que estuvo en ellas el Paraíso terrenal, que parece opinión moderna y así la juzga su primera inspección, es tan antiguo que por lo menos tiene por autores los primeros PP. de la Iglesia, y por lo demás los PP. segundos del humano linaje. Con que le damos tanto crédito y calidad, que puede competir con las que mayor en esta cuestión la tienen, y exceder a las que carecieren de los dos medios con que la probamos. Autoridad que queda referida, y razón que iremos manifestando".

(De *El Paraíso en el Nuevo Mundo*, Comentario apologético, de Antonio de León Pinelo. Lima. Imprenta Torres Aguirre. 1943)

"La pobreza de España ha resultado del descubrimiento de las Indias Occidentales"

En el siglo XVII, una nueva generación de arbitristas, teólogos y juristas, continuaron el análisis de los problemas del país. Mateo López Bravo (m.1627), moralista y político, denuncia la corrupción y el clientelismo en la España del duque de Lerma (1553-1625), valido de Felipe III, el lujo desenfrenado de los poderosos, la pésima imagen social del comercio y de las actividades productivas, la desigual distribución de la riqueza, y la inmovilización de gran parte de la misma por mayorazgos y otros bienes vinculados.

"La abundancia de uno sume a muchos en la miseria y la opulencia de unos pocos supone calamidades para la masa. La consecuencia es o la sedición o la despoblación. Es muy nociva la miseria derivada de la mala distribución de las riquezas: el poder, la desvergüenza y la haraganería por parte de los que tienen, y la miseria, la servidumbre y la desesperación para los que nada tienen. El resultado (como ya he dicho) es la sedición o el abandono de los pueblos, tanto por estar los bienes en manos de unos pocos como por el hecho de que tanto los que tienen como los que no tienen abandonan los pueblos y aldeas, dirigiéndose bien pronto hacia la ciudad adonde confluyen todos los bienes y males; éstos como seguidores y criados, aquéllos para poder entregarse con mayor desenfreno al lujo y al placer".

(De *De rege et regendi ratione*, de Mateo López Bravo. En *Un socialista español del siglo XVII*, Introducción y edición de Henry Mechoulan. Madrid. Editora Nacional. Madrid. 1977)

La mayoría de los arbitristas señaló la afluencia masiva de metales preciosos americanos como la causa del desastre económico. Quevedo resumió la situación con breves frases: *"Pobres, conquistamos riquezas ajenas; ricos, las mismas riquezas nos conquistan."* Sancho de Moncada (primera mitad del siglo), defensor del proteccionismo económico y analista de las causas de la pobreza de España, expuso sus tesis en *Riqueza firme y estable* (1619), que sería publicada en 1746 con el título de *Restauración política de España.* Martín González de Cellorigo (primera mitad del siglo) denuncia las nefastas consecuencias de la concepción del trabajo como actividad denigrante, propia de moros y judíos; señala la utilidad económica de la burguesía, sostiene que el trabajo *"es la única riqueza verdadera y cierta"*, que las actividades especulativas generan pobreza y que la obsesión social por la honra y el afán de ennoblecimiento son causa importante de la ruina del país; responsabiliza de los problemas económicos a los metales preciosos americanos.

> *"El año de mil cuatrocientos noventa y dos las descubrieron los Españoles, conquista de inmortal gloria (...). El daño de ella no puede atribuirse al dicho descubrimiento, porque las Indias antes han sido muy útiles, pues sólo han dado su oro y plata, mercaderías muy provechosas, han gastado las de España, y los frutos que sobraban. Pero es llano que el daño ha resultado de ellas, por no haber usado bien de la prosperidad en España. (...) Las razones son claras. (...) Y siendo verdad que antes del descubrimiento de las Indias solía comprarse por un cuarto, lo que ahora por seis reales; valía el cobre tres tanto más que ahora la plata, pues pesaba un cuarto lo que ahora un real de a dos; y ansí, más rico estaba uno con cien reales en cuartos, que ahora con cinco mil, y escusaba la costa, y trabajo de acarretos, contar, etc.".*

(De *Restauración política de España*, de Sancho de Moncada. Madrid, por Juan de Zúñiga. 1746)

> *"(...) lo que más ha hecho daño a estos Reinos es que las mismas riquezas que les han entrado son las que los han empobrecido; no de parte de ellas, que esto sería quitarles su valor, sino de parte de los mismos que las gozan por no saber usar de ellas y por no estar en proporción, ni tener tomado suelo, ni dádoseles fondo entre nosotros. Y el no estar en su proporción se ve porque nunca tantos vasallos vio ricos como ahora hay, y nunca tanta pobreza entre ellos, ni jamás Rey tan poderoso, ni de tantas rentas y Reinos, ni le ha habido hasta aquí que haya entrado a reinar que hallase tan disminuidos y empeñados los estados...".*

(De *Memorial de la política necesaria y útil restauración a la República de España*, de Martín González de Cellorigo. Madrid. Instituto de Cooperación Iberoamericana. 1991)

Miguel Caxa de Leruela (1562-1625), alcalde mayor del Honrado Concejo de la Mesta, criticó las hipotecas, la avaricia, el lujo, los bienes vinculados y los mayorazgos; defendió la trashumancia y la agricultura planificada; propugnó el equilibrio entre las actividades agrícolas y ganaderas: *Restauración de la antigua abundancia de España* (1631).

> *"La ociosidad es engendro lujuriante de la paz y prosperidad (que*

*también el Sol engendra monstruos) y por los que ha introducido
perniciosísimos al bien público de estos Reynos, ha puesto el juicio
de esta cuestión en duda, y muchos quieren sea el fundamento de
las necesidades referidas, y el fomento de cuantos trabajos afligen
a esta Republica. Y se mueven a esto, viendo que ha llamado en su
favor a la industria y negociación de extranjeros, que le mide las
inteligencias, le ajusta los tiempos, previene las ocasiones, y todo lo
dispone diestramente para su beneficio, y que ha abierto la puerta
a las mercaderías de fuera, y defraudado al comercio los caudales
de marca mayor, embebiendo en los censos, juros, vínculos y
mayorazgos (reclinatorio de esta holgazanería). A los cuales juzgan
muchos por más perjudiciales, que a la misma ociosidad".*

(De *Restauración de la antigua abundancia de España*, de Miguel Caxa de Leruela.
Madrid. Instituto de Estudios Fiscales. 1975)

Diego Sarmiento de Acuña, conde de Gondomar (1567-1626), erudito, bibliófilo y embajador de España en Londres (1613-1622), denunció las disfunciones y carencias del sistema económico español en relación con el inglés; recomendó rentabilizar el comercio con el Nuevo Mundo.

*"Siendo España la mina de los tesoros, es hoy la más pobre y
necesitada de toda Europa, porque sus naturales no navegan sino
a las Indias e islas de su corona, y esto con las limitaciones que
se sabe, y sólo para traer el oro y la plata beneficiada y pura para
entregarla y repartirla entre todas las naciones del mundo, que con
sus navíos la están esperando y recibiendo para transportar en sus
tierras".*

(De *Cinco cartas político-literarias*, de Diego de Sarmiento de Acuña, Conde de
Gondomar. Buenos Aires.: Emece Editores, S.A. 1943)

Francisco Martínez de Mata (m. 1660), precursor de los economistas clásicos, destaca la utilidad del trabajo frente a la acumulación de metales preciosos; recomienda el desarrollo del crédito como motor de la economía; analiza el despoblamiento -*Memorial en razón de la despoblación y pobreza de España y su remedio* (1650)- y el endeudamiento de la Corona; demanda el fomento de la industria y el comercio y la limitación de las importaciones mediante la imposición de aranceles, y defiende un capitalismo moderado, solidario e intervenido por los poderes públicos.

*"Dicen algunos que si no entrasen de afuera lienzos valdrían muy
caros, y lo mismo de lana y seda y de lo demás, y que por aumentar
las artes se le sigue mayor costa, gastando más en lo que costaba
menos. A lo qual se responde que el aumento y provecho que diere a
su vecino, por diversos modos redunda en beneficio propio, y el que
lleva el extranjero por ningunos le ha de venir, (...) pues el remedio*

general y eficaz para las riquezas, y gran población es el aumento de las artes, y el remedio de grandes engaños".

(De *Memorial en razón de la despoblación y pobreza de España, y su remedio*, de Francisco Martínez de Mata. ¿Motril? (s.n.) ¿1650?)

Pedro Portocarrero (¿1645?-1708), arzobispo de Toledo y consejero de Despacho, escribió *Teatro Monárquico de España*, publicado por vez primera en 1700, obra en la que alude a la sobrevaloración de los productos extranjeros por los españoles.

> *"No hay nación en Europa, que con más facilidad admita todo lo que la curiosidad de afuera le propone que la española, y una cinta, como no sea fabricada en España, logra la estimación universal. Este contagio, toca a todas las clases y estados, sin que haya sido bastante a su reforma, lo deteriorado de todas las haciendas; antes se experimenta estar propensos los ánimos con la inveterada cuanto dañosa permisión, a admitir y variar cada día, según la fantasía o locura de los que inventan usos nuevos".*

(De *Teatro Monárquico de España*, de Pedro Portocarrero y Guzmán. Madrid. Centro de Estudios Políticos y Constitucionales. 1998)

Pedro Fernández de Navarrete (1647-1711), político, religioso y economista, autor de *Conservación de monarquías* (1623), atribuye la decadencia del país a la despoblación -emigración al Nuevo Mundo, elevado coste de vidas humanas en las guerras contra las potencias europeas, expulsión de judíos y moriscos-, al rechazo del trabajo por nobles e hidalgos, a la inmovilización de la riqueza y al alto número de sectores sociales improductivos.

> *"La primera causa de la despoblación de España han sido las muchas y numerosas expulsiones de moros y judíos, enemigos de nuestra santa fe católica, habiendo sido de los primeros tres millones de personas, y dos de los segundos: precediendo para hacerlas el parecer de los santísimos pontífices romanos y de los más doctos prelados y varones de estos reinos. Pero porque la razón de Estado de los maquiavelistas y aretinos, arrimándose a lo que Bayaceto dijo, cuando los señores Reyes Católicos echaron de España en la última expulsión seiscientos mil judíos, ha querido censurar esta acción, tantos años pretendida desde los tiempos del señor rey don Pelayo, y tan felizmente ejecutada por la gloriosa memoria del santo rey don Felipe III".*

(De *Conservación de monarquías y discursos políticos*, de Pedro Fernández de Navarrete. Madrid. Instituto de Estudios Fiscales. 1982)

Filosofía del desengaño

La crisis generalizada hizo creer a los españoles que se había roto el orden natural del mundo y que Dios les había abandonado. Tantas desgracias generaron un profundo sentimiento de desengaño y frustración; la vida terrena se contempló como un simple sueño, como una etapa fugaz, *"un valle de lágrimas"* o tránsito a la del más allá. Así, al optimismo humanista le sucedió el pesimismo barroco y, en consecuencia, el ideal de progreso renacentista se redujo a simple afán de supervivencia.

Del profundo pesimismo del siglo se derivó una filosofía moral que buscó realidades más firmes y trascendentes que las que percibimos con los sentidos. Los pensadores se sirvieron para ello de la sátira, el humor negro y el sarcasmo, como quedó reflejado en la novela picaresca y sobre todo en los escritos de Francisco de Quevedo y Villegas (1580-1645), filósofo moral, autor de una compleja y variada producción literaria y crítica vertebrada por un fuerte sentimiento de desengaño, nostalgia del pasado, patriotismo, anhelo de lo absoluto y trascendente, obsesión por el más allá, erasmismo y neoestoicismo senequista.

> *"Acaba de persuadirte a que dentro de ti mismo tienes que hacer tanto, que aun por larga que sea tu vida, te faltará tiempo; y que no puedes saber nada bueno para ti, si no fuere lo que aprendieres del desengaño y de la verdad, y que entonces empezarás a ser sabio cuando no temieres las miserias, ni codiciares las honras, ni te admirares de nada y tú mismo estudiares en ti: que leyéndote está tu naturaleza introducciones de la verdad. Cada día y cada hora que pasa es un argumento que precede para tu desengaño a la conclusión de la muerte".*

(De *La cuna y la sepultura para el conocimiento propio y desengaño de las cosas ajenas. Las cuatro pestes del mundo*, de Francisco de Quevedo. 1635. Edición de 1885)

Las cosas no son lo que parecen. "La vida es sueño"

En general, para los intelectuales barrocos las cosas no son lo que parecen. Los siguientes versos de Pedro Calderón de la Barca (1600-1681) son una versión poética de la concepción barroca de la vida como sueño y apariencia.

> *¿Qué es la vida?, un frenesí;*
> *¿qué es la vida?, una ilusión,*
> *una sombra, una ficción,*
> *y el mayor bien es pequeño:*
> *que toda la vida es sueño,*
> *y los sueños, sueños son".*

(De *La vida es sueño*, de Pedro Calderón de la Barca. Escena XIX. Segunda jornada)

Esta forma de apreciación de la realidad se manifiesta entre numerosos literatos, moralistas y pensadores. Para algunos de ellos, el disimulo era un recurso necesario para sobrevivir y conveniente para triunfar. La simulación, según el humanista Juan Pablo Mártir Rizo (1593-1642), es conveniente cuando no forzosa. Baltasar Gracián (1601-1658) creía que la vida es una puesta en escena engañosa cuyo sentido se esconde bajo las apariencias.

"La disimulación es muchas veces no sólo conveniente, pero forzosa. Ella y la simulación difieren en que la disimulación es no manifestar lo que uno ha sabido o sospechado y la simulación es decir o prometer una cosa y pensar hacer otra, que es engañar, cualidad indigna de príncipes, y aun de los hombres inferiores, como antes hemos probado. Mas la disimulación diremos que es conveniente, porque no en todas las cosas deben los reyes darse por entendidos, pues en no hacerse sabedores de ellas consiste gran parte del remedio".

(De *Norte de Príncipes y vida de Rómulo*, de Juan Pablo Mártir Rizo. Madrid, Centro de Estudios Constitucionales. 1988)

"Realidad y apariencia. Las cosas no pasan por lo que son, sino por lo que parecen; son raros los que miran por dentro, y muchos los que se pagan de lo aparente. No basta tener razón con cara de malicia. Varón desengañado: cristiano sabio, cortesano filósofo; mas no parece serlo, menos afectarlo. Está desacreditado el filosofar, aunque es el ejercicio mayor de los sabios. Vivir desautorizada la ciencia de los cuerdos. Introdújola Séneca en Roma; conservóse algún tiempo cortesana; ya es tenida por impertinencia. Pero siempre el desengaño fue pasto de la prudencia, delicias de la entereza".

(De *El Héroe. Oráculo manual y arte de prudencia*, de Baltasar Gracián. Madrid. Centro de Estudios Constitucionales. 1988)

La moral del éxito

Baltasar Gracián (1601-1658) elaboró una filosofía moral práctica, evasiva, más laica que cristiana, recurso frente a las conflictivas circunstancias de la época. Considera que el verdadero sabio es el que sabe disimular, lucha por el control de su destino, se libera de servidumbres y afirma su individualidad, premisas del éxito social. Gracián, teórico del éxito personal, se dirige a quienes buscan la excelencia; desdeña a los torpes, simples y desdichados: *"Es más perjudicial un necio que un perverso".* Opuso la inteligencia a los instintos y la cultura a la naturaleza. Su aristocratismo intelectual lo enfrentó con la orden religiosa de los jesuitas a la que pertenecía. Resumió sus doctrinas en máximas y sentencias de lenguaje sobrio, metafórico y alegórico, con abundantes antítesis y juegos de contrastes.

"No gastar el favor: Los amigos grandes son para las grandes ocasiones; no se ha de emplear la confianza mucha en cosas pocas, que sería deperdicio de la gracia; la sagrada áncora se reserva siempre para el último riesgo. Si en lo poco se abusa de lo mucho, ¿qué quedará para después? No hay cosa que más valga que los valedores, ni más preciosa hay que el favor; hace y deshace en el mundo hasta dar ingenio o quitarlo.
Son tontos todos los que lo parecen y la mitad de los que no lo parecen. Alzóse con el mundo la necedad, y si hay algo de sabiduría, es estulticia con la del cielo; pero el mayor necio es el que no se lo

piensa y a todos los otros define. Para ser sabio no basta parecérselo; aquel sabe que piensa que no sabe, y aquel no ve que no ve que los otros ven: con estar todo el mundo lleno de necios, ninguno hay que lo piense ni aun recele".

(De *Oráculo manual y arte de prudencia*, de Baltasar Gracián. Madrid. Cátedra. 1995)

"Las leyes inútiles debilitan las necesarias / Es mejor consultar las cosas con la almohada a tiempo que perder el sueño por su causa después / El mentiroso tiene dos males: que ni cree ni es creído / Hemos de proceder de tal manera que no nos sonrojemos ante nosotros mismos / El primer paso de la ignorancia es presumir de saber / Saber y saberlo demostrar es valer dos veces / Hase de hablar como en testamento, que a menos palabras, menos pleitos / Hay mucho que saber, y es poco el vivir, y no se vive si no se sabe / El no y el sí son breves de decir, pero piden pensar mucho / La felicidad de cada uno no consiste en esto ni en aquello sino en conseguir y gozar cada uno de lo que le gusta / El más poderoso hechizo para ser amado es amar / Los más en el mundo no conocen ni examinan lo que cada uno es, sino lo que parece / No hay maestro que no pueda ser discípulo / No hay hombre, por viejo que esté, que no piense que puede vivir otro año / Todo lo que realmente nos pertenece es el tiempo; incluso el que no tiene nada más, lo posee / La muerte para los mozos es naufragio, y para los viejos tomar puerto / Es cordura provechosa ahorrarse disgustos. La prudencia evita muchos / Pise firme siempre en el medio y no vaya por extremos, que son peligrosos todos / Ser eminente en profesión humilde es ser grande en lo poco, es ser algo en nada".

(Frases de Baltasar Gracián)

Neoestoicismo frente a desengaño

Los humanistas españoles asumieron la filosofía moral de Séneca, al que cristianizaron, hispanizaron y proclamaron símbolo de los valores morales patrios. El senequismo dejó profunda huella en el pensamiento español: en Cervantes, Mateo Alemán, Calderón de la Barca, Quevedo, Gracián y los krausistas. Para Ángel Ganivet, *"Séneca no es un español, hijo de España, por azar: es español por esencia".*

La indiferencia ante la adversidad y el dominio de las pasiones, valores morales básicos del pensamiento neoestoico y senequista, sirvieron de refugio intelectual y moral a las atormentadas mentes barrocas hispanas. Innumerables fueron los españoles que leyeron y comentaron la vida y pensamiento de Séneca. El humanista Juan Pablo Mártir Rizo (1593-1642) admira su moderación y templanza.

"(...) nuestro gran filósofo, había dado muestras de su profundo ingenio, de sus continuos estudios en la República romana, de forma que la estimación era igual a los méritos, la fama a la verdad, la opinión a su virtud. Fue Séneca varón por quien la naturaleza se vio

acreditada, porque formando un hombre en quien como en espejo podía admirar las perfecciones de que estaba adornado, de tal suerte hizo propias las partes que pertenecían a la fábrica del cuerpo, que más parecían elegidas por sí mismo, que liberalidad de otra mano".
(De *Vida de Séneca*, de Juan Pablo Mártir Rizo. Madrid. Atlas. 1944)

Obsesión por el honor y la nobleza

El sentimiento del honor y la honra fue rasgo fundamental del código ético de la sociedad barroca española. El honor y la honra eran tan apreciados que su pérdida se temía más incluso que la de la propia vida. Así, su defensa -"*lavar el honor*"- era tarea inexcusable que obligaba a los mayores sacrificios, incluso al empleo de la violencia. Los crímenes de honor eran práctica habitual. Este orden de valores quedó reflejado en comedias y dramas, entre ellos *El alcalde de Zalamea*, de Pedro Calderón de la Barca, cuyo protagonista, Pedro Crespo, movido por las leyes del honor más que por venganza, ajusticia al violador de su hija, un oficial del ejército real, hecho que es excusado por el propio rey. Ligado a este sentimiento estaba el del orgullo de casta, de pertenencia a un estamento social de prestigio. A los españoles les obsesionaba alcanzar la nobleza, aun en su grado más modesto, la hidalguía, que gozaba del privilegio de estar exenta del pago de impuestos. Quevedo, con su habitual sarcasmo e ironía, ridiculiza aquel orden de valores sociales.

"*Pues si mi padre se llamó tal de cual, y soy nieto de tales y cuales, y ha habido en mi linaje trece capitanes valerosísimos, y de parte de mi madre doña Rodriga desciendo de cinco catedráticos, los más doctos del mundo, ¿cómo me puedo haber condenado? Y tengo mi ejecutoria y soy libre de todo y no debo pagar pecho.*
Pues pagad espalda, dijo un diablo, y diole cuatro palos en ellas, que le derribó de la cuesta. Y luego le dijo: Acabaos de desengañar, que el que desciende del Cid, de Bernardo y de Godofredo, y no es como ellos sino vicioso como vos, que ese tal más destruye su linaje que le hereda. Toda la sangre (hidalguillo) es colorada. Señalaos en las costumbres, y entonces creeré que descendéis del docto cuando lo fuéredes o procuráredes serlo; y si no, vuestra nobleza será una mentira breve en cuanto durare la vida, que en la cancillería del infierno arrúgase el pergamino y consúmense las letras. Y el que en el mundo es virtuoso, ése es hidalgo, y la virtud es la ejecutoria que acá respetamos, pues aunque uno descienda de hombres viles y bajos, como él con divinas costumbres se haga digno de imitación, se hace noble a sí, y hace linaje para otros".
(Del *Sueño del Infierno*, de Francisco de Quevedo. Madrid. Compañía Ibero-Americana de Publicaciones, entre 1927-1930)

El vasquismo en la época barroca

El desconocido autor de la *Segunda parte de la vida del pícaro Guzmán*, -utilizó el seudónimo de Mateo Luxán-, alude a la antigüedad de las libertades del pueblo vasco.

> *"Con esta batalla mostraron y asentaron los vizcaínos su primera y antiquísima libertad, que habían gozado desde Augusto César, emperador exclusive, hasta entonces, ochocientos y más años, por que fue esta batalla en los años del Señor 870. Y en este nuevo años los vicaínos levantaron por su señor y caudillo a Don Zuria, nieto del rey de Escocia, y le dieron título de señor, no absoluto ni soberano, como refiere Andrés Poza en su Libro del antiguo lenguaje de España".*

(De *Segunda parte de la vida del pícaro Guzmán de Alfarache*. Compuesto por Mateo Luxán de Sayavedra. Bruselas, por Roger Velpins, en el Águila de Oro. 1604)

Bernabé Moreno de Vargas (1576-1648), regidor perpetuo del Ayuntamiento de Mérida y autor de una historia de la ciudad, publicó en los años veinte del siglo XVII *Discursos de la nobleza de España*, libro en que se refiere al origen hidalgo de todos los vizcaínos.

> *"Asimismo los Vizcaynos por su grande antigüedad, y invencible fortaleza, y por sus heroycos hechos en armas, han adquirido nobleza a su patria de tal suerte, que con solo probar que son naturales originarios de Vizcaya, o descendientes de tales, por líneas de varón legítimas, y naturales, consiguen ejecutorias de hijosdalgo de sangre, porque verdaderamente lo son, y por tales son declarados, siendo esta su nobleza y hidalguía, confirmada por los reyes de Castilla y León, señores de aquella Provincia, tomando con esto autoridad y fuerza, para que ninguno pueda dudar della, como lo resuelven y declaran los dos Placentinos, Azevedo y Juan Gutiérrez".*

(De *Discursos de la nobleza de España*, de Bernabé Moreno de Vargas. Madrid. En casa de María de Quiñones. 1636)

El pensamiento político. Tacitismo

De acuerdo con la doctrina política vigente en el continente sobre la soberanía real y el absolutismo, algunos tratadistas españoles exaltaron la monarquía y la función real. El jurista y economista Martín González de Cellorigo (nació en Oviedo a finales del siglo XVI) califica al monarca de *"alma universal del pueblo"*.

> *"Los súbditos deben guardar a su Rey, como a su propia cabeza, corazón y alma universal del pueblo, porque así como de la cabeza se mandan todos los miembros del cuerpo, de la misma manera todos los del reino se guían por el gobierno del Rey. Y como el corazón está en medio del cuerpo, para dar vida y ser igual a todas las demás partes de él, y por el alma se vivifica y sustenta todo el hombre entero, de la misma manera está puesto el Rey en medio del*

pueblo, para que administrando justicia igual a todos, los vivifique y conserve en la paz y en la verdadera observancia de las leyes divinas y humanas".

(De *Memorial de la política necesaria*, de Martín González de Cellorigo. Madrid. Instituto de Cooperación Iberoamericana. 1991)

El enfrentamiento entre maquiavelistas y antimaquiavelistas se prolongó durante la centuria barroca. El Licenciado Gerónimo de Cevallos (1562-1644), político conservador y politólogo, no distingue entre religión y política: sobrepone la obligación de los monarcas de agradar a Dios a la de satisfacer las necesidades del pueblo.

"Este documento se pudiera omitir tratando con V. Majestad, siendo Rey tan católico y tan observante de nuestra sagrada Religión, adquirida y heredada de los reyes sus progenitores; pero porque este arte vaya con todos sus preceptos y documentos diré en brevedad la obligación que tienen los Reyes Cristianos al servicio de Nuestro Señor, y a procurar el aumento de su sagrada Religión, porque de aquí dependen todas las prosperidades y felicidades de una república, porque sin Dios, que es el sumo bien, y el que gobierna y rige a los Reyes, y tiene en las manos su corazón, no puede suceder ninguna cosa próspera (así de la paz como de la guerra)".

(De *Arte real para el buen gobierno de los Reyes y Príncipes y de sus vasallos*, de Gerónimo de Zevallos. Toledo. En casa de Diego Rodríguez. 1623)

Los tratadistas barrocos de la teoría del Consejo, entre ellos Andrés Mendo (1608-1684), predicador real y moralista, destacan los beneficios que para los monarcas se derivarían de contar con la asistencia de buenos y honestos consejeros.

"Fuera de lo demás, es muy conveniente un Supremo Ministro, que sea Valido del Príncipe; así, por no negarle el alivio, que es concedido a todos, de conciliar en su gracia, y más estrecha amistad a alguno a quien le lleva la inclinación y simpatía, como para tener, como enseña San Ambrosio, a quien descubrir su pecho, comunicar lo más oculto, encomendar lo secreto; que en los sucesos prósperos le dé sinceros parabienes, le compadezca en los adversos, y le aliente en sus fatigas".

(De *Príncipe perfecto y ministros ajustados. Documentos políticos y morales*, de Andrés Mendo. Grandas de Salime (Asturias). J.L. Carnota. 2004)

Los tratadistas políticos barrocos llamados *tácitos* combinaron racionalidad política -razón de Estado de Maquiavelo- y ética cristiana. A partir del principio de que para ser buen político no es necesario ser buen católico, proclamaron la necesidad de adecuar la acción de gobierno a las circunstancias del momento. Las cuestiones políticas y de gobierno debían, pues, abordarse preservando los valores éticos, pero desde posiciones al margen de la religión. Los tácitos extraían sus propuestas de la Historia, concebida como una sucesión de hechos conectados por una relación de causalidad: pensaban que cada hecho histórico tenía su origen en otro anterior, de manera que no se pueden construir ni el presente ni el futuro sin conocer el pasado.

Se denominan *tácitos* por el historiador latino Cayo Cornelio Tácito (56-117 d. C.), autor de *Anales* e *Historias*, fuente de un pensamiento político autónomo y crítico basado en la observación de los hechos, la experiencia y el método inductivo. Tácito fue muy leído y estudiado en el siglo XVII. El humanista Baltasar Álamos de Barrientos (1555-1640), autor de *Tácito español ilustrado con aforismos* (1614), combina sentido práctico y moral católica y hace depender de la experiencia la ciencia de gobernar. Los *Comentarios políticos* (1687) de Alfonso de Lancina (1649-1703) constituyen un compendio de recursos para solucionar los graves problemas que tenía planteados la monarquía. Estructura su pensamiento a partir del concepto del hombre como ser inclinado al mal y siempre movido por el interés y el egoísmo, de ahí la necesidad de educarle en la práctica de la virtud, entendida ésta, en sentido senequista, como ejercicio de la razón. El gobernante, para Lancina, debe ser prudente y cauto, conocer a sus súbditos, la naturaleza y circunstancias de sus dominios y la capacidad y potencia de sus enemigos; debe disuadirlos con el mantenimiento de un ejército y una armada potentes y reprimir con contundencia la disidencia interior. Se manifiesta a favor del absolutismo monárquico y del principio de unidad y concentración del poder.

> *"1.- Para vivir sabiamente de particular bastan las virtudes morales, pero se necesitan otras artes para dirigir a otros y mantener un reino.*
> *2.- La destreza en el gobernar consiste en que, habiendo de buscar caminos irregulares, tratar con personas altivas y descontentas, suplir a grandes necesidades de la República, sin tener competentes medios, llenar la ambición de los poderosos, refrenar la animosidad de los malsines, cuando por las contemplaciones no tiene su vigor la justicia...*
> *8.- La moderación es el principal quicio para conservar los Estados.*
> *9.- No hay en los Estados más honra que la conveniencia y el poder; pues en no haciéndose temer, no hay quien los estime".*

(De *Comentarios políticos*, de Juan Alfonso de Lancina. Madrid. Centro de Estudios Políticos y Constitucionales. 2004)

Quietismo

La *Guía espiritual* (1675) de Miguel de Molinos (1628-1696) es la versión heterodoxa del misticismo durante la centuria barroca. Su libro constituye una de las creaciones supremas del misticismo intelectual. Para lograr la unión con Dios, Molinos propone la vida contemplativa, la anulación de la propia voluntad, la negación de uno mismo y de la conciencia individual, el abandono en Dios y el sometimiento absoluto a su Voluntad. De esta manera se consiguen la quietud y la pureza del alma que nos conducen a una vida espiritual en la que los sacramentos, excepto la comunión, son innecesarios. La lucha contra el pecado es inútil, aseguraba Molinos, pues el momento y las circunstancias en que se produce han sido fijados previamente por Dios. Molinos fue combatido por los jesuitas, para quienes sus tesis deterministas negaban la libertad humana. Fue condenado por la Inquisición romana en 1687. Su obra tuvo extensa difusión.

> *"Si de veras te resuelves a negar tu voluntad y hacer en todo la divina, el medio necesario es la obediencia, ora sea por el nudo indisoluble del voto hecho al superior en religión, ora por la libre lazada de la entrega de tu voluntad a una espiritual y experimentada guía de las calidades que acabamos de decir en los antecedentes capítulos.*
> *No llegarás jamás al monte de la perfección ni al alto trono de la interior paz si te gobiernas por tu voluntad propia. Esta cruel fiera enemiga de Dios y de tu alma se ha de vencer. Tu propia dirección y juicio, como a rebeldes, los has de avasallar, disponer y quemar en el fuego de la obediencia. Allí se descubrirá, como en piedra de toque, si es amor propio o divino el que sigues. Allí en aquel holocausto ha de aniquilarse hasta la última sustancia tu juicio y tu voluntad propia".*

(De *Guía espiritual*, de Miguel de Molinos. Prólogo y notas de José Ángel Valente. Madrid. Alianza Editorial. 1989)

La revolución femenina

Un grupo de escritoras barrocas se pronunciaron contra la misoginia. La novelista María de Zayas y Sotomayor (1590-1661), *"genio raro y único"* (Lope de Vega), por boca de sus personajes defiende la igualdad espiritual de hombres y mujeres, critica el patriarcado, se plantea las cuestiones sexuales con desenfado y libertad, demanda el derecho de la mujer a la educación y exalta su papel de depositaria del honor del marido. Zayas reconocía, sin embargo, que el comportamiento de la mayoría de las mujeres no contribuía a la mejora de su suerte: *"No hay duda que si no se dieran tanto a la compostura, afeminándose más que la naturaleza las afeminó, y como en lugar de aplicarse a jugar las armas y a estudiar las ciencias, estudian en criar el cabello y matizar el rostro, ya pudiera ser que pasaran en todo a los hombres".* Sor Juana Inés de la Cruz (1651-1695), poeta y comediógrafa, se lamenta de la situación de la mujer y critica el egoísmo del hombre.

> *"¡Y, ay, mujeres fáciles y mal aconsejadas, y cómo os dejáis vencer de mentiras bien afeitadas, y que no les dura el oro con que van cubiertas más de mientras dura el apetito! ¡Ay, desengaño, que visto, no se podrá engañar ninguna! ¡Ay, hombres !, y ¿por qué siendo hechos de la misma masa y trabazón que nosotras, no teniendo más nuestra alma que vuestra alma, nos tratáis como si fuéramos hechas de otra pasta, sin que os obliguen los beneficios que desde el nacer al morir os hacemos? Pues si agradecierais lo que recibís de vuestras madres, por ellas estimaríais y reverenciaríais a las demás; ya, ya lo tengo conocido a costa mía, que no lleváis otro designio*

sino perseguir nuestra inocencia, envilecer nuestro entendimiento,
derribar nuestra fortaleza, y haciéndonos viles y comunes, alzaros
con el imperio de la inmortal fama".

(De *La esclava de su amante*, de María de Zayas y Sotomayor. Madrid. Plácido Barco López. 1795)

"Hombres necios que acusáis
a la mujer sin razón,
sin ver que sois la ocasión
de lo mismo que culpáis;
si con ansia sin igual solicitáis su desdén,
¿por qué queréis que obren bien si las incitáis al mal?
Combatís su resistencia
y luego, con gravedad,
decís que fue liviandad
lo que hizo la diligencia".

(De *Hombres necios que acusáis...*, de Sor Juana Inés de la Cruz. En *Antología Poética*. Salamanca. Colegio de España. 1989)

Los prenovatores

A finales del siglo, un minoritario grupo de pensadores atribuyó el fundamento del conocimiento a la experimentación, rompiendo así con la tradición escolástica. Juan Caramuel (1606-1682) introdujo en España la nueva ciencia matemática, física y astronómica; resumió el saber matemático de la época: *Filosofía matemática*. Sebastián Izquierdo (1610-1681) elaboró -*Pharus scientiarum*, 1659- una teoría general de la ciencia y una nueva metodología; unificó los saberes en un conjunto orgánico de partes conectadas por relaciones matemáticas. El *Tratado de la Combinación*, incluido en el *Pharus*, es un tratado de cálculo aritmético según reglas y tablas de su invención.

"Como se lee en una doctísima carta que en otro tiempo me envió
un varón eminente, hablaba fulano en sueños, y, al dar el reloj las
cuatro dijo: "Una, una, una, una. Este reloj delira: dio cuatro veces
la una". Fulano, pues, numeró cuatro veces una campanada y no
numeró cuatro campanadas. Y, simultáneamente, concebía en el
pensamiento cuatro veces el uno, pero no concebía el cuatro. Por lo
tanto, numerar es algo distinto de concebir simultáneamente en el
pensamiento una pluralidad de cosas. Pues, si tengo cuatro relojes
de pared en la biblioteca y todos dan la una, no habrá que decir
que dieron las cuatro, sino cuatro veces la una. Por consiguiente, en
cualquier caso, queda bien sentado que cuatro veces uno no es lo
mismo que cuatro".

(De *Filosofía de la Matemática*, de Juan Caramuel. Estudio preliminar y traducción Julián Velarde Lombraña. Barcelona, Alta Fulla. 1988)

En 1688 se editó *El hombre práctico*, de Francisco Gutiérrez de los Ríos (1644-1717), antiescolástico que apoyó sus tesis en el principio de que las matemáticas son el primer fundamento de la sabiduría.

> *"Las ciencias matemáticas deben ser el primer fundamento de sabiduría, que en el hombre se empiece a introducir, así para acostumbrar su entendimiento a despreciar las quimeras, y fijarse en las realidades, como por la suma utilidad, que en todo el curso de la vida se sigue de los conocimientos matemáticos, que no se puede negar parecen exceder a lo que considerada la naturaleza del hombre podíamos pensar alcanzase".*

(De *El hombre práctico o discursos varios sobre su conocimiento y enseñanza*, de Francisco Gutiérrez de los Ríos. 1680. Córdoba. Publicaciones Obra Social y Cultural Cajasur. 2000)

El médico Diego Mateo Zapata (1664-1745) desempeñó una relevante función en el movimiento de renovación de la ciencia y de su difusión en España. En 1690 publicó *Verdadera apología en defensa de la Medicina Racional, Filosófica*, y, en 1701, el folleto *Crisis médica sobre el antimonio*, en el que defiende el empleo de la farmacopea química. Opuso la ciencia experimental, la física, a la filosofía natural de Aristóteles.

> *"Prosigue, diziendo: Que todavía los Montañeses, y otras Naciones viven, y se curan de sus achaques con solo su conocimiento, y que esto convence no ser siempre necesarios (los médicos). Mucha Amphybología tienen estos disparates; porque si dize, que los Romanos, y otras naciones, y hasta ahora los Montañeses viven, y se curan de todos sus achaques con solo su conocimiento, es un disparate, de tal calidad, que provocara a risa al Señor Phelipe Segundo, pues dize: Que los achaques se curaran con conocer que achaques son, v,g: Tengo un dolor de muelas, y conozco que es dolor de muelas, pues a Dios dolor de muelas, que ya se me quitó porque conocí, que me dolían las muelas: pregunto, huviera mejores quatro higas para el Dotor".*

(De *Verdadera apología en defensa de la medicina racional philosophica*, de Diego Mateo Zapata. Madrid, por Antonio de Zafra. 1691)

El médico Juan de Cabriada (1665-1714) aplicó la observación y la experimentación en la investigación médica. Su *Carta filosófico-médico-química* (1687) es considerada obra auroral de la ciencia moderna española, *"documento fundacional de la renovación científica española"* (López Piñero).

> *"Es regla asentada y máxima cierta en toda Medicina, que ninguna cosa se ha de admitir por Verdad en ella, ni en el conocimiento de las cosas naturales, si no es aquello que ha mostrado ser cierto la experiencia mediante los sentidos exteriores. Asimismo es cierto que el médico ha de estar instruido en tres géneros de observaciones y experimentos,*

como son: anatómicos, prácticos y químicos, de tal suerte que se hallará defectuoso si le falta alguno de ellos, como probaré aquí.

Y viniendo al primero, es sin duda que no podrá ser buen médico ninguno sin los experimentos anatómicos. ¿Cómo podrá serlo quien no tiene exacta noticia de qué cosas y cuáles conste el cuerpo humano, su oficio y uso?".

(De C*arta filosófica-médico-química*, de Juan de Cabriada. Madrid. En la oficina de Lucas Antonio de Bedmar y Baldivia. 1686)

La lengua, instrumento del conocimiento

Los intelectuales del siglo XVII asumieron las tesis de los humanistas sobre la lengua. Sebastián de Covarrubias (1539-1613), lexicógrafo y criptógrafo, publicó un diccionario titulado *Tesoro de la lengua castellana o española* (1611). Bernardo José Aldrete (1565-1645) estudió el origen del español.

"De la razón que vamos dando del origen del romance se colige con claridad la causa, porque en Cataluña y reino de Valencia se habla otra lengua diversa de la castellana, siendo esta vulgar en Aragón y Navarra, si bien algunas partes de este reino hablan la vizcaina. Porque habiéndose admitido en toda España la lengua latina de la suerte que hemos dicho, y con la venida de los godos y nuevo reino que fundaron, estragádose y corrompido el romance que de ella nació, fue vulgar en toda España hasta la venida de los moros, que en su señorío introdujeron la arábiga. La cual fueron los cristianos desterrando en los lugares que recobraban del poder y usurpación de los moros, y tornaban a introducir la castellana o romance".

(Del *Origen y principio de la lengua castellana o romance que hoy se usa en España*, de Bernardo Aldrete, 1606. Madrid. CSIC. 1972-1975)

"La pintura es la más noble de las artes"

Entre los tratadistas de estética barrocos, Vicente Carducho (1576-1638), pintor de temas religiosos, sistematizó sus ideas en *Diálogos de la pintura* (1633).

"Pintura práctica regular y científica es la que no sólo se vale de las reglas y preceptos aprobados, dibujando y observando; mas inquiere las causas y las razones geométricas, aritméticas, perspectivas y filosóficas, de todo lo que ha de pintar, con la anatomía y fisonomía, atento a la historia, trajes, y a lo político, haciendo ideas con la razón y ciencia en la memoria, e imaginativa, que continuadas, vendrá a ser hábito docto en ella, de quien las manos copien hasta serlo. El que esto llega a conseguir, es pintor digno de toda celebridad".

(De *Diálogos de la pintura. Su defensa, origen, esencia, definición, modos y diferencias*, de Vicente Carducho. Madrid. Turner. 1979)

•**Bibliografía:** página 305

3.- EL SIGLO DE LAS LUCES

En el siglo xviii, la Europa de las monarquías nacionales surgida de la Paz de Westfalia (1648) era un espacio pluricultural relativamente homogeneizado por la religión cristiana y la cultura de la Ilustración o de las Luces. En España, a la vez que se recibían las corrientes culturales de la modernidad ilustrada a través de Francia, maduraba el sentimiento de pertenencia a la nación hispana.

La muerte sin descendencia de Carlos II (1665-1700), último monarca español de la Casa de Austria, planteó el problema de la herencia de la Corona. El desacuerdo entre los españoles y entre las potencias extranjeras respecto al candidato a ocupar el trono provocó una guerra civil española y europea al mismo tiempo, la de Sucesión (1700-1714), que se saldó con la ascensión al trono de España de los Borbones, dinastía reinante en Francia, y con la pérdida de Gibraltar. El primer Borbón español, Felipe V (1700-1746), impuso el modelo francés de Estado unitario, absolutista y centralizado: abolió los fueros de la Corona de Aragón (Decretos de Nueva Planta, 1707-1716) y los sustituyó por el sistema administrativo castellano, lo que puso término al confederalismo tradicional. De esta manera se realizó el ideal unitario del conde-duque de Olivares, aunque solo en parte: la monarquía borbónica respetó los fueros de vascos y navarros, en agradecimiento al apoyo de estos dos pueblos en la guerra.

Con la colaboración de una minoría de nobles y burgueses adictos a las Luces, los monarcas de la nueva dinastía, sobre todo Carlos III (1759-1788), instauraron el sistema político del Despotismo Ilustrado -*"Todo para el pueblo, pero sin el pueblo"*-, adecuando así el absolutismo real a la nueva cultura política.

Los Borbones abrieron las fronteras del país a la influencia renovadora de la Europa progresista, y España avanzó hacia su modernización: la justicia se humanizó, se intentó crear la escuela nacional e instituir la enseñanza primaria obligatoria para los dos sexos; la milicia se profesionalizó y se distinguió entre corte y gobierno. La abolición del monopolio comercial castellano en el comercio indiano y la aplicación del *"pacto colonial"* en las Indias impulsaron las economías metropolitana y americana. Igualmente beneficiosa resultó la supresión de las normas que prohibían trabajar a nobles e hidalgos, así como la de las aduanas interiores, lo que hizo posible la creación de un mercado nacional único. Estas medidas dinamizaron la economía (hubo ejercicios que se saldaron con superávits) y por vez primera en la Historia de España se formó una clase pequeño-burguesa, futura base social del liberalismo del siglo xix.

> *"La enumeración de aquellas providencias y establecimientos con que este benéfico soberano ganó nuestro amor y gratitud ha sido ya objeto de otros más elocuentes discursos. Mi plan me permite apenas recordarlas. La erección de nuevas colonias agrícolas, el repartimiento de las tierras comunales, la reducción de los privilegios de la ganadería, la abolición de la tasa y la libre circulación de los granos, con que mejoró la agricultura; la propagación de la enseñanza fabril, la reforma de la policía gremial, la multiplicación de los establecimientos industriales y la generosa profusión de gracias y franquicias sobre las artes en beneficio de la industria; la rotura de las antiguas cadenas del tráfico nacional, la abertura de nuevos puntos al consumo exterior, la paz del Mediterráneo, la periódica correspondencia y la libre comunicación con nuestras colonias ultramarinas en obsequio del comercio; restablecidas la representación del pueblo para perfeccionar el gobierno municipal..."*.

(De *Elogio de Carlos III, Rey de España y de las Indias*, leído en la Junta General de la Real Sociedad Económica de Madrid del 25 de julio de 1789)

La pérdida de Gibraltar

En la guerra de Sucesión se enfrentaron castellanos y catalanes, aquellos eran partidarios del candidato francés, Felipe de Anjou, nieto de Luis XIV, y estos apoyaban al archiduque Carlos de Austria, por considerar que siguiendo la tradición de los Austrias hispanos respetaría sus fueros y libertades, mientras que el candidato francés impondría el modelo francés de Estado centralizado y unitario.

Los ingleses y los holandeses participaron en la guerra en apoyo del archiduque Carlos y de sus partidarios españoles, a fin de evitar la entronización de los Borbones en España, lo que supondría la formación de un eje político Madrid-París peligroso para sus intereses. Entre los episodios de aquella guerra, los ingleses ocuparon Menorca, en la que se mantendrían varias décadas, y Gibraltar, donde aún permanecen. Por el Tratado de Utrecht (1713), España, entre otras concesiones, entregó la propiedad de Gibraltar a la monarquía británica, pero no la soberanía. El franciscano descalzo Nicolás de Jesús Belando (¿?) describe la toma de Gibraltar por una armada angloholandesa.

> *"(...) los enemigos hicieron nuevamente un destacamento de cien Marineros, los cuales, aportando con algunas chalupas el Muelle nuevo, se apoderaron de él, y también de un fortín, que estaba entre*

la plaza y el muelle. Con la extraña novedad, y grande estrago, se consternaron los ciudadanos, y más por el desembarco de tanta gente, de la cual el gobernador, viéndose circuido por mar y tierra, hubo de rendirse a la fuerza, porque con el corto número de cien hombres de infantería y treinta de caballeria, no podia resistirla. (...) Luego que los enemigos se apoderaron de esta plaza, plantaron en la muralla el Estandarte Imperial, y Armestad aclamó. Como rey al señor Archiduque; pero á esto resistió fuertemente el almirante inglés, sin querer que se viera otro estandarte que el suyo, y así lo ejecutó, enarbolándole y proclamando a La reyna Ana, en cuyo nombre dijo que tomaba la posesión..."

(De *Historia Civil de España*, de fray Nicolás de Jesús Belando. Madrid. En la Imprenta, y Librería de Manuel Fernández. 1740)

Los catalanes en defensa de su libertad

La fase final de la guerra de Sucesión tuvo como escenario Cataluña. En Barcelona, en 1705, el archiduque Carlos de Austria, proclamado rey de España, se había comprometido a mantener y respetar los fueros y libertades catalanas. Tras diversos episodios bélicos y estando la ciudad sitiada por las tropas borbónicas, sus habitantes decidieron continuar la guerra. La defensa de Barcelona fue dirigida por Rafael Casanova (1660-1743), Conseller en Cap, hasta la toma de la ciudad por las tropas de Felipe V el 11 de septiembre de 1714. El *"Decreto de Nueva Planta"* de Felipe V abolió la constitución tradicional del principado e impuso la legislación castellana.

"La Libertad, que ha gozado (Cataluña), y goza de tiempo inmemorial, se funda en el numeroso cúmulo de Privilegios, Exemciones, Prerrogativas, y Franquezas, que en los primitivos tiempos le concedió la Magnanimidad de los Señores Emperador Carlo Magno, sus Condes, y los Reyes naturales de España; y después todos los que se han seguido por justa, y legítima Sucesión de la Augustísima Casa de Austria, se los han mantenido, y aumentado generosa, y benignamente (...).
La que se ha de tratar en este Papel, con la más posible concisión se reduce a poner en la Soberana inteligencia de nuestro Santísimo Padre y Señor CLEMENTE UNDÉCIMO, SUMO PONTÍFICE (...) y de todos los Señores REYES, REPÚBLICAS, y POTENTADOS de la CRISTIANDAD, los especiosos, y congruentes Motivos, que obligan a Cataluña a la Defensa de su Libertad (...). Y a mantenerse bajo la suavísima Dominación de su Invicto Monarca Austríaco".

(De *Crisol de Fidelidad. Manifestación que hace el principado de Cataluña*. Por Rafael Figueró. Barcelona. 1713)

En 1760 el rey Carlos III (1759-1788) convocó Cortes generales en Madrid, las primeras unificadas de todo el reino. Los representantes de los cuatro estados de la Corona de Aragón presentaron al monarca el *Memorial de Greuges*, en el que demandaban la abolición del marco jurídico-político impuesto por Felipe V y el restablecimiento del anterior.

> *"Al principi d'aquest segle el senyor Felip V (que al cel sigui) tingué per convenient de derogar les lléis amb les quals s'havien governat fins aleshores els regnes de la Corona d'Aragó, manant que es governessin en avant amb les de Castella. Sens dubte amb la recta finalitat i amb la intelligència que, d'aquesta igualtat i uniformitat entre les parts, n'havia de resultar un gran benefici en el cos de la monarquia. Hom descobreix d'antuvi en aquesta decisió l'equitat i el zel peí bé públic, peró són imponderables els mals que la seva execució ha fet patir a aquests regnes malgrat la clement intenció del vostre gloriós pare...".*

(De *Memorial de Greuges* de 1760)

Racismo de Estado contra los gitanos

El rechazo de la mendicidad y la ociosidad movieron al rey Fernando VI (1746-1759) a decretar la prisión (30 de julio de 1749) de los gitanos, que fueron objeto de abusos por parte de los encargados de llevar a cabo la orden. La situación se mantuvo hasta que Carlos III (1759-1788) los indultó (1763) y por la pragmática de 1783 les reconoció personalidad jurídica y dignidad social, si bien los obligó a trabajar y limitó la libre expresión de su cultura y la práctica de sus formas de vida tradicionales.

> *"-Declaro que los que llaman y se dicen gitanos no lo son por origen ni por naturaleza, ni provienen de raiz infecta alguna.*
> *-Por tanto, mando que ellos y cualquiera de ellos no usen de la lengua, traje y método de vida vagante de que hayan usado hasta presente, bajo las penas abajo contenidas.*
> *-Prohibo a todos mis vasallos, de cualquier estado, clase y condición que sean que llamen o nombren a los referidos con las voces de gitanos o castellanos nuevos bajo las penas de los que injurian a otros de palabra o por escrito.*
> *-Es mi voluntad que los que abandonaren aquel método de vida, traje, lengua o gerigonza sean admitidos a cualesquiera gremios o comunidades, sin que se les ponga o admitan, en juicio ni fuera de él, obstáculo ni contradicción con este pretexto".*

(De *Pragmática-sanción en fuerza de ley, en que se dan nuevas Reglas para contener y castigar la vagancia de los que hasta aquí se han conocido con el nombre de Gitanos, ó Castellanos nuevos.* Cádiz. 1783)

El mal negocio económico de las Indias

Los políticos ilustrados adoptaron medidas a fin de rentabilizar las posesiones americanas. Entonces comenzó a utilizarse la denominación de *colonias* para referirse a la América hispana, a la vez que el nombre de *América* sustituía a los de *Nuevo Mundo* e *Indias*. José del Campillo (1693-1743), hacendista y economista mercantilista, se hace eco de los escasos beneficios económicos que los españoles obtenían de sus colonias. El también economista mercantilista Miguel Antonio de la Gándara (1719-1783) denuncia el papel de España como simple canal por el que los metales preciosos americanos pasaban a las potencias extranjeras. Pedro Rodríguez de Campomanes (1723-1803), ministro reformista de Hacienda, denunció las deficiencias del comercio con las colonias; llevó a cabo reformas socioeconómicas: regulación de la libertad de comercio (1765), defensa de las regalías, apoyo al estudio de las ciencias experimentales, al desarrollo de la agricultura, a la privatización de los baldíos propiedad de la Iglesia y, en general, a la política desamortizadora de los *"bienes de manos muertas"*; criticó la infravaloración social del trabajo y los obstáculos que se oponían al libre comercio. José Moñino y Redondo (1728-1808), conde de Floridablanca, ministro reformista y regalista de Carlos III, promotor del apoyo de España a los independentistas norteamericanos, señaló la conveniencia de acabar con el monopolio inglés en el comercio de esclavos negros.

> *"Si el que las Indias produzcan tan escasamente consistiera en la benignidad del trato que se diera a los naturales, no queriendo cargarlos demasiado de tributos, sería cosa tolerable; pero bien al contrario es la suerte de aquellos infelices, la miseria y la opresión, sin que ceda en beneficio del soberano (...). Sin salir de la América sabemos que México y el Perú eran dos grandes Imperios en manos de sus naturales, y en medio de su barbarie; y bajo de una Nación discreta y política, están incultas, despobladas, y casi totalmente aniquiladas unas Provincias que podrían ser las más ricas del universo. ¿Pues en qué consiste esta enorme contradicción? Consiste, sin duda, en que nuestro sistema de Gobierno está totalmente viciado".*

(De *Nuevo sistema de gobierno económico para América*. De José del Campillo. 1789. Oviedo, GEA. 1993)

> *"Ahora pues, si España no es más que un fiel arcaduz, por donde pasa a potencias extrangeras, el oro, la plata, las piedras preciosas, y los ricos frutos, que vienen de las Indias; ¿por dónde no ha de ser pobre ella y ricas aquellas?*
> *Si apenas se embarcan en nuestros puertos géneros nacionales; si la carga de las flotas, galeones, registros, avisos, convoyes, embarcaciones mercantiles, consiste casi del todo en mercancías extranjeras, ¿de qué sirve que las quillas sean nuestras y que las facturas se registren en cabezas españolas?".*

(De *Apuntes sobre el bien y mal de España*, de Miguel Antonio de la Gándara. 1811. Madrid. Instituto de Estudios Fiscales. 1988)

> *"Conclúyese la Obra probando la necesidad de dar a todos los puertos de España la libertad de traficar a Indias. Refiérense las causas que*

han destruido la marina mercantil española y se hace un paralelo de los daños que padecería la Península de España si todo el comercio de ella se hiciese por el método de Estanco que el de Indias. De que se deduce la utilidad de extenderle a todo el Reino, como único medio de que la marina militar recobre la antigua superioridad en el mar (...). Creeré que los que lean con atención este paralelo me harán la justicia de convenir en que es el amor al bien público y a la dignidad de nuestro gran Rey y de la Nación el que me obliga a oponerme tan abiertamente a la forma actual del comercio de España con las Indias".

(De *Reflexiones sobre el comercio español a Indias*, de Pedro Rodríguez Campomanes. 1762. Madrid. Instituto de Estudios Fiscales, 1988)

El literato José de Cadalso (1741-1782) clama contra el hecho de que América no produjera beneficio económico a España.

"¡Extraña suerte la de América! ¡Parece que está destinada a no producir jamás el menor beneficio a sus poseedores! Antes de la llegada de los europeos, sus habitantes comían carne humana, andaban desnudos, y los dueños de la mayor parte de la plata y oro del orbe no tenían la menor comodidad de la vida. Después de su conquista, sus nuevos dueños, los españoles, son los que menos aprovechan aquella abundancia...".

(De *Carta XLI*, de *Cartas Marruecas*, de José de Cadalso. 1789)

"El Nuevo Mundo es nuestra patria"

El criollismo se afianzó en América al calor del espíritu de la ideología ilustrada y de la permanencia de los abusos por parte de las élites dirigentes españolas y la marginación de las locales. La oposición entre los intereses de los criollos y los de los españoles se transformó en auténtica hostilidad entre ambos grupos.

La curiosidad científica impulsó la organización de campañas de investigación por mares y territorios remotos. La Academia de Ciencias de París envió a América una expedición (1735-1746) a fin de medir el arco del meridiano y determinar la forma exacta de la Tierra. En ella participaron dos jóvenes científicos españoles, Jorge Juan (1713-1773) y Antonio de Ulloa (1716-1795). Los españoles elaboraron cuarenta de las cien cartas modernas del mundo y establecieron el valor del grado del meridiano contiguo al ecuador. En sus *Noticias Secretas de América*, sobre el estado naval, militar y político del Perú y provincia de Quito (1748), ambos científicos dejaron testimonio de la hostilidad creciente entre criollos y españoles y de los abusos de la administración colonial. La publicación del libro fue prohibida en España y no vio la luz hasta 1826 en Londres.

"Basta ser europeo (o chapetón, como se dice en el Perú) para declararse inmediatamente contrario a los criollos, y es suficiente el haber nacido en las Indias, para aborrecer a los europeos (...). En todo el Perú es una enfermedad general que padecen aquellas

ciudades y poblaciones la de estas dos parcialidades... No se libertan de padecer este achaque las primeras cabezas de los pueblos, las dignidades más respetables, ni las religiones más cultas, políticas y sabias; las poblaciones son el teatro público de los dos partidos opuestos; los senados (o cabildos) en donde desfoga su ponzoña la más irreconciliable enemistad, y las comunidades donde continuamente se ven inflamados los ánimos con la violenta llama del odio (...).

Aunque las parcialidades de europeos y criollos pueden reconocer por principios varias causas, parece que las esenciales deben ser dos, que son: la demasiada vanidad, presunción y soberanía que reina en los criollos, y el mísero y desdichado estado en que llegan regularmente los europeos".

(De *Noticias secretas de América*, de Jorge Juan y Antonio de Ulloa. 1826. Bogotá. Banco Popular. 1983)

"Nace la tiranía que experimentan los indios de la insaciable hambre de riquezas que llevan a las Indias los que van a gobernarlos, y como estos no tengan otro arbitrio para conseguirlo que el de hostilizar a los indios de cuantos modos puede suministrarles la malicia, no dejan ninguno por planificar, y combatiéndolos por todas partes, con crueldad exigen de ellos más de lo que pudieran sacar de los propios esclavos. No está puesto en uso en la provincia de Quito hacer repartimientos, pero tienen los corregidores tantos otros caminos para tiranizarlos que no hace falta en ellos aquella cruel introducción, si bien es preciso confesar que se pueden llamar felices todos los que no están sujetos al rigor de los repartimientos. Mas no por esto les faltan pensiones, tan fuera de toda razón que los dejen en el estado más despreciable y triste que se puede imaginar.

Varios son los arbitrios de que se sirven los corregidores para hacer riquezas a costa de los indios y, entre ellos, podremos empezar con el de la cobranza de tributos, porque en ésta empieza a ejercitarse el rigor apartándose de la justicia, olvidando la caridad y perdiendo totalmente el temor a Dios".

(De *Noticias secretas de América*, de Jorge Juan y Antonio de Ulloa. 1826. Bogotá. Banco Popular. 1983)

El mexicano José Antonio Alzate y Ramírez (1737-1799), polígrafo y científico polifacético, promotor de empresas científico-culturales, en su *Descripción de los indios de la Nueva España* manifiesta el aprecio que las élites criollas sentían por los pueblos aborígenes y cómo estos eran corrompidos y maltratados por funcionarios y curas.

"Otros autores que por ciertas obras se han hecho célebres, pero que han corrido el país con paso violento e ignorando el idioma de los indios, han descrito mil patrañas, mil falsedades comunicadas

por sujetos interesados en degradar a los indios. Muchos de ellos han permanecido por algunos días en poblaciones grandes, han observado las costumbres de la plebe, y, como si todos los indios formasen plebe, o ésta no se compusiese sino de ellos, han pintado la sombra por la realidad (...).

Estoy convencido de que si se tratase a la nación india con circunspección, nuestros soberanos utilizarían muchísimo y ellos no serían tan infelices. Pero es otro el plano que se sigue. C. A. R. P. (Curas, Alcaldes Mayores, Repartidores, Pulque), estos cuatro enemigos, discordes entre sí, de día en día corrompen, aniquilan las poblaciones de los indios...”

(De *Descripción de los indios de la Nueva España*, de José Antonio Alzate y Ramírez. Tomado de Alejandro Malaspina. *La América Imposible*. Edición de Blanca Sáiz. Madrid. Compañía Literaria, S. L. 1994)

Alejandro Malaspina (1754-1809), marino italiano al servicio de España, dirigió la expedición científica (1789-1794) de las corbetas “Descubierta” y “Atrevida”, al objeto de establecer los límites exactos del imperio español. Recorrió las costas suramericanas, ascendió hasta Canadá y Alaska, navegó hasta Filipinas, Nueva Zelanda y Australia, y regresó a Cádiz en 1794. Malaspina aplicó principios evolucionistas en su interpretación de la realidad americana; dejó testimonio de las disensiones entre españoles y criollos y de las disfunciones del sistema administrativo colonial; se manifestó a favor de la autonomía de las colonias hispanas en el marco de una federación vertebrada por el comercio.

“No presenta menor número de contradicciones la comparación de los intereses del español americano con las del español europeo (...). El ser vasallos de un mismo monarca no influye absolutamente en este enlace, como no influía a que italianos y flamencos cuando estaban bajo la dominación española tuviesen la menor relación unos con otros (...). Por común desgracia una idea sumamente errónea anexa a la plata hace que todos (particularmente los españoles) en ella sola fijemos la idea de la riqueza. Y ya se encuentra un grande tropiezo para la reunión de intereses. El español americano prefiere el conservarla inútil a la adquisición de aquellas comodidades que representa (...). Y como el español europeo mira la América como una conquista emprendida y conseguida a su beneficio, mientras el español americano se cree acreedor no sólo al derecho de ciudadano, sino también a los grandes alivios que la legislación promovió a los que se radicasen en América”.

(De *Axiomas políticos sobre la América*, de Alejandro Malaspina. Aranjuez. Doce Calles. Madrid. Sociedad Estatal Quinto Centenario. 1991)

El movimiento de afirmación criolla se transformó en ideológico cuando el liberalismo arraigó entre las élites locales. A las protestas de los criollos contra el monopolio del poder por los peninsulares, contra la presión fiscal, el despotismo administrativo, el centralismo asfixiante y los privilegios exorbitantes de la Iglesia, se añadió la demanda de autonomía política. Significativo fue el nombre de comuneros que tomaron algunos de los movimientos autonomistas y republicanos. El éxito de la insurrección de las colonias inglesas del norte (1776) y de la Revolución francesa (1789) animó a los ideólogos criollos a pronunciarse abiertamente por la independencia. Por ejemplo, el jesuita e intelectual hispanoperuano Juan Pablo Vizcardo y Guzmán (1748-1798) apoyó la rebelión de Túpac Amaru en Cuzco y redactó, en Francia, una famosa *Carta a los españoles americanos* (1792), texto auroral del independentismo hispanoamericano.

> *"El nuevo mundo es nuestra Patria, su historia es la nuestra (...).*
> *Al haberse frustrado las legítimas esperanzas y derechos de los conquistadores, sus descendientes y los de otros Españoles que fueron llegando progresivamente a América, y a pesar de que sólo reconocemos a ésta como nuestra Patria, y que toda nuestra subsistencia y la de nuestra descendencia se fundan en ella, hemos respetado, conservado y venerado sinceramente el cariño de nuestros Padres por su primera Patria; por ella hemos sacrificado infinitas riquezas de todo tipo, sólo por ella hemos resistido hasta aquí, y por ella hemos en todo encuentro vertido con entusiasmo nuestra sangre. Guiados por un fervor ciego, no nos hemos percatado que tanto afán por un país que nos es extraño, al que no debemos nada, significa una cruel traición a aquél en que hemos nacido, y nos alimenta a nosotros y a nuestros hijos; no nos percatamos que nuestra veneración por los sentimientos de afecto de nuestros Padres hacia su primera Patria es la prueba más decisiva de la preferencia con que debemos amar la nuestra; que todo lo que hemos prodigado a España, lo hemos sustraído contra toda razón a nosotros mismos y a nuestros hijos; mientras nuestra necedad nos ha hecho cargar cadenas que, si no las rompemos a tiempo, no nos quedará otro recurso que soportar pacientemente la ignominiosa esclavitud, en que el exceso de nuestra buena fe nos ha postrado".*

(De *Carta a los españoles americanos*, de Juan Pablo Viscardo y Guzmán. Tomado de Juan Pablo Viscardo y Guzmán. Edición de Percy Cayo Córdova. Traducciones de Ana María Juilland. Biblioteca Clásicos del Perú. Banco de Crédito del Perú. 1978)

"V. M. debe deshacerse de todas las posesiones que tiene en el continente americano"

El ilustrado Pedro Pablo Abarca, conde de Aranda (1719-1798), presidente del Consejo de Castilla y Secretario de Estado, elevó al rey un informe (1783) sobre la situación de las colonias hispanas y la amenaza que para el mantenimiento del poder español representaba la emergente gran potencia del norte, los Estados Unidos. Sus palabras fueron premonitorias. Aranda fue líder del llamado "Partido aragonés", agrupación de reformistas defensores del viejo pactismo político.

"Jamás unas posesiones tan extensas, colocadas a tan grandes distancias de la Metrópoli se han conservado por mucho tiempo. A esta causa que comprende a todas las colonias, debemos añadir otras especiales para las posesiones Españolas, a saber: las dificultades de socorrerlas cuando puedan tener necesidad; las vejaciones de algunos de los Gobernadores en los desgraciados habitantes; la distancia de la Autoridad suprema, a la que tienen necesidad de recurrir para que se atiendan sus quejas, lo que hace que se pasen los años antes que se haga derecho a sus reclamaciones. Todas estas diversas circunstancias no pueden dejar de hacer malcontentos a los habitantes de América, y de hacerles tentar esfuerzos para obtener la independencia, tan luego como se les presente la ocasión (...).

V. M. debe deshacerse de todas las posesiones que tiene en el continente de las dos Américas, conservando solamente las Islas de Cuba y Puerto Rico en la parte Septentrional y alguna otra en la parte meridional, con el objeto de que pueda servirnos de escala de depósito para el comercio Español.

A fin de llevar a efecto este gran pensamiento de una manera conveniente a España se deben poner sus Infantes en América; el uno Rey de México, otro Rey del Perú, y el tercero de la Costa Firme. V.M. tomará el título de Emperador".

(De *Memoria secreta presentada al Rey de España por el Conde de Aranda*, sobre la independencia de las colonias inglesas en América después de haber firmado el Tratado de París de 1783)

Las Luces, una contracultura

La Ilustración o las Luces fue un movimiento racionalista, laico, crítico, antiescolástico y empirista; abordó la comprensión del mundo y la realidad sin condicionamientos religiosos, a partir de la confianza en la razón y en la capacidad de los seres humanos para mejorar y progresar. Los ilustrados entronizaron el ideal de progreso y a la diosa Razón, a la que consideraban verdadero factor del cambio histórico. Filantropía, igualitarismo, cosmopolitismo, contractualismo, pensamiento crítico, subjetivismo, fe en la ciencia, utopismo y separación de lo terrenal y espiritual fueron los ingredientes fundamentales del orden de valores de la Ilustración.

Los ilustrados españoles aspiraban a armonizar España con la Europa de las Luces, implantar la centralización político-administrativa y convertir a los súbditos en ciudadanos mediante el reconocimiento de los derechos individuales y colectivos. Aspiraban también a racionalizar y unificar la legislación, a enseñar en las universidades el Derecho Natural y a promulgar leyes fundamentales acordes con la "Constitución histórica" española -conjunto de derechos, fueros y libertades tradicionales- y con la nueva cultura jurídica derivada de la Declaración de los Derechos del Hombre y del Ciudadano proclamada por la Asamblea francesa en 1789. Apoyaban las regalías o derechos de la Corona frente a la Iglesia, acabar con los privilegios fiscales de esta, con los de la nobleza y de los gremios. Al final de la centuria, el miedo a la revolución y la oposición conservadora detuvieron el proceso reformista: en 1789 se pusieron en práctica medidas a fin de impermeabilizar el país ante los avances de la ideología revolucionaria francesa; a pesar de ello, no se pudo impedir el triunfo en España de la revolución liberal-burguesa a comienzos del siglo XIX.

El afán reglamentista de los tecnócratas ilustrados se aplicó incluso al uso de la lengua; se crearon academias e instituciones difusoras de la nueva ciencia y promotoras de actividades productivas; surgieron nuevas formas de urbanidad, de relaciones sociales y de vías de socialización, se disociaron sexualidad y procreación, y arraigaron ideas novedosas: la felicidad, creían los ilustrados, podía alcanzarse en este vida.

En el ámbito artístico, un nuevo estilo, el neoclásico, recuperó la estética del grecorromano, que en la segunda mitad de la centuria sustituiría al barroco y al rococó. En literatura se impusieron la preceptiva y la estética literaria neoclásicas; se produjo, en consecuencia, un empobrecimiento, casi desaparición, de la ficción. Sectores castizos de la población reaccionaron contra lo que consideraban colonialismo cultural extranjero y le opusieron lo local, popular y tradicional. Un siglo más tarde, Menéndez y Pelayo vertió juicios demoledores sobre la Ilustración española -extranjerizante, anticasticista, impersonal y decadente-, lastrando así su correcta valoración durante mucho tiempo.

Filantropía de la Ilustración

Filantropía y cosmopolitismo fueron también rasgos distintivos de la Ilustración. Pensaban los ilustrados que las guerras, los mandatos divinos y los derechos positivos no daban solución a los problemas de la humanidad, como la experiencia demostraba; había, pues, que confiar en la inclinación natural de los seres humanos a la bondad. José Clavijo y Fajardo (1726-1806), fundador del periódico *El Pensador* (1762), inspirado en el inglés *The Spectator*, así lo dice en el *Pensamiento LX* de su periódico.

> *"Pero aun sin recurrir al interés de las aclamaciones y la superioridad, ¿qué placer hay que iguale al de ser benéfico, ni qué premio, que pueda compararse con el gozo y la interior satisfacción de socorrer al infeliz? ¿Qué hace tolerables los afanes, desvelos y continuos cuidados del Trono, sino el poder de hacer gracias? Pocos atractivos tendría para los príncipes y poderosos su grandeza si hubiesen de estar reducidos a gozarla solos. Hágase de las riquezas el uso que se quiera; empléense en profusiones, en fastos, en deleites o en caprichos, y dígannos luego los que hayan hecho la experiencia, si jamás alguna de estas cosas ha dejado en sus corazones una sensación tan dulce y agradable como la que experimentan cuando tienden sus manos generosas al afligido. Los soberanos imponen leyes y mandan a los hombres. ¿Son por esto felices? No por cierto".*

(De *Pensamiento LX. De las variadas opiniones sobre lo que es la felicidad*, de José Clavijo y Fajardo. *El Pensador*. 1762-1767)

Las tertulias

Frecuentes fueron en el siglo ilustrado las tertulias. Las más concurridas y prestigiosas fueron las madrileñas Academia del Buen Gusto, aristocrática y elitista, centrada en la poesía, y la popular de la Fonda de San Sebastián, en la que *"sólo se permitía hablar de teatro, de toros, de amores o de versos"*. Algunas tertulias fueron objeto de la ironía de Clavijo y Fajardo (1726-1806), periodista de *El Pensador*.

> *"Ocupó su silla el Reverendo Rector de la Tertulia (...). Al instante sacó una cantidad de papeles el oficialito de rentas. Repasólos todos, y al fin separó uno, que dijo ser la papeleta de noticias, que había venido a la Oficina. Leyóla medio mascando, porque, él mismo apenas entendía su letra; y a cada palabra había una disputa con el Oficial, que se oponía a todo (...). Duró bastante tiempo la pesadísima controversia, y vino a parar la conversación en lamentarse de la decadencia de España, y proponer cada uno de aquellos catones los medios de remediarlo todo, y de volver a poner la España en aquel estado de prepotencia que tuvo en otros tiempos, haciendo una Monarquía universal, y demostrando, que no es tan difícil, ni tan quimérica esta empresa como la creen algunos. ¿Cómo difícil? (decía el Oficial) que mantenga siempre España un Ejército de doscientos a trescientos mil hombres, y verán si es quimera el hacernos dueños, no digo yo de un rincón del Mundo, como es la Europa, sino de todo el Imperio del Mogol. Y no hay que replicarme que la España está despoblada, porque ésa no es razón. ¿Tenemos nosotros por ventura árboles de canela? No por cierto; pero se trae de fuera. Pues venga también de fuera la gente; y si no, que me den la comisión de recluta, y verán si con menos de un par de millones de pesos, traigo aquí todos los Cantones Suizos en cuerpo y alma".*

(De *Pensamiento XVII. De las tertulias*, de Clavijo y Fajardo. *El Pensador*. 1762-1767)

Jansenistas y regalistas

Los jansenistas negaban la infalibilidad del papa y rechazaban el escolasticismo; propugnaban una moral rigorista, una espiritualidad intimista y la lectura de la Biblia en las lenguas vulgares. Los regalistas reclamaban el sometimiento de la Iglesia al Estado en cuestiones civiles, su derecho a intervenir en los asuntos eclesiásticos, la autonomía del episcopado nacional frente a Roma y la desamortización de los bienes de las órdenes religiosas. Los jansenistas-regalistas consiguieron el reconocimiento del derecho de los reyes españoles a designar los candidatos a los beneficios eclesiásticos, expulsar a los jesuitas de España y sus colonias (1767) e introducir algunas de sus tesis en la Constitución de 1812.

El jesuita José Francisco de Isla (1703-1781), autor de *Historia del famoso predicador fray Gerundio de Campazas, alias Zotes* (1758), novela prohibida por la Inquisición sobre la vacuidad de la oratoria sagrada, dirigió un Memorial al Rey denunciando la sinrazón de la expulsión de los jesuitas.

"Preciso es, Señor, que la malevolencia, el odio y el engaño, disfrazados en celo, hayan logrado sorprender con alevosa infidelidad el Real justificadísimo ánimo de V. M., pintándole a los Jesuitas como los mayores monstruos contra la Religión y contra el Estado que ha producido hasta ahora la naturaleza, cuando han podido conseguir que en su destierro como en su expatriación, en el total despojo de su honor y de sus casas, se hayan desatendido todas las leyes que prescriben el derecho natural, el divino y el humano, practicadas siempre inviolablemente aún con el hombre más vil y más facineroso del mundo. Sin hacerles causa, sin darles traslado de la más mínima acusación, sin hacerles cargo en particular del más ligero delito, y, por consiguiente, sin oírlos; se los destierra, se confiscan todos sus bienes, se desacredita su conducta, y su doctrina se supone sospechosa, y aún vergonzosa la comunicación con ellos".

(De *Historia de la expulsión de los jesuitas*, de José Francisco de Isla. Madrid. Espasa-Calpe. 1992)

Primer proyecto de constitución política española

El primer proyecto de constitución política española se debe al ilustrado León de Arroyal (1755-1813), poeta epigramático, ideólogo liberal y, como todos los ilustrados, conciencia crítica de la sociedad, de sus estamentos, anquilosamiento y jerarquización. Reclamaba una transformación -*"feliz revolución"*- radical de la sociedad y un marco jurídico-político -una *"buena constitución"*- fundamentado en el iusnaturalismo. Su modelo político era el liberal europeo: soberanía nacional, pacto social, división de poderes, monarquía constitucional, sometimiento del monarca a la ley. Arroyal demandaba igualmente la abolición de los privilegios nobiliarios y de las normas que coartaban la libertad económica, racionalizar la Administración y favorecer el igualitarismo social. Vertió su ideología en *Oración apologética en defensa del estado floreciente de España* (1793), también llamado *Pan y toros*, dirigido contra la triunfalista *Oración por la España y su mérito literario*, de Juan Pablo Forner, y en *Cartas político-económicas al Conde de Lerena* (1795).

"¿Tendré la desgracia de ser tenido por enemigo de los reyes y de la jerarquía civil? ¿Se me acusará de fautor de la impiedad y la anarquía? Tú, señor Dios, en cuya presencia escribo, sabes que [anhelo] por todo lo contrario, y en Ti espero que me librarás de semejantes imputaciones. Tú sabes que mi deseo es sólo ver la Iglesia española con la lozanía que tuvo en sus primeros siglos, ver a mi patria pacífica y opulenta y ver a mi rey asentado en el trono de la justicia y el juicio, y libre de los peligros de la seducción y del engaño de las pasiones (...). Mi intento es delinear una constitución monárquica, retrayendo en cuanto sea compatible con los inmutables derechos de la naturaleza, las reglas fundamentales de nuestra antigua y primitiva constitución y las loables costumbres y establecimientos de nuestros padres..."

(De *Cartas político-económicas al Conde de Lerena. Carta V*, de León de Arroyal. Madrid. Fundación Banco Exterior de España. 1993)

"El cristianismo en España se reduce a puras exterioridades"

Los ilustrados adoptaron ante la religión, la Iglesia y el clero, actitudes moderadas, en comparación con las de los europeos: respetaron el dogma, trataron de adecuar la espiritualidad católica a la cultura de las Luces y se limitaron a criticar las prerrogativas fiscales de la Iglesia, sus latifundios y el excesivo número de eclesiásticos, su bajo nivel de instrucción, la relajación de sus costumbres, las supersticiones, el fanatismo del pueblo y los formalismos litúrgicos y ceremoniales. El periódico ilustrado madrileño *El Censor*, vehículo de las críticas de los intelectuales, fue perseguido y prohibido y Cañuelo, su fundador, denunciado ante la Inquisición.

> "España, dicen, es el centro de la Religión. Aquí es donde el cristianismo se ha conservado en toda su pureza: aquí en donde triunfa la Religión Católica (...).
> Sí señores; si el Cristianismo se reduce a puras exterioridades, si no consiste en más que en la observancia de algunas prácticas piadosas, en la suntuosidad de los templos, en el número y riquezas de los ministros; en una palabra, en la exactitud, aparato, y magnificencia del culto externo; no tiene duda, en ninguna parte florece como entre nosotros. Mas si la verdadera religión no se contenta con estas cosas; si lejos de contentarse las abomina, y las reputa por estiércol impuro, cuando no las acompaña la observancia de aquellas leyes que la razón impone, y ella confirma; si allí florece, no en donde hay mayor número de hombres, que se dicen cristianos, sino en donde es mayor el de los que observan el cristianismo".

(De *Discurso XCIV* de *El Censor*)

Luis García de Cañuelo (1744-1802), fundador del periódico *El Censor* (1781), y Luis Marcelino Pereira (1754-1811), editor del mismo, escribieron sobre las supersticiones, mal muy extendido en la sociedad española. Ambos critican la fe popular próxima a la superstición.

> "El culto debido únicamente a la majestad de Dios se tributa a los santos, que aunque santos de Dios, y como tales dignos de nuestra veneración y nuestros cultos, al fin son criaturas y no pueden sin superstición ser igualados a su Criador. El que se rinde vulgarmente a las imágenes, ¡cuán ajeno es del espíritu con que la Iglesia las venera! ¡Cuánto se mezcla de idolatría en esta mayor devoción a la "Divina Pastora" que a la "Peregrina" (...). Comprendo todo esto y veo, por consiguiente, que de la preferencia de una imagen a otra no se debe inferir al instante una verdadera idolatría. Pero una observación atenta me ha enseñado, como enseñará sin duda a

cualquiera que se tome el trabajo de hacerla, que esta preferencia, en
los más, es efecto de un puro capricho -ya por sí difícil de excusarse
de superstición-, y que hay muchos que imaginan en las imágenes
un no sé qué de divino, que independientemente del original que
representan y sin relación a él ninguna, atrae su veneración...".

(De *Que la superstición está entre nosotros más extendida que la impiedad*, de Luis García del Cañuelo y Luis Marcelino Pereira. *Discurso XLVI* de *El Censor*. 1781-1787)

Sobre la nobleza y los oficios útiles

Los ilustrados cuestionaron la legitimidad de los privilegios heredados y les opusieron el valor del esfuerzo, de la excelencia y del mérito personales, únicos factores válidos de jerarquización social. José Moñino y Redondo, conde de Floriblanca (1727-1808), ministro ilustrado, denuncia la obsesión nobiliaria de los españoles y su negativa opinión sobre los oficios mecánicos.

> *"Los hombres aman naturalmente el honor, y mucho más los*
> *españoles. Todos quieren ser o parecer nobles. El desprecio y*
> *desestimación con que se han tratado los oficios, y con que los que*
> *los practican y sus hijos han sido excluidos en los estatutos de todo*
> *género de honores, aun en el celo de los cuerpos eclesiásticos, ha*
> *hecho mirar con horror los oficios mecánicos y todas las artes útiles.*
> *De aquí ha nacido y nace un "seminario" de ociosidad y de vicios, no*
> *sólo en las descendencias de la nobleza pobre, sino en la de todos los*
> *vasallos que llegan a ser acomodados o a fundar algún mayorazgo o*
> *vínculo, después de haber tenido alguna profesión de letras o algún*
> *empleo de pluma".*

(De *Medios para extinguir la ociosidad*, de José Moñino. Murcia. *En Escritos políticos*. Academia de Alfonso X El Sabio. 1982)

Benito Jerónimo Feijoo (1676-1764), gran personalidad del siglo, puso la razón crítica al servicio de la denuncia de las carencias científicas y culturales, de las supersticiones y de la irracionalidad de la religiosidad popular; desvinculó la nobleza de la excelencia personal.

> *"Repito que de ninguna prerrogativa se debe hacer menos jactancia*
> *que de la nobleza. Otro cualquier atributo es propio de la persona;*
> *éste forastero. La nobleza es pura denominación extrínseca, y si se*
> *quiere hacer intrínseca, será ente de razón. La virtud de nuestros*
> *mayores fue suya, no es nuestra. Es verdad que en alguna manera*
> *nos ilustra la excelencia de los progenitores; pero nos ilustra como*
> *el sol a la luna, descubriendo nuestras manchas, si degeneramos.*
> *En algunos escudos de armas, he visto puestas por timbre unas*
> *estrellas. El que ganó este blasón le ostentaba con justicia, porque,*
> *a manera de estrella, brillaba con luz propia. En muchos de los*
> *sucesores debían quitarse las estrellas y sustituirse por ellas una*

luna, para denotar que sólo resplandece como este astro, con luz
    ajena".
(De *Valor de la nobleza e influjo de la sangre*, de Benito Jerónimo Feijoo. 1786. Madrid.
Taurus. 1985)

Para el literato José Cadalso y Vázquez (1741-1782), la nobleza heredada es simple
vanidad. Para Valentín de Foronda (1751-1821), profesor de Economía política, la
nobleza no es nada si no va acompañada de virtudes sociales. Según el economista
y financiero Francisco Cabarrús (1752-1810), la nobleza hereditaria no tiene
justificación.

> *"Instando a mi amigo cristiano a que me explicase qué es nobleza*
> *hereditaria, después de decirme mil cosas que yo no entendí,*
> *mostrarme estampas que me parecieron de mágica, y figuras que*
> *tuve por capricho de algún pintor demente, y después de reírse*
> *conmigo de muchas cosas que decía ser muy respetables en el*
> *mundo, concluyó con estas voces, interrumpidas con otras tantas*
> *carcajadas de risa: Nobleza hereditaria es la vanidad que yo fundo*
> *en que, ochocientos años antes de mi nacimiento, muriese uno que*
> *se llamó como yo me llamo, y fue hombre de provecho, aunque yo*
> *sea inútil para todo".*

(De *Cartas Marruecas, Carta XIII*, de José de Cadalso. 1789. San Antonio de Calonge
Gerona. Hijos de José Bosch. 1978)

> *"Pero ¿por dónde justificar la nobleza hereditaria y la distinción de*
> *familias patricias y plebeyas? ¿Y no se necesita acaso toda la fuerza*
> *de la costumbre para familiarizarnos con esta extravagancia del*
> *entendimiento humano?*
> *Y ¿qué origen, sin embargo, tuvo un error tan grosero como*
> *universal? La ignorancia más completa de la física, como de la*
> *metafísica, la que hizo atribuir a la sangre virtudes de que no es*
> *susceptible: la presunción vaga y cien veces inútilmente desmentida*
> *de una educación más exquisita; en fin, un entusiasmo ciego por*
> *algunos individuos. Ahora bien, amigo, ¿cuál de estos cimientos de*
> *la nobleza se apoya en la razón, en la moral o en la utilidad pública?*
> *Discurro que ninguno".*

(De *Cartas sobre los obstáculos que la naturaleza, la opinión y las leyes oponen a la
felicidad pública*, de Francisco de Cabarrús. 1795. Valencia. Universitat de València.
1996)

Carlos III abolió (1783) la deshonra legal que pesaba sobre el ejercicio de las
actividades mecánicas y productivas, y a fin de premiar los servicios a la nación en
cualquier rama de actividad, creó la real orden que lleva su nombre. Así, por vez
primera en la historia de España, se logró legitimar las actividades útiles. Antonio
de Capmany y Montpalau (1742-1813), humanista, militar y político conservador,

distingue entre nobleza y honra, y proclama que esta no se pierde por ejercer una actividad honesta y útil a la patria.

> *"Que no sólo el oficio de curtidor, sino también las demás artes y oficios de herrero, sastre, zapatero, carpintero y otros a este modo, son honestos y honrados; y que el uso de ellos no envilece la familia ni la persona del que los ejerce, ni la inhabilita para obtener los empleos municipales de la República en que están avecindados los artesanos o menestrales que los ejerciten".*

(De la *Real Cédula*, promulgada por Carlos III el 18 de marzo de 1783)

> *"Mientras el pueblo no llegue a conocer que vale algo por sí mismo, que la nobleza es distinta de la honra, que ésta no se pierde por algún ejercicio honesto y útil a la patria, que en fin un individuo de la sociedad puede ser honrado sin que sea noble, y que el honor es patrimonio de todos los hombres, y los honores son privilegio de pocos, jamás saldrá de sus errores, ni de la pereza y desaliento que le inspira ese vulgar y perjudicial temor".*

(De *Memorias históricas sobre la marina, comercio y artes de la antigua ciudad de Barcelona*, de Antonio Capmany. 1779-1792. Barcelona. Cámara Oficial de Comercio y Navegación. 1961)

Los proyectistas

Un grupo de tecnócratas ilustrados -Ustáriz, Campomanes, Olavide, Cabarrús, Normante, Floridablanca, Ward, Larruga, Campillo, etc.- elaboró, como los arbitristas del siglo anterior, planes y proyectos, de ahí el nombre de proyectistas, al objeto de solucionar los problemas del país. Fomentaron las actividades económicas, fundaron compañías de comercio, sociedades patrióticas y sociedades económicas de amigos del país, centros de difusión de los valores de la Ilustración y de apoyo al desarrollo económico. Tras una corta etapa proteccionista, adoptaron el librecambismo y, en consecuencia, propusieron abolir los gremios, los bienes vinculados, el sistema fiscal, los privilegios de la nobleza y de la Iglesia y todas las trabas que obstaculizaban el comercio, el trabajo y el aumento de la riqueza. Algunos tratadistas explicaron la pobreza como resultado de la evolución natural de la sociedad, adelantándose así al evolucionismo social.

Pedro Rodríguez de Campomanes (1723-1803) argumentó contra la negativa valoración social de los oficios viles. El financiero Francisco Cabarrús (1752-1810), consejero económico de Carlos III, señaló los perjuicios del contrabando para el comercio indiano; promovió la emisión de deuda pública y papel moneda y la fundación del Banco de San Carlos (1782), el primer banco oficial español. Bernardo Ward (m. 1779), director de la Casa de la Moneda, denunció las consecuencias negativas de las remesas de metales preciosos americanos, la atonía de las actividades económicas y los males derivados de la holgazanería.

"Los padres y maestros las deben reprender a los que les están subordinados; haciendo inspirarles este concepto de igualdad, como máxima común de todos.

De aquí resultará otro principio de la educación popular de los artesanos, para desarraigar del común la idea de vileza, y de mecánicos, con que en muchas partes de España se desacredita a alguno de ellos.

En una nación llena de pundonor como la nuestra, causa gran daño esta especie de preocupaciones, difundidas contra varias artes y oficios; porque se retraen las gentes honradas de ejercitarlos, y otros de continuar en los mismos, que ejercieron sus padres".

(De *Discurso sobre la educación popular de los artesanos y su fomento*, de Pedro Rodríguez Campomanes. 1775. Oviedo. Gea. 1991)

"¿Queréis destruir, o a lo menos disminuir mucho el contrabando? No será con ridículas pastorales: profanaréis la religión, y jamás lograréis convencer los ánimos hasta el punto de persuadirles que este erario, enriquecido con vejaciones, y bañado en sangre y lágrimas de los pueblos, merezca las bendiciones del cielo, ni que éste autorice con anatemas sus injusticias ni sus errores.

Estableced en este erario la equidad y la economía que son inseparables: enseñad con una educación razonable y humana a toda una generación las relaciones de necesidad y utilidad que le constiuyen, y entonces le haréis respetar".

(De *Cartas sobre los obstáculos que la naturaleza, la opinión y las leyes oponen a la felicidad pública*, de Francisco Cabarrús. Madrid. Fundación Banco Exterior. 1990)

Del mercantilismo al fisiocratismo

Durante la primera mitad de la centuria los mercantilistas aplicaron medidas proteccionistas –fomento de las exportaciones, acumulación de metales amonedables– a fin de conseguir el superávit de la balanza comercial. Posteriormente, el mercantilismo tomó una orientación antimonopolística en Jerónimo de Uztáriz (1670-1732), introductor del colbertismo –mercantilismo francés: atesoramiento de oro, desarrollo industrial y de las exportaciones– en España. Uztáriz denunció el desequilibrio de la balanza de pagos y la salida de dineros del país, e identificó riqueza con acumulación de metales preciosos obtenidos de la producción y exportación de manufacturas.

Muchos tecnócratas sostenían tesis fisiocráticas -la naturaleza es el origen de la riqueza de las naciones y la agricultura la clave de la economía y del orden social-, de ahí su interés por los asuntos agrarios y los problemas vinculados a los mismos: latifundios, señoríos, bienes de propios y baldíos. Los fisiócratas plantearon la cuestión de la reforma agraria, que se mantendrá de actualidad hasta la transición democrática. Las cuestiones agrarias interesaron, por ejemplo, a Gaspar Melchor de Jovellanos (1744-1811), autor de un famoso *Informe sobre el expediente de la Ley Agraria*. El fisiocratismo fue la base del liberalismo económico (*"laissez faire, laissez passer"*). Durante el reinado de Carlos III (1759-1788) se fusionaron las tesis mercantilistas y fisiocráticas.

> *"De la gran diferencia que hay, pues, de lo que vendemos a lo que compramos a los extranjeros, y de otros principios que están muy a la vista, se puede argüir, que cada año, uno con otro, habrá salido de España el valor de más de quince millones de pesos, en plata y oro, y si alguno lo dudare, se le puede preguntar, qué se han hecho, y adónde han parado los millares de millones de pesos que desde el descubrimiento de las Indias se han trasladado al continente de España, donde apenas ha quedado más, que algún vellón, o calderilla de incorrespondiente valor intrínseco al extrínseco que posee, y de costosa conducción, y tráfico; moderada porción de reales, y medios reales de plata cortos, y los reales de a dos, y sencillos de la nueva fábrica".*

(De *Theorica, y práctica de comercio, y de marina,* de Jerónimo de Uztáriz. 1724. Madrid. Aguilar. 1968)

> *"Este objeto de las leyes agrarias solo se puede dirigir á tres fines, á saber: la extension, la perfeccion y la utilidad del cultivo; y á los mismos también son conducidos naturalmente por su particular interés los agentes de la agricultura. Porque, ¿quién será de ellos el que, atendidos sus fondos, sus fuerzas y su momentánea situacion, no cultive tanto como puede cultivar, no cultive tan bien como puede cultivar, y no prefiera en su cultivo las mas á las menos preciosas producciones? Luego aquella legislación agraria caminará mas seguramente á su objeto que mas favorezca la libre accion del interés de estos agentes, naturalmente encaminada hácia el mismo objeto".*

(De *Informe en el expediente de la Ley Agraria,* de Gaspar Melchor de Jovellanos. Madrid. I. Sancha. 1820)

La crítica de los bienes vinculados

Los tecnócratas ilustrados buscaban más aumentar la producción y crear puestos de trabajo que la reforma social, pero para ello era ineludible privatizar los bienes vinculados, los bienes de *"manos muertas",* pertenecientes a la Iglesia, nobles y municipios, que no podían venderse, enajenarse, ni dividirse y estaban exentos de tributación. El sistema de los bienes vinculados procedía de la Edad Media y mantenía fuera de la circulación monetaria una inmensa masa de riqueza. Ya habían sido denunciados en el siglo xvii y en el xviii lo serán por los ministros tecnócratas.

> *"La desmembración del uso de la REAL JURISDICCION en esta especie de bienes, que se unen á las Comunidades eclesiásticas, y á las Capellanías, es un daño de irreparable perjuicio, si tales adquisiciones se toleran*

sin asenso Regio; porque de ese modo los Jueces eclesiásticos se
entrometen con facilidad en causas temporales; y aunque sea contra
derecho las manos-muertas demandan y executan á sus inquilinos,
y deudores seculares en el fuero de la Iglesia, sacándoles no pocas
veces del suyo, procediendo por censuras; y los Regulares abusan
también de sus Jueces Conservadores en esto contra lo dispuesto en
el Concilio. De que se sigue una lastimosa confusión en el Reyno".

(De *Tratado de la Regalía de amortización*, de Pedro Rodríguez Campomanes. Gerona,
por D. Antonio Oliva impresor de S.M. 1821)

En defensa del talento de la mujer

Los ideales igualitarios de las Luces movieron a los ilustrados a denunciar la
desigualdad entre hombres y mujeres y a defender el acceso de la mujer a la
cultura y al trabajo, sobre todo por los beneficios que ello reportaría a la economía
familiar. Las tertulias y salones organizados por la alta sociedad se abrieron a la
participación de mujeres aristócratas, algunas de las cuales destacaron en ámbitos
de actividad hasta entonces reservados a los hombres.

> "(...) defender a todas las mujeres, viene a ser lo mismo que ofender
> a casi todos los hombres, pues raro hay que no se interese en la
> precedencia de un sexo con desestimación del otro. A tanto se
> ha extendido la opinión común en vilipendio de las mujeres, que
> apenas admite en ellas cosa buena. En lo moral las llena de defectos;
> y en lo físico de imperfecciones; pero donde más fuerza hace, es
> en la limitación de sus entendimientos. Por esta razón, después de
> defenderlas, con alguna brevedad sobre otros capítulos, discurriré
> más largamente sobre su aptitud para todo género de ciencias y
> conocimientos sublimes...".

(De *Defensa de las mujeres*, en *Teatro Crítico Universal*, de Benito Jerónimo Feijoo.
1729. Barcelona. Anthropos. 1985)

> "(...) Sería de gran ventaja al Estado, que todas las artes posibles
> se ejerciesen por las mujeres. De esta suerte las familias vivirían
> abundantes con la universal aplicación de ambos sexos (...). Es cosa
> también cierta, que las mujeres deben concurrir a fomentar la
> industria, en todo lo que es compatible con el decoro de su sexo, y
> con sus fuerzas.
> Cuantas más se empleen en el trabajo, ese mayor número de
> hombres quedan, para las faenas más penosas: así del campo, como
> de los oficios pesados, de la navegación y milicia".

(De *Discurso sobre la educación popular de los artesanos y su fomento*, de Pedro
Rodríguez Campomanes. 1775. Oviedo. Pentalfa. 1989)

Josefa Amar y Borbón (1753-1833), gran personalidad femenina de la Ilustración,
erudita y políglota, militante feminista, analiza la situación de la mujer, reivindica

su capacidad intelectual, afirma la asexualidad de la inteligencia y hace de las cuestiones docentes el eje central de su pensamiento.

> *"No contentos los hombres con haberse reservado, los empleos, las honras, las utilidades, en una palabra, todo lo que pueden animar su aplicación y desvelo, han despojado a las mugeres hasta de la complacencia que resulta de tener un entendimiento ilustrado. Nacen, y se crían en la ignorancia absoluta: aquéllos las desprecian por esta causa, ellas llegan a persuadirse que no son capaces de otra cosa y como si tuvieran el talento en las manos, no cultivan otras habilidades que las que pueden desempeñar con estas. ¡Tánto arrastra la opinión en todas materias! Si como ésta da el principal valor en todas las mugeres a la hermosura, y el donaire, le diese a la discreción, presto las veríamos tan solícitas por adquirirla, como ahora lo están por parecer hermosas, y amables".*

(De *Discurso en defensa del talento de las mujeres*, de Josefa Amar y Borbón. 1786. Barcelona. Linkgua. 2007)

Defensa de la imagen de España

La imagen de España en el exterior era, en el siglo xviii, la de un país preafricano, anclado en el pasado, misoneísta y ultracatólico, el país de la Inquisición y del escolasticismo retardatario. Montesquieu había afirmado en sus *Cartas Persas* (1721), refiriéndose al desafecto de los españoles por el trabajo, que su honor *"va unido al reposo de sus miembros. El que se está sentado diez horas al día logra una mitad más de consideración que el que descansa cinco horas, porque la nobleza se adquiere en las sillas"*. En el *Ensayo acerca de las costumbres*, Voltaire comentó sobre la Inquisición: *"No se confronta a los acusados con sus delatores ni hay delator que no sea escuchado. Un criminal castigado por la justicia, un niño, una cortesana, son acusadores graves; un hijo puede acusar a su padre, una mujer a su marido, finalmente el acusado se ve en la necesidad de convertirse en propio delator, adivinando y confesando el crimen de que le acusan y que a veces ignora. Este procedimiento inaudito hizo temblar a España. La desconfianza se apoderó de los espíritus"*. Para el editor inglés John Fielding, el viajero sólo encuentra (1783) en España *"orgullo, pobreza, bajeza, ignorancia, fanatismo, superstición y ridículas ceremonias"*. Sobre el imperio colonial español se decía que era muestra de la incapacidad de los españoles para administrar sus riquezas.

José de Caldalso y Vázquez (1741-1782) asumió la defensa de la imagen de España, a la vez que introducía una corriente crítica que continuaría en el romántico Larra y culminaría en la Generación del 98. Cadalso resume las opiniones de Montesquieu sobre España para después combatirlas.

> *"Dice pues en una de las cartas críticas (...): Que siendo la gravedad nuestra virtud característica, la demostramos en los anteojos y bigotes, poniendo en ellos singular veneración: que contamos como mérito especial el poseer un estoque, y tocar, aunque sea mal, la guitarra; que en virtud de esto en España se adquiere la nobleza*

sentada la gente en sillas con los brazos cruzados; que hacemos consistir el honor de las mujeres en que tapen las puntas de los pies, permitiendo que lleven los pechos descubiertos; que las novelas y libros escolásticos son los únicos que tenemos, que no tenemos mas que un libro bueno; a saber uno que ridiculiza todos los restantes; que hemos hecho grandes descubrimientos en el nuevo mundo, y que no conocemos el continente que habitamos; que aunque nos jactamos de que el Sol nunca dexa nuestras posesiones, no vé en ellas sino campos arruinados y países desiertos; y otras cosas de esta naturaleza".

(De *Los eruditos a la violeta o Curso completo de todas las ciencias, dividido en siete lecciones para los siete días de la semana*, de José Cadalso y Vázquez. 1782. Valladolid. Maxtor. 2003)

Utopías de la Ilustración

Los ilustrados crearon un universo utópico encarnación de sus ideales. En el mismo fusionaron relatos fantásticos, descripciones de sociedades virtuales y viajes imaginarios, aéreos y astrales. Las utopías ilustradas son en su mayoría de autores desconocidos; se publicaron en la prensa periódica, sobre todo en *El Censor* (1781-1787).

Entre las utopías dieciochescas españolas, la *Descripción de la Sinapia, Península en la Tierra Austral*, describe una sociedad antitética de la española: Iglesia sometida al Estado, enseñanza universal y obligatoria, inexistencia de propiedad privada, elección democrática de los gobernantes. *Cosmosia*, alegoría de España, describe una sociedad que ha olvidado las leyes del Derecho Natural, regida por el caos y el egoísmo, hostil a la ciencia, la verdad y la justicia. La de *Los Ayparchontes*, anticlerical, resume los ideales secularizadores y regalistas, limita las funciones de la Iglesia a las exclusivamente espirituales, la somete a la autoridad del Estado y la priva de jurisdicciones sobre el pueblo, de propiedades y de poder económico. El *Tratado sobre la monarquía colombina*, atribuido a Andrés Merino (1733-1787), novelista y comentarista político-social, es una distopía: describe una sociedad indeseable de palomas oprimidas por un estamento social de ilustrados. Las utopías generaron creencias, ideas y esperanzas al margen de la religión.

"En Sinapia, todos trabajan, desde el príncipe hasta el menor vecino. (...)
La ocupación perpetua de los que moran en los territorios de las villas es la labranza y crianza; la de los que viven en barrios, son las artes necesarias a la vida humana y la de las mujeres es la fábrica de todo lo comestible, hilados y tejidos. Para que todos se ocupen igualmente, y aprendan la agricultura, se saca la mitad de las familias de las ciudades, cada dos años, y se reparten por las villas, de adonde pasan otras tantas familias a morar en las ciudades y cada año va la mitad de las familias de las villas a morar en los territorios y de éstas vuelven otras tantas familias a morar en las villas. Con lo

cual, se logra el que todos se conozcan, que todos se ejerciten en las artes necesarias, que todos gocen de las comodidades y padezcan igualmente las incomodidades de la vida de la ciudad y de la aldea".

(De *Sinapia. Una utopía española del Siglo de las Luces.* Edición de Miguel Avilés. Madrid. Editora Nacional. 1976)

"La fortaleza, el valor son aquí virtudes desconocidas. Obras piadosas llaman estas gentes las que contra ninguna virtud suelen pecar tanto como contra la virtud de la piedad. La sabiduría, la ciencia, no son otra cosa que el arte práctico y especulativo de poner en duda y enervar así las verdades más necesarias y evidentes, si se exceptúan aquellas en que ningún interés tienen las pasiones de los hombres (...). Casi todos los vicios tienen el nombre cada uno de la virtud que justamente le es opuesta. Entre las virtudes, las mayores de todas ellas, el amor a los hombres, el de la patria, el celo de la verdad y la justicia son los mayores delitos que se conocen en Cosmosia, pero entre todos los vicios, el que hace mayores estragos, el que abre la puerta a todos los delitos, (...) es una manifiesta injusticia, que muy lejos de ser aun sospechada de tal, es al contrario tenida por la suprema justicia. A ninguno, amigo mío, a ninguno se le da aquí lo que le es debido: a todos se les priva de lo que es suyo".

(De *Cosmosia. Discurso CVI* de *El Censor.* Edición: Sevilla. Imprenta de Caro. 1820)

"No hay cosa en el mundo a que pueda compararse la adhesión de los Ayparchontes a sus Tosbloyes (nombre genérico de todos los ministros de la religión)... Sus funciones se reducen únicamente a instruir, persuadir, amonestar, ofrecer los sacrificios y dirigir las ceremonias religiosas. (...) Por lo demás, no gozan en lo político de la más leve prerrogativa o preeminencia. Están sujetos a todas las cargas de la sociedad compatibles con su ministerio. No pueden obtener empleo ni dignidad civil. No poseen más renta que la suficiente para mantenerse con una frugalidad extremada".

(De *Los Ayparchontes. Discurso LXXV* de *El Censor.* 1781)

La educación, motor del progreso

Los ilustrados asumieron la tesis roussoniana sobre la bondad natural de los seres humanos. Creían que una vez desaparecidas las circunstancias corruptoras de la sociedad, esta alcanzaría la perfección. En este proceso otorgaban a la educación y la enseñanza un papel fundamental, de ahí el gran número de instituciones docentes, académicas y científicas que fundaron. Pensaban, además, que la cultura moderaría el potencial revolucionario del inculto y primario pueblo español de la época.

Carlos III (1759-1788) implementó medidas novedosas que transformaron el sistema educativo y permitieron que por vez primera en la historia de España la educación se convirtiera en motor de desarrollo social. Frente a los estudiantes nobles, antirreformistas que controlaban la universidad, facilitó el acceso a los estudios superiores de los "manteístas" o "golillas", estudiantes pobres reformistas; trató de imponer la enseñanza primaria obligatoria, creó instituciones para la formación de maestros, dignificó la profesión docente, reformó los métodos, introdujo libros de texto, sustituyó el latín por el castellano en la enseñanza y reguló la educación de mujeres y discapacitados.

A la reforma y extensión de la enseñanza contribuyeron también las Sociedades Económicas de Amigos del País y personalidades señeras de la Ilustración: para Pedro Rodríguez Campomanes (1723-1803), *"Sin el socorro de las matemáticas, jamás podrán adquirir las artes prácticas el grado de perfección necesaria"*. Pablo de Olavide (1725-1803) redactó un novedoso plan de estudios para la Universidad de Sevilla (1768). Gaspar Melchor de Jovellanos (1744-1811) identificó instrucción pública y prosperidad: la educación es *"la primera y más abundante fuente de la pública felicidad"*; fundó, en Gijón, un Instituto (1794) en el que se enseñaban técnicas agrícolas, comerciales e industriales. Para Francisco Cabarrús (1752-1810), sin el auxilio de las matemáticas poco o nada se adelanta en la investigación de las verdades naturales.

> *"La educación es la norma de vivir las gentes, constituidas en qualquier sociedad, bien ordenada (...).*
> *Es diferente, y respectiva á las clases de la misma sociedad; y para que se arraigue entre los hombres, se ha de dar desde la más tierna edad.*
> *Tiene la educación principios comunes á todos los individuos de la república: tales son los que respectan á la religión, y al orden público (...).*
> *Tienen necesidad los cuerpos de oficios, ó gremios de artesanos, de una educación y enseñanza particular; respectiva a cada arte, y al porte correspondiente al oficio, que exercen".*

(De *Discurso sobre la educación popular de los artesanos, y su fomento*, de Pedro Rodríguez Campomanes. 1775. Oviedo. Pentalfa. 1989)

> *"Las fuentes de la prosperidad social son muchas; pero todas nacen de un mismo origen, y este origen es la instrucción pública. Ella es la que las descubrió, y a ella todas están subordinadas. La instrucción dirige sus raudales para que corran por varios rumbos a su término; la instrucción remueve los obstáculos que pueden obstruirlo, o extraviar sus aguas. Ella es la matriz, el primer manantial que abastece estas fuentes. Abrir todos sus senos, aumentarle, conservarle es el primer objeto de la solicitud de un buen gobierno, es el mejor camino para llegar a la prosperidad. Con la instrucción todo se mejora y florece; sin ella todo decae y se arruina en un estado".*

(De *Memoria sobre educación pública o Tratado teórico-práctico de la enseñanza*, de Gaspar Melchor de Jovellanos. Madrid. Biblioteca Nueva. 2012)

La literatura, instrumento al servicio de la educación

Los ilustrados eran contrarios al principio *"del arte por el arte"*; entendían que este y la literatura debían estar al servicio de la educación de los ciudadanos y difundir virtudes cívicas y morales, por lo que tenían que ajustarse a normas preestablecidas. La literatura se convirtió así en un vehículo para la difusión de ideas y principios. Por este motivo, la ficción literaria, sobre todo el género novelesco, prácticamente desapareció. Por el contrario, el género ensayístico, la prensa periódica, literaria, científica, informativa y de carácter sociológico, experimentó un gran desarrollo. Periódicos famosos fueron, por ejemplo: *Diario de los Literatos de España, Mercurio Histórico y Político, Mercurio Literario, Duende especulativo, El Diario noticioso, El Correo de Madrid, El Pensador, El Censor, El Observador, Duende de Madrid* y *Gaceta de Barcelona.*

El escolasticismo fue combatido por los ilustrados, para quienes solo la experiencia y la observación eran los únicos fundamentos del conocimiento y de la ciencia. Benito Jerónimo Feijoo (1676-1764) señala su inutilidad, y Pedro Montengón y Paret (1745 -1824), crítico del sistema de enseñanza jesuítico, autor de la novela *Eusebio,* la más notable de la centuria, se hace eco del ambiente "escolástico" en las aulas de la Universidad de Salamanca.

> *"Lo primero que a la consideración se ofrece es el poco o ningún progreso que en el examen de las cosas naturales hizo la razón desasistida de la experiencia por el largo espacio de tantos siglos. Tan ignorada es hoy la naturaleza en las aulas de las escuelas como lo fue en la Academia de Platón y en el Liceo de Aristóteles. ¿Qué secreto se ha averiguado? ¿Qué porción ni aun pequeñísima de sus dilatados países se ha descubierto? ¿Qué utilidad produjeron en el mundo las prolijas especulaciones de tantos excelentes ingenios como cultivaron la filosofía por la vía del raciocinio? ¿Qué arte, ni mecánica ni liberal, de tantas como son necesarias al servicio del hombre y al bien público, les debe no digo ya la invención mas ni aun el menor adelantamiento?".*

(De *El gran magisterio de la experiencia,* en *Teatro Crítico Universal,* de Benito Jerónimo Feijoo. 1765)

> *"Llegados a Salamanca, Eusebio, que tenía grandes ganas de ver aquella celebrada Universidad, no las pudo satisfacer luego por haber llegado a boca de noche al mesón, pero lo hizo al otro día (...). ¿Qué viene a ser esto, Hardyl? ¿Qué confusión es ésta?, le pregunta Eusebio apenas habían salido. ¿De qué disputan estos hombres? ¿Pues qué, no lo oísteis al pasar? Oí no sé qué del ramo colgado de la taberna y de animal a longe y de ente de razón. Haced, pues, cuenta que lo habéis oído todo; de ese jaez son las demás cuestiones de la filosofía aristotélica en que emplean estos infelices jóvenes sus talentos. A la verdad son dignos de compasión; bien me habíais dado alguna idea de ello en los muchos discursos que hemos tenido sobre*

*esa desdichada filosofía; pero si no lo hubiera visto por mis ojos,
¿cómo era posible creer que los hombres llegasen a hilarse los sesos
por un ramo puesto a la puerta de un ideal bodegón y desgañitarse
por ello como se desgañitan?".*
(De *Eusebio*, de Pedro de Montengón. Edición preparada por Fernando García Lara.
Madrid. Ed. Cátedra. 1998)

Excepto las comedias y los géneros menores, entremeses y tonadillas, que se intercalaban en las representaciones de aquellas, los ilustrados rechazaron los demás géneros teatrales, especialmente los autos sacramentales, por su oscurantismo, farragosidad, carencia de verosimilitud, ausencia de las tres unidades de espacio, lugar y tiempo, e inutilidad como instrumento educativo. Por estas razones prohibieron su representación en 1765.

*"En medio de los mayores progresos de nuestra dramática se
conservó esta supersticiosa costumbre hasta nuestros días, en que
los llamados autos sacramentales fueron abolidos del todo. Y sin
duda que lo fueron con gran razón, porque el velo de piedad que los
recomendó en su origen no bastaba ya a cubrir, en tiempos de más
ilustración, las necedades e indecencias que malos poetas y peores
farsantes introdujeran en ellos, con tanto desdoro de la santidad
de su objeto como de la dignidad de los cuerpos que los veían y
toleraban".*
(De *Memoria sobre los espectáculos públicos*, de Gaspar Melchor de Jovellanos. Gijón.
La Voz de Asturias. 1991)

Los ilustrados se sirvieron del género de la poesía filosófica, de carácter didáctico-doctrinal, como instrumento de difusión del espíritu de las Luces. Fue cultivada por vez primera por Carlos María Trigueros (1736-1798). Los poetas filosóficos -Lista, Reinoso, Cienfuegos, Quintana- alaban el trabajo manual, la ciencia, la imprenta y la beneficencia. Género muy apreciado en el siglo fue el de las fábulas, de las que se desprende una moraleja o ejemplo.

*"Sola es Filosofía, la que enseña
Con reflexión felice
Los Hombres a ser Hombres verdaderos
Cual quiere Dios que sean, y les dice
Qué son, qué pueden ser, y qué ser deben;
No la que los empeña
A seguir vanos, y proscritos nombres,
Y con viento, y con humo los mantiene".*
(De *Poesías Filosóficas*, de Cándido María Trigueros. 1774-1778)

La Ilustración lingüística

El afán reglamentista de los ilustrados y la necesidad de fomentar la investigación científica y la creatividad cultural movió a los ilustrados a fundar academias: Real Academia Española (1714), Buenas Letras de Barcelona (1729), Ciencias Exactas, Físicas y Naturales (1734), Regia Academia Médico-Matritense (1734), Historia (1735), Nobles Artes (1744), Buenas Letras de Sevilla (1751), Regia Sociedad de Medicina y otras Ciencias de Sevilla (1751), Real Academia de Ciencias Naturales y Artes de Barcelona y Academias de Medicina en varias ciudades.

Durante la centuria ilustrada se importaron numerosas palabras del francés y se crearon neologismos para designar los nuevos hallazgos científicos y tecnológicos. El barroquismo y los excesos de los juegos verbales en la prosa didáctica hacían necesaria la racionalización de la lengua, y a este objetivo respondieron la creación de la *Real Academia Española* (1714), la publicación por esta del *Diccionario de la Lengua Castellana* (1726-1739) y el fomento de los estudios lingüísticos.

> *"El principal fin, que tuvo la Real Academia Española para su formación, fue hacer un Diccionario copioso y exacto, en que se viesse la grandeza y poder de la Lengua, la hermosura y fecundidad de sus voces, y que ninguna otra la excede en elegancia, phrases, y pureza: siendo capaz de expresarse en ella con la mayor energía todo lo que se pudiere hacer con las Lenguas más principales, en que han florecido las Ciencias y Artes: pues entre las Lenguas vivas es la Española, sin la menor duda, una de las más compendiosas y expresivas".*

(Del *Prólogo del Diccionario de la Lengua Castellana*. 1726)

Gregorio Mayans y Siscar (1699-1781), jurista, polemista de pensamiento afín al jansenismo y al regalismo, señala el origen híbrido del español. José de Cadalso (1741-1782) se pregunta por qué la lengua española era una de las menos apreciadas. Antonio Capmany (1742-1813) comenta la riqueza del español. Para Melchor Gaspar de Jovellanos (1744-1811), la palabra es el más sublime don que Dios ha donado a los humanos.

> *"Los que ven tanta variedad de orígenes en la lengua española, unos dicen que tal mezcla de voces parece algarabía, y la juzgan por gran imperfección. Al contrario otros son de sentir que eso mismo es lo mejor que tiene; pues de muchas lenguas ha escogido lo más expresivo, suave y sonoro. Unos y otros me parece que se engañan; porque habiéndose tomado de otras lenguas casi todas las voces de la española; si no se tiene inteligencia de las lenguas originales en que se impusieron, se ignora la fuerza de las significaciones".*

(De *Orígenes de la lengua española*, de Gregorio Mayans y Siscar. 1737. Madrid. Atlas. 1981)

> *¿Quién creyera que la lengua tenida universalmente por la más hermosa de todas las vivas dos siglos ha, sea hoy uno de las menos apreciables? Tal es la prisa que se han dado a echarla a perder*

> *los españoles. El abuso de la flexibilidad, digámoslo así, la poca economía en figuras y frases de muchos autores del siglo pasado, y la esclavitud de los traductores del presente a los originales, han despojado este idioma de sus naturales hermosuras, cuales eran laconismo, abundancia y energía".*

(De *Cartas Marruecas. Carta XLIX*, de José de Cadalso. 1789)

> *"Los que creen que nuestra lengua nacional está circunscrita toda en libros y en los diccionarios y no quieren comprender en su inmenso caudal igualmente la lengua no escrita exclaman que carecemos de voces para las artes. Pregúntenselo al labrador, al hortelano, al artesano, al arquitecto, al marinero, al náutico, al músico, al pintor, al pastor, etc., y hallarán un género nuevo de vocabularios castellanos que no andan impresos y que no por esto dejan de ser muy propios, muy castizos y muy necesarios de recopilarse y ordenarse, para no haber de mendigar todos los días de los idiomas extranjeros lo que tenemos, sin conocerlo en el propio nuestro. Adonde éste no alcance, adóptense voces nuevas en hora buena".*

(De *Observaciones críticas sobre la excelencia de la lengua castellana*, de Antonio de Capmany. 1786. Ediciones Universidad de Salamanca. 1991)

El jesuita Lorenzo Hervás y Panduro (1735-1809), lingüista e ideólogo conservador, clasificó las lenguas del mundo y las definió como códigos para la expresión del conocimiento y formas de comprensión de la realidad. Juan Pablo Forner y Segarra (1756-1797), apologista de la cultura y de la lengua españolas, reflexiona -*Exequias de la lengua castellana* (1782)- sobre los géneros literarios, sobre los autores clásicos, a los que alaba, y los modernos, sobre los que ironiza; critica a los corruptores de la lengua, que considera amenazada por extranjerismos, barbarismos y pedanterías.

> *"En el aparato que habéis visto he representado a vuestro dolor el que sufrirán irreparablemente los doctos de España, si no tratan de refrenar el maligno ímpetu de los corruptores de su lengua. Ésta no yacía muerta: en la suspensión de un paroxismo aparentó los accidentes de la muerte por disposición mía para manifestaros con la vista de tanto hombre insigne lo mucho que va a perder España si dejan perecer el instrumento de sus glorias. En este amago podéis prever la grandeza de la fatalidad, si llega a consumarse; porque, tenedlo entendido, las lenguas entonces tocan al más alto grado de perfección cuando las cultivan ingenios eminentes en todas líneas".*

(De *Exequias de la lengua castellana*, de Juan Pablo Forner. 1701. Madrid. J. Pérez del Hoyo. 1972)

Exaltación de la lengua y de las libertades vascas

El enaltecimiento de las señas de identidad regionales, de las lenguas vernáculas sobre todo, fue una de las primeras manifestaciones del naciente prerromanticismo.

Manuel de Larramendi (1690-1766), filólogo y antropólogo, enaltece la lengua y cultura vascas y el origen noble del pueblo vasco, e incluso se planteó la posibilidad de que accediera a la independencia. Manuel Ignacio de Aguirre y Guarnizo (m. 1785), Académico de la Historia y Secretario de Juntas y Diputaciones, justifica con razones históricas las libertades del pueblo vasco. El presbítero y lexicógrafo Pablo Pedro de Astarloa (1752-1806) estudia la lengua vasca, afirma sus orígenes antiguos, su perfección y riqueza, y la considera la más antigua de las peninsulares. Estarloa escribió también una *Gramática* y un *Diccionario* vascos.

> *"Sentemos en primer lugar, que el Bascuenze en España es Lengua más antigua que el Romance en todos sus dialectos, que la Arábiga, que la Gótica, que la Latina, y que cuantas otras Lenguas se oyeron en ella por la inundación de bárbaras Naciones. Esta suposición no me la disputa nadie; ni puede, sopena de descubrirnos, cuando empezó el Bascuence a inventarse, hablarse, entenderse. ¿Si después que vinieron los Romanos? ¿Si después de los Godos, y Árabes, quiénes fueron los Inventores? ¿Por qué razón, dejando otras Lenguas, que habría en la hipótesis contraria, se conjuraron a forjar de nuevo una Lengua, y de tan poco parentesco con las otras? Que todas son cosas imposibles de averiguar (...).*
> *El Bascuenze fue la Lengua universal de España (...), a lo menos en los primeros siglos después de la población de España, se habló en ella universalmente el Bascuence".*

(De *De la antigüedad y universalidad del Bascuenze en España: De sus perfecciones y ventajas sobre otras muchas lenguas*, de Manuel de Larramendi. San Sebastián. Roger. 2000)

> *"Como Guipúzcoa en lo civil y político se ha gobernado por sí y sus fueros, sin reconocer otro señor que a su rey, ni otras órdenes que las que inmediatamente le vienen del rey, y en este fuero y su posesión inmemorial ha sido mantenida la provincia por todos los reyes. Así también se ha gobernado en lo militar en tiempos de guerra por sí misma y sus leyes y costumbres, levantando milicias, nombrando oficiales y coronel que los gobierne y mande, sin que el nombramiento de coronel y demás cabos tenga necesidad de confirmación alguna de Su Majestad y sin sujeción ni subordinación alguna a los capitanes generales y gobernadores del rey".*

(De *Corografía o descripción general de la muy noble y muy leal provincia de Guipuzcoa*, de Manuel de Larramendi. Edición de 1754. San Sebastián. Txertoa. 1982)

> *"Bien lo declaran los Señores Reies Catholicos, Don Fernando y Doña Ysavel, en Real Cédula expedida en Truxillo a 12 de julio de 1479 cuias palabras son estas: Que esa dicha provincia, vecinos y moradores de ella, siempre fueron libres, francos y exentos de el pecho de las Aduanas y Alcaldía de Sacas y cosas vedadas por Privilegio*

que tienen los concejos de las dichas villas de los Reyes nuestros progenitores, para poder contratar, así por mar, como por tierra en sus vienes y mercaderías en los reynos de Francia, Ynglaterra, Aragón, Navarra y ducado de Bretaña y con las gentes de ellos".
(De *En defensa de los Fueros de Guipuzcoa*, de Manuel Ignacio de Aguirre y Guarnizo. Coordinación: Juan José Arbelaiz. San Sebastián. Kutxa. 2006)

"Efectivamente, ninguna es más interesada en las glorias de la lengua Bascongada que la España (...) españoles, no; no es la lengua Bascongada la lengua de los Californios, no es el idioma de los bábaros del norte, no nació en las islas remotas del mar Pacífico, no os vino de los últimos e inhabitables términos del orbe; es lengua vuestra, lengua de vuestra misma nación, lengua de vuestros más remotos abuelos. Miradla con cariño; no es fea, no bárbara, no inculta; al contrario, es hermosa sobremanera, es rica sin igual, es culta, es enérgica, es suave, es finalmente, digna de una nación sabia como la vuestra".
(De *Apología de la lengua bascongada*, de Pablo Pedro de Astarloa. Bilbao. Estab. tip. de P. Velasco. 1882)

A favor del divorcio y las mancebías

Los ilustrados demandaban libertad no solo en política y economía, sino también en las costumbres y usos sociales, de ahí la ausencia de prejuicios con que abordaron cuestiones tan controvertidas e inadmisibles para la Iglesia católica como el divorcio y la prostitución. Francisco de Cabarrús (1752-1810) propuso el divorcio como solución para los matrimonios fracasados, y reclamó el mantenimiento de las mancebías, tanto por cuestiones higiénicas como por la imposibilidad de reprimir los impulsos naturales.

"(...) pido a todo hombre sincero que me responda (...). En fin, le suplico que cotejando inconvenientes, pues ésta es toda la perfección humana, decida en dónde los encuentra mayores, ¿en el divorcio, o en el estado actual de nuestras costumbres? (...)
"¡Establecer mancebías! ¡qué escándalo...! Pues creed vosotros, hombres timoratos, que es fácil la castidad; que el Gobierno puede y debe reprimir y castigar los individuos de uno u otro sexo que la quebrantan: creed que los impulsos de la naturaleza cederán a su vigilancia, [...] mientras un hombre esté sin mujer, o una mujer sin hombre; mientras las instituciones sociales impidan esta unión pura y legítima, existirán otras que no podréis castigar sin la mayor injusticia. ¡Y cuántos de estos infelices objetos de vuestro rigor atrabiliario le desarmarían si presenciaseis las lágrimas ardientes con que en la soledad de las noches bañan sus solitarios lechos aquellos jóvenes reducidos a un celibato violento; aquellos esposos discordes y condenados por un lazo indisoluble a una horrible viudez!".

(De *Cartas sobre los obstáculos que la naturaleza, la opinión y las leyes oponen a la felicidad pública*, de Francisco de Cabarrús. Madrid. Fundación Banco Exterior. 1990)

Los novatores

El movimiento renovador de la ciencia de finales del Barroco continuó en el siglo XVIII entre los novatores, ilustrados que confiaban en la ciencia como motor del progreso. Opusieron la interpretación racional del mundo a la de la fe; rechazaron la abstracción escolástica y promovieron el estudio y desarrollo de las ciencias experimentales, de la *"nueva ciencia"*. Los novatores eran, en mayoría, médicos, químicos y botánicos, seguidores del atomismo y del sensualismo. Según aquella doctrina, de origen griego, el mundo es resultado de la combinación de los átomos, principios elementales e indivisibles de los cuerpos cuya reunión y dispersión regulan las leyes naturales; el sensualismo atribuía a la razón la elaboración del conocimiento a partir de las ideas generadas por las sensaciones recibidas del exterior, no a partir de ideas innatas, de manera que el mundo se explica sólo a través de la razón y los sentidos, no de la fe ni de la teología. El movimiento novator recibió un fuerte impulso con la fundación en 1700 de la Regia Sociedad de Medicina y Ciencias de Sevilla, introductora del experimentalismo en las ciencias médicas, y con las aportaciones de un grupo de ilustrados valencianos, entre ellos el matemático y arquitecto Tomás Vicente Tosca i Mascó (1651-1723), introductor de la *"nueva ciencia"* en los ámbitos universitarios, y Juan Bautista Berni (1705-1738), para quien la experiencia es el fundamento de las ciencias de la naturaleza.

> *"Son sin duda las experiencias las bases sobre que estriba todo el edificio de las ciencias naturales, y faltando ellas es preciso vaya a tierra, o se bambolee toda la fábrica que se funda en el aire de pensamientos. Por eso, como repara un Crítico, es poco o ningún progreso el que ha hecho la razón destituida de la experiencia en las Ciencias naturales. Qué utilidad han producido en el mundo las prolijas especulaciones en tan excelentes Ingenios como cultivaron la Filosofía por la vía del raciocinio desde Aristóteles hasta nosotros: cuando las demás Artes sólo con la observación, de principios más débiles han llegado a la cumbre de su perfección".*

(De *Filosofía racional, natural, metafísica y moral*, de Juan Bautista Berni. Valencia, por Antonio Bordazar de Artázu. 1736)

Ramón Campos (1760-1808), sensualista, elaboró una doctrina de lógica práctica sobre la adquisición del conocimiento: mediante la comparación de las sensaciones que recibimos del exterior formamos las ideas correspondientes a las cosas y formulamos juicios: *"No sabemos sino porque sentimos"*.

> *"Que el pensamiento por su naturaleza es incapaz de abstracciones y de toda idea general (...) Lo más que puede hacer el pensamiento es coger un brazo de este individuo, una pierna del otro, etc., y zurcir el monstruo que se quiera; dorar una torre o aumentar una*

pepita de oro hasta hacerla una montaña. El monstruo y la montaña serán ideales, y existirán en el pensamiento; pero existirán de un modo concreto, bajo determinadas dimensiones, que variaremos, norabuena, a nuestro libre albedrío; pero que serán siempre algunas".

(De *El don de la palabra en orden a las lenguas y al ejercicio del pensamiento*, de Ramón Campos. Madrid. Fuentenebro. 1804)

El médico-humanista Martín Martínez (1684-1734), presidente de la Regia Sociedad de Medicina de Sevilla, renovador de la medicina española, denuncia las carencias en la formación práctica de los médicos, reivindica la tradición científica española y el uso del español en la ciencia médica. Andrés Piquer (1712-1772) trató de conciliar *"nueva ciencia"* y fe cristiana; afirmó la necesidad de fundamentar la medicina en la experimentación y la observación.

"(...) es digna de admirar la omisión, y aún desprecio, con que se trata en nuestra España el estudio Anatómico. Sin Anatomía, Chimia, y Botánica nos creemos consumados Médicos, solo con disputas; sin advertir, que los silogismos, e hypotheses son metáforas de la imaginativa, pero no interpretaciones de la naturaleza.

En nuestras Universidades es sabido, que no se hacen disecciones, y si alguna se hace, es ruda, y solo de cumplimiento: con que los Maestros de Anatomía son como Catedráticos de "anillo", o Profesores "in partibus", que solo tienen el título, pero no el Estado..."

(De *Anatomía completa del hombre*, de Martín Martínez. Madrid. Vda. de M. Fernandez. 1764)

El origen de las especies

El naturalista Félix de Azara (1742-1821), explorador del Río de la Plata, a partir de la observación de las diferencias entre individuos de la misma especie, dedujo que poseen capacidad en sí mismos para adaptarse al medio y evolucionar, por lo que se producen de forma continua nuevos tipos de especies a partir de otras. El mundo es, según Azara, un ámbito abierto a la transformación constante. Azara se alejó así de las tesis fijistas y con anterioridad a Darwin formuló teorías similares a las suyas sobre la evolución de las especies. Darwin conocía los escritos de Azara y en sus obras alude a ellos en varias ocasiones. En 1809 se publicó por vez primera, en francés, su *Viajes por la América meridional.*

"Puede admitirse que al principio no hubo más que una sola pareja de cada especie, admitiendo que la creación de las débiles haya sido muy anterior a la de las otras, a fin de haber tenido tiempo de multiplicarse mucho. Entonces el hombre, el jaguareté, el león, el tigre, etc., habrían sido creados posteriormente, después de un lapso de años y aun de siglos, indispensables para que las especies destinadas a ser sacrificadas hubieran podido multiplicarse en suficiente

número para alimentar a las otras. Según estas observaciones, la creación instantánea resulta incompatible con la unidad de una sola pareja de cada especie; pero esta unidad de una sola pareja no se opondría a su creación sucesiva admitiendo siempre que las destructoras fueran las últimas. No se debe tener más repugnancia en combinar una creación sucesiva con la multiplicidad de tipos o parejas en cada especie".

(De *Viajes por la América meridional*, de Félix de Azara. Traducción de Francisco de las Barras de Aragón. Edición de J. Dantin. Madrid, Espasa Calpe, S. A. 1969)

La botánica

Antonio José de Cavanilles (1745-1804) fue uno de los primeros científicos en plantearse cuestiones relacionadas con la ecología, el desarrollo sostenible, la interacción de unos cultivos con otros y las relaciones de la botánica con las demás ciencias de la naturaleza. Estudió la flora de España, Chile y Perú, fundó la revista *Anales de Historia Natural* (1799) y compuso un glosario de botánica en cuatro lenguas. Legó su herbolario, libros y dibujos, al Jardín Botánico de Madrid, del que fue director.

"En la primavera del año 1791 empecé a recorrer la España de orden del Rey para examinar los vegetales que en ella crecen (...).
Con el propósito de averiguar la verdad en todo cuanto fuese posible por observaciones propias, atravesaba llanuras y barrancos, y subia hasta las cumbres de los montes en busca de vegetales. De camino examinaba la naturaleza de las piedras, tierras, fosiles y metales; observaba el origen y curso de los rios, la distribución y uso de las aguas; notaba los progresos que ha hecho la agricultura, y algunos defectos que deben corregirse. En las empinadas cumbres por medio de una brújula tiraba mi meridiana, y luego dirigia la visual á los puntos mas sobresalientes, los picos, las torres de los pueblos, las ermitas, situando cada objeto en el papel con las respectivas distancias que me daban los prácticos del pais: media después las mismas distancias caminando con igual velocidad, y teniendo cuenta con los rodeos y cuestas, harto freqüente en tierras montuosas. Con estos auxilios he formado el mapa general del reyno".

(De *Observaciones sobre la historia natural, geografía, agricultura, población y frutos del reyno de Valencia*, de Antonio Josef de Cavanilles. 1795. Valencia. Albatros. 1983)

Denuncia del retraso de las ciencias

El rechazo de la literatura de ficción por los ilustrados fue compensado con el cultivo de una prosa didáctico-ensayística dirigida a concienciar a la sociedad de la existencia de los problemas, educarla y orientarla hacia la búsqueda de soluciones.

Melchor de Macanaz (1670-1760) se manifiesta incisivo en su *Testamento de España*, por el que, perseguido por la Inquisición, tuvo que exiliarse a Francia durante treinta y cuatro años. Benito Jerónimo Feijoo (1676-1764), autor de obras enciclopédicas en las que denuncia las carencias científicas y culturales, analiza las causas del atraso que se padece en España en orden a las ciencias naturales.

> *"Las ciencias se fundan en una rancia filosofía aristotélica, con que dicen se adiestra y sutiliza el ingenio en un caos de leyes y en un diccionario de sentencias (...).*
> *La medicina, ciencia de las más oscuras, y que proviene de principios sólidos, cuyos mayores aciertos proceden de la experiencia y observación, se halla formalizada por médicos que, graduados mediante el interés, viven de su ignorancia a costa de los pacientes, sujetos a la tirana ley de sus desaciertos. Las dos bases fundamentales son la "purga" y la "sangría", cuyo frecuente uso arruina la salud y dilata las curaciones, en lo cual estriba su mayor ganancia. Para graduarse en esta ciencia se requiere mucha ignorancia y dineros con que aprobarla y seguir los aforismos regulares, porque el que lleva contrario método es degradado, aunque sean mayores sus aciertos".*

(De *Testamento de España*, de Melchor de Macanaz. Barcelona. Imprenta constitucional de Joaquín Jordi. 1820)

> *"No es una sola, señor mío, la causa de los cortísimos progresos de los españoles en las facultades expresadas, sino muchas (...).*
> *La primera es el corto alcance de algunos de nuestros profesores. Hay una especie de ignorantes perdurables, precisados a saber siempre poco, no por otra razón sino porque piensan que no hay más que saber que aquello poco que saben (...).*
> *La segunda causa es la preocupación que reina en España contra toda novedad. Dicen muchos que basta en las doctrinas el título de nuevas para reprobarlas, porque las novedades, en punto de doctrina, son sospechosas".*

(De *Causas del atraso que se padece en España en orden a las ciencias naturales*, *Tomo II, Carta XVI*, en *Teatro Crítico Universal. Cartas eruditas y Curiosas*, de Benito Jerónimo Feijoo. Edición de 1778)

"Las buenas leyes evitan los delitos"

Los juristas ilustrados creían en la capacidad del legislador para transformar y regenerar la sociedad por medio de leyes sabias y justas. Los ilustrados humanizaron la justicia y las penas, que a partir de entonces trataron más de reeducar a los delincuentes que de castigar los delitos. Su afán sistematizador les impulsó a codificar las leyes. El hispanomexicano Manuel de Lardizábal y Uribe (1739-1820), jurista penalista, afirmó la finalidad redentora de las leyes, se opuso a la tortura y denunció la desproporción entre delitos y penas y lo degradante de algunas. Juan Pablo Forner (1756-1797) resume la opinión de los ilustrados sobre el tormento y la tortura.

> *"La enmienda del delinqüente es un objeto tan importante, que jamas debe perderle de vista el legislador en el establecimiento*

de las penas. Pero ¿cuántas veces por defecto de estas, en vez de corregirse el delinqüente, se hace peor y tal vez incurable hasta el punto de verse la sociedad en precisión de arrojarle de su seno como miembro agangrenado, porque ya no le puede sufrir sin peligro de que inficione á otros con su contagio? La experiencia nos enseña, que la mayor parte de los que son condenados á presidios y arsenales, vuelven siempre con mas vicios que fueron, y tal vez, si se les hubiera impuesto otra pena, hubiera ganado la sociedad otros tantos ciudadanos útiles y provechosos".

(De *Discurso sobre las penas*, de Manuel de Lardizábal y Uribe. Madrid. Joaquín Ibarra. 1782)

Polémica de la ciencia española

La *Enciclopedia* fue prohibida en España en 1759, no así la *Enciclopédie Méthodique*, revista en la que en 1782 publicó el intelectual francés Masson de Morvilliers un artículo donde se preguntaba qué había hecho España por Europa (*"Que doit-on à l'Espagne? Et depuis deux siècles, depuis quatre, depuis dix, qu'a-t-elle fait pour l'Europe?"*). Las preguntas de Masson comportaban respuestas negativas y causaron indignación en España. Algunos españoles dieron la razón al francés, otros reflexionaron sobre la nueva ciencia, y otros defendieron el valor del pensamiento español, aunque con más entusiasmo que acierto. Aquella confrontación dio origen a la polémica sobra la ciencia española, que casi se ha mantenido hasta nuestros días. El primero que respondió a Masson fue el botánico Antonio José de Cavanilles (1745-1804), quien a principios de 1784 publicó, en francés, *Observations de M. l'Abbé Cavanilles sur l'article Espagne de la nouvelle Encyclopédie*. Juan Pablo Forner (1756-1797) publicó *Oración apologética por la España y su mérito literario* (1786).

"Mr. Masson no ha hablado de nuestros médicos: él los supone al parecer tan ignorantes como le han dado a entender algunos de aquellos viajeros más ocupados en apresurar el momento de su vuelta a la patria, que de traer de sus viajes conocimientos sólidos.

Al fin del último siglo y principios de éste los Médicos Españoles estaban aún imbuidos de la doctrina de Galeno, propagada por los árabes; algunos, no obstante, habían adoptado con calor los sistemas modernos; y esta división de opiniones ha durado hasta que Don Andrés Piquer y Don Gaspar Casal causaron una feliz revolución, substituyendo a las antiguas preocupaciones, y a una práctica errónea, la medicina de Hipócrates; es decir, la observación experimental, que se limita a ejecutar lo que indica y descubre la naturaleza, debe ayudar sin fatigarla ni destruirla".

(De *Observaciones sobre el artículo España de la Nueva Enciclopedia*, de Antonio Cavanilles. Madrid. Imprenta Real. 1784).

"España ha sido docta en todas edades. ¿Y qué, habrá dejado de serlo en alguna porque con los nombres de sus naturales no puede

> aumentarse el catálogo de los célebres soñadores? No hemos tenido
> en los efectos un Cartesio, no un Newton: démoslo de barato: pero
> hemos tenido justísimos legisladores y excelentes filósofos prácticos,
> que han preferido el inefable gusto de trabajar en beneficio de la
> humanidad a la ociosa ocupación de edificar mundos imaginarios
> en la soledad y silencio de un gabinete".

(De *Oración apologética por España y su mérito literario*, de Juan Pablo Forner. Doncel. Madrid. 1977)

Contra el triunfalismo

Luis García de Cañuelo (1744-1802), fundador y editor del periódico *El Censor*, publicó *Oración apologética por el África y su mérito literario*, parodia de *Oración apologética por España y su mérito literario*, de Juan Pablo Forner. A su vez, León de Arroyal (1755-1813) escribió un panfleto titulado *Pan y toros. Oración apologética por el estado floreciente de España* (1793), en el que presenta una imagen negativa del país, contradiciendo así el triunfalismo de Forner.

> "No consiste el amor a la patria (...) sostener con razón o sin ella que
> el país en que uno ha nacido (...) es el más floreciente de todo (...)
> sino en desear eficazmente que lo sea en verdad y en aplicar a este
> fin los esfuerzos posibles, obras, obras son amores".

(En *El Censor. Discurso LXXXI*, de Luis García Cañuelo)

> "La gloria científica de una nación no se debe medir por sus
> adelantamientos en las cosas superfluas o perjudiciales. Igual la
> República de las letras a la civil en los fundamentos de su verdadera
> perfección y felicidad, debiera solo adoptar como meritorios y
> estimables los establecimientos o sistemas que le son útiles...".

(De *Oración apologética por el África y su mérito literario*, de Luis García de Cañuelo. Discurso CLXV. *El Censor*)

> "Me ha ofrecido una España joven, y al parecer llena de un espíritu
> marcial de fuego y fortaleza; un cuerpo de oficiales generales sobrado
> para mandar todos los ejércitos del mundo (...). Me ha mostrado
> una España viril, sabia, religiosa y profesora de todas las ciencias. La
> ciudad metrópoli tiene más templos que casas, más sacerdotes que
> seglares, y más aras que cocinas: hasta en los sucios portales, hasta
> en las infames tabernas se ven retablitos de papel, pepitorias de cera,
> pilitas de agua bendita y lámparas religiosas. No se da paso que no se
> encuentre una cofradía, una procesión o un rosario cantado".

(De *Oración apologética en defensa del estado floreciente de España*, de León de Arroyal. Tomado de *Pan y toros. Un libelo de la Ilustración española*. 1812)

La historiografía científica

En el siglo XVIII nace la historiografía científica. El agustino Enrique Flórez

(1702-1773), profesor de Teología en la Universidad de Alcalá de Henares, autor de *España Sagrada*, empleó una metodología basada en la interpretación rigurosa de los hechos y datos históricos. El jesuita Francisco Masdeu (1744-1817) escribió *Historia crítica de España y de la cultura española, en todo género*, trabajo científico que excluye mitos y fantasías y trata de oponer la verdad histórica a la imagen deformada de España entre los ilustrados europeos. Esta obra y la de Flórez ponen el énfasis en la Edad Media, época muy valorada por los ilustrados, por considerar que durante la misma se forjó la "constitución histórica" española.

> *"No pocos escritores de nuestro tiempo han dado a la luz pública varios libros llenos de vituperios contra España. Ya infamando el clima, pintan el país horriblemente áspero y silvestre, estéril e infecundo por naturaleza, ya reconociendo la feracidad del terreno y confesando la bondad del aire, representan a los habitantes perezosos y descuidados, a guisa de salvajes, negligentes, y de la perversidad del clima y desidia de los naturales concluyen, como efecto necesario, que ellos son inhábiles para la industria e incapaces de buen gusto en los estudios (...). Este es el motivo porque he juzgado conveniente, antes de dar principio a mi historia, desvanecer desde luego esta general preocupación, causa de la persuasión en que están muchos de que la nación española no solo es bárbara (...), sino también bárbara por naturaleza, bárbara por necesidad, mas no lo es, ni jamás tal vez lo ha sido otra nación del mundo".*

(Del *Discurso preliminar sobre el clima de España* de la *Historia crítica de España y de la cultura española, en todo género*, de Francisco Masdeu. Madrid, por Don Antonio de Sancha. 1784)

Neoclasicismo artístico

Artistas franceses e italianos introdujeron en España el neoclasicismo, estilo lineal, sin mezclas, fusiones ni elementos superfluos, símbolo de la concepción sintética del mundo, del orden, proporción, equilibrio y claridad de las Luces. Juan de Villanueva (1739-1811) fue el arquitecto del edificio del Museo del Prado, de racional distribución del espacio, concebido, en origen, como Gabinete de Historia Natural. Aquí describe la génesis de su proyecto.

> *"(...) me figuré que el Edificio debería ser una desahogada y prolongada Galería, á la cual con propiedad podrá adjudicársele el título de Museo de todos los productos naturales. Ofrecíame la prolongación del terreno que se destinó la debida proporción para dilatarla por su mayor línea; pero no hallando por conveniente situarla en lo mas bajo y con proximidad al Prado, como se había propuesto, elevé su posición á lo mas eminente del terreno... Del crecido desnivel que reinaba en toda su prolongada línea me propuse sacar partido para proporcionar la principal entrada de la Galería por el ascenso al Monasterio de S. n Gerónimo y su Huerta; en la*

texta y lado corto del norte del edificio, dejando y destinando la del otro al medio día para entrada á las escuelas de Botánica y Química, con mas proximidad al Jardín Botánico, separándola de este con una anchurosa plaza".

(*De Descripción del edificio del RI. Museo*, de Juan de Villanueva. Colegio Oficial de Arquitectos de Madrid. 1995)

La "Fiesta Nacional"

Sectores conservadores de la sociedad española reaccionaron contra la *"colonización cultural extranjera"* y reivindicaron y exaltaron las costumbres locales y los tipos populares -majos, chisperos, manolas, flamencos-. La zarzuela, la tonadilla y el género teatral del sainete experimentaron un gran auge, se configuraron las formas actuales del folclore tradicional, las del flamenco, entre ellas, la guitarra se convirtió en el instrumento español por excelencia y las corridas de toros comenzaron a identificarse con la *"fiesta nacional"*. Así, mientras el cosmopolitismo de la Ilustración imponía en Europa occidental una fría uniformidad, España comenzaba a ser el país exótico y singular que tanto atraería a los viajeros románticos.

El debate sobre las corridas y festejos relacionados con la tauromaquia no era novedoso en España. Felipe II hizo caso omiso de la bula del papa Pío V que prohibía las corridas. El primer Borbón, Felipe V, las prohibió; Fernando VI las permitió, a condición de que sus beneficios económicos se destinaran a obras de beneficencia; Carlos III las prohibió de nuevo; Fernando VII las volvió a autorizar y las Cortes de Cádiz de nuevo las prohibieron. Como un eco más del enfrentamiento entre las *"dos Españas"*, la sociedad española se escindió entre anti y protaurinos. Aquellos, calificaron las corridas de bárbaras e impropias de un país civilizado y rechazaron su consideración de fiesta nacional; estos negaron su crueldad y las justificaron por ser una antigua costumbre del pueblo español.

> *"¡Qué sensaciones pueden excitar en los ánimos la fiereza del toro, la herida del caballero y el golpe que ha sufrido el torero, sino de inhumanidad, crueldad y furor! La primera vez que se ve fiesta de toros, o es preciso tener entrañas de pedernal para ser insensibles, o se ha de excitar nuestra compasión. La frecuencia de verlas endurece el corazón y hace que, familiarizados con la sangre, perdamos el horror que debía inspirarnos su vista, y casi desconozcamos los sentimientos de piedad".*

(De *Crítica contra las fiestas de toros*, de José Clavijo y Fajardo. *El Pensador. Pensamiento XLVIII*)

> *"Hoy he asistido por mañana y tarde a una diversión propiamente nacional de los españoles, que es lo que ellos llaman fiesta o corrida de toros [...]. Cuando esté mi mente más en su equilibrio, sin la agitación que ahora experimento, te escribiré largamente sobre este asunto; sólo te diré que ya no me parecen extrañas las mortandades que sus historias dicen de abuelos nuestros en la batalla de Clavijo,*

Salado, Navas y otras, si las excitaron hombres ajenos de todo el lujo moderno, austeros en sus costumbres, y que pagan dinero por ver derramar sangre, teniendo esto por diversión dignísima de los primeros nobles. Esta especie de barbaridad los hacía sin duda feroces, pues desde niños se divertían con lo que suele causar desmayos a hombres de mucho valor la primera vez que asisten a este espectáculo".

(De *Cartas Marruecas, Carta LXXII*, de José Cadalso)

"El pueblo español merecería el nombre de bárbaro si bajase a la arena a arrastrar a las fieras; este arrojo lo reserva a ciertos hombres que lo abrazan como profesión. Los españoles son aficionados a este espectáculo, no porque no conozcan los riesgos a que se exponen los lidiadores, sino porque están acostumbrados a verlos vencer, y aun burlarse de ellos, pues la inquietud y zozobra del espectador descansan en la destreza, convertida en arte, de estos lidiadores de oficio. Si cada corrida ofreciera heridas o muertes de toreros, el público no concurriría ni pagando ni pagado".

(De *Apología de las fiestas públicas de toros*, de Antonio Capmany. Barcelona. *La Fiesta brava*. 1929)

"Esta diversión no se puede llamar nacional, puesto que la disfruta solamente una pequeñísima parte de la nación. Si no se habla de capeas, novilladas, herraderos, enmaromados, etc., que en rigor no pertenecen a la cuestión, quedará reducida esta manía a una pequeñísima y casi imperceptible parte de nuestro pueblo. El reino de Galicia, el de León y las dos Asturias, que componen una buena quinta parte de nuestra población, desconocen enteramente las corridas de toros. En otras muchas provincias han sido siempre raras, y tenidas solamente en ocasiones extraordinarias y largos periodos. Aun en Andalucía, si se exceptúa Cádiz, son pocas las ciudades que las han disfrutado una, dos y a lo más cuatro veces al año.(...) ¿Podrá, pues, llamarse diversión nacional la que sólo disfrutan con frecuencia Cádiz y Madrid?".

(De *Carta de Don Melchor Gaspar de Jovellanos al teniente de navío D. José Vargas Ponce*. Edición de 1929)

"Quién acostumbrado a sangre fría a ver a un hombre volando entre las astas de un toro, abierto en canal de una cornada, derramando las tripas y regando la plaza con su sangre; un caballo, que herido precipita al jinete que lo monta, echa el mondongo y lucha con las ansias de la muerte; una cuadrilla de toreros despavoridos huyendo de una fiera agarrochada, una tumultuosa gritería de innumerable gente mezclada con los roncos silbidos y sonidos de los instrumentos bélicos, que aumentan la confusión y espanto; ¿quién, digo, quién se conmovería después de esto al presenciar un desafío o una batalla?".

(De *Oración apologética en defensa del estado floreciente de España*, de León de Arroyal. Imprenta Patriótica de Cádiz. 1812)

El lado oscuro de las Luces

Los ideólogos reaccionarios satanizaron el espíritu de la Ilustración, el liberalismo y el racionalismo, los identificaron con la impiedad infernal, con la subversión contra la religión y la tradición, y les adjudicaron el origen de todos los males. Pensador reaccionario fue el jesuita Pedro Calatayud (1689-1773), apasionado organizador de misiones en las que los curas denunciaban desde los púlpitos los pecados cometidos por personas concretas, con nombre y apellidos, lo que generaba un intenso desasosiego social. En *El magisterio de la fe y de la razón* arremete contra el pensamiento libre y la libertad de opinión y expresión.

> *"La libertad de opinar en materia de religión en aquellos políticos de vida relajada, o termina o inclina respectivamente en el ateísmo, porque el corazón que anda errante por las criaturas, vagueando y fuera de el camino que lleva a Dios, es inspirado del demonio, como maestro del error, y tienta muchos arbitrios para traer tras de sí el entendimiento, queriendo cohecharle, como un injusto litigante a un abogado asesor suyo, para que, como él mismo se ha desviado de la ley, así su asesor, el entendimiento, se desvíe de la razón y de la fe. La libertad en materia de opinar no se le dio al hombre para el precipicio, sino para el acierto y rectitud en el creer y en el obrar".*

(De *El magisterio de la fe y de la razón*, de Pedro Calatayud. Sevilla. Impr. de Geronymo de Castilla. 1761- 1746)

Antonio José Rodríguez (1703-1777) comenta el distanciamiento de los deístas respecto de los principios del cristianismo: *"Dado por supuesto un Ente soberano, omnipresente y sabio, y conocido por tal, hay epicúreos modernos que le niegan la creación aún de la materia".* Fernando de Cevallos (1732-1802) justifica el uso de la violencia en cualquiera de sus formas para salvar a la humanidad: *"el palo y el castigo son el mejor específico para curar los antojos, cuando la razón no alcanza a curarlos".* Para Fray Diego de Cádiz (1743-1801), la guerra de España contra la Convención (1793-1795) era una guerra divinal o cruzada contra el infiel: *"todo lo más sagrado, el derecho de gentes, el respeto debido a los soberanos, y aun el fuero siempre inviolable de la humanidad se hallan injustamente violados [...] en ese desgraciado reino por una multitud de hombres cuyo proceder los acredita de hijos de Lucifer".* Antonio Vilá y Camps (1747-1809) defiende el orden social del Antiguo Régimen: *"creer que la jerarquía no es absolutamente necesaria, [...] no solo es locura o estupidez, sino querer trastornar el orden civil y político de todos los estados".* Clemente Peñalosa y Zúñiga (1751-1804), apologista del absolutismo monárquico: *"¿Qué mayor déspota que un Pueblo quando se gobierna por sí mismo? No hay Señor más ciego, más absoluto, más veleidoso".* Juan Pablo Forner (1756-1797 fue versión reaccionaria de la Ilustración: *"La falsa filosofía es indómita por su naturaleza: tiene todos los caracteres de la locura".*

La reacción se impone a la razón

Al final de la centuria, la reacción conservadora y el miedo a los excesos de la Revolución francesa pusieron término a los programas reformistas. Se controló la salida de estudiantes al extranjero, se vigiló a los residentes foráneos en España, se prohibieron la prensa no oficial y la enseñanza del Derecho Natural, del Público y del Internacional, la Inquisición recobró su antiguo celo en la represión de la disidencia, y los autores reaccionarios multiplicaron sus críticas contra las Luces y el liberalismo. Los esfuerzos de Manuel Godoy (1767-1851), primer ministro o valido de Carlos IV, por continuar el programa reformista resultaron fallidos. De nuevo, la reacción consiguió imponerse a la Razón.

El ilustrado hispanoperuano Pablo de Olavide (1725-1803) fue víctima del giro ideológico involucionista. Amigo de los enciclopedistas franceses, fue acusado de herejía ante la Inquisición, encarcelado y sus bienes confiscados, a pesar de la intervención a su favor de personalidades europeas como Voltaire, Diderot, Catalina de Rusia y Federico de Prusia. Fue también encarcelado por los revolucionarios en Francia y, desengañado por el comportamiento de unos y otros, y sin renunciar a sus ideales ilustrados, en 1797 publicó *El Evangelio en triunfo o la historia de un filósofo desengañado*, en el que responsabiliza de todos los males a la descristianización de la sociedad.

> *"Un destino tan triste como inevitable me condujo á Francia, mejor hubiera dicho, me arrastró. Yo me hallaba en París el año de 1789: y vi nacer la espantosa revolución que en poco tiempo ha devorado uno de los más hermosos y opulentos Reinos de la Europa. Yo fui testigo de sus primeros y trágicos sucesos; y viendo que cada día se encrespaban más las pasiones, y anunciaban desgracias más funestas, me retiré á un Lugar de corta población (...).*
> *Nos referían las sediciones, los incendios, las devastaciones y la no interrumpida efusion de sangre de que era theatro toda la Nacion. Nos contaban los nuevos decretos que lo trastornaban todo, echando por tierra los establecimientos más útiles y respetables...."*

(Del prólogo de *El Evangelio en triumpho*, de Pablo de Olavide. Valencia. Imprenta de los hermanos de Orga. 1797)

La reacción no pudo reprimir las simpatías de muchos españoles por la Francia revolucionaria. Por ejemplo, José Marchena, el Abate Marchena (1768-1821), escritor, político, traductor de Rousseau y de otros autores franceses, fue entusiasta partidario del ideario revolucionario francés, mantuvo estrechos lazos de amistad con significados líderes franceses y ocuparía cargos en la administración de José I. En *A la nación española* (1792) simula ser un extranjero que critica la Inquisición y alaba las virtudes de Francia.

> *"Los franceses enemigos de Dios... Ellos que han jurado a la faz de los cielos la fraternidad y la tolerancia recíproca. Aquí el judío socorre al cristiano, el protestante abraza al católico; los odios de religión son desconocidos, y el hombre de bien es amado y reverenciado de todos; el*

perverso despreciado y detestado. Si la religión de Jesús es el sistema de la paz y de la caridad universal, ¿quiénes son los verdaderos cristianos? ¿Nosotros, que socorremos a todos los hombres, que los miramos como nuestros hermanos, o vosotros que perseguís, que prendéis, que matáis a todos los que no adoptan vuestras ideas? Vosotros os llamáis cristianos; ¿por qué no seguís las máximas de vuestro legislador? Jesús no vino armado de poder a inculcar su religión con la fuerza de la espada; predicó su doctrina, sin forzar a los hombres a seguirla. Defensores de la causa del cielo, ¿quién os ha encargado de sus venganzas? ¿El omnipotente necesita valerse de vuestra flaca mano para extirpar sus enemigos?...".

(De *A La nación española*, de José Marchena. 1792. En *Obra española en prosa. Historia, Política, Literatura*, a cargo de Juan Francisco Fuentes. Madrid. Centro de Estudios Constitucionales. 1990)

"Aquí yace media España, murió de la otra"

Del enfrentamiento entre modernidad y tradición surgieron las dos Españas, simple mito para unos, realidad histórica para otros. La España conservadora se ha considerado siempre depositaria de los valores patrios y ha atribuido los problemas del país a factores externos; la progresista ha responsabilizado del retraso del país al absolutismo ideológico y confesional y ha hecho de la regeneración de España su ideal. La oposición entre las dos Españas se radicalizó a medida que las ideas revolucionarias francesas se extendían por Europa.

He aquí algunas frases de autores posteriores referidas a las dos Españas;

"Aquí yace media España, murió de la otra." (Larra) / "(Las dos Españas) responden más rigurosamente a dos opuestas actitudes en la apreciación de la Historia universal y a dos sentidos del futuro... Son dos hemisferios del mapa espiritual español, que aparece así en extremo simple, pero bipartido desde que se rompió la unidad de la convivencia nacional". (Fidelino de Figueiredo) / "Ya hay un español que quiere -vivir y a vivir empieza - entre una España que muere- y otra España que bosteza - Españolito que vienes - al mundo, te guarde Dios - Una de las dos España - ha de helarte el corazón". (Antonio Machado) / "La historia de España ha sido una continua guerra civil, y en ello hemos de buscar la causa mayor de nuestra malas venturas nacionales". (Gregorio Marañón)

• **Bibliografía:** página 306

4.- EL LIBERALISMO DOCEAÑISTA

El siglo XIX comenzó con malos augurios para España: la armada inglesa de Nelson destruyó a la francoespañola en Trafalgar (1805), y en 1808 comenzó la guerra contra el ejército invasor de Napoleón. Un horizonte de esperanza se abrió con la promulgación de la Constitución de 1812 (19 de marzo de 1812) por las Cortes de Cádiz. La Constitución desmontó las viejas estructuras del Antiguo Régimen, reconoció la soberanía nacional, derechos civiles, individuales y colectivos, y la igualdad de los ciudadanos ante la ley. Los españoles dejaron de ser súbditos para convertirse en ciudadanos, pero a pesar de ello la Constitución les negó el derecho a no ser católicos.

La historia política del siglo será una sucesión de enfrentamientos entre liberales y conservadores, herederos, respectivamente, de extranjerizantes y casticistas de la centuria anterior, así como de sucesivos pronunciamientos militares cuyos líderes, en su mayoría de ideología liberal, adquirieron gran relevancia y protagonismo político. A lo largo del siglo, España perdió su Imperio ultramarino y se proclamaron diversas cartas magnas, más resultado de la imposición de unos grupos sobre otros que de la voluntad popular.

La burguesía liberal sustituyó a la nobleza en el gobierno y dirección del país, llevó a cabo las desamortizaciones, completó la centralización política y administrativa, intentó estatalizar la enseñanza e hizo frente a la insurrección de las colonias americanas. La burguesía profesó un orden de valores en el que prevalecían el afán de lucro y el respeto a la propiedad, y, como reacción a los excesos de los románticos, el término medio como ideal de vida y forma de pensamiento. La burguesía liberal se reservó el gobierno del país y el derecho al voto, del que excluyó a la inmensa mayoría del pueblo, al que consideraba primario, analfabeto y poco inteligente.

Fin de la dictadura de la razón: el Romanticismo

Entre la Ilustración y el Realismo, es decir, entre finales del siglo xviii y el último tercio del xix, se desarrolló el Romanticismo, versión artístico-cultural del liberalismo político radical, y, a la vez, una forma de vida. Significó el triunfo del sentimiento sobre la razón. Los románticos rechazaron el academicismo, cosmopolitismo y racionalismo de las Luces, y exaltaron la libertad, el sentimiento, la imaginación, lo individual, subjetivo, natural y espontáneo. Valoraron lo propio y exclusivo de los pueblos, sus tradiciones, costumbres e historia. Al espíritu romántico respondieron la revalorización de los Siglos de Oro, especialmente la del teatro nacional, el cultivo de los cuadros de historia y de costumbres, la recuperación del género novelesco, tan denostado por los ilustrados, y el auge del historicismo arquitectónico. En el ámbito de la política, los románticos justificaron la revolución social, apoyaron los movimientos de liberación nacional y profesaron un liberalismo revolucionario. La Guerra de la Independencia, en cuanto significó de afirmación de las señas de identidad españolas, fue paradigma de guerra romántica.

El desastre de Trafalgar

España optó por aliarse con la Francia revolucionaria, en lugar de hacerlo con la Europa antirrevolucionaria, lo que habría implicado caer bajo la égida de Inglaterra. La alianza francoespañola tuvo un alto coste para España: el desastre naval de Trafalgar (21-10-1805) dejó las colonias de América desguarnecidas y en muy pocos años lograrían independizarse de la debilitada metrópoli.

Antonio Alcalá Galiano (1789-1865), jurista y orador, ideólogo liberal, radical en su juventud y posteriormente moderado, describe el día después del desastre de Trafalgar. Alcalá Galiano participó en relevantes acontecimientos como la preparación del pronunciamiento de Riego (1820). En 1878 se publicaron sus *Recuerdos de un anciano*, de gran valor testimonial sobre los hechos históricos que refiere y en los que tomó parte.

> *"Amaneció el día 22 con horroroso aspecto, cubierto el cielo de nubes negras y apiñadas, en cuanto permitía ver lo cerrado del horizonte, cayendo con violencia copiosa lluvia, bramando desatado el viento del S. O., allí denominado vendaval; levantándose olas como montañas que, según suele suceder en Cádiz en las grandes borrascas, rompían en la muralla con espantoso ruido, (...) al asomar las gentes a ver la furia de la tempestad, descubría la vista cinco navíos de línea españoles, fondeados en lugar muy inseguro por no haberles permitido el temporal tomar bien el puerto, desmantelados en gran parte; en suma, mostrando señales de la dura pelea que en el día inmediatamente anterior habían sustentado".*

(De *Obras escogidas*, de D. Antonio Alcalá Galiano. *Recuerdos de un anciano*. Prólogo y edición de Jorge Campos. Madrid. Biblioteca de Autores Españoles. 1955)

Miedo a la revolución

La amenaza de la extensión a España de la revolución inquietó al clero conservador, que veía peligrar sus privilegios y la estabilidad del orden vigente. Para el jesuita y lingüista Lorenzo Hervás y Panduro (1735-1809), la Revolución francesa había sido *"resultado de una conjura en la que se unían los filósofos y los jansenistas, y tenía por fin la destrucción de la monarquía y de la Iglesia"*.

> *"El abandono de toda religión es la parte fundamental de la revolución francesa, y la causa primitiva y efectiva de todos los desastres que en ella han sucedido y acaecen. Esta revolución ha consistido en mudar el gobierno monárquico en democrático estableciéndolo sobre el cadáver de Luis XVI, último Rey de Francia sacrificado en el altar de las más fiera inhumanidad, y ha consistido también en la supresión no solamente del cristianismo, mas también de cualquiera otra religión"*.

(De *Causas de la Revolución de Francia en el año de 1789*, de Lorenzo Hervás y Panduro. Tomo I. Madrid. 1807)

Convocatoria de las Cortes

Los españoles, ante el vacío de poder dejado por el traslado de la familia real española a Francia, se organizaron en juntas presididas por la Suprema Gubernativa, que se encargó del gobierno del país, de la convocatoria de las Cortes generales y de la dirección de la resistencia frente a los franceses. Antonio de Capmany (1742-1813), diputado en las Cortes de Cádiz, economista e historiador, previene contra las mentiras de los franceses.

> *"¡Alerta, españoles! Repito. No creáis en nada de lo que os anuncian los franceses, ni cuando os halaguen, ni cuando os amenacen (...). Preguntad a la Francia, desde que su invicto Emperador la gobierna, qué prosperidad le ha adquirido, qué tranquilidad y bienestar gozan las familias, qué esplendor las artes, qué progresos las ciencias, qué aumentos la población, qué actividad las fábricas, qué riqueza el comercio, qué grandeza su navegación, qué frutos su doctrina moral y religiosa, qué libertad los ingenios. Y os responderá que todo está aniquilado, que aquel floreciente reino se ha convertido en cuartel de soldados, y que en sus antes hermosas ciudades no reina sino el rigor de un despotismo civil y militar"*.

(De *Centinela contra franceses*, de Antonio de Capmany. Edición de Françoise Etienvre. Tamesis Books Limited. London. Madrid. Editorial Castalia. 1980)

Guerra de la Independencia

La sublevación popular contra el ejército francés, la Guerra de la Independencia (1808-1814) y la revolución liberal-burguesa, marcaron un hito en el dilatado proceso de formación del sentimiento nacional español. La Guerra de la Independencia fue una guerra de liberación nacional y religiosa y, al mismo tiempo, un movimiento social. Fue el primer acontecimiento en el que voluntariamente participaron todos los pueblos de España, un hecho de armas de dimensión nacional. El sacerdote

José Clemente Carnicero (nacido en 1770), oficial del Archivo de la Secretaría de Gracia y Justicia de Indias, describe la jornada del 2 de mayo, día en que el pueblo madrileño se levantó contra el ocupante francés.

> *"Amaneció el 2 de mayo (...). Una sola muger, regularmente pagada al intento, al ver bajar la reyna y que lo mismo se decía de los infantes don Antonio y don Francisco, dio un gran grito diciendo: ¡Válgame Dios! Que se llevan a Francia todas las personas reales.*
> *Esto fue bastante para que los demás se conmoviesen y alborotasen en tal grado, que impidieron la salida del infante D. Francisco y D. Antonio, ya que no pudieron la de la reyna. Los franceses, que no querían otra cosa, y que todo lo tenían dispuesto, se aprovecharon de la ocasión, mandaron en seguida hacer la primera descarga a los que estaban más cerca, y con este anuncio se pusieron al momento sobre las armas todos los demás de la corte y de los campamentos de Chamartín, Casa de Campo y lugares inmediatos. Al instante corrió el ruido de tan grande novedad por Madrid, y la gente, singularmente de los barrios baxos, concurrió con el mayor denuedo y presteza".*

(De *Historia razonada de los principales sucesos de la gloriosa revolución de España*, de Josef Clemente Carnicero. Madrid. M. de Burgos. 1814)

"Guerrilla" y "liberal", términos españoles

Grupos de guerrilleros llevaron a cabo eficaces campañas de acoso contra el ejército francés. A partir de entonces el término "guerrilla" pasó al léxico internacional para designar una acción de hostigamiento de civiles armados contra un ejército regular.

También pasaría al vocabulario internacional el término "liberal" con sentido político. El primero en hacerlo fue el jurista y político liberal moderado Agustín de Argüelles (1776-1844), director de la Junta de Legislación, redactora de los proyectos inspiradores de la normativa de las Cortes de Cádiz: *"La frecuencia con que se usaba en las discusiones y debates la palabra* liberal, *no sólo en su sentido lato, sino con especialidad para expresar todo lo que por su espíritu y tendencia conspiraba al establecimiento y consolidación de la libertad, excita en la viva y amena fantasía de un escritor coetáneo la idea de usurpar aquel vocablo en una composición política, tan picante como festiva, para señalar a los diputados que promovían en las Cortes las reformas, aplicando en contraposición el de* servil *a los que la impugnaban y resistían".*

Labor legislativa de las Cortes de Cádiz

Del espíritu liberal, sustanciado en la labor legislativa de las Cortes de Cádiz, da muestra la defensa que se llevó a cabo de la libertad de imprenta con anterioridad a la promulgación de la Constitución. Por ejemplo, Lorenzo Calvo de Rozas (1780-1850), banquero y comerciante, dirigió a la Junta Central un alegato a favor de la misma.

> *"¡Quánto mas enérgico hubiera sido, y cón quanto mas provecho de la república el vigor de nuestras disposiciones si la opinión general,*

instruida por la libertad de la imprenta de la importancia de ser una sola y fuerte la autoridad Suprema hubiese hecho moralmente imposible que otra alguna quisiese disputarla los derechos de supremacía ó no ser obediente a sus órdenes!".
(De *Reglamento que dio al Consejo Interino de Regencia la Suprema Junta Central*, por Lorenzo Calvo de Rozas. Cádiz. Imprenta Real. 1810)

Con anterioridad a la promulgación de la Constitución, las Cortes dictaminaron normas progresistas, entre ellas la incorporación de los señoríos jurisdiccionales a la nación. Desde comienzos del siglo XIII los monarcas habían incrementado las concesiones territoriales a la nobleza y a las órdenes militares que les ayudaban en las guerras contra los andalusíes, aumentándose así la concentración de la propiedad en unas pocas manos. Las concesiones territoriales llevaban aparejada la de la jurisdicción sobre los colonos. La situación se agravó con la institución del mayorazgo, que vinculaba el patrimonio familiar al primogénito. Este fue el origen de los latifundios andaluces, manchegos, extremeños y salmantinos. Durante los siglos modernos, la transformación de los titulares de los señoríos en representantes del monarca facilitó la adecuación del sistema señorial al principio de unidad del poder. La incorporación a la nación de los señoríos jurisdiccionales (1811) no significó la de la propiedad de la tierra, que les fue reconocida a los señores. Estos, agradecidos, se integraron en el nuevo sistema político constitucional y se convirtieron en importante sector de la oligarquía que detentará el poder durante gran parte de los siglos XIX y XX.

"Deseando las Cortes generales y extraordinarias remover los obstáculos que hayan podido oponerse al buen régimen, aumento de población y prosperidad de la Monarquía española, decretan:
I. Desde ahora quedan incorporados a la Nación todos los señoríos jurisdiccionales de cualquier clase y condición que sean.
II. Se procederá al nombramiento de todas las Justicias y demás funcionarios públicos por el mismo orden y según se verifica en los pueblos de realengo.
III. Quedan abolidos los dictados de vasallo y vasallaje, y las prestaciones así reales como personales, que deban su origen a título jurisdiccional a excepción de los que proceden de contrato libre en uso del sagrado derecho de la propiedad".

La Constitución de 1812

Desde el primer momento se manifestaron varias corrientes ideológicas entre los diputados en las Cortes de Cádiz: liberales exaltados, partidarios del sistema constitucional francés; doceañistas, seguidores del modelo de norma suprema que posteriormente se aprobaría; jovellanistas o liberales doctrinarios, defensores del principio de soberanía compartida por el rey y las Cortes, basado en la *"constitución histórica"* española, es decir, el conjunto de fueros y usos jurídicos tradicionales; reformistas, partidarios del Estatuto de 1808, carta otorgada por el monarca José l Bonaparte; y "serviles" o absolutistas y reaccionarios, forjadores del mito del "Deseado" (Fernando VII).

Defensores del constitucionalismo fueron, entre otros, Francisco Martínez Marina (1754-1833), historiador y jurista, investigador de la evolución histórica del Derecho español, político doctrinario, partidario de la privatización de los bienes de manos muertas; el economista Álvaro Flórez Estrada (1765-1853), divulgador de la economía clásica en España -*Curso de Economía Política* (1828)-, y José Canga Argüelles (1770-1842), economista hacendista, defensor de los principios fundamentales del liberalismo político.

> *"La constitución de cualquier estado, esto es, la forma y reglamento fundamental o sistema de gobierno adoptado por las sociedades, siendo la basa de la pública tranquilidad y el cimiento de la conservación de la salud, de la perfección y felicidad de las naciones, y el baluarte de la libertad y seguridad de los ciudadanos, debe ser respetada por todos los miembros del cuerpo político tanto por los Príncipes, magistrados y otras personas públicas como por los particulares, y habida por sacrosanta e inviolable. A ninguno es permitido atentar contra la constitución, variarla o alterarla, salvo a la sociedad misma para cuya salud y prosperidad se ha establecido".*

(De *Teoría de las Cortes*, de Francisco Martínez Marina. Madrid. Imprenta de Fermín Villalpando. 1813)

> *"Todos estos males arrastra tras sí la falta de una constitución sólida. La experiencia de nuestros errores y de las demás naciones debe ya enseñarnos a trazar un buen plan. Los horribles males que hemos sufrido, y estamos aún sufriendo, exigen imperiosamente que para evitarlos en lo sucesivo, y que nuestros hijos no sean víctimas de los horrores que acompañan siempre a toda revolución política, hagamos en esta ocasión tan oportuna, en que no necesitamos derramar nuestra sangre, una constitución que consolide de un modo firme y seguro el nudo social, esto es, que una los intereses del Gobierno y de la nación...".*

(De *Constitución para la Nación española*, presentada a *S. M. la Junta Suprema Gubernativa de España e Indias*, de Álvaro Flórez Estrada (1810). Madrid. Secretaría General del Senado. 2010)

> *"Se da el nombre de soberanía al ejercicio de esta voluntad; y como en nadie reside sino en el dueño de ella, es decir, en los que componen la sociedad, porque son los únicos que deben decidir el modo con que quieran mantener sus derechos, resulta que la soberanía reside en el pueblo, o en el cuerpo total de los confederados, o en la Nación (...). La ley solemne con que una Nación declara los derechos y los deberes de los hombres, y las obligaciones y derechos de las personas encargadas del gobierno, o sea del cumplimiento de sus pactos, es lo*

que se conoce bajo el nombre de Constitución".
(De *Reflexiones sociales o idea para la Constitución Española,* de José Canga Argüelles. Valencia. En la imprenta de José Estévan. 1811)

El 19 de marzo de 1812, día de San José, de ahí el nombre de la Pepa, se proclamó la Constitución, texto germinal del constitucionalismo español. Formalmente inspirada en la francesa de 1791, la Constitución asumió los principios básicos del liberalismo: soberanía nacional, igualdad de los ciudadanos ante la ley, parlamentarismo, Cortes unicamerales, separación de poderes, derecho a la educación, a la libertad y a la propiedad, inviolabilidad de domicilio, libertad de imprenta, etc. La Constitución atribuyó el poder ejecutivo al rey y reconoció el sufragio universal masculino indirecto en cuarto grado. El voto restringido se mantendría hasta el reconocimiento del universal masculino en 1890 por el gobierno progresista de Sagasta.

> *"Artículo 1. La nación española es la reunión de todos los españoles de ambos hemisferios.*
> *Artículo 2. La nación española es libre e independiente, y no es ni puede ser patrimonio de ninguna familia ni persona.*
> *Artículo 3. La soberanía reside esencialmente en la Nación, y por lo mismo pertenece a esta exclusivamente el derecho de establecer sus leyes fundamentales.*
> *Artículo 4. La Nación está obligada a conservar y proteger por leyes sabias y justas la libertad civil, la propiedad y los demás derechos legítimos de todos los individuos que la componen".*

(Capítulo I de la Constitución de 1812)

La Constitución consagró el catolicismo como única religión de la Nación española y prohibió el ejercicio de cualquier otra: *"La religión de la Nación española es y será perpetuamente la católica, apostólica, romana, única verdadera. La nación la protege por leyes sabias y justas, y prohíbe el ejercicio de cualquier otra."*
(Capítulo II, Artículo 12 de la Constitución)

Sobre la Inquisición

La Inquisición fue declarada incompatible con la Constitución, abolida (1813) y sustituida por unos tribunales protectores de la fe. La supresión de la Inquisición suscitó una apasionada polémica entre los diputados, que se manifestaron tanto a favor como en contra. La jerarquía eclesiástica se opuso a tal medida y los obispos se negaron a leer en los templos el decreto de abolición, por considerar que atentaba contra la libertad de la Iglesia.

> *"¿Contra quiénes pues está establecido, y sobre quiénes descarga sus golpes el tribunal santo de la fe? Yo se lo diré a los filósofos, pues afectan tanto ignorarlo. Contra los que habiendo profesado la fe católica, apostatan vilmente de esta divina profesión, y contra los*

> *que habiendo apostatado sirven de ganchos e instrumentos para*
> *que otros también apostaten. Estos son los únicos reos que este*
> *tribunal castiga, y este es el único delito que sus castigos vengan".*

(De *Segunda carta crítica del Filósofo Rancio*. Sevilla. Imprenta de Agustín Muñoz. 1812)

> *"No me quejo yo de los inquisidores. Nada he tenido jamás que ver*
> *con este Tribunal. A lo menos que yo sepa, y aun conozco personas*
> *muy justas, ilustradas y benéficas, entre otras, un digno individuo*
> *de la Suprema que hoy está en Cádiz, que han atenuado en lo*
> *que podían el rigor de este establecimiento. Mas cabalmente este*
> *proceder arbitrario es una de las más fuertes razones que hacen*
> *urgentísima su abolición".*

(De Agustín Argüelles (1813). *Antología de las Actas de las Cortes de Cádiz*. Madrid. Taurus. Edición de E. Tierno Galván. 1964)

Juan Antonio Llorente (1756-1823), liberal reformista de tradición luterano-erasmiana, político regalista del grupo de los *"josefinos"*, partidarios del rey José I Bonaparte, escribió sobre el Santo Tribunal, del que había sido secretario. Sus obras fueron incluidas en el Índice. Como tantos afrancesados, tuvo que exiliarse a Francia tras la restauración por Fernando VII (1814) del absolutismo y del ultramontanismo.

> *"Ningún preso ni acusado ha visto jamás su proceso propio, cuanto*
> *menos los de otras personas. Ninguno ha sabido de su causa más*
> *que las preguntas y reconvenciones a que debía satisfacer, y los*
> *extractos de las declaraciones de testigos, que se le comunicaban con*
> *ocultación de nombres y circunstancias de lugar, tiempo y demás*
> *capaces de influir al conocimiento de las personas, ocultándose*
> *también lo que resulte a favor del mismo acusado, porque se seguía*
> *la máxima de que al reo toca satisfacer el cargo, dejando a la*
> *prudencia del juez el combinar después sus respuestas con lo que*
> *produzca el proceso a favor del procesado".*

(De *Historia crítica de la Inquisición en España,* de Juan Antonio Llorente. Se publicó por vez primera en francés en 1817-18. Madrid. Hiperión. 1980)

A favor y en contra del cambio de dinastía

Muchos liberales y afrancesados apoyaban la sustitución en el trono de España de los Borbones por los Bonaparte, por considerar que era necesario para llevar a cabo la modernización del país. La entronización de José I Bonaparte dio origen a una abundante literatura ensayística y poética de carácter apologético en apoyo de Francia y de los Bonaparte. José Marchena (1768-1821), el Abate Marchena, liberal josefino de ideología próxima a la de los líderes revolucionarios franceses, exiliado en Francia (1792-1808), denuncia cómo Fernando VII trató de negociar con Napoleón la cesión de los territorios españoles al norte del Ebro, para así poder reinar sobre el resto.

"Uno de vmds., un miembro de esa regencia, sabe que después de la abdicación de Carlos IV se propuso por el gobierno de Fernando la cesión del país al otro lado del Ebro para comprar con este abandono la pacífica posesión de lo restante de España; él tuvo muy principal parte en esta negociación, la aprobó y la promovió: y ahora se jacta con intolerable descaro de ser un defensor de la integridad del reino. Esta acusación es directa, firmada con mi nombre; y si se atreve a desmentirme, fácil cosa será probar la verdad de mi aserción".

(De *Al Gobierno de Cádiz*, de José Marchena. En *Obra española en prosa. Historia, Política, Literatura.* Edición de Juan Francisco Fuentes. Madrid. Instituto de Estudios Constitucionales. 1990)

"Empero Bonaparte fue el instrumento de que se valió la Providencia para labrar nuestra felicidad y la de las futuras generaciones. Porque desorganizado y disuelto el antiguo gobierno, si merece este nombre, y desatados los lazos y rotos los vínculos que unían a la nación con su Príncipe, pudo y debió pensar en recuperar sus imprescindibles derechos y en establecer una excelente forma de gobierno".

(De *Discurso sobre el origen de la monarquía*, de Francisco Martínez Marina. Edición de José Antonio Maravall. Madrid. Centro de Estudios Constitucionales. 1988)

José I Bonaparte otorgó a los españoles el Estatuto de Bayona de 1808, que les reconocía igualdad jurídica y política, pero negaba la soberanía nacional y afirmaba el origen divino del poder. El nuevo rey se esforzó en mantener su autonomía frente a su poderoso hermano. Consiguió que no se segregaran del gobierno de Madrid los territorios al norte del Ebro y que no se costeara con medios españoles la intervención militar francesa en España. No logró el apoyo de la Junta Central, y menos aún el de las clases populares. Entre los críticos de José I, el escritor costumbrista José Ramón de Mesonero Romanos (1803-1882) lo ridiculizó.

"En la plaza hay un cartel
que nos dice en castellano
que José, rey italiano,
roba a España su dosel;
y al leer este cartel
dijo una maja a su majo
-Manolo, por ahí abajo
que me... en esa ley,
porque acá queremos rey
que sepa decir...".

(De *El antiguo Madrid*, de Ramón de Mesonero Romanos. 1864)

Contra el liberalismo

La institucionalización del liberalismo provocó una intensa reacción entre los conservadores y reaccionarios, por considerarlo un atentado contra la patria y los sagrados valores del catolicismo. José Joaquín Colón (1746-1822), decano del Consejo Supremo de Castilla, fue un firme defensor del Antiguo Régimen. Miguel de Lardizábal y Uribe (1739-1820), diputado en Cortes por Nueva España (México), previene sobre los males derivados de la nueva ideología.

> *"No puede haber monarquía sin nobleza; si la antigua española, conocida en toda la redondez del globo, es aniquilada, otra cruel y asoladora se levantará y elevará sobre sus ruinas, como llora la desgraciada Francia. En su excelso trono de Carlo Magno y Ludovico Pío ha sucedido el indecente y tirano corso; a los príncipes de sangre, su inmunda parentela; a las augustas reynas y princesas, las Leticias y Josefinas, y a la más culta nobleza hereditaria, los criminales más soeces, horribles y forajidos, oprobio del género humano, ladrones y asesinos públicos de sus semejantes. Esto mismo va a suceder en nuestra España".*

(De *España vindicada*, de José Joaquín Colón. Madrid. Imprenta de Repullés. 1814)

> *"La Francia entera presenta dos partidos muy declarados, el uno de las gentes de bien y espíritus moderados, que se hallan consternados y mudos; y el otro de los hombres violentos que se electrizan, se unen, y forman un volcán horrible, que vomita torrentes de fuego capaces de destruirlo todo. Este es el verdadero estado de nuestras Cortes y lo fue desde el principio, y es el origen del Democratismo por cuyos principios de igualdad todo se allana en Cádiz, se habla de los Reyes como se hablaba en Francia, se insulta desvergonzadamente a la Nobleza, a las clases privilegiadas, a las personas de más carácter, sin librarse de ello ni la Regencia, ni las mismas Cortes, de lo qual dan testimonio los papeles públicos".*

(De *Manifiesto que presenta a la Nación el Consejero de Estado D. Miguel de Lardizábal y Uribe*. Valencia. Librerías "París-Valencia". 1997)

El dominico Francisco Alvarado (1756-1814), el Filósofo Rancio, pensador aristotélico-tomista, se definió *"como católico rancio, español rancio y filósofo rancio"*; ataca el igualitarismo social y defiende la superioridad del hombre sobre la mujer.

> *"Convengamos pues, amigo mío, en que la igualdad por naturaleza que nos presentan estos señores filósofos es un sueño, y sueño de un frenético, de quienes sabemos que tienen malísimas vueltas. La religión nos enseña todo lo contrario; pero aun quando ella nada nos dixese, ¿necesitábamos nosotros mas que de entender los ojos a la misma naturaleza?*
> *Vemos en ella mugeres. ¿Y quién será el loco que diga que son iguales con los hombres? ¿Quién el aturdido que no reconozca lo que S. Pablo ha dicho, que á ella no le corresponde "dominari in virum";y que el varón "caput est mulieris"?; La pequeñez y finura de su cuerpo, la*

cobardía y cortedad de su espíritu, la vehemencia de su imaginación y la perpetua volubilidad de sus afectos, no están pidiendo á gritos la protección, la dirección y la solicitud del hombre, al mismo paso que su interés y amor? Veamos muchachos. ¿Quién los iguala con los hombres? Y si los hombres no los sujetaran, enseñaran y dirigieran, ¿qué sería de los muchachos? Y si para estos no hubiesen palos y pescozones, ¿qué sería de los hombres?".

(En *Quarta carta crítica.* Cádiz. En la Imprenta de D. Vicente Lema. 1811)

El capuchino Rafael de Vélez (1777-1850) dirigió vehementes diatribas contra filósofos, ilustrados, ateos, materialistas, liberales, incrédulos, masones, pecadores e impíos de toda índole, que, en su opinión, ponían en peligro la permanencia del orden político, social y económico establecido por Dios y la existencia misma de la patria. Para Vélez, la Ilustración socavaba los cimientos de ese orden derivado de la entente entre Iglesia y Estado.

"El príncipe y sus autoridades están empeñados por su conservación en que no se rompan los vínculos religiosos. La sociedad no podrá existir sin religión. Los reyes y soberanos del mundo que la persigan verán su propia destrucción. Los siglos todos se levantan a confirmar esta verdad.

Dios, autor único de la sociedad y de la religión, ha fiado el gobierno de ésta a sus sacerdotes, y el de aquella lo ha puesto en el poder de los príncipes, a quienes tiene dada su autoridad. El rey, como el más ínfimo pastor, está obligado a someterse a los dogmas de la fe y a los preceptos de la moral. El sacerdocio y el imperio son dos potestades diversas, pero el soberano es súbdito de Dios. Si trastorna este orden de Dios, él será el que sienta primero la pena de su trasgresión. El sacerdote es el que vela sobre los fueros del altar, el único mediador entre Dios y el pueblo, el que solo conserva las relaciones del cielo con la tierra, del criador con la criatura y del hombre con su Dios. Sin esta íntima unión dejaría de existir el universo".

(De *Apología del altar y del trono,* de Rafael de Vélez. Madrid. En la Imprenta de Repullés. 1825)

"Manifiesto de los persas"

El 12 de abril de 1814, tras la derrota del ejército francés y cuando Fernando VII se encontraba en Valencia a su regreso de Francia, sesenta y nueve diputados absolutistas firmaron el *Manifiesto de los Persas,* documento en el que le solicitaban la abolición de la normativa promulgada por las Cortes de Cádiz y la restauración del absolutismo. El monarca, recibido en Madrid al grito de *¡Vivan las caenas!,* por decreto de 4 de mayo de 1814 abolió la Constitución y toda la legislación progresista y restableció el régimen represor de las libertades.

"SEÑOR:

Era costumbre en los antiguos persas pasar cinco días en anarquía después del fallecimiento de su rey, a fin de que la experiencia de los asesinatos, robos y otras desgracias les obligasen a ser más fieles a su sucesor. Para serlo España a V. M. no necesitaba igual ensayo en los seis años de su cautividad, del número de los españoles que se complacen al ver restituido a V. M. al trono de sus mayores, son los que firman esta reverente exposición con el carácter de representantes de España; mas como en ausencia de V. M. se ha mudado el sistema que regía al momento de verificarse aquella, y nos hallamos al frente de la nación en un Congreso que decreta lo contrario de lo que sentimos, y de lo que nuestras provincias desean, creemos un deber manifestar nuestros votos y circunstancias".

(De *Manifiesto de los persas.* 1814)

Exilio de afrancesados y liberales

Los afrancesados, partidarios de la ideología revolucionaria francesa, y los "josefinos", afrancesados que habían aceptado la sustitución de los Borbones por los Bonaparte y el Estatuto de Bayona de 1808, experimentaron en sus conciencias el conflicto entre el imperativo moral de defender la patria frente a los invasores y la admiración por los valores ideológicos de los que eran portadores. Los liberales los inhabilitaron para ocupar cargos públicos, la reacción los condenó por traidores a la patria, y Fernando VII los acusó de traidores, conspiradores, extranjerizantes, anticristianos y defensores de la soberanía nacional. Perseguidas sus personas y requisados sus bienes, los afrancesados y librepensadores fueron obligados a abandonar el país. Continuaba así la dramática tradición española del exilio por razones ideológicas y de libertad de conciencia. El jurista e historiador Juan Sempere y Guarinos (1754-1830) describe el comienzo de la represión de los liberales tras el regreso de Fernando VII.

"Cuando volvió de su cautiverio el rey Fernando, nadie aun vislumbraba cuál sería su conducta respecto a lo hecho por las Cortes durante su ausencia, pero la reprobación de todo ello estaba ya decretada, y no con la parsimonia del padre que modera la impetuosidad de su hijo, como sucedía en las peticiones de las antiguas, sino con la violencia del hombre acosado que intenta dejar a su enemigo fuera de estado de combatir; y así cuando Madrid celebraba su entrada con arcos de triunfo y vítores y aclamaciones, ya gemían en sus cárceles algunos diputados, mientras que otros, y fueron los más felices, andaban expatriados en extraños climas por evitar igual catástrofe en sus personas".

(De *Historia del Derecho Español*, de Juan Sempere y Guarinos. Madrid. Ramón Rodríguez de Rivera. 1846)

"En fin, véanse las arengas copiadas en la gacetas de Madrid, de los seis primeros meses del año 1809, y excusaré nuevas pruebas de

que toda España tuvo adhesión al gobierno de Josef; unos españoles desde los principios por las razones contenidas en las órdenes y proclamas de Fernando VII, y otros algo más tarde por el desengaño de ver realizada gran parte de los anuncios hechos por el mismo soberano. Si algunos dejaron de ceder, fueron convencidos luego en los primeros meses del año 1810, ocupadas las Andalucías, quedando con el tiempo sin experimentar lo mismo solos Cádiz, Alicante y Cartagena; de manera que será casi imposible hallar, entre los que me acusan, y los que me han de juzgar, un solo juez que no haya prometido con juramento su adhesión al gobierno del rey Josef en Bayona, Madrid, o pueblos de sus respectivas provincias.

Habiendo sido tan expresa y singular la adhesión del rey que nos mandó a todos adherirnos por creer con razón en aquella época que no había otro medio de evitar la ruina de la patria, el calificar ahora de crimen la adhesión no solo es injusto, y escandaloso, sino injuriosísimo en sumo grado al honor del rey".

(De *Defensa canónica y política de Don Juan Antonio Llorente contra injustas acusaciones de fingidos crímenes*. Paris. Imprenta del Señor Plassan. ¿1816?)

El poeta Félix José Reinoso (1772-1841) alzó su voz en defensa de los afrancesados.

Pero tales hombres, conquistados primero y subyugados a la fuerza, ¿merecen en justicia la calificacion de criminales? ¿Qué mal verdadero y efectivo causaron? ¿Qué daños hubo que sin ellos no hubieran sucedido? Hablo de males políticos, y quiero verlos y tocarlos sensiblemente; porque a los hombres no se condena por teorías vagas, ni adivinaciones filosóficas. Si en la muchedumbre de acontecimientos de nuestra revolucion, los hubo tal vez, en que algún español tuviese efectivamente un influjo pernicioso a la defensa de la patria, serán raros, muy raros a los ojos limpios y desapasionados de la razón; y no deben calificarse sin examen, ni condenarse sin juicio. Mas esa multitud, a quien comúnmente se tacha como adictos á los franceses, ¿qué influencia tuvo: en la fortuna de sus armas? ¿En qué aumentó la desdicha pública? Al contrario ¡cuántos beneficios particulares no hicieron, librando de molestias y persecuciones á los patriotas".

(De *Examen de los delitos de infidelidad a la Patria*, de Félix José Reinoso. Edición de Manuel Moreno. Sevilla. Ediciones Alfar. 2009)

Los ideólogos independentistas hispanoamericanos

Factores desencadenantes del movimiento secesionista de las colonias americanas fueron la extensión entre los criollos del sentimiento de pertenencia a la patria americana, su hostilidad contra los españoles y su monopolio del poder, la difusión del liberalismo y de la ideología revolucionaria francesa, el ejemplo de las colonias inglesas de Norteamérica y de la francesa de Haití, y la rivalidad por hacerse por el poder en las juntas que, como en España, se formaron tras la marcha de la familia real a Francia. El que la Constitución de 1812 reconociera a los criollos como españoles ("*La nación española es la reunión de todos los españoles de ambos hemisferios*") fue insuficiente para frenar el ya inevitable movimiento secesionista.

El criollo Sebastián Francisco de Miranda (1750-1816), militar del ejército español, traductor al francés de la Carta de Viscardo (1799), recorrió Europa y Estados Unidos denunciando la opresión que España ejercía sobre sus colonias. El periodista y político Antonio Nariño (1765-1823) tradujo y publicó en 1793 la Declaración de los Derechos del Hombre, prohibida en las colonias por la Inquisición. Simón Bolívar (1783-1830), criollo venezolano de origen vasco, fue el gran líder de la independencia de Hispanoamérica. Liberal y masón, seguidor del ideario de los ilustrados franceses, Bolívar proporcionó contenido ideológico al movimiento revolucionario.

> "*Los pueblos de varias provincias de la América en la desesperación, con el exceso de tributos, injusticias, y toda suerte de abusos, se han sublevado en diversos períodos; mas sin conseguir el alivio que buscaban, porque viniendo a someterse al fin, han aumentado más bien sus calamidades. Caracas se levantó por los años de 1750. Quito en 1764. México trataba de su independencia con la Inglaterra en 1773. El Perú estuvo sublevado en marzo de 1781 y en el mes de junio de este propio año (1781) el Reino de Santa Fe de Bogotá en rebelión, expulsó al Virrey y tropas europeas, quedándose el pueblo dueño del país. Vinieron a una capitulación después en que el rey se sometió a todo, ofreciéndoles cuanto deseaban; y luego que recobró el poder, rompió dicha estipulación, faltó a su palabra, y les ha tratado con la mayor crueldad*".

(De *América espera*, de Francisco de Miranda. Selección, Prólogo y Títulos por J.L. Salcedo-Bastardo. Caracas. Biblioteca Ayacucho. 1982)

> "*Al mismo tiempo que ocupaban el suelo de América sus originarios habitadores y que se introducían los europeos, tan extranjeros como cualesquiera otros, oprimían éstos la libertad en diversas partes del globo disminuyendo la raza de los indígenas y aumentando el número de los esclavos más o menos oprimidos, parte con el vil comercio de los negros de África, y parte con la descendencia de los emigrados españoles (...). Así la sucesión de los primeros menospreciada por los segundos, y sumida en el más triste abatimiento por los que permanecían en el antiguo mundo, empezaba a ser una generación más hermanada con los indios que con los europeos, y cuya madre no era la tierra de Europa, que los miraba como degenerados, sino la de América en donde nacían, que los abrigaba en su seno*".

(De *Carta dirigida al autor de "La Bagatela"*, de Antonio Nariño. En *Vida y escritos del General Antonio Nariño*, por José María Vergara. Biblioteca Popular de Cultura Colombiana. Bogotá. 1946)

"(...) porque el destino de la América se ha fijado irrevocablemente; el lazo que unía a la España se ha cortado (...). El hábito a la obediencia; un comercio de intereses, de luces, de religión: una recíproca benevolencia; una tierna solicitud por la cuna y la gloria de nuestros padres; en fin, todo lo que formaba nuestra esperanza nos venía de España. De aquí nacía un principio de adhesión que parecía eterno, no obstante que la inconducta de nuestros dominadores relajaba esta simpatía; es por mejor decir este apego forzado por el imperio de la dominación. Al presente sucede lo contrario; la muerte, el deshonor, cuanto es nocivo, nos amenaza y tememos; todo lo sufrimos de esa desnaturalizada madastra (...). Llegó el tiempo, en fin, de pagar a los españoles suplicios con suplicios y de ahogar a esa raza de exterminadores en su sangre o en el mar".

(De *Carta de Jamaica*, de Simón Bolívar. 6 de septiembre de 1815. Caracas. Presidencia de la República. 1972)

El eco en España de la secesión de las colonias

Ocupados los españoles en la guerra contra los franceses, no pudieron prestar mucho interés a la secesión de las colonias. Algunos liberales calificaron el hecho de desenlace lógico de la Historia; otros se preocuparon por las nefastas consecuencias de la pérdida de la *"cosecha de oro y plata"* y por la incertidumbre del futuro.

"Concluyo de todo lo dicho que habiéndose acabado para siempre la cosecha, por decirlo así, de oro y plata, es necesario que arreglemos nuestro comercio de manera que en adelante no recibamos de los extranjeros más de lo que podemos pagar con efectos no elaborables y artefactos, si algún día llegamos a tener en este género cosas que los extranjeros apetezcan o necesiten; porque si continuamos saldando en dinero una parte de nuestra cuenta, los metales preciosos irán poco a poco escaseando, se harán luego en extremo raros, llegarán acaso a faltar enteramente, y aun sin llegar a este término su escasez perjudicará inmensamente al tráfico interior, a la agricultura, a la industria y al comercio mismo con los extranjeros".

(De *Economía pública*. Balanza del comercio. *El Censor*. N.° 81, 16-2-1822)

Adolfo Castro (1823-1898), ensayista y articulista crítico, escribe sobre la falta de visión de los políticos en relación con las colonias.

"La ignorancia política de los hombres de estado hizo la pérdida de las Américas aún más dañosa para España. No quiso reconocer su independencia luego que los ejércitos españoles fueron por dos veces arrojados de las nuevas repúblicas. Después de haber consumido inútilmente una expedición de cerca de cincuenta mil hombres, quiso enviar otra; pero sus caudillos prefirieron dar la libertad a su patria que poner en servidumbre pueblos libres. España persistió

todavía en dejar que el comercio se perdiese con tal de conservar lo que llamaba derecho a la posesión de América. Sucedió lo que es natural en el orden de los acontecimientos humanos. España dejó el comercio con América; y los extranjeros se apoderaron de él exclusivamente".

(De *Examen filosófico sobre las principales causas de la decadencia de España*, de Adolfo de Castro. Cádiz. Imprenta de Francisco Pantoja. 1852)

El Trienio Liberal

El 1 de enero de 1820, el teniente coronel Rafael de Riego (1784-1823), jefe del ejército expedicionario que se disponía a embarcar en Cádiz con destino a América a fin de reprimir el movimiento independentista, se alzó en armas en Andalucía y obligó al rey a restaurar la Constitución. Contra su voluntad, Fernando VII tuvo que pronunciar la célebre frase *"Marchemos francamente, y yo el primero, por la senda constitucional."* Así dio comienzo el Trienio Liberal (1820-1823), período en el que la prensa experimentó un gran auge y proliferaron las sociedades secretas, organizaciones laicas de ideología liberal progresista. Las Cortes recuperaron la iniciativa política, restablecieron la libertad de reunión y asociación, suprimieron los mayorazgos, abolieron de nuevo la Inquisición, legislaron sobre la exclaustración de los frailes y la desamortización de sus bienes, y exigieron a los señores la presentación de los títulos de propiedad de los señoríos.

Durante el Trienio Liberal se configuran las dos principales corrientes liberales, la del doctrinario o moderado y la progresista. Aquel admitía solo el sufragio restringido, negando así la soberanía nacional; en cuestión religiosa, rechazaba la libertad de cultos y proclamaba al catolicismo religión de España. Los progresistas, divididos en diferentes facciones, reconocían la soberanía nacional, pero, a causa del alto número de analfabetos, preferían mantener todavía el sufragio restringido; eran partidarios de la libertad de cultos y de conciencia, y propugnaban todo tipo de reformas. Tanto moderados como progresistas negaban los derechos políticos a las mujeres.

"El ejército nacional, al pronunciarse por la Constitución de la Monarquía Española, promulgada en Cádiz por sus legítimos representantes no trata de ningún modo de atentar a los derechos del legítimo monarca que ella reconoce: mas convencido de que todas las operaciones de su Gobierno, por una fatalidad tan funesta como incomprensible, sólo han contribuido a hacer desgraciada a una Nación, que hizo tantos sacrificios por sancionarla, cree que sólo este pronunciamiento puede salvarla, tanto a ella como al Príncipe, del estado de nulidad en que se encuentra...".

(De *Proclama del Alzamiento de Riego*. Correo Universal de Literatura y Política. Núm. 1. Abril de 1820)

"Pero mientras Yo meditaba maduramente, con la solicitud propia de mi paternal corazón las variaciones de nuestro régimen

fundamental que parecían más adaptables al carácter nacional y al estado presente de las diversas porciones de la Monarquía española, así como a las más análogas a la organización de los pueblos ilustrados, me habéis hecho entender vuestro anhelo de que se restableciese aquella Constitución, que entre el estruendo de las armas hostiles fue promulgada en Cádiz en 1812 (...). He jurado esta Constitución por la cual suspirabais y seré siempre su más firme apoyo (...). Marchemos francamente, y yo el primero, por la senda constitucional".

(De *Manifiesto de Fernando VII*. 10-3-1820)

Fernando VII restaura el absolutismo

Fernando VII practicó una política de obstrucción sistemática a la política del Gobierno liberal. Solicitó la ayuda de la Europa reaccionaria vencedora de Napoleón, que envió en su auxilio un ejército francés de 60 000 hombres, al que se unieron 30 000 voluntarios españoles (*Los Cien Mil Hijos de San Luis, Ejército de la Fe*). Aquel ejército puso fin al Trienio Liberal: el rey recuperó sus poderes absolutos y endureció la represión contra los liberales, que de nuevo tuvieron que exiliarse.

José María Torrijos y Uriarte (1791-1831), militar liberal, combatiente contra las tropas de Napoleón en la Guerra de la Independencia y contra Los Cien Mil Hijos de San Luis, exiliado en Francia e Inglaterra tras el Trienio Liberal, preparó un pronunciamiento militar, pero fue arrestado por las fuerzas realistas y ejecutado, por orden expresa de Fernando VII, sin mediar juicio, en la playa de San Andrés de Málaga (11-12-1831), junto con sus compañeros. Su fusilamiento fue inmortalizado por el pintor Antonio Gisbert en un óleo que se conserva en el Museo del Prado. Torrijos se convirtió en un icono de la lucha por la libertad.

"Un toque destemplado y agudo de corneta, nos dejará inmóviles en el punto en que vamos a ser sacrificados. Todos, olvidando a los frailes, iremos frente a los fusiles. Yo volveré a reclamar mi derecho a dar la voz ejecutoria de fuego. No hay presente otro mariscal. Pero mis verdugos volverán a negarme ese honor último que me corresponde [...]. Ni siquiera el tirano nos consiente morir en paz y soledad, a solas con el más allá, que me espera inflexible.
Unos nos abrazaremos emocionados, otros se aislarán en su definitivo silencio. Los soldados nos irán agrupando para fusilarnos. Yo estrecharé las manos de mis compañeros, me adelantaré hacia el pelotón y cuando oiga el grito de ¡Fuego!, gritaré fuerte ¡VIVA LA LIBERTAD!, que es la última palabra que quiero oír en mi vida. 3 de octubre de 1830".

(De *El diario de Torrijos*. En *La España peregrina*, de José Esteban. Madrid. Mondadori España, S. A. 1988)

El articulista Mariano José de Larra (1809-1837) se hace eco del fusilamiento de Torrijos por el sanguinario gobernador apellidado Moreno: *"El gobernador de*

Málaga, Moreno, especie de hiena con semblante humano, el infame Moreno tendió el lazo más execrable de que hay memoria en la historia de las naciones, y al cual vino generosamente a caer la noble víctima destinada al inmundo cuchillo".
(De *De 1830 a 1836 o la España desde Fernando VII hasta Mendizábal*, de Mariano José de Larra)

"Dios, Patria, Fueros"

El carlismo fue un movimiento político ultraconservador, fundamentalista y defensor del Antiguo Régimen. Opuso el confederalismo tradicional a la unificación político-administrativa llevada a cabo por los gobiernos liberales; los fueros al principio democrático de igualdad de los ciudadanos ante la ley; el absolutismo real a la democracia, y el catolicismo ultramontano a la libertad de conciencia y al laicismo. Los carlistas adoptaron el lema *Dios, Patria y Fueros*.

El carlismo se originó en la diferente posición de liberales y absolutistas ante la exclusión de las mujeres de la sucesión al trono de España por la Ley Sálica, que había sido derogada por Fernando VII para permitir la ascensión al trono de su hija Isabel, candidata de los liberales. Los absolutistas, por su parte, eran partidarios del hermano del rey, Carlos María Isidro, católico fundamentalista. Así, la cuestión dinástica se convirtió en un enfrentamiento entre liberales y absolutistas. La muerte de Fernando VII y el nombramiento de su hija Isabel como heredera del trono dio origen a tres guerras contra los carlistas (1833-1839, 1847-1849 y 1872-1876), que tuvieron un alto coste en recursos humanos y económicos y propiciaron la intervención de los militares en la política. Las guerras se saldaron a favor de los liberales, y estos, instalados en el poder, promulgaron varias constituciones a lo largo del siglo: el Estatuto Real de 1834, de corte liberal moderado, instituyó el bicameralismo, a fin de evitar los posibles excesos de la Cámara única; la Constitución de 1837 es versión moderada de la de 1812; la de 1845, doctrinarista: soberanía compartida conjuntamente por las Cortes con el Rey; la de 1869, liberal radical, y la de 1876, liberal doctrinarista.

> *"Fernando VII ha defraudado todas las expectativas (...).*
> *Débil y acobardado, juró y nos mandó jurar la Constitución del año doce, se puso al frente del gobierno revolucionario del mismo modo y con la misma confianza que si fuese el tal gobierno su propia hechura; firmó y sancionó sin el menor escrúpulo las más democráticas leyes, y en las conmociones populares que tuvieron lugar durante aquel periodo para sostener la misma soberanía que él renunciara, ¡alentaba, perseguía y delataba al mismo tiempo a sus más ardientes defensores! Un conjunto de inmoralidad y de bajeza semejante no parece posible en ningún hombre, pero es forzoso decirlo: Fernando VII no es hombre, es un monstruo de crueldad, es el más innoble de todos los seres, es un cobarde que, semejante a un azote del cielo, lo ha vomitado el averno para castigo de nuestras culpas, ¡es una verdadera calamidad para nuestra desventurada patria!".*

(Del *Manifiesto que dirige al pueblo español una federación de realistas puros sobre el estado de la Nación y sobre la necesidad de elevar al trono al Serenísimo Señor Infante Don Carlos.* 1826)

Nicomedes Pastor Díaz (1811-1863), político liberal-moderado, senador vitalicio, ministro, diplomático, literato y fundador de los periódicos *El Heraldo* y *El Sol*, cree que el carlismo no puede ser el futuro:*"Este partido consiste en la rehabilitación de lo pasado; no puede ser el porvenir. Es la sombra, la noche, la muerte. Sin esperanza, sin pensamiento, sin vitalidad, cada día que pasa le desnaturaliza y descompone, como se acelera cada día la corrupción de un cadáver. Sus principios son inscripciones sepulcrales: sus instituciones monumentos fúnebres que se alzan sobre el cementerio de las generaciones pasadas".*
(De *A la Corte y a los partidos*, de Nicomedes Pastor Díaz. Madrid. Imprenta de Corrales y Compañía. 1846)

Eclecticismo político

El eclecticismo -término medio, moderación y transigencia- fue la forma de pensamiento dominante entre la burguesía española del siglo xix. En política significó doctrinarismo, ideología de signo liberal conservador que adaptó el parlamentarismo a la tradición española de las Cortes y de la institución monárquica. Ejemplo de eclecticismo político fue la propuesta de Jaime Balmes de casar a Isabel II con el heredero carlista. El Estatuto Real de 1834 fue una carta otorgada de carácter ecléctico: atribuye al monarca amplios poderes, entre ellos el de convocar y disolver las Cortes y el de elegir los asuntos a deliberar; no regula derechos individuales y, en evitación de posibles excesos, instituye el bicameralismo: Estamento de próceres, nombrados por el rey con carácter vitalicio, y Estamento de procuradores, elegidos por sufragio restringido. Según Javier de Burgos (1778-1848), el Estatuto Real aparecía a los ojos de los españoles como el término medio más prudente.

> *"El Estatuto Real, así por su espíritu como por su contexto, lo mismo por lo que paladinamente decía que por lo que muy oportunamente callaba, aparecía, en fin, a los ojos de la mayoría de los españoles, como el término medio más prudente que, en aquellas indecisas y azarosas circunstancias, que en aquella época de transición y ansiedad, podía adoptarse para conciliar el disfrute de una libertad racional que, con tanto empeño como derecho, pedía la nación entera, con las garantías de orden que, para promover la prosperidad general necesitaban los encargados de esta importante misión".*

(De *Anales del reinado de D. Isabel II*, de Javier de Burgos. Madrid. Establecimiento Tipográfico de Mellado. 1850)

La crítica social y política

La sátira social y política tomó renovado auge entre los liberales, y de ello se derivó una corriente crítica que sirvió de puente entre los ilustrados y la Generación del 98. La nobleza fue objeto de acerbas críticas, sobre todo en la prensa liberal. *El Redactor General*, 1811: *"La nobleza fue la mayor máquina que la vanidad de los hombres inventó, máquina admirable que, siendo tan grande, no se compone de nada y como no tiene objeto visible y manifiesto, es un mal incurable y sin remedio porque no se ve". Diario de Valencia*, 1813: *"Los españoles hemos conocido que entre hombre y hombre no hay más diferencia que la del mérito y la sólida virtud. No nos mataremos ya por rancios papeles y pergaminos enmohecidos que califican las alcurnias; hemos aprendido lo bastante para, sin despreciar una familia ilustre, respetar sólo en ella el verdadero mérito de sus individuos".*

El sacerdote José María Blanco White (1775-1841) analizó y criticó los aspectos más negativos de la realidad española, especialmente la ignorancia, la falta de libertad, la Iglesia, la Inquisición y la esclavitud. Fue declarado *persona non grata* en España y hubo de emigrar a Inglaterra y posteriormente a Dublín. En Londres, entre 1810 y 1814, publicó el periódico *El Español*. Se opuso a la proclamación por la Constitución de 1812 del catolicismo como religión de España. Abandonó la Iglesia católica e ingresó en la anglicana y posteriormente en la unitarista. Su pensamiento transgresor y antisistema le granjeó numerosos enemigos. Un diputado de las Cortes de Cádiz dijo de él: *Este hombre, este desnaturalizado español, al abrigo de que la nación no puede castigar sus insultos, lejos de sostener la causa de la patria, contribuye con toda eficacia a que desaparezca. Por tanto debe ser proscrito para siempre de su patria, puesto que tan descaradamente la insulta.* A Blanco White se le ha mantenido deliberadamente proscrito de la cultura oficial española, hasta que literatos e investigadores de prestigio como Juan Goytisolo han logrado rescatarle del olvido.

> *"No voy a insistir en las razones de mi convencimiento de que la confesión auricular es una de las prácticas más malignas de la Iglesia Católica, porque ya lo he tratado detenidamente en otro lugar. Los que conocen algo de filosofía moral saben muy bien que esta minuciosa atención a cada una de las faltas personales, no para conocer su causa profunda sino para asegurarse de si son pecados veniales o mortales, según el criterio de otra persona, esta minuciosa atención, digo, tiene que impedir en la mayor parte de los casos el desarrollo normal de la conciencia personal e incluso puede llegar a destrozarla en muchos casos...".*

(De Autobiografía de Blanco White. Edición de Antonio Garnica. Secretariado de Publicaciones de la Universidad de Sevilla. 1975)

En 1821 Blanco White comenzó la redacción de *Letters from Spain* (*Cartas desde España*), colección de cartas descriptivas de la cultura popular española en las que no ahorra críticas contra el retraso, el fanatismo y los prejuicios de extensos sectores sociales.

> *"El provecho que una inteligencia juvenil puede sacar de los estudios académicos en España es escaso. Esperar un sistema racional de*

educación allí donde la Inquisición está constantemente al acecho para mantener la inteligencia dentro de los límites que la Iglesia de Roma, con su hueste de teólogos, ha puesto a su progreso, equivaldría a ignorar del todo el carácter de nuestra religión. Gracias a la alianza entre Iglesia y Estado, los teólogos católicos han logrado casi rebajar la ciencia a su propio nivel. Incluso aquellas ramas de ella aparentemente menos conectadas con la religión no pueden escapar a la dominación teológica, y el mismo espíritu que obligó a retractarse de rodillas a Galileo de sus descubrimientos astronómicos impone todavía a nuestros profesores la enseñanza del sistema copernicano como una mera hipótesis".

(De *Cartas de España*, de José María Blanco White. Tomado de *Obra inglesa*, de José María Blanco White. Barcelona. Seix Barral. 1974)

"España, como entidad política, miserablemente oprimida por el gobierno y la Iglesia, dejó de ser objeto de mi admiración desde mi temprana juventud. Jamás me he sentido orgulloso de ser español porque era precisamente como español como me sentía espiritualmente degradado y condenado a inclinarme delante del sacerdote o seglar más mezquino, que podía despacharme en cualquier momento a las mazmorras de la Inquisición".

(De *Autobiografía de Blanco White*. Edición de Antonio Garnica. Secretariado de Publicaciones de la Universidad de Sevilla. 1975)

El articulista Mariano José de Larra (1809-1837) fue el más agudo crítico de los vicios sociales de la época en sus artículos de costumbres, entre ellos *Vuelva usted mañana*: *"Muchas veces la falta de una causa determinante en las cosas nos hace creer que debe de haberlas profundas para mantenerlas al abrigo de nuestra penetración. Tal es el orgullo del hombre, que más quiere declarar en alta voz que las cosas son incomprensibles cuando no las comprende él, que confesar que el ignorarlas puede depender de su torpeza. Esto no obstante, como quiera que entre nosotros mismos se hallen muchos en esta ignorancia de los verdaderos resortes que nos mueven, no tendremos derecho para extrañar que los extranjeros no los puedan tan fácilmente penetrar".*

Los federalistas y defensores de la descentralización, entre ellos Fernando Garrido (1821-1883), difusor del ideario socialista, criticarían la división territorial llevada a cabo por el ministro de Fomento Javier de Burgos ((1778-1848) a fin de reforzar la centralización político-administrativa: *"En los antiguos reinos, provincias y principados de España, las tendencias federalistas responden al progreso de las ideas por una parte, y por otra a la reacción contra la centralizadora política de los gobiernos constitucionales, que desde hace cuarenta y cinco años, vienen aumentando las atribuciones del gobierno central, a expensas de los derechos municipales y provinciales...".*

(En *La federación y el socialismo*. Barcelona. Mateu. 1970)

El liberalismo económico. "La pobreza, señores, es signo de estupidez"

Álvaro Flórez Estrada (1765-1853), economista de ideología liberal izquierdista y autor de *Curso de economía política* (1828), y el hacendista José Canga Argüelles (1770-1842) introdujeron la teoría económica de Adam Smith en España. El triunfo del liberalismo económico cambió la percepción de la pobreza: se hizo responsable de la misma a quien la padecía. El 25 de noviembre de 1844, el diputado Fernando Calderón, marqués de Reinoso, declaró solemnemente en las Cortes: *"La pobreza, señores, es signo de estupidez"*.

> *"La ciencia de que nos ocupamos es deudora al Dr. Adam Smith. Este autor [...] demuestra que el trabajo del hombre es el único manantial de la riqueza. Con este descubrimiento, tan sencillo como importante, destruyó de cuajo y simultáneamente los sistemas mercantil y agrícola, de los cuales, como hemos visto, el primero constituye la riqueza en el comercio exterior, y el segundo en la agricultura. Smith, después de demostrar que toda riqueza es producto de la industria del hombre, hace ver que el único medio de acumularla es la frugalidad y que el deseo que el hombre tiene de mejorar de suerte y de brillar en la sociedad, deseo que nace con nosotros y nos acompaña hasta el sepulcro, es el que nos estimula a ser parcos a fin de obtener en lo sucesivo mayores goces y comodidades".*

(De *Curso de Economía Política*, de Álvaro Flórez Estrada. En *Obras de Flórez Estrada*. Estudio preliminar y edición de Miguel Artola Gallego. Atlas. Madrid. 1958)

> *"(...) Dejar obrar, y dejar salir libremente", decía un sabio economista, que eran las leyes únicas de un código mercantil: y a la verdad, que si el comercio solo prospera, y a su impulso la agricultura y la industria, con la franca entrada y salida de los géneros sujetos al cambio; cualesquiera recargo y embarazo en su circulación deben detener su progreso, y con ello la multiplicación de las riquezas".*

(De *Diccionario de Hacienda para el uso de los encargados de la suprema dirección de ella*, de José Canga Argüelles. Londres. Imprenta española de M. Calero. 1826-1827)

Las desamortizaciones y el origen de los señoritos

Los gobiernos de la burguesía liberal eliminaron las trabas que se oponían o dificultaban las actividades económicas: la Ley Godoy (1798) dio comienzo a las desamortizaciones de los bienes vinculados; las Cortes de Cádiz dispusieron el pago de los intereses de la deuda pública mediante la venta de los bienes nacionales: los de las órdenes militares, de los jesuitas, de los conventos destruidos en la guerra contra los franceses, los confiscados a los afrancesados y el 50 por ciento de los baldíos y realengos. Con la venta a bajo precio de la tierra desamortizada se pretendía liberar recursos de capital, crear una extensa clase social de pequeños propietarios y sufragar las guerras contra los carlistas. Las desamortizaciones de mayores consecuencias fueron las de Juan Álvarez Mendizábal (1836), que vendió en subasta pública los bienes propiedad de las órdenes religiosas, y la del ministro de Hacienda Pascual Madoz (1856), que ordenó la venta de los bienes comunales. El proceso desamortizador fue continuado por los revolucionarios de 1868 y por algunos gobiernos hasta 1876.

> *"¿Hay quien patrocine los mayorazgos, las vinculaciones, en fin, los bienes en el clero, o en las monjas? Como sería una tarea insensata el descender a convencer de más verdades, elevadas mucho ha a la categoría de demostradas, puedo venir a mi conclusión o mi segundo principio, reducido a que, si la religión es indispensable, sus cultos y sus ministros necesarios y positiva la obligación de que la nación mantenga a unos y otros, el derecho de esta es elegir y determinar los medios de hacer el mantenimiento, no siendo con mengua, o vilipendio de los objetos. Ni el culto, ni el clero necesitan, pues, de propiedades amayorazgadas, por decirlo así; sino de medios nobles, conocidos y seguros de subsistencia".*

(De *Proposición de ley presentada al Congreso de los Diputados en 4 de mayo de este año*, por Don Juan Álvarez Mendizábal)

La compra por nobles y burgueses de las tierras desamortizadas con los bonos depreciados de la deuda pública impidió solucionar los problemas hacendísticos y transformar la estructura agraria del país; por el contrario, la propiedad agrícola se concentró aún más, los nuevos propietarios agravaron y endurecieron las condiciones de los arrendamientos y gran parte del campo español pasó de una situación casi feudal a precapitalista. Se originó entonces un vasto proletariado campesino cuyo mayor anhelo pasó a ser el reparto de tierras por medio de la reforma agraria o la revolución. El pueblo andaluz llamó *"señoritos"* a los nuevos ricos, beneficiados por las desamortizaciones, para distinguirlos de los nobles, ricos por nacimiento.

La estética

En la época romántica, la burguesía sustituye a la Iglesia y a la nobleza en el consumo de obras de arte, de ahí la abundancia de retratos, de cuadros de género y de historia, de gran valor decorativo. El arte se convirtió en un producto comercial. Tratadista de cuestiones estéticas fue el afrancesado Alberto Lista (1775-1848), poeta prerromántico y ensayista, cofundador de la Academia de Buenas Letras de Sevilla (1793).

> *"El sentimiento es un gas que se evapora cuando queremos separarlo, o un rayo que recorre en un solo instante toda la extensión del firmamento. ¿Quién podrá detenerlo u oprimirlo para someterlo a la lenta operación de nuestra inteligencia? (...).*
> *El placer producido por la belleza pertenece exclusivamente a la imaginación; y de aquí resulta que solo las sensaciones de la vista y el oído son las que procediendo de los sentidos externos, hacen en nosotros la impresión de la belleza".*

(De *Del sentimiento de la belleza*, de Alberto Lista y Aragón. En *Ensayos literarios y críticos*. Sevilla. 1844)

Codificación

La pluralidad y diversidad jurídica de los siglos modernos había sido denunciada por los reformistas ilustrados del siglo xviii, y de nuevo lo sería por los liberales del xix. Para Francisco Martínez Marina (1754-1833), *"Todas las leyes análogas y que son de una clase y género deben ocupar un solo lugar o libro en el Código"*. Agustín de Argüelles (1776-1844) atribuye a los regímenes forales las deficiencias de la administración de justicia. Los gobiernos liberales dotaron al país de un sistema jurídico inspirado en el principio de igualdad de los ciudadanos ante la ley. Fue preciso para ello abolir los fueros vascos (1841) y navarros (1876), supervivientes a la implantación por Felipe V del Estado unitario y centralista, así como llevar a cabo una extensa labor de codificación.

> *"Todas las leyes análogas y que son de una clase y género deben ocupar un solo lugar o libro en el Código. Todas las leyes generales por las que se han gobernado y gobiernan las naciones, señaladamente las que se encaminan directamente a la comunidad y a sus miembros, por necesidad han de corresponder a una de estas tres familias o clases: leyes políticas, leyes civiles y leyes penales. Ninguna hay que no esté comprendida en uno u otro de estos géneros".*

(De *Juicio Crítico de la Novísima Recopilación*, de Francisco Martínez Marina. Madrid. Imprenta de Fermín Villalpando. 1820)

La reforma educativa

Los liberales asumieron las tesis de los tecnócratas ilustrados de la centuria anterior sobre la enseñanza. Aspiraban a secularizarla y dirigirla. Los conservadores defendían la vigencia del escolasticismo y procuraban mantener al pueblo apartado de la cultura. Finalmente prevalecieron las propuestas reformistas (Plan Pidal, 1845) de Antonio Gil de Zárate (1793-1861).

> *"Para completar este sistema, para regularizar la acción del gobierno, para hacerla más ilustrada y provechosa, era preciso establecer un medio de darle a conocer el estado de las escuelas, sus males y necesidades. Este medio es la inspección, necesaria en todos los ramos del servicio público, pero mucho más en la enseñanza. Los inspectores son los ojos y las manos del gobierno, para ver lo que pasa, y hacer lo que conviene, y jamás sin ellos se logrará perfeccionar un ramo que tantos cuidados reclama, y tanto influye, aun en sus más pequeños pormenores, en la condición física, moral e intelectual de los individuos, como asimismo en la prosperidad del Estado".*

(De *De la instrucción pública en España*, de Antonio Gil de Zárate. Madrid. Imprenta del Colegio de Sordomudos. 1855)

A pesar de todos los esfuerzos por apartar a la Iglesia de la enseñanza, el Concordato de 1851 le devolvió sus prerrogativas. La Ley General de Instrucción Pública (Ley Moyano, 1857) otorgó a la Iglesia católica el derecho a velar por la ortodoxia ideológica en los estudios. Esta ley se mantendría vigente durante un siglo y haría realidad la premonición de José de la Revilla: *"El clero se hará dueño de la enseñanza; y no debemos perder de vista, que quien de ella se apodere se hará igualmente dueño del Estado".*

Socialismo utópico

El socialismo utópico fusionó utopismo de la Ilustración e ideales revolucionarios franceses. Los socialistas utópicos demandaban la abolición del sistema socio-económico vigente, el fomento del cooperativismo y la distribución equitativa del trabajo, de la riqueza y de los frutos que esta proporciona. El socialismo utópico español fue eco del francés, sobre todo del pensamiento de Charles Fourier (1772-1837), para quien la *"bondad innata de los seres humanos hace innecesarias las leyes y posible la armonía social, el trabajo solidario, el amor libre y la desaparición del matrimonio, de los criados y explotados y de los ejércitos".* Margarita López de Morla (1788-¿1850?) - *"mujer de singular entendimiento e instrucción vasta, educada en Inglaterra, aficionada a estudios serios, de agradabilísimo trato".* (Alcalá Galiano)- difundió el fourierismo y el feminismo a través de varias revistas. Difusor del fourierismo en la prensa fue también Joaquín Abreu Orta (1782-1851), liberal radical que quiso organizar en Andalucía falansterios, unidades de producción cooperativista, según el modelo ideado por Fourier, que harían de la región *"un vasto jardín, un edén de paz y de abundancia; sus desiertos se regocijarán, sus collados saltarán de gozo y sus valles resonarán con cánticos de alegría y de acción de gracias".*

Con el socialismo utópico se relaciona el pensamiento de Ramón de la Sagra (1798-1871), economista agrarista, reformador social, pionero de la sociología en España, colaborador de Proudhon y fundador de la *Revista de intereses materiales y morales* (1844) y de *El Porvenir* (1845), primer periódico anarquista español.

> *"Pero cuando las clases obreras obtengan una organización económica cualquiera, la emplearán, haciéndola servir en su propia ventaja, para secundar sus vagas aspiraciones hacia la realización de las doctrinas con que fueron y son prematuramente alimentadas. Así será como llegarán a provocar, con el auxilio de su fuerza material organizada para un sistema simplemente económico o de producción, no una reforma racional que afiance su bienestar sobre las bases del orden y de la justicia, sino el trastorno de las instituciones que, en defecto de otras racionales, mantienen actualmente la tranquilidad".*

(De *Mis debates contra la anarquía de la época y en favor del orden social racional*, de Ramón de la Sagra. Madrid. Imprenta del Colegio de Sordomudos. 1849)

Juan Bravo Murillo (1803-1873), político liberal-conservador, ministro y primer ministro, jurista y hacendista, fundador del Boletín Oficial del Estado y de la Dirección General de lo Contencioso, califica al socialismo de antítesis de la sociedad.

"He dicho, señores, que el socialismo es la antítesis de la sociedad, es la negación de la sociedad. Añadiré ahora que en materia de socialismo, es decir, con el objeto que se proponen los que abrigan esas ideas, imposibles de realizar de un modo estable, todo lo que pudiera hacerse y pudiera apetecerse y pudiera pensarse en esa dirección, con ese fin que manifiestan y que ostentan, aunque hipócritamente, los socialistas, está ya hecho de una manera que no puede mejorarse; y de ahí no se puede hacer más que lo que hizo el fundador de nuestra religión, Jesucristo".

(De *Discurso pronunciado por el Excmo. Sr. D. Juan Bravo Murillo en el Congreso de los Diputados*. 30 de enero de 1858)

Criminalidad y biología

Los médicos frenólogos atribuyeron la criminalidad a estados patológicos. Relacionaron la potencia de las facultades mentales con el tamaño de los órganos del cerebro en que radican, y dedujeron que la mujer es inferior al hombre a causa del menor tamaño del suyo. La frenología fue introducida en España por el médico Mariano Cubí y Soler (1801-1875) y se desarrolló en vinculación con la industrialización y la concentración de obreros en barrios periféricos en condiciones de extrema precariedad: hacinamiento, depauperación, chabolismo, prostitución, alcoholismo, etc.

"El inglés Foster formó en 1816 esta palabra (frenología) para expresar, y hoy universalmente expresa: la correspondencia que existe entre los diferentes desarrollos de las cabezas con los influjos externos que las modifican, y los diferentes modos y grados de actividad con que por ellas manifiesta el alma sus facultades.
Esta correspondencia entre la cabeza y el alma, existe desde la creación del hombre; es una verdad o ley natural manifiesta desde los primeros siglos a la observación de todos; por cuya razón no se conoce época alguna en que haya dejado de notarse; ni persona, si no es ciega y tiene "dos dedos de frente", que natural y espontáneamente no la crea".

(De *Elementos de Frenología, Fisonomía y magnetismo humano*, de Mariano Cubí i Soler. Barcelona. Imprenta Hispana. 1849)

"Ninguna sensación es una idea"

El religioso Jesús Muñoz Capilla (1771-1840) distinguió entre "idea" y "sensación" -las ideas proceden de las sensaciones, pero ninguna sensación es idea- y varios grados en el proceso mental del conocimiento: sensación, percepción, idea, noción y juicio. Admitió la existencia de predisposiciones interiores, no de ideas innatas, que hacen que el juicio sea un acto libre y no esté determinado por las sensaciones.

> *"Aunque todos los órganos de los cinco sentidos se exponen a un tiempo mismo a la acción de los objetos exteriores y a un mismo tiempo excitan en el alma sensaciones de todas las clases; mas, para hablar nosotros ahora con más claridad, conviene que consideremos separadamente cada clase de sensaciones. Entre cuantas recibe el infante recién nacido examinemos primero la del olfato, porque este parece ser su primer maestro, y el que lo dirige para satisfacer su necesidad más urgente y más viva, que es la del hambre, necesidad incómoda, desagradable, que estimula el cerebro y por medio de él al alma a buscar objetos que la satisfagan, y calmen la inquietud que produce en toda la máquina".*

(De *La Florida*, de José de Jesús Muñoz Capilla. Madrid. Imprenta de M. de Burgos. 1836)

Integrismo católico

El integrismo católico demandaba el sometimiento de la sociedad a la doctrina papal. Juan Donoso Cortés (1809-1853), su máximo representante, asumió las tesis del ultramontanismo francés sobre la revelación como único fundamento de la verdad. Cortés defendió la infalibilidad del papa y el derecho de la Iglesia a reprimir la heterodoxia; identificó libertad con anarquía, y dictadura con garantía del orden natural; estableció una relación de causalidad entre la pérdida de la fe religiosa y el origen de los problemas sociales.

> *"Señores, si aquí se tratara de elegir entre la libertad por un lado y la dictadura por otro, aquí no habría disenso ninguno, porque, ¿quién, pudiendo abrazarse con la libertad, se hinca de rodillas ante la dictadura? Pero no es ésta la cuestión. (...) Se trata de escoger entre la dictadura que viene de abajo, y la dictadura que viene de arriba: yo escojo la que viene de arriba, porque viene de regiones más limpias y serenas; se trata de escoger, por último, entre la dictadura del puñal y la dictadura del sable: yo escojo la dictadura del sable, porque es más noble".*

(Del *Discurso sobre la Dictadura*. 14 de enero de 1849, de Donoso Cortés. Madrid. Biblioteca Jurídico-Administrativa. 1915)

Doctrina del Sentido Común

Jaime Balmes (1810-1848), pensador ecléctico, adaptó el neoescolasticismo a la modernidad filosófica, trató de armonizar ciencia y teología, afirmó la autonomía de los procesos internos de la conciencia respecto al mundo físico, y elaboró una doctrina sobre la adquisición del conocimiento: el conocimiento se logra con la certeza, facultad de la conciencia anterior al discurso reflexivo. Entre los atributos de la conciencia se encuentra el sentido común, instinto intelectual que nos hace ver como verdadero aquello que efectivamente lo es. No todo el conocimiento se consigue, pues, a través de la razón. Balmes se situó así en una posición equidistante entre racionalistas y sensualistas.

"(...) hay en nosotros un instinto intelectual, que nos impulsa, de una manera irresistible, a dar asenso a ciertas verdades, no atestiguadas por la conciencia, ni por la evidencia: a este instinto llamo criterio de sentido común; podríamos apellidarlo instinto intelectual. Se le da el nombre de sentido porque ese impulso parece tener algo que le asemeja a un sentimiento; se le da el título de común, porque, en efecto, es común a todos los hombres...".

(De *Filosofía elemental*, de Jaime Balmes. Madrid. Imprenta de E. Aguado. 1847)

Sobre la tauromaquia

Las corridas de toros atrajeron la atención de escritores y críticos románticos, entre ellos el escritor costumbrista Serafín Estébanez Calderón (1799-1867) y el articulista Mariano José de Larra (1809-1837).

"No es este el lugar a propósito para detenerse a defender el espectáculo nacional de las acusaciones e invectivas extranjeras. En este punto son ellas tan apasionadas, tan injustas y tan palpitantes de ojeriza y envidia, cuanto son odiosas y miserables las acusaciones que de otro género nos hacen. Los toros es un ejercicio arriesgado, y en esto está su mérito; tal diversión exige grande agilidad y buena conveniencia y hermosa proporción en el trabado de los miembros. En esto cabalmente se funda lo airoso y extremado de tales ejercicios: en ellos entra por parte principal y sin excusa el grande ánimo y esfuerzo del corazón".

(De *Escenas andaluzas*, de Serafín Estébanez Calderón. J. Pérez del Hoyo, Editor. Madrid. 1969)

"Hasta la sencilla virgen que se asusta si ve la sangre que hizo brotar ayer la aguja de su dedo delicado; que se desmaya si oye las estrepitosas voces de una pendencia; que empalidece al ver correr a un insignificante ratón, tan tímido como ella, o al mirar una inocente araña, que en su tela laboriosa de nada se acuerda menos que de hacerle daño; la tierna casada, que en todo ve sensibilidad, se esmeran en buscar los medios de asistir al circo, donde no solo no se alteran, ni de oír aquel lenguaje tan ofensivo, que debieran ignorar eternamente, y que escuchan con tan poco rubor como los hombres que lo emplean, ni se desmayan al ver vaciarse las tripas de un cuadrúpedo noble que se las pisa y desgarra, sino que salen disgustadas si diez o doce caballos no han hecho patente a sus ojos la maravillosa estructura interior del animal...".

(De *Corridas de toros*, de Mariano José de Larra. En *Artículos completos*. Recopilación, prólogo y notas de Melchor de Almagro San Martín. Madrid. Aguilar. 1961)

• **Bibliografía:** página 307

5.- EL LIBERALISMO REVOLUCIONARIO

El movimiento revolucionario de La Gloriosa (septiembre de 1868) se saldó con la expatriación de la reina Isabel II y la sustitución en el poder de los liberales moderados por los radicales y republicanos federales. Los revolucionarios convocaron Cortes Constituyentes que promulgaron la Constitución liberal de 1869, la más progresista de la centuria: soberanía nacional, división de poderes, sufragio universal, libertad de conciencia, de cultos, de reunión y de asociación.

El general Prim (1814-1870) consiguió el acuerdo entre las fuerzas políticas para entregar la Corona al príncipe Amadeo, de la dinastía italiana de los Saboya. La libertad política recién instaurada no impidió la tensión social y entre los partidos políticos, el indepedentismo cubano y puertorriqueño y el recrudecimiento de la cuestión carlista. Las medidas económicas -librecambismo, sistema fiscal progresista, estabilidad del sistema monetario mediante el establecimiento de la peseta- no frenaron la confrontación social. Ante la imposibilidad de formar gobiernos estables y a causa de la muerte en atentado del general Prim, su principal valedor, el rey Amadeo I (1870-1873) dimitió. El Congreso y el Senado, reunidos en Asamblea Nacional, proclamaron la República -junio de 1873- y promulgaron una nueva Constitución, inspirada en el federalismo del político catalán Pi y Margall. El curso de los acontecimientos impidió su promulgación.

El federalismo a ultranza llevó al cantonalismo, que prendió sobre todo en el sur y Levante, al tiempo que en el norte arreciaba la guerra carlista. Desde Cartagena, a partir de julio de 1873, se extendió por todo el país una ola de cantonalismo anarquista y autogestionario que degeneró en una situación de auténtico caos. El movimiento fue reprimido por los militares: el general Pavía disolvió el Congreso de los Diputados (2 de enero de 1874) y el general Serrano se hizo cargo del poder, lo que puso término a la corta experiencia republicana, dando así la razón a los que tal vez premonitoriamente habían llamado al nuevo régimen Primera República Española. A partir de aquellos acontecimientos, para muchos españoles la palabra "república" ha sido sinónimo de desorden y anarquía.

Federalismo y Revolución cantonal

Pi y Margall (1824-1901), ideólogo republicano y anarquizante, autor de un elaborado programa de organización federal del Estado, inspiró a los redactores de la Constitución republicana de 1873, que asignó la soberanía a los municipios, a los estados regionales y al federal o nacional.

> *"La federación es un sistema por el cual los diversos grupos humanos, sin perder su autonomía en lo que les es peculiar y propio, se asocian y subordinan al conjunto de los de su especie para todos los fines que les son comunes. Es aplicable, como llevo dicho, a todos los grupos y a todas las formas de gobierno. Establece la unidad sin destruir la variedad, y puede llegar a reunir en un cuerpo la humanidad toda sin que se menoscabe la independencia ni se altere el carácter de naciones, provincias ni pueblos. Por esto, al paso que la monarquía universal ha sido siempre un sueño, van preparando sin cesar la federación universal la razón y la Historia".*

(De *Las Nacionalidades*, de Francisco Pi y Margall. Madrid. Biblioteca Jurídico-Administrativa. 1877)

Federalistas fueron también el socialista Fernando Garrido (1821-1883): *"La república Democrática Federal Universal tiene por base la soberanía individual, origen de todo el derecho"* (En *La República democrática federal universal*. Barcelona. Tip. Editorial de Manero, 1868-1855) y José María Orense (1803-1880), republicano utópico y agitador político que aspiraba a crear una federación universal de estados y pueblos: *"La Republica federal dejará al pueblo abiertas de par en par todas las fuentes de la riqueza pública, para que trabaje y prospere; hará cuanto exija la prosperidad del país, y se atraerá la opinión pública sin necesitar la fuerza"* (En *Ventajas de la República federal*. Madrid. J. Antonio García. 1870).

Emergencia del movimiento obrero

La Revolución de 1868 marcó el comienzo del movimiento obrero español, pronto dividido en anarquismo y marxismo. Ambas corrientes coincidían en sus propuestas colectivizadoras de la propiedad, pero mientras los anarquistas demandaban la supresión de cualquier forma de poder y la libre asociación de los ciudadanos, los marxistas reclamaban la dictadura del proletariado y la economía planificada. La escisión del movimiento se oficializó en 1872.

> *"El 19 de junio de 1870 formará época en la historia de este pedazo de territorio, hasta aquí llamado nación, desde hoy región española de la gran patria del trabajo. En este magnífico día en que por vez primera reunidos los representantes de los obreros de la lengua*

española vamos a proclamar solemnemente el pacto de unión que nos enlaza con la gran familia obrera del mundo; en nombre de los trabajadores de este centro de Barcelona a quienes ha cabido la señalada honra de recibir en su seno la representación regional para celebrar el Congreso, os saludamos a todos, trabajadores internacionales del mundo".

(De *"La Federación"*. Barcelona. 19 de junio de 1870)

Ramón de Cala y Barea (1827-1902), socialista utópico y federalista, desempeñó una relevante función en la génesis del obrerismo andaluz y en la Revolución de 1868. Confiaba en que la armonización de los distintos intereses humanos erradicaría la miseria de la sociedad. Cala denuncia la explotación laboral de la infancia:

"Por lo común los niños empiezan a trabajar antes de tiempo, y lo que es peor todavía, en ocupación ingrata que no distrae, no origina placer de ninguna especie.

Sometidos al yugo del aprendizaje que los retiene en sujeción durante horas continuas, ven contrariadas duramente las tendencias de su naturaleza hacia la libertad, el movimiento y la alternativa desordenada, alegre y bulliciosa.

Por otra parte, ni siquiera reciben metódicamente la enseñanza de su oficio, sino por impresión del tiempo y de la costumbre. Ni una lección les instruye, ni les guía un consejo".

(De *El problema de la miseria resuelto por la harmonía de los intereses humanos*, de Ramón de Cala y Barea. Madrid. Imprenta de Juan Iniesta)

La cuestión de la esclavitud

Los diputados liberales en las Cortes de Cádiz introdujeron la cuestión de la esclavitud en el debate parlamentario y presentaron proyectos en demanda de su abolición: *"El tráfico, Señor, de esclavos, no solo es opuesto a la pureza y liberalidad de los sentimientos de la Nación española, sino al espíritu de su religión. Comerciar con la sangre de nuestros hermanos es horrendo, es atroz, es inhumano, y no puede el Congreso nacional vacilar un momento entre comprometer sus sublimes principios o el interés de algunos particulares..."* (En *Discursos*, de Agustín de Argüelles. Junta General del Principado de Asturias. 1995)

En 1837 se abolió la esclavitud en el territorio metropolitano español, pero no en las colonias, donde las oligarquías locales se oponían a tal medida. La Revolución de 1868 fomentó el auge del abolicionismo: la Ley Moret de julio de 1870 (*"Ley de vientres libres"*) otorgó la libertad a los nacidos con posterioridad al 17 de diciembre de 1868 y a los esclavos de más de 60 años que habían colaborado con las autoridades españolas en la represión de las rebeliones cubana y puertorriqueña. Las algaradas y manifestaciones de los esclavistas no impidieron la abolición de la esclavitud en Puerto Rico (22-3-1873) por la Primera República. Por la Paz de Zanjón (1878), firmada con los rebeldes cubanos, se reconoció la libertad (1880) a los esclavos a los que ya les había sido reconocida por los independentistas. En 1886 fue abolida la esclavitud en todos los territorios bajo soberanía española.

Para el general Francisco Serrano y Domínguez (1810-1885), duque de la Torre, capitán general de Cuba, había que acabar con el comercio de esclavos. Emilio Castelar (1832-1899) demandó la abolición inmediata de la esclavitud, no escalonada como pretendía el Gobierno.

> *"(...). Lo que sí haré hoy es repetir la instancia con que entonces pretendí inútilmente que se declarase piratería el comercio de esclavos africanos, no tanto para buscar la agravación de la pena material de los delincuentes, cuanto para dar al mundo una prueba de que nos asociamos de buen grado y sinceramente a las naciones cultas que han anatematizado ese comercio infame con idéntica declaratoria".*

(De *Informe presentado por el Excmo. Sr. Capitán General, Duque de la Torre, al Ministro de Ultramar en mayo de 1867*)

> *"(...) pedís que vengan los blancos a decidir la suerte de los negros, que vengan los amos a decidir la suerte de los esclavos, ¡ah! de los esclavos, libres sin ellos y sin nosotros; libres a pesar de ellos y a pesar de nosotros; libres contra ellos y contra nosotros; libres por hijos de Dios, por soberanos en la naturaleza, por miembros de la humanidad; y todo poder que desconozca esos derechos primordiales, sea cualquiera la ley o el pretexto que invoque, comete el asesinato de las conciencias, el asesinato de las almas, crimen que castiga la cólera celeste, y que se purga con una eterna infamia en el eterno infierno de la historia".*

(De *Abolición de la esclavitud. Discurso pronunciado por Don Emilio Castelar en la sesión de las Cortes Constituyentes celebrada el día 20 de junio de 1870*)

Los literatos costumbristas adaptan la imagen de España a la creada por los extranjeros

El interés de los románticos por lo exótico y exclusivo de los pueblos introdujo un cambio fundamental en la percepción de España por los europeos: España se puso de moda y se convirtió en una singularidad estética para viajeros ávidos de colorido y pintoresquismo. Los intensos contrastes de la geografía hispana, sus barrocas procesiones, folklores tradicionales y populares, costumbres vernáculas, supervivientes a la uniformización impuesta por la Ilustración, inspiraron a músicos, pintores y literatos. Aquellos románticos extranjeros forjaron una imagen de España que fusionaba caricatura y superficialidad, religiosidad obsesiva y crueldad inquisitorial. Entonces surgieron los conceptos de la *"España de charanga y pandereta"* y del país del *"látigo, hierro, sangre, braseros y humo"*. Sin embargo, algunos de aquellos románticos, alemanes y franceses sobre todo, se interesaron también por la literatura, la historia y el arte españoles, y dieron así el primer impulso al hispanismo científico. Como reacción frente a los estereotipos forjados por los extranjeros, autores costumbristas locales enaltecieron lo que consideraban genuino de España, pero, influidos por aquellos, incurrieron en los mismos tópicos que criticaban. Entre los costumbristas, Ramón de Mesonero Romanos (1803-1882) lo fue del madrileñismo.

> *"En cuanto a la Manola, precioso y clásico tipo que va desapareciendo a nuestra vista, y cuyo donaire, gracia y desenfado son proverbiales en toda España ¿quién no conoce el campanudo y guarnecido guardapiés, la nacarada media, el breve zapato, la desprendida mantilla de tira y la artificiosa trenza de Paca la Salada, Geroma la Castañera, Manola la Ribeteadora, Pepa la Naranjera, y Maruja y Damiana y Ruperta, floreras, rabaneras u oficialas de la fábrica de cigarros".*

(De *El Antiguo Madrid*, de Ramón de Mesonero Romanos. Madrid. Ed. facs. Ciencia 3. 1987)

Sobre librecambismo y proteccionismo

Los gobiernos liberales progresistas practicaron una política económica de signo librecambista, pero, como en el resto del continente, a finales de siglo optaron por el proteccionismo. Laureano Figuerola y Ballester (1816-1903), ministro de Hacienda, fundador del sistema monetario español basado en la unidad de la peseta, promovió la reforma arancelaria librecambista: Ley de Bases Arancelarias (1869). Manuel Colmeiro (1818-1894), historiador, jurista y economista, analiza los pros y los contras del librecambismo y del proteccionismo.

> *"El sistema protector se rebela contra tres máximas fundamentales de la Economía política, a saber: la libertad del cambio, la neutralidad del gobierno y la división del trabajo.*
> *Por ley natural de las gentes, decía un economista español del siglo XVII, el comercio es libre y necesaria la permutación de las cosas, y tanto que muchas veces se respeta aun en estado de guerra. Enhorabuena tenga todo derecho sus límites señalados por el bien general, como sucede en cuanto a la libertad y propiedad; pero esta regla de justicia no alcanza a los derechos protectores que son contribuciones establecidas en provecho de algunos particulares".*

(De *Principios de Economía Política*, de Manuel Colmeiro. Madrid. Impreta de F. Martínez García. 1859)

La historiografía nacionalista

El fervor nacionalista generado por el movimiento romántico se extendió a la historiografía: Modesto Lafuente (1806-1866), historiador providencialista, publicó, entre 1850 y 1859, su *Historia General de España*, en la que enaltece los factores integradores de la nación española: Reconquista, catolicismo, contrarreformismo, defensa secular de la independencia, civilización de América, patriotismo y heroísmo. Lafuente otorga a Castilla un relevante papel en la génesis de España, país, en su opinión, siempre igual a sí mismo, refractario a la influencia de los pueblos que en el pasado habitaron en su territorio y a los que hispanizó sin que sus culturas influyeran para nada en la española. Lafuente creó un modelo de historia ideal-nacionalista.

> *"¿Cómo tan pronto se apoderaron los bárbaros del Norte de esta nación belicosa que por tantos siglos resistió a la más ilustrada y más poderosa república del mundo? ¿Es que había degenerado el genio indomable de los antiguos celtiberos? Algo había. Pueblo ya la España de artistas, de agricultores, de literatos y de clérigos, infectado de la inercia y la molicie de la corrompida civilización romana, no era fácil que resistiera al rudo empuje y a la salvaje energía del pueblo soldado, endurecido en el ejercicio de la guerra, y que contaba tantos guerreros como individuos. ¿Ni qué interés tenían ya los españoles en seguir viviendo bajo la coyunda de los gobernadores romanos? ¿No les sobraban motivos para mirar a los nuevos conquistadores como mensajeros de su libertad? Salviano lo dijo bien: el común sentimiento de los españoles es que vale más la jurisdicción de los godos que la de los magistrados imperiales".*

(De *Historia General de España*, de Modesto Lafuente. Barcelona. Montaner y Simón Editores. 1881)

Ideologización de los militares

Los generales triunfadores en las guerras carlistas se consideraron legitimados para intervenir en la actividad política, y lo hicieron por medio de innumerables pronunciamientos o golpes de Estado. Los pronunciamientos del siglo xix fueron promovidos por militares de ideología liberal y masones en su mayoría, los del siglo xx lo serán por militares conservadores y reaccionarios. A causa de la relevancia de los militares y del voto restringido, la participación ciudadana en la actividad política durante el siglo fue muy escasa. Solo en la Revolución de 1868 y en la cantonal posterior a la Primera República hubo verdadera movilización popular.

Nicolás Salmerón Alonso (1837-1908), profesor de Metafísica, presidente de la República durante mes y medio en 1873, comenta la relevancia del estamento militar frente a la sociedad civil.

> *"Desgraciadamente en España, la política que se tiene por seria y formal es la política de los militares, y se estima como la superior prenda de hombre de Estado el ser capitán general del ejército. No habría ciertamente ningún español tan cándido, que por mucha virtud que yo tuviera y por alta que fuera mi inteligencia, me creyese un político tan serio y respetable y sobre todo temible como el Duque de la Torre, lo cual, sin duda, nace de que el Duque de la Torre es capitán general del ejército y yo un simple ciudadano. Y es que la política viene haciéndose por los generales".*

(De *Último discurso en las Cortes republicanas*, de Nicolás Salmerón y Alonso. 1881)

El ideal de progreso

Ilustrados y liberales consideraron el devenir histórico un proceso permanente hacia la libertad y hacia mejores condiciones de vida. La historia como progreso indefinido adquiría así un nuevo sentido. Los inventos técnicos, la mejora de la enseñanza, correctora de las desigualdades, y el liberalismo parecieron darles la razón. Numerosos tratadistas reflexionaron sobre la idea de progreso, entre ellos los republicanos Pi y Margall y Emilio Castelar, pensadores hegelianos.

"Que el progreso se haya verificado a pesar de la falta de libertad no prueba sino que es ley de nuestra especie, y por lo tanto ineludible y superior a la voluntad de los hombres. Mas si, careciendo de libertad, la ley no se cumple sin combates ni sin grandes perturbaciones sociales, ¿no significa esto que la libertad es una condición necesaria, o lo que es igual, una ley del progreso mismo?".

(Del *prólogo de Francisco Pi y Margall a su traducción de Filosofía del Progreso de Proudhon*. 1868)

1.º El progreso es una verdad filosófica y una verdad histórica.
2.º El progreso es el camino constante del hombre hacia la libertad.
3.º El progreso tiene en cada edad una fórmula, que tiende a la libertad.
4.º La fórmula que sea más liberal, esa es la más progresiva.
5.º La fórmula más liberal en el siglo XIX es la Democracia.
La fórmula del progreso, no hay que dudarlo, la fórmula del progreso es la Democracia".

(De *La fórmula del progreso*, de Emilio Castelar. Madrid. J. Casas y Díaz, Editor. 1858)

El diagnóstico de la pasión y la locura

Los avances logrados en las ciencias físicas y biomédicas marcaron el renacer de la ciencia española. Pionero de la nueva ciencia fue Pedro Mata y Fontanet (1811-1877), higienista, especialista en antropología criminal y fundador de la medicina legal española.

"Los dementes han gozado, en períodos anteriores de su vida, de su cabal razón. Es enfermedad que se adquiere, bajo el influjo de ciertas causas, en uno de los períodos más o menos avanzados de la existencia. Hay una debilidad, una pérdida, una abolición de facultades más o menos graduada; pero siempre bastante para quitar al enfermo el poder de dirigirse, o la plena conciencia de lo que piensa, siente y quiere. La desarmonía es notable entre lo que se ha abolido y lo que resta. No fijan la atención, o se cansan pronto, pasando de motu proprio a las cosas más ajenas de las que se provoquen. No hay memoria de lo que pueda o haya podido impresionarlos, desde la manifestación de su dolencia. Las impresiones recibidas durante los períodos de su cordura se han perdido; si algunos recuerdos quedan,

son incompletos, vagos o confusos".
(De *Criterio médico-psicológico para el diagnóstico diferencial de la pasión y la locura*, de Pedro Mata. Madrid. Imprenta a cargo de R. Berenguillo. 1868)

El urbanismo de la sociedad industrial

La necesidad de adecuar las ciudades a las nuevas circunstancias de la sociedad capitalista, con la consiguiente concentración de obreros en las ciudades industriales, en condiciones de extrema insalubridad y hacinamiento, movieron a los gobiernos a promover planes urbanísticos, ensanches y remodelaciones de las ciudades. Barcelona fue pionera en la adecuación de su espacio: en 1859 se aprobó el Plan de Ensanche del urbanista Ildefonso Cerdá (1816-1876): planos ortogonales, edificios de viviendas de no mucha altura, muy similares unos a otros, con esquinas achaflanadas para facilitar la visión a los conductores de vehículos, zonas verdes, de recreo y de servicios, y grandes avenidas canalizadoras del tráfico y vertebradoras de los barrios entre sí.

> *"(...) las vías trascendentales urbanas, repetimos, serán siempre escasas en número. Para indagar ese número, y aun para estudiar sus enlaces recíprocos, bastará hacerse cargo de la comarca en que está asentada la urbe, y examinar las cañadas que la rodean, sean ellas de la clase que fueren, pues es positivo que de cada una de ellas emanará una vía trascendental que por su índole especial irá a encontrar, en la dirección que más cómoda le sea, a las demás, a fin de enlazar con ellas y recibir y transmitir con el auxilio de esos enlaces los movimientos respectivos".*

(De *Teoría general de la urbanización. Estudio sobre la vida y obra de Ildefonso Cerdá*. Selección del anexo documental y bibliografía por Fabián Estapé. Barcelona. Instituto de Estudios Fiscales. 1968)

"Guerra a Dios, a la tisis y a los reyes"

Francisco Suñer y Capdevila (1826-1898) fue un pensador anticreacionista, médico tisiólogo, republicano federalista, revolucionario exaltado, ateo y materialista, autor del folleto *Dios* (1869) y de un discurso en las Cortes titulado *Guerra a Dios, a la tisis y a los reyes* (1869). Igualmente ateo fue el pensador y poeta Joaquín María Bertrina (1850-1880).

> *"No se ha dado hasta ahora una religión triunfante que no haya violentado las conciencias, que no haya atentado a la libertad.*
> *Todo poder religioso habla en nombre de su Dios infalible.*
> *Por esto yo le condeno. Condenadle conmigo, vosotros los de entendimiento sereno.*
> *La crueldad del cura tiene su causa y explicación en Dios.*
> *He aquí por qué más que la guerra al sacerdote hago yo aquí la guerra a Dios.*
> *¿Quién ha hecho el mundo?*

Ni yo lo sé, ni tampoco lo sabéis, vosotros que me lo preguntáis.
El hombre ha aparecido en la tierra, cuando la tierra ha estado en
condiciones de formarlo y conservarlo.
El hombre ha sido posterior a la tierra. ¿Cómo puede saber el hombre
de aquello que le ha precedido?".

(De *Dios,* de Francisco Suñer Capdevila. Madrid. Imprenta de Domingo Blanco.
1869)

"La materia es eterna. Todos los filósofos antiguos y la mayor parte
de los modernos han aceptado unánimemente este principio, que es
una deducción rigurosamente lógica del axioma: de nada no se hace
nada, lo que existe ha de haber existido siempre".

(De *La formación del universo,* de Joaquín María Bartrina, en Obras en prosa y verso,
escogidas y coleccionadas por J. Sardá. Barcelona-Madrid. Teixidó y Parera. 1881)

● **Bibliografía:** página 308

6.- EL LIBERALISMO DOCTRINARIO

El pronunciamiento del general Martínez Campos en Sagunto (1874) restituyó a los Borbones en el trono, del que habían sido desposeídos por la Revolución de 1868. Dio entonces comienzo el dilatado período histórico de la Restauración, sistema político liberal-oligárquico sustentado en la Constitución de 1876, norma suprema que se mantendría vigente hasta 1931, excepto durante la Dictadura del general Primo de Rivera (1923-1929).

El liberal conservador Antonio Cánovas del Castillo (1828-1897), ideólogo de la Constitución, intentó implantar en España un bipartidismo, inspirado en el inglés, mediante la alternancia regular y pacífica en el poder de los dos partidos políticos mayoritarios, el liberal conservador, presidido por él mismo, defensor del sufragio restringido, y el liberal progresista, de Práxedes Mateo Sagasta (1825-1903), defensor del sufragio universal, que contribuyó a transformar la monarquía constitucional en parlamentaria y democrática. Ambos líderes acordaron -Pacto de El Pardo, 1885- la alternancia en el poder de sus respectivos partidos.

Para funcionar, el turno rotatorio de fuerzas políticas necesitó del fraude electoral y de la organización de un entramado de intereses clientelares en el que estaba implicada la oligarquía de potentados -nobles, terratenientes, financieros, caciques, políticos profesionales y altos funcionarios del Estado y de la Administración provincial-. La oligarquía instrumentalizó el Estado al servicio de sus intereses de clase -*"una oligarquía de políticos que miran el Estado como si fuera una finca"* (Pío Baroja)-. El objetivo de Cánovas y de Sagasta era facilitar la convivencia entre los españoles y mantener la actividad política sin sobresaltos; sin embargo, en la práctica, el régimen oligárquico corrompió la democracia y la redujo a simple ficción, a un compromiso entre las clases privilegiadas, y excluyó de la actividad política a las clases populares.

Las deficiencias en materia social en la época de la Restauración eran enormes: escaso nivel de rentas, subdesarrollo, asimetría en el acceso a la Universidad y a los cuerpos administrativos de élite, debilidad de las clases medias, grandes bolsas de paro y pobreza, situación del campo casi feudal, notables diferencias entre las rentas rurales y urbanas y escasa o nula movilidad social, de manera que el origen social era el factor determinante del futuro de los individuos. Las desamortizaciones, el caciquismo y la especulación favorecieron la formación de grandes fortunas y causaron la pobreza de extensos sectores sociales.

Los industriales vascos y catalanes y los cerealistas castellanos consiguieron de los gobiernos la imposición del proteccionismo económico, resultando de ello perjudicada la mayoría. Los gobiernos de la Restauración tuvieron que hacer frente al movimiento obrero, a los nacionalismos y separatismos periféricos y a la pérdida de los últimos restos del Imperio. Completaron la unificación administrativa y jurídica y recluyeron a los militares en sus cuarteles.

A causa de la permanencia de los problemas estructurales, en la España crepuscular del siglo XIX se produjo una grave crisis social, política, moral y de valores, en cuyo origen convergieron el enfrentamiento entre el catolicismo reaccionario y las nuevas formas de interpretación de la realidad y de expresión cultural y artística: positivismo, evolucionismo, cientifismo, realismo, naturalismo, sensualismo, materialismo, etc. En el orden espiritual, la crisis se tradujo en el auge del anticlericalismo, en la búsqueda de formas de espiritualidad alternativas -panteísmo, deísmo, espiritualismo, esoterismo, etc.- y en la relectura de la Biblia al margen de la Iglesia.

El liberalismo doctrinario

Cánovas del Castillo apoyó su ideología en los principios del liberalismo conservador o doctrinario: soberanía compartida conjuntamente por las Cortes con el rey y sufragio restringido o censitario. Para Cánovas, las Cortes y la monarquía eran instituciones constitutivas del ser de España, su constitución interna y garantía de la permanencia de la Nación: *"Las Cortes y el Rey, que están antes que la Constitución, pues que la Constitución se hace entre el Rey y las Cortes, están también sobre la Constitución"*.

Cánovas desconfiaba del pueblo español, no creía en su capacidad para vivir en paz y en democracia, incluso se le atribuye la afirmación de que *"solo es español el que no puede ser otra cosa"*. Profesaba, sin embargo, un intenso patriotismo: *"Con la patria se está, con razón o sin razón, en todas las ocasiones y en todos los momentos de la vida, como se está con el padre, con la madre, con la familia, con todo aquello que es el complemento de nuestra personalidad, y sin lo cual desaparece la verdadera y grande atmósfera en que vive y se desenvuelve el ser racional"*.

Frente a las nuevas fuerzas sociales, anarquistas y marxistas, que trataban de subvertir el orden social establecido, Cánovas defendió el orden burgués-capitalista, sobre todo el derecho a la propiedad privada y su inviolabilidad. Calificó la igualdad social de *"antihumana, irracional y absurda"*. Se manifestó siempre a favor de la protección por el Estado de la religión católica. El resultado final de su pragmatismo fue, sin embargo, convertir el parlamentarismo en una simple farsa y consolidar una sociedad corrupta.

"(…) no hay más soberanía respetable que aquella soberanía que está constantemente representada y ejercitada por las Cortes con el Rey. Partiendo de este principio, no podemos tener, no podemos reconocer derechos jamás que no resulten de la unión permanente de la Corona con las Cortes.

La Monarquía constitucional, definitivamente establecida en España desde hace tiempo, no necesita, no depende, ni puede depender, directa ni indirectamente del voto de estas Cortes, sino que estas Cortes dependen en su existencia del uso de su prerrogativa constitucional, porque el interés de la patria está unido de tal manera por la historia pasada y por la historia contemporánea a la suerte de la actual dinastía, al principio hereditario que no hay, que es imposible que tengamos ya patria sin nuestra dinastía".

(Del *Discurso de Cánovas del Castillo en el Congreso el 8 de abril de 1876*)

"Lo que más principalmente ha de dividir en lo sucesivo a los hombres, sobre todo en estas nuestras sociedades latinas (…) no han de ser los candidatos al trono, no ha de ser siquiera la forma de gobierno: ha de ser más que nada esta cuestión de la propiedad. La propiedad, representación del principio de continuidad social; la propiedad, en que está representado el amor del padre al hijo, y el amor del hijo al nieto; la propiedad, que es desde el principio del mundo hasta ahora la verdadera fuente y la verdadera base de la sociedad humana; la propiedad se defenderá, como he dicho antes, con cualquier forma de gobierno".

(De *Discurso parlamentario acerca de La Internacional*, de Cánovas del Castillo. 1871)

Para Cánovas, "soberanía" era sinónimo del derecho de los poderosos, propietarios e instruidos, a ejercer el poder, de ahí su concepción limitada del sufragio, que reservó para la élite de propietarios. El novelista Juan Valera diría que, para Cánovas, había *"clases pensadoras, directoras y gobernadoras y otras que deben dejar que las gobiernen y que piensen por ellas, limitándose a obedecer y a callar".*

"El sufragio universal será siempre una farsa, un engaño a las muchedumbres, llevado a cabo por la malicia o la violencia de los menos, de los privilegiados de la herencia y el capital, con el nombre de clases directoras; o será, en estado libre, y obrando con plena independencia y conciencia, comunismo fatal e irreductible. Escójase, pues, entre la falsificación permanente del sufragio universal o su supresión, si no se quiere tener que elegir entre su existencia y la desaparición de la propiedad y el capital; por lo menos del heredado y transmisible. Lo que hay es que del propio modo que la propiedad se democratiza, haciéndola asequible a todos por virtud del trabajo y el ahorro, el poder se puede democratizar legítimamente, haciéndolo accesible en más o en menos parte también a todo el que

sea propietario".
(De *Discurso segundo del Ateneo (1871)*, de Cánovas del Castillo)

El proteccionismo prevalece sobre el librecambismo

El ejemplo de las potencias europeas, la necesidad de proteger los productos nacionales frente a los extranjeros, cada vez más baratos a causa de los avances tecnológicos y del transporte por ferrocarril y barco, y sobre todo la presión de los industriales vascos y catalanes y de los latifundistas castellanos, orientaron la política económica hacia el proteccionismo, que se impuso con el Arancel de 1891. Pedro Estasén i Cortada (1855-1913), jurista y economista, analiza las consecuencias del librecambio. Cánovas del Castillo evolucionó del librecambismo el proteccionismo.

> *"El sistema de libre-cambio ha producido en el mundo industrial, forzando la baratura, el mismo efecto que la desvinculación en las poblaciones agrícolas: la miseria para el que sale vencido en la lucha económica. Ambas medidas, son eminentemente liberales y esencialmente antieconómicas (...). Las doctrinas e instituciones liberales han favorecido a ciertas clases, al comercio especialmente; pero han impedido que las clases ilustradas pudieran velar por los intereses y la suerte de las clases inferiores; han hecho poco menos que imposible que las primeras pudieran remediar la suerte de las segundas".*

(De *La protección y el librecambio. Consideraciones generales sobre la organización económica de las nacionalidades y la libertad de comercio*, de Pedro Estasén. Barcelona. Establecimiento Tipográfico de los Sucesores de Ramírez y C. 1880)

> *"Para industrias grandes, necesarias, pudiera decirse esenciales, como es la de producir cereales (tomando aquí industria en su sentido general), indudablemente conviene guardar el mercado nacional, siempre que puedan o hasta donde puedan por sí solas surtirlo. Para otras industrias, propiamente dichas, como la del hierro, conviene reservarlo en España también (...). Para industrias, como la algodonera (...) también es obra patriótica reservar el mercado nacional. Y pudiera cual estos citar muchos casos que exigen el mantenimiento, por medio de la protección, de un mercado nacional, donde nuestros productos luchen holgadamente con los extranjeros".*

(De *Cómo he venido yo a ser doctrinalmente proteccionista*, de Cánovas del Castillo. Madrid. Imprenta de Fortanet. 1891)

"La miseria es el principal elemento de la prostitución"

La escritora y jurista Concepción Arenal (1820-1893), pionera del catolicismo social y del feminismo moderno español -logró ingresar en la Universidad y superar así las barreras que impedían a las mujeres el acceso a los estudios superiores-, llevó a cabo una gran labor de militancia social a favor de la humanización del sistema penitenciario -*Odia el delito y compadece al delincuente*-, de la abolición de la esclavitud, de la erradicación de la miseria y de la educación de la mujer y de su inserción en el mundo laboral.

> *"Esto es de una importancia capital: el trabajo, en vez de ser atractivo, es repulsivo por su monotonía y escasa retribución; rechazado, lanza por malos caminos, y el elemento moralizador se convierte en concausa de inmoralidad. Huyen de él, han huido, huirán miles de mujeres, y será en vano cuanto se predique, se escriba y se hable para detenerlas al borde del abismo, mientras las empuje una labor tan ingrata que les aparece como yugo o cadena que rompen sin considerar las consecuencias. Se sabe que la miseria es el principal elemento de la prostitución; mas no se nota bastante que la causa de la miseria es en gran parte la falta de trabajo, su exceso y su retribución, tan escasa, que con frecuencia parece irrisoria. La misma labor, si la hace la mujer, se paga mucho menos que si la ejecutara un hombre, y los jornales de éstos, tan insuficientes por regla general, son remuneraciones pingües comparados con los de las operarías".*

(Del artículo aparecido en el *Boletín de la Institución Libre Enseñanza, volumen XV,* 1891, de Concepción Arenal)

"La masonería es una institución esencialmente caritativa"

El liberalismo contó con el apoyo de sociedades más o menos secretas que proliferaron en España y en Europa desde comienzos del siglo xix. En la primera mitad de la centuria se fundaron varias de ideología liberal republicana: Sociedad del anillo, Caballeros Comuneros y Vengadores de Padilla, Los Hijos del Pueblo, La Federación, La Joven España. No todas las sociedades secretas fueron de carácter liberal y republicano: El Ángel Exterminador fue de signo fundamentalista católico.

La masonería nació en el siglo xviii como una asociación internacional de intelectuales burgueses, liberales, progresistas y filántropos, presidida por el amor al Gran Arquitecto del Universo, a las ciencias y a las artes. La primera logia masónica fue la Matritense o de las Tres Flores de Lys, fundada en 1728 y prohibida en 1738. En 1780 se fundó el Gran Oriente de España. A la masonería pertenecieron relevantes ilustrados, afrancesados, liberales y republicanos: Pablo de Olavide, Melchor de Macanaz, Juan Antonio Llorente, Leandro Fernández de Moratín, Martínez de la Rosa y otros muchos. Gran Maestre del Gran Oriente de España fue el político liberal progresista Práxedes Mateo Sagasta (1825-1903), varias veces presidente del Consejo de Ministros entre 1870 y 1902. Sagasta reguló el juicio por jurados, amplió la libertad de imprenta, de asociación y de participación ciudadana, lo que culminó 1890 con el reconocimiento del derecho al voto de todos los varones.

> *"De cuantas sociedades secretas han existido desde la creación del mundo, ninguna ha sido menos conocida ni más calumniada que la*

Masonería; y hoy mismo, á pesar de su larga existencia, más antigua en muchos siglos que el Cristianismo, es vulgarmente considerada como una reunión de personas sin fe, sin piedad, sin amor, que se ocupan constantemente en conspirar contra los gobiernos constituidos, para imponer á la sociedad, por medio de la fuerza, ideas disolventes de robo, de venganza y de exterminio".
(Del *Boletín del Gran Oriente de España*. Núm. 2. Mayo de 1871)

"Tiempo es ya de que el mundo profano conozca que no somos, como acaso cree, hombres reprochables y merecedores de la prevención con que nos juzga, sino que, antes por el contrario encarnados en nuestro espíritu los grandes principios de la Institución masónica, nadie nos exceda en virtudes privadas y nadie nos gane en el cariño a la patria, en el respeto a la ley, en el acatamiento a la autoridad, en el inextinguible amor a la humanidad y al soberano autor que la ha creado: al Gran Arquitecto del Universo".
(Del *Manifiesto con motivo de su elección como Gran Maestre*. De Práxedes Mateo Sagasta. 6-4-1876)

La masonería ha sido, con frecuencia, blanco de las críticas de la reacción conservadora y de la prensa católica. He aquí un fragmento de *Discurso contra la Francmasonería* publicado en la revista *La Vespa* de Barcelona en la década de los ochenta:

"Es la Francmasonería,
Que tanto trabaja hoy día.
Que ha mucho tiempo nos hace la guerra
Para tiranizar la tierra,
El monstruo más formidable
De la astucia del diablo (...).
¿Cómo no temes, amada España,
No ves que te hacen la araña,
Que van a desgraciarte
Y para siempre condenarte?
Libertad para obrar el mal
No pensar en hacer el bien;
Esta es la libertad
Que los francmasones han trazado;
Con la libertad de imprenta
Sólo para cosas insolentes.
Fuera fe y religión
Fuera Dios y todo lo bueno;
Tenemos amplia libertad
Para hacer cualquier maldad".

"El liberalismo es pecado"

El liberalismo fue demonizado por ideólogos conservadores. Entre ellos el sacerdote integrista Félix Sardá y Salvany (1841-1916), director del semanario católico *Revista Popular*, autor de un libro de elocuente título: *El liberalismo es pecado*.

> *¿Qué es el Liberalismo? En el orden de las ideas es un conjunto de ideas falsas; en el orden de los hechos es un conjunto de hechos criminales, consecuencia práctica de aquellas ideas (...).*
> *Principios liberales son: la absoluta soberanía del individuo con entera independencia de Dios y de su autoridad; soberanía de la sociedad con absoluta independencia de lo que nazca de ella misma; soberanía nacional, es decir, el derecho del pueblo para legislar y gobernar con absoluta independencia de todo criterio que no sea el de su propia voluntad expresada por el sufragio primero y por la mayoría parlamentaria después; libertad de pensamiento sin limitación alguna en política, en moral o en Religión; libertad de imprenta, asimismo absoluta o insuficientemente limitada; libertad de asociación con iguales anchuras (...). El Liberalismo es pecado, ya se le considere en el orden de las doctrinas, ya en el orden de los hechos".*

(De *El Liberalismo es pecado*, de Félix Sardá y Salvany. Barcelona. Librería y Tipografía Católica. 1884)

El mesianismo libertario

La génesis del anarquismo español estuvo vinculada al pensamiento de Bakunin y del republicano federalista y pacifista Francisco Pi y Margall (1824-1901). Populismo, igualitarismo, rigor moral, puritanismo, idealismo y anticlericalismo fueron los rasgos esenciales del anarquismo bakunista español. *"La rabia de los anarquistas españoles contra la Iglesia es la rabia de un pueblo intensamente religioso que se siente abandonado y decepcionado"* (G. Brenan). El anarquismo, la "Idea", se convirtió en la ideología dominante en el movimiento obrero español, sobre todo entre los jornaleros andaluces y los obreros textiles catalanes, e influiría en los federalistas, cantonalistas, ecologistas, feministas y naturistas.

Anselmo Lorenzo (1841-1914), el abuelo del anarquismo español, activista partidario de la huelga general, cofundador de la Internacional en España (Federación Regional Española), profesó un anarquismo humanista, teorizó sobre la doctrina e historió el nacimiento, evolución y ruptura de las ideologías obreristas: *El banquete de la vida, El proletariado militante*. Ricardo Mella Cea (1861–1925), ideólogo libertario, aborda la definición del anarquismo.

> *La organización futura, la organización anarquista, no será un producto forzado de un plan preconcebido, sino una resultante de los acuerdos parciales de los individuos y de los grupos, según las circunstancias y la capacidad del pueblo en el momento. Preferible a una administración que distribuya caprichosamente los*

*productos, es que la distribución se haga por el libre acuerdo de
las colectividades de productores. Preferible a una reglamentación
oficial del trabajo, es que los mismos trabajadores lo organicen
conforme a sus necesidades, sus aptitudes y sus gustos. Preferible
a que un poder central, llámese o no Gobierno, organice el trabajo
conforme a éste o aquel principio más o menos equitativo, es que los
mismos productores, consumidores a la vez, produzcan y cambien
con sujeción a sus propios convenios".*
(De *Lombroso e os anarquistas*, de Ricardo Mella. Traducción de Valentín Arias, Vigo.
Edicións Xerais de Galicia. 1999)

"Dicen que la Mano Negra nos quiere devorar"

La Mano Negra ha sido considerada por la historiografía oficial una sociedad
secreta que habría actuado en el campo de Jerez de la Frontera entre 1876 y
1883. Según se deduce de estudios históricos científicos, tal vez existió alguna
organización campesina revolucionaria, pero su importancia fue exagerada por
el Gobierno y por los terratenientes a fin de justificar la represión, descabezar al
movimiento anarquista andaluz y poner trabas al proyecto de reconocimiento
de la libertad de asociación, propuesto por Sagasta. El hallazgo casual de los
estatutos de la organización bajo unas piedras por las autoridades encargadas de
la investigación, la detención de más de trescientos individuos, entre los que se
encontraban los principales líderes del anarquismo andaluz, y la condena a penas
de muerte de quince supuestos revolucionarios, abonan la tesis de la manipulación
o tal vez invención del "mito" de la Mano Negra.

"Dicen que la Negra Mano
*que nos quiere devorar
la destrucción y el desorden
quiere la Internacional.
De países muy extraños
ha venido a perturbar
la* Mano Negra *el reposo
sembrando la mortandad.
En la hermosa Andalucía
fija su planta cruel,
talando vidas y haciendas
en los campos de Jerez.
Sus perfidias y maldades
son mayores cada vez,
quieren acabar con todo
sin religión y sin ley.
Sus planes devastadores
como no se han visto son,
hasta envenenar las aguas
amenazan con horror".*

(De *La Mano Negra. Asesinatos, robos y otros desagradables sucesos dispuestos por tan criminal asociación*. Cádiz. Imprenta de J. Nogales. S.A.)

"El socialismo hará surgir una nueva civilización"

El tipógrafo Pablo Iglesias (1850-1925) fundó (1879) el Partido Socialista Obrero Español (PSOE), fuerza política que aspiraba a superar los antagonismos sociales y de clase, a una más justa organización social y de la economía y a fomentar la solidaridad entre los seres humanos. Frente a los anarquistas, que exigían la desaparición de cualquier forma de autoridad y justificaban la violencia como medio para conseguir sus objetivos, los socialistas aceptaban la vía parlamentaria como medio de acción política y social.

> *"Esta es la aspiración fundamental del socialismo, que al realizarse, pondrá término a las luchas entre los hombres, garantizará a todos medios de vida y hará surgir, por consiguiente, una verdadera civilización.*
> *Sin embargo de querer esto, abundan los que acusan al socialismo de predicar la lucha de clases y de atizar en los proletarios el odio hacia los ricos.*
> *Tres clases de individuos formulan esa acusación: los que de mala fe combaten al socialismo; los que, haciéndolo de buena fe, no tienen mejor argumento que oponerle, y los que creen sinceramente que predica aquella lucha. (...)*
> *En la actual sociedad la lucha de clases existe, como existió en las sociedades anteriores. El antagonismo de intereses, que es el engendrador de esa lucha, persiste aún, y sobre él gira la sociedad burguesa o capitalista".*

(De *Abolición de clases*, de Pablo Iglesias, en *La Ilustración del Pueblo*. 1897)

El médico marxista Jaime Vera (1858-1918), uno de los fundadores del PSOE, pionero de la psiquiatría moderna, propugnó la colaboración entre los trabajadores manuales y los intelectuales y la extensión de la educación, premisa del igualitarismo social. Redactó un texto fundamental del socialismo español: *Informe para la Comisión de Reformas Sociales* (1883).

> *"Los obreros de hoy -y ellos lo saben, y los que no lo saben lo sienten- son esclavos, son siervos, a quienes se envuelve hipócritamente en una ilusión de libertad.*
> *Si el esclavo era una propiedad, si el siervo era un usufructo, el obrero actual no tiene más representación social que la de una mercancía que sólo puede subsistir vendiéndose a diario hasta la muerte.*
> *Y no sólo es el obrero una mercancía; es una mercancía en depreciación constante, porque el actual estado económico crea necesariamente un sobrante de ella; y a la par de lo que con las demás mercancías ocurre, que, faltas a veces de compradores, se*

averían y se pudren en los depósitos y son destruidas si estorban".
(Del *Informe presentado a la Comisión de Reformas Sociales*, de Jaime Vera. 1883)

El tipógrafo y publicista socialista Juan José Morato (1864-1938) escribió sobre la historia del socialismo español, tradujo obras de ideólogos socialistas y colaboró en periódicos como *El Heraldo de Madrid*.

"Para los socialistas, las causas de toda dependencia, de toda desigualdad, de todo antagonismo, de la miseria social y aun del envilecimiento intelectual estriban en la apropiación por unos cuantos de los grandes medios de producción y de cambio (capital), apropiación que, sobre injusta, estiman lesiva para los intereses de los más, ya que pone la vida de muchos al arbitrio de unos cuantos."
(De *El socialismo en España*, de Juan José Morato, Revista *Tiempos Nuevos*. Núm. 4. Abril. 1901)

Los ideólogos del independentismo cubano y filipino

José Julián Martí y Pérez (1853-1895), ensayista y literato modernista, ideólogo del independentismo cubano, fundó el Partido Revolucionario Cubano y periódicos en los que difundió los ideales revolucionarios. José Rizal (1861-1896), patriota filipino, médico oftalmólogo, luchó por conseguir para su pueblo los mismos derechos que poseían los españoles; vertió sus ideales nacionalistas en dos novelas, *Noli me tangere* (1886) y *El filibusterismo* (1891).

"Cuando la guerra no se ha de hacer, en un país de españoles y criollos, contra los españoles que viven en el país, sino contra la dependencia de una nación incapaz de gobernar un pueblo que sólo puede ser feliz sin ella, la guerra tiene de aliados naturales a todos los españoles que quieran ser felices.
La guerra es un procedimiento político, y este procedimiento de la guerra es conveniente en Cuba".
(De *Nuestras ideas*, de José Martí, en *Obras Completas*. La Habana. Editorial Nacional de Cuba. 1963)

"¿De modo que desean...?
Reformas radicales en la fuerza armada, en los sacerdotes, en la administración de justicia, es decir, piden una mirada paternal por parte del gobierno.
Reformas, ¿en qué sentido?
Por ejemplo: más respeto a la dignidad humana, más seguridades al individuo, menos fuerza a la fuerza ya armada, menos privilegios para este cuerpo que fácilmente abusa de ellos.
Elías, contestó el joven, yo no sé quién sois, pero adivino que no sois un hombre vulgar: pensáis y obráis de otra manera que los otros. Vos me comprenderéis si os digo que si bien el estado actual

de las cosas es defectuoso, más lo sería si se cambiase...".
(De *Noli me tangere*, de José Rizal. Instituto de Cooperación Iberoamericana. Madrid. Ediciones de Cultura Hispánica. 1992)

"Jamás hemos sabido colonizar"

Vicente Blasco Ibáñez (1867-1928), literato naturalista de gran éxito internacional, fue también ensayista y político liberal, representante en el Congreso del Partido Republicano. En el siguiente texto, de un artículo publicado en el periódico *El Pueblo*, que había fundado en 1894, critica el colonialismo español.

> *"Nosotros, españoles como el que más, odiamos a los que se levantan en armas contra España (...). Olvidemos momentáneamente a Cuba, que por su posición geográfica, recibe continuamente el revolucionario hálito de las Repúblicas americanas, y fijémonos en Filipinas, que, por su aislamiento de todo pueblo emancipado, no puede haber tenido ejemplos para aspirar a la independencia (...).*
> *Y, sin embargo, la insurrección filipina existe. ¿Por qué? Porque el germen de rebelión contra la metrópoli lo llevamos nosotros los españoles; porque lo enviamos allá con esas remesas de funcionarios, polilla que arrojamos de nuestro seno para que no nos roa y la regalamos al sufrido pueblo filipino, como si no tuviera bastante con las intrigas de los jesuitas y la absoluta dominación de los frailes.*
> *En cierta época fuimos un pueblo conquistador, pero jamás hemos sabido colonizar".*

(De *Cómo colonizamos*, de Vicente Blasco Ibáñez. *El Pueblo*. 26 de octubre de 1896)

Según el catalanista federalista Francesc Cambó (1876-1947), España no supo educar a sus colonias americanas para la libertad.

> *"(...) aquellas Repúblicas sudamericanas que un día fueron nuestras colonias, más que de nuestras depredaciones y de las corruptelas de nuestra Administración -que no fueron mayores ni menores que las de todas las Metrópolis con sus colonias-, pueden guardar amargo recuerdo de nuestra dominación, por no haberlas sabido educar para un régimen de libertad colectiva, conduciéndolas, alternativamente, al despotismo o a la anarquía".*

(De *Cataluña ante Castilla*, de Francisco Cambó. La Habana. Imprenta J. Hernández Lapido. 1921)

• **Bibliografía:** página 309

7.- ESPAÑA "SIN PULSO"

En el último tercio del siglo xix la España reaccionaria, oligárquica y señoritil se había impuesto a la progresista. España era un país políticamente invertebrado, preindustrial, rural y atrasado, con más de un 70 % por ciento de analfabetos, una inmensa masa de braceros agrícolas en paro y grandes desniveles regionales en desarrollo y renta. La pérdida de los últimos restos del Imperio -*"Desastre Colonial"*-, en guerra desigual con los Estados Unidos de América (1898), incrementó la crisis social, emocional, económica y espiritual; se gestaron entonces un intenso sentimiento de fracaso y afán por la regeneración del país. Con la pérdida de las últimas colonias, las industrias catalana y vasca perdieron sus mejores mercados tradicionales, lo que radicalizó los movimientos nacionalistas, sobre todo tras admitirse en Europa el derecho de las naciones a constituirse en estados.

A comienzos del siglo xx, los militares, humillados en las guerras coloniales, adoptaron posturas reaccionarias y, en connivencia con el gran capital, dieron comienzo a una aventura neocolonial en Marruecos, de muy negativas consecuencias. En aquellas depresivas y revolucionarias circunstancias germinó la creencia en la existencia de naciones vivas, la germánica y la anglosajona, y moribundas, las latinas y eslavas; políticos populistas enardecían a las masas, caso de Lerroux, y los intelectuales regeneracionistas y noventayochistas denunciaban los males del país y la ineficacia de los gobiernos oligárquicos. Aquellos demandaban un hombre providencial, un cirujano de hierro, capaz de salvar el país.

En la sociedad española latía un enorme potencial revolucionario, como se puso de manifiesto en la violenta reacción contra la intervención del ejército en Marruecos -Semana Trágica de Barcelona (julio de 1909)- y en los acontecimientos de 1917: huelga general revolucionaria, reunión de la extraoficial Asamblea de Parlamentarios, y creación de las Juntas de Defensa, asociaciones de militares que aspiraban a la conquista del Estado. Los anarcosindicalistas, por su parte, habían introducido la violencia en el movimiento obrero. En 1910 fundaron la Confederación Nacional del Trabajo (CNT), y en 1927 la Federación Anarquista Ibérica (FAI). En 1921, una minoría de socialistas disidentes fundó el Partido Comunista de España (PCE), y el ejército sufrió un trágico descalabro en Annual (Marruecos). La permanencia de los problemas estructurales del país y la desintegración progresiva del sistema rotatorio de partidos generaron una situación de preguerra civil.

"Sin pulso"

Francisco Silvela (1843-1905), sucesor de Cánovas del Castillo en la presidencia del Gobierno y del partido conservador, se oponía al caciquismo y al sistema rotatorio de liberales y conservadores en el poder. Quiso moralizar y regenerar la democracia parlamentaria.

> "Engañados grandemente vivirán los que crean que por no vocear los republicanos en las ciudades, ni alzarse los carlistas en la montaña, ni cuajar los intentos de tales o cuales jefes de los cuarteles, ni cuidarse el país de que la imprenta calle o las elecciones se mistifiquen, o los ayuntamientos exploten sin ruido las concejalías y los gobernadores los juegos y los servicios, está asegurado el orden y es inconmovible el trono, y nada hay que temer ya de los males interiores que a otras generaciones afligieron. Si pronto no se cambia radicalmente de rumbo, el riesgo es infinitamente mayor, por lo mismo que es más hondo, y de remedio imposible, si se acude tarde; el riesgo es el total quebranto de los vínculos nacionales y la condenación, por nosotros mismos, de nuestro destino como pueblo europeo".

(De *Sin pulso*, de Francisco Silvela. Artículo publicado en *El Tiempo*. 16 de agosto de 1898)

"La revolución desde el Gobierno"

Antonio Maura (1853-1925), presidente del Gobierno en varias ocasiones entre 1903 y 1919, continuó el proyecto reformista de Silvela: moralización del régimen político, erradicación del caciquismo (*"descuaje del caciquismo"*). Como medio para conseguir sus objetivos propuso *"la revolución desde el Gobierno"*. El aumento de la conflictividad social y las derrotas militares en Marruecos rompieron la alternancia pacífica de los dos partidos mayoritarios en el poder e hicieron inviables los proyectos de Maura. El régimen oligárquico entró así en fase de descomposición acelerada.

> "Ahora más que nunca es menester que la nación sienta que el poder público asiste a sus necesidades y emprende siquiera el camino de aquella regeneración, tan vanamente cantada en todas las lenguas. Ya no hay tiempo para el orden ni para el método, no se puede ir con parsimonia a la realización de la obra, hay que hacer la revolución desde el Gobierno, porque si no se hará desde abajo y será asoladora, ineficaz y vergonzosa y probablemente la disolución de la nación española".

(De *Antonio Maura. Treinta y cinco años de vida pública. Ideas políticas, doctrinas de gobierno y campañas parlamentarias*. Recopiladas por J. Ruiz-Castillo. Madrid. Biblioteca Nueva. S. A.)

Los regeneracionistas

Entre el último tercio del siglo XIX y primero del XX, un grupo de intelectuales regeneracionistas identificaron los problemas del país y trataron de darles solución. En algunos casos dudaron de la capacidad de los españoles para incorporarse al ritmo histórico de los pueblos europeos. Con lenguaje apocalíptico denunciaron los vicios sociales, el corrupto parlamentarismo de la Restauración, el retraso y el subdesarrollo económico del país. Hablaban más de fracaso histórico que de decadencia, su mayor mérito consistió en concienciar a la sociedad española de la existencia de los problemas. Sus críticas sobre el parlamentarismo de la oligarquía dañaron la imagen de la democracia y, en consecuencia y al contrario de lo que perseguían, favorecieron el auge del militarismo y del caudillismo. Legaron al pensamiento español una herencia regeneracionista-reformista que ha perdurado hasta nuestros días.

El geólogo y paleontólogo Lucas Mallada (1841-1921), miembro de la comisión encargada de elaborar el mapa geológico español (1890), ofrece una imagen pesimista de los recursos del país.

> "En un país como el nuestro, donde, por su grande altura media, los ríos tienen que verter sus aguas tumultuosamente; en un país tan desgraciado como el nuestro, donde los gritos de dolor por las inundaciones ahogan las angustias causadas por las sequías, y donde a los ardores de un sol abrasador suceden las lluvias torrenciales que todo lo arrasan; en un país tan desventurado como el nuestro, donde tantos miles de kilómetros cuadrados yacen totalmente en abandono, abandono de los que en él seguimos habitando, y abandono de los que emigraron, se cuida poco la renovación del arbolado. Los ríos circulan por comarcas completamente descuajadas en largos trechos; manos impías las privaron de su mejor adorno, quedando sus orillas indefensas, sin cesar roídas por las aguas".

(De *Los males de la patria y la futura renovación española*, de Lucas Mallada. Madrid. Imprenta de Manuel Ginés Hernández. 1890)

Para Joaquín Costa (1846-1911), gran personalidad del grupo, intelectual ligado a la Institución Libre de Enseñanza, de la que fue profesor durante diez años, lo popular y tradicional y la clase obrera constituían el sostén del país: *"Los obreros son ya las únicas Indias que le quedan a España"*. Creía que la regeneración sólo podría venir de la restauración de instituciones y costumbres ancestrales como el cooperativismo agrario; propuso medidas sociales precursoras del estado de bienestar, extender y mejorar la enseñanza, la infraestructura y el equipamiento, estimular las actividades económicas, la sobriedad presupuestaria y sobre todo la puesta en práctica de una política hidráulica, que inspiraría a las de Primo de Rivera, Segunda República y Franco. Fustigó el sistema oligárquico-caciquil. Desarrollo económico, europeización, escuela, despensa e higiene son conceptos claves de su pensamiento. Sintetizó sus propuestas en frases como *escuela y despensa, política hidráulica; doble llave al sepulcro del Cid para que no vuelva a cabalgar.*

> *"Ahí tenéis, señores, eso que pomposamente llamamos* España democrática *(...), a un lado, un millar de privilegiados que acaparan todo el derecho, que gobiernan en vista de su interés personal (...), a otro lado, el país, los 18 millones de avasallados, que viven aún en plena Edad Media, para quienes no ha centelleado todavía la revolución ni proclamado el santo principio de la igualdad de todos los hombres ante el derecho (...).*
>
> *Con esto llegamos como por la mano a determinar los factores que integran esta forma de gobierno y la posición que cada uno ocupa respecto de los demás.*
>
> *Esos componentes exteriores son tres: 1. Los* oligarcas *(los llamados* primates, prohombres *o* notables *de cada bando, que forman su* plana mayor, *residentes ordinariamente en el centro; 2. Los* caciques, *de primero, segundo o ulterior grado, diseminados por el territorio; 3. El* gobernador civil, *que les sirve de órgano de comunicación y de instrumento. A esto se reduce fundamentalmente todo el artificio bajo cuya pesadumbre gime rendida y postrada la nación".*

(De *Oligarquía y caciquismo como la forma actual de gobierno en España: urgencia y modo de cambiarla*, de Joaquín Costa. Madrid. Hijos de M. G. Hernández. 1902)

Ricardo Macías Picavea (1847-1899) se hace eco de la furia arboricida de los españoles y de la desforestación del país, en un libro de sugestivo título: *El problema nacional.*

> *"Dados los antecedentes desfavorables que acaban de ser expuestos, de sequedad del aire, falta de lluvias, escasa presión atmosférica, y duro régimen termométrico, ya no extrañará tanto que la situación actual de la vegetación ibérica se ofrezca en un estado nada halagüeño para las mayores extensiones del territorio peninsular. Apuntaremos algunos datos...*
>
> *En España se les ha declarado guerra a muerte, y se camina rápidamente a la despoblación absoluta de los campos por lo que al arbolado toca. Todos los viajeros cultos acusan esta impresión, geógrafos ilustres la consignan como un rasgo característico de nuestro suelo. Se camina leguas y leguas a través de las terrazas castellanas, y no se ve un árbol. No hay desolación como esa".*

(De *El problema nacional: hechos, causas, remedios*, de Ricardo Macías Picavea. Madrid. Librería General de Victoriano Suárez. 1899)

El polemista Damián Isern y Marco (1852-1914) se pregunta sobre las causas del desastre nacional.

> *"¿Por qué España, que todavía en este siglo peleó bizarramente contra Napoleón por su independencia, contra los moros por su prestigio,*

y en las guerras civiles por cuestiones religiosas y meramente políticas, apenas pudo sostener el brillo de sus armas en Melilla, lo empañó horriblemente en las guerras coloniales, sobre todo en la de Cuba, y no ha acertado a defenderse de los Estados Unidos, potencia ciertamente más comercial e industrial que guerrera?".

(De *Del desastre nacional y sus causas*, de Damián Isern. Madrid. Imprenta de la Viuda de M. Minuesa de los Ríos. 1899)

El krauso-positivista Luis Morote (1862-1913) cree que el gobierno del país no puede estar en manos de quienes han provocado su ruina.

"La política y el gobierno del país no pueden confiarse a los que lo han arruinado, sino que tienen que ser obra de fuerzas vírgenes, sanas, renovadoras. ¡Los honores, los prestigios, las glorias del poder para fusionistas y conservadores directamente responsables de nuestras desgracias! Eso no se concibe que puede ser y que pueda durar, más que sufriendo el alma nacional un mortal extravío de todas sus facultades. El país no puede ni escuchar, cuanto más consentir, que se le apliquen los manifiestos y los programas de regeneración de los que no supieron evitar el Sedán colonial".

(De *La moral de la derrota*, de Luis Morote. Madrid. Establecimiento Tipográfico de G. Juste, 1900)

Álvaro de Figueroa y Torres (1863-1950), conde de Romanones, político, jurista y periodista, líder del Partido Liberal, ministro y presidente del Gobierno, culpa de los problemas de España al caciquismo.

"Al hablar de las enfermedades de los partidos, refiriéndonos, sobre todo, a España, extrañará no nos hayamos ocupado en primer término de la que se considera más generalizada, como la enfermedad más grave y sobre todo más extendida, el caciquismo (...).
¿Qué es caciquismo? Aunque esta palabra sea de uso vulgar, preciso es reconocer que encierra de un modo gráfico la idea que quiere expresar, siendo, por tanto, insustituible. Caciquismo es, según el Diccionario, "la excesiva influencia de los caciques de los pueblos".

(De *Biología de los partidos políticos*, de Álvaro Figueroa y Torres. Madrid. Ricardo Álvarez. 1892)

Julio Senador Gómez (1872-1962), de pensamiento relacionado con el socialismo utópico, denunció el proteccionismo y la situación del campo.

"Unos cuantos caballeros, sin otra representación que la de las oligarquías, se reúnen en sesión y acuerdan que gobernar es "mantener el orden"; y que "mantener el orden" consiste en sostener la "sagrada propiedad", o sea, el privilegio de los latifundistas;

*en "proteger a la agricultura", o sea, a la renta de los señoritos
rentistas; y en "defender la industria nacional", o sea, a media
docena de fabricantes anticuados que, contando ya con el arraigo
de este abuso, han montado unas cuantas manufacturas anémicas
que nada pueden exportar (...).*

*Millones de braceros andan locos por el campo buscando un
palmo de tierra en que clavar el azadón. No lo encuentran. Toda la
tierra es de unos cuantos señoritos que la tienen cercada. Estos no
quieren producción; únicamente quieren renta. Como no quieren
producción, "no hay trabajo en el campo".*

(De *Al servicio de la plebe. La farsa trágica miseria*, de Julio Senador. Valladolid.
Imprenta Valentín Montero. 1928)

"El cristianismo sublimó a la mujer con la apoteosis de la virginidad"

Alejandro Pidal Mon (1846-1913) fue un político conservador, monárquico,
ministro de Fomento con Cánovas del Castillo, pensador tomista, ultramontano,
fundador de Unión Católica (1887), grupo que aspiraba a detener los progresos del
liberalismo y poner en práctica los designios del papa León XIII. En estos párrafos
expone su concepción "católica" de la mujer.

*"La elevación, la dignidad, el porvenir de la Mujer, está tan
estrechamente ligado a la religión de Jesucristo, que desde el árbol
del Paraíso hasta el árbol santo de la Cruz, no ha habido para ella
más que opresión y envilecimiento. El Cristianismo que la restituyó
a su dignidad de compañera del hombre, haciéndola Reina del
hogar, la sublimó con la apoteosis de la virginidad hasta hacerla
esposa de Cristo, abriéndola los indefinidos horizontes del saber, del
amor y de la santidad, en cuyo fondo luminoso se destaca, como
ideal purísimo, la celeste figura de la Virgen María Madre de Dios
y corredentora del Universo. Sólo las vallas del pudor, del honor y
de la virtud, limitaban el libre vuelo de la Mujer en pos de los más
sublimes destinos".*

(De *El feminismo. La cultura de la mujer. Conferencia de D. Alejandro Pidal y Mon, el
día 12 de diciembre de 1902*. Madrid. Establecimiento Tipográfico Hijos de J. A. García.
1902)

"Jóvenes bárbaros de hoy: entrad a saco en la civilización decadente y miserable de este país sin ventura"

Alejandro Lerroux (1864-1949) fue un político populista radical, demagogo,
anticlerical y agitador de multitudes. Fundó el Partido Republicano Radical (1908),
fue diputado, ministro y presidente del Gobierno de la Segunda República. Su
discurso exaltado y sus soflamas anticlericales le dieron enorme popularidad,
sobre todo entre el proletariado barcelonés de la preguerra, de ahí el sobrenombre
de *"Emperador del Paralelo"*.

"Jóvenes bárbaros de hoy, entrad a saco en la civilización decadente y miserable de este país sin ventura, destruid sus templos, acabad con sus dioses, alzad el velo de las novicias y elevadlas a la categoría de madres para virilizar la especie, penetrad en los registros de la propiedad y haced hogueras con sus papeles para que el fuego purifique la infame organización social, entrad en los hogares humildes y levantad legiones de proletarios, para que el mundo tiemble ante sus jueces despiertos (...).

La tierra es áspera, esquiva, difícil: necesita que el arado la viole con dolor, metiéndole la reja hasta las entrañas; que el pico rasgue los altozanos y la pala iguale los desniveles y el palustre levante las márgenes por donde han de correr, sangrados, los torrentes de agua que hoy se derraman estériles en ambos mares".

(De ¡*Rebeldes, rebeldes!*..., de Alejandro Lerroux. Barcelona. *La Rebeldía*. Barcelona, 1 de septiembre de 1906)

Iberismo

En el último tercio del siglo XIX, las crisis coloniales y la conciencia compartida de decadencia hicieron considerar a liberales burgueses e intelectuales de España y Portugal la conveniencia de su unión política. Se creía que esta era el desenlace lógico de la historia peninsular y que devolvería a los pueblos ibéricos sus pasadas grandezas. Los iberistas soñaban con frenar la prepotencia inglesa en particular y la anglosajona en general. Aquel sueño fue alentado por dos hechos: el ultimátum inglés de 1890, que puso término a la expansión colonial portuguesa en África y despertó en España una oleada de simpatía hacia Portugal, y la pérdida de las últimas colonias españolas en guerra con los Estados Unidos de América (1898).

Los portugueses concebían la unión como un paso hacia uniones más amplias con otros países europeos; los españoles, menos realistas, trataban de federar las viejas nacionalidades hispanas en el marco de un solo Estado. Al objeto de lograr la unión, se consideró la unión dinástica, se elaboraron planes de construcción de vías de comunicación entre ambos países, y se llevó a cabo una intensa campaña propagandística del proyecto. Iberistas españoles fueron, entre otros, los políticos Pi y Margall, Emilio Castelar, Cánovas del Castillo, Vázquez de Mella, los regeneracionistas, Ángel Ganivet, los novecentistas, galleguistas y catalanistas, y líderes de la izquierda como Fernando Garrido y Diego Abad de Santillán.

El iberismo no caló nunca entre las clases populares, ni entre las portuguesas, que veían en la unión un peligro para la independencia de su país, ni entre las españolas, que permanecían indiferentes hacia el país vecino. Todo se redujo a grandilocuentes proclamas políticas y a una producción ensayística tan entusiasta como ajena a la realidad social. Moderado y realista en sus planteamientos, Miguel de Unamuno (1864-1936) demandó el acercamiento entre los dos pueblos y sus culturas.

"El pueblo portugués y el español, cuyos nobles caracteres, cuyo espíritu levantado y expansivo se sienten cohibidos y vejados por

la forzosa decadencia de las instituciones monárquicas, y por la estrechez de los límites en que los encierran, no podrán menos de oír nuestra voz, si uniéndonos los demócratas de ambos países tremolamos la bandera de la Federación Ibérica, en la que brillarán unidos los colores del pabellón portugués y del español, a cuya sombra harán respetar hasta en las más lejanas extremidades de la tierra, sus intereses y sus derechos".

(De *Los Estados Unidos de Iberia*, de Fernando Garrido. Madrid. Imprenta de Juan Iniesta. 1881)

"Coincidimos con Salvador de Madariaga cuando dice que el portugués es un español con la espalda vuelta a Castilla y los ojos al Atlántico, lo mismo que el catalán es un español con los ojos vueltos al Mediterráneo. Es interesante lo que escribe este autor: La psicología, la geografía y la historia determinan una evolución ibérica para Portugal. Portugal prefirió una vida precaria bajo la alianza inglesa olvidando que no hay alianza entre el muy débil y el muy fuerte. Y aunque Inglaterra ha sido muy buena amiga y aun generosa, y aunque Portugal, en contra de lo ocurrido en España, no ha perdido sus colonias, ha perdido su alegría".

(De *El organismo económico de la revolución*, de Diego Abad de Santillán. Barcelona. Tierra y Libertad. 1938)

"(...) aun siendo los dos países vecinos aislados los dos, en cierto modo, del resto de Europa, yo no sé qué absurdo nos ha mantenido separados en lo espiritual. En Madrid es más fácil encontrar un libro inglés, alemán o italiano que no portugués, y en Portugal hay facultad de Medicina en que sirven de texto de Histología obras de nuestro Ramón y Cajal, pero... en francés (...).
Y siendo así, ¿a qué se debe este alejamiento espiritual y esta tan escasa comunicación de cultura? Creo que puede responderse: a la petulante soberbia española, de una parte, y a la quisquillosa suspicacia portuguesa, de la otra parte".

(De *Por tierras de Portugal y España*, de Miguel de Unamuno. Madrid. Espasa-Calpe. 1969)

Africanismo

Durante los siglos modernos el norte de África se consideraba prolongación de la península ibérica y zona natural de expansión de España, de la que se habría apartado por haber concentrado sus energías en la colonización de América. Isabel la Católica había recomendado en su testamento (1504) la continuación de la Reconquista por las tierras africanas y la evangelización de sus habitantes. A la ocupación de Melilla (1497) le sucedieron, en sucesivos momentos históricos, la de varios islotes en la costa marroquí. Ceuta, ciudad portuguesa desde 1415, quedó incorporada a la corona de España por la decisión de sus habitantes de permanecer fieles a los Austrias españoles tras el reconocimiento por España de la independencia de Portugal -Tratado de Lisboa del 13 de febrero de 1668- y la disolución de la monarquía dual hispanoportuguesa. La ocupación de Argelia por los franceses (1830) decidió a los españoles a no quedar fuera del reparto del continente -"*Carrera de África*"- entre las potencias europeas, por lo que en 1848 se anexionaron las islas Chafarinas, y entre 1859 y 1860 organizaron una expedición militar a Marruecos que se saldó con la victoria de Wad Ras y el reconocimiento por aquel país de la soberanía española sobre las plazas ocupadas de la costa mediterránea.

A finales de siglo se crearon asociaciones científicas como la Española de Africanistas. Los regeneracionistas y los ensayistas del grupo del 98 apoyaron la intervención en África, que culminó con la creación del Protectorado Español sobre la región marroquí del Rif a comienzos del siglo xx. Para Joaquín Costa, "*España y Marruecos son como las dos mitades de una unidad geográfica, forman a modo de una cuenca hidrográfica, cuyas divisorias extremas son las cordilleras paralelas del Atlas al Sur y del Pirineo al Norte (...). El Estrecho de Gibraltar no es un tabique que separa una casa de otra casa; es, al contrario, una puerta abierta por la Naturaleza para poner en comunicación dos habitaciones de una misma casa*". Para Cánovas del Castillo, "*Argelia es nuestra Alsacia-Lorena. Y es que Roma no tardó en comprender, con su ordinario instinto y acierto, que la Frontera natural de España, por la parte del Mediodía, no es el canal angostísimo que junta los dos mares, sino la cordillera del Atlas, contrapuesta al Pirineo*". El andalucista Blas Infante propuso la federación con Marruecos y la reconstrucción del califato de Córdoba. Los temas africano-andaluz-orientales inspiraron a músicos, pintores y literatos, entre ellos Mariano Fortuny y Pedro Antonio de Alarcón: "*Y con todo, África es el más ancho campo que aún ofrece la tierra a la fantasía de los poetas: ¡África es la inmensidad! (...). De esta manera, África será siempre el imán de las imaginaciones febriles: en ella reside lo nuevo, lo temeroso, lo extraño, lo desconocido...*" (En *Diario de un testigo en la guerra de África*, de Pedro Antonio de Alarcón, 1859)

> "*(...) y si España ha de volver a ser colonizadora, aunque no al modo que lo fue en los antiguos tiempos, ¿cómo es posible que olvide lo que tiene delante de los ojos, a esa África, a ese imperio marroquí, causa de la celebración de este mitin? Todos estamos conformes en que esa misión tiene España, pero no la ha de cumplir por medio de la guerra, y menos buscar esta sin necesidad, u olvidando que solo en casos excepcionales es lícito intentar lo que no puede realizarse*".

(De *Discurso de Don Gumersindo de Azcárate sobre los intereses políticos y económicos de España en Marruecos*. Suplemento al número 87 de la revista *España en África*. 30 de octubre de 1910)

Protectorado español en Marruecos

España se incorporó al reparto de África tras la Conferencia de Algeciras de 1906 y la ratificación del tratado hispano-francés de 1912. Obtuvo de Francia el Rif, zona montañosa del norte de Marruecos, y el reconocimiento de su presencia en Ifni y Río de Oro, al suroeste. El gran capital español, que buscaba explotar los recursos mineros del Rif, y los militares, deseosos de resarcirse de sus recientes derrotas en las guerras coloniales, fueron los promotores de la aventura norteafricana. Esta suscitó una fuerte oposición entre las clases populares: entre el 26 de julio y el 1 de agosto de 1909 se produjo un levantamiento popular en Barcelona (Semana Trágica de Barcelona), en protesta por las levas de soldados con destino a Marruecos. La imposición del dominio español sobre los irreductibles rifeños tuvo muy alto coste para España, cuyo ejército, desmotivado, formado por jóvenes que no habían podido abonar la "cuota" para librarse del servicio militar, sufrió varios reveses militares, entre ellos el "desastre de Annual" (22 de julio de 1921). Frente a la derecha, los militares y el capital, la izquierda y varios intelectuales se opusieron a la guerra y ocupación de Marruecos.

> "3°. *España en Marruecos, chocará con una odiosidad por parte de los indígenas, la cual quizá éstos no llegarán a sentir por alguna potencia. Esta odiosidad tiene firmes raigambres históricas. Marruecos ha sido el país musulmán fanático, por excelencia; las reacciones muslímicas de morabitos y de El Mahadi, en él tuvieron su base de dominación. España ha sido el país más fanáticamente católico del orbe. En España y en Marruecos, representados por españoles y marroquíes se han desarrollado siempre los más tremendos choques de ambos fanatismos. En los hogares castellanos o españoles se ha sugerido siempre odio y desprecio al moro. En los aduares marroquíes, odio y desprecio al cristiano (español). Los musulmanes expulsados de la Península y acogidos en Marruecos, legaron siempre a sus hijos odio eterno a la raza que les arrebató y expulsó de su patria resplandeciente, Al Ándalus".*

(De *Andalucía y Marruecos*, de Blas Infante. Córdoba. *Revista Andalucía*. Núm. 161. 8-10-1919)

> "*Injusto el pretender proteger a los moros cuando los moros no quieren ser protegidos por el reino de España; injusto pretender sacar parte del injusto reparto de Marruecos que han acordado las potencias occidentales. Y más injusto aún seguir una guerra no más que para que se vea que podemos someter a los moros, para demostrar nuestra superioridad en fuerza sobre ellos".*

(De *Dos dilemas*, de Miguel de Unamuno. *El Socialista*, 10 de septiembre de 1923)

> "*La posición del Partido Socialista no tiene equívocos (...), mantuvo siempre, y sigue manteniendo ahora, asesorado por una triste realidad, la necesidad del abandono de la zona de Marruecos, y he de manifestar, sin ánimo de deprimir el espíritu de nadie, que en estos momentos nos sentimos muchísimo más afianzados en esa actitud, creyendo que es preferible abandonarlo a que acaben por echarnos".*

(De *Convulsiones de España. Con el Rey o contra el Rey. Guerra de Marruecos (1.ª parte)*, de Indalecio Prieto. Fundación Indalecio Prieto. Barcelona. Editorial Planeta, S. A. 1990)

La Legión o Tercio de Extranjeros

El teniente coronel de infantería José Millán-Astray (1879-1954) creó en 1920 un cuerpo de ejército profesional de élite, la Legión o Tercio de Extranjeros, a imitación de la Legión Extranjera Francesa. La Legión intervendrá en las guerras contra los rifeños, en la represión de la revolución de los obreros asturianos en 1934 y en la guerra civil contra el ejército republicano.

> *"La Legión es también religión y sus oraciones están en él comprendidas: las del valor, compañerismo, amistad, unión y socorro, marcha, sufrimiento, endurecimiento a la fatiga, compañerismo ante el fuego, y las cardinales: Disciplina, Combate, Muerte y Amor a la Bandera (...).*
> *¡VIVA ESPAÑA! ¡VIVA EL REY! ¡VIVA LA LEGIÓN!*
> *Son los gritos de combate y de muerte: España es la Patria; el Rey, el Jefe supremo, la Legión, la hermandad sagrada. Y estos ideales, compendiados en los vivas, serán lanzados virilmente, claramente, en los momentos de alegría y de tristeza... Al entrar al combate y al enterrar a los muertos".*

(De *La Legión*, de José Millán Astray. Subinspección de la Legión. Madrid. 1980)

Los nacionalismos periféricos

La tradicional invertebración de España, la exaltación por los costumbristas románticos de lo propio y exclusivo de los pueblos y el afán de los regeneracionistas por identificar y remediar los males de España alentaron la emergencia de movimientos de recuperación y exaltación de las señas de identidad regionales, y, en el caso de Cataluña, País Vasco y Galicia, de sus lenguas vernáculas. Estas, desde el siglo xvi habían sido sustituidas por el castellano como vehículos de expresión literaria. Como consecuencia del desastre colonial y de las críticas de las burguesías periféricas contra la ineficacia de los gobiernos oligárquicos, los regionalismos culturales se convirtieron en ideologías políticas que reclamaban el reconocimiento de sus respectivas nacionalidades. El problema se agravó cuando en Europa se aceptó el derecho de las naciones a constituirse en estados y se identificaron lengua, expresión del alma de los pueblos, etnia y nación, desde entonces muchos nacionalistas se convirtieron en independentistas. Desde sus orígenes, los regionalistas y nacionalistas enfatizan su pasado y apoyan sus demandas en razones históricas y en el sentimiento de ser víctimas del centralismo, que a lo largo de la historia habría cercenado sus derechos y libertades.

Para Nicolás Salmerón (1837-1908), presidente de la Primera República y profesor de Metafísica vinculado al krausismo y al positivismo, los españoles no hemos logrado realizar la unidad nacional: *"Nosotros solos, en este proceso de la Historia contemporánea, dominados por los Austrias y por los Borbones, hemos sido los únicos que no hemos logrado ni realizar nuestra unidad nacional, ni afirmar con ella aquellas fundamentales condiciones de que depende la unidad común de la vida política, que es necesaria, indestructible base de su unidad de comunión social".*

(En *Discurso de Nicolás Salmerón y Alonso con motivo de la discusión del Mensaje de la Corona*. 17 de julio de 1903).

> *"En el fondo del catalanismo, de lo que en mi País Vasco se llama bizkaitarrismo, y del regionalismo gallego, no hay sino anticastellanismo, una profunda aversión al espíritu castellano y a sus manifestaciones. Esta es la verdad, y es menester decirla. Por lo demás, la aversión es, dígase lo que se quiera, mutua.*
> *Castilla ha sido durante siglos, sobre todo desde los Reyes Católicos, el eje histórico de la nacionalidad española; Castilla ha impreso su sello a las letras, a las artes, a la filosofía, a la pseudo-religión, a la política española. Aunque todos hayan podido participar legalmente de la gobernación del Estado, todo se ha hecho a la castellana –y entiéndase de ahora para en adelante que llamo castellanos a aragoneses y andaluces."*

(Del artículo *La crisis actual del patriotismo español*, de Miguel de Unamuno. Madrid (s.n.). 1904)

> *"Entonces veríamos que de 1580 hasta el día, cuanto acontece en España es decadencia y desintegración. El proceso incorporativo va en decrecimiento hasta Felipe II. El año vigésimo de su reinado puede considerarse como la divisoria de los destinos peninsulares. Hasta su cima, la historia de España es ascendente y acumulativa; desde ella hacia nosotros, la historia de España es decadente y dispersiva. El proceso de desintegración avanza en riguroso orden de la periferia al centro. Primero se desprenden los Países Bajos y el Milanesado; luego, Nápoles. A principios del siglo XIX se separan las grandes provincias ultramarinas, y a fines de él, las colonias menores de América y Extremo Oriente. En 1900, el cuerpo español ha vuelto a su nativa desnudez peninsular. ¿Termina con esto la desintegración?".*

(De *España invertebrada*, Bosquejo de algunos pensamientos históricos de José Ortega y Gasset (1921). Edición de Francisco José Martín. Madrid. Biblioteca Nueva. 2007)

"Del hecho de la nacionalidad catalana nace el derecho a la constitución de un Estado propio"

El primer movimiento nacionalista, que serviría de guía y modelo a todos los demás, fue el catalán. Entre los pioneros del catalanismo, Valentí Almirall (1841-1904), fundador del periódico federalista *El Estado Catalán*, el primero en lengua catalana, analiza la situación de España a través del pesimismo regeneracionista, atribuye los males del país a su castellanización y a la carencia de espíritu práctico de los castellanos. Argumenta que sólo la burguesía catalana podría llevar a cabo la regeneración de España. Identifica a Don Quijote con la quintaesencia del espíritu castellano.

"En nombre de la libertad, y a veces -según esté o no de moda
la palabra- en nombre de la democracia, nos han despojado de
nuestras libertades y de todos los derechos realmente democráticos
que algunas regiones habían logrado conservar (...).
(...) se nos obliga a hablar y a actuar en todo momento según la
moda de Castilla; se destruye y se aniquila todo cuanto rompía la
monotonía de las provincias más pobres y más retrasadas de España.
La supresión de los fueros les ha sido impuesta a los vascos y a
los navarros como castigo por su actuación durante la guerra civil;
y a los catalanes se les despoja de sus leyes y se pone en peligro
su industria, porque su espíritu inquieto y rebelde a la sujeción
dificulta la marcha del parlamentarismo".

(De *España tal cual es*, de Valentí Almirall. La Habana. Imprenta "El Retiro". 1900)

Josep Torras y Bages (1846-1916), obispo de Vich, señala las raíces cristianas de la cultura catalana y sostiene que el verdadero amor a la patria nace en la región.

"El verdadero, natural y constante amor de patria nace en la región;
fuera de ella podrá producirse un sentimiento parecido a aquel
afecto, una "aproximación", más no el mismo con toda su sustancia,
integridad y hermosura. (...). El sentimiento de patria que nace en
la región tiene verdadero parecido con el amor filial; la patria es
realmente nuestra madre, la causa de lo que somos; en su virtud se
hallaba contenida nuestra virtud como el efecto en la causa; somos
lo que somos porque ella es lo que es".

(De *La tradición catalana*, de José Torras y Bages. Barcelona. Edit. Selecta. 1966)

El federalista Pompeyo Gener (1848-1920), darwinista social, atribuye la "cuestión catalana", es decir, el desencuentro histórico entre Cataluña y España, a la existencia en el seno de esta de razas inferiores, semíticas y beréberes, que le han impedido abandonar el dogmatismo, así como a la represión ejercida por el absolutismo y la Inquisición sobre las mentes pensantes de las razas puras.

"Así, pues, "cuestión catalana", viene a significar la cuestión, el
litigio, si se quiere, de todo un país, de toda una raza con otra, y no
de un partido político con el Gobierno. El problema está entablado
entre la España lemosina, aria de origen (y por tanto evolutiva),
y la España castellana, cuyos elementos presemíticos y semíticos,
triunfando sobre los arios, la han paralizado, haciéndola vivir sólo
de cosas que ya pasaron.
Y el que esta segunda España sea la que pretende la hegemonía de
la península (y de las colonias), empeñándose en que la parte celto-
latina (y aun la vasca) se amolden a su manera de ser y se subyuguen
a ella, esto es la causa de esta cuestión".

(De *La cuestión catalana o sea el catalanismo,* de Pompeyo Gener. Madrid. Nuestro Tiempo. 1903)

Joan Maragall i Gorina (1860-1911), gran personalidad de la Renaixença, ensayista, pensador nietzscheano, biógrafo, traductor y poeta modernista de lenguaje preciso y llano, fue un iberista y federalista crítico del monopolio lingüístico del castellano y de la colonización cultural de Cataluña por Castilla.

> *"Pensem que el dia que Catalunya s'hagués deslliurat del teatre i de la premsa de Madrid (i la d'aquí que encara es fa a la madrilenya), la nostra independència intellectual estaria molt avançada; i que el dia que la nostra independència intel·lectual siga complerta, lo demés será lo de menos, i Catalunya formará part d'Europa".*

(De *La independència de Catalunya,* de Joan Maragall, en *Adéu, Espanya.* Barcelona. Edicions 62, S. A. Labutxaca. 2010)

El periodista Enrique Prat de la Riba (1870-1917), líder de Lliga Regionalista, primer presidente de la Mancomunidad de Cataluña y fundador del Instituto de Estudios Catalanes, creó el concepto de la Gran Cataluña, formada por todos los territorios catalanohablantes; propugnó la catalanización de España, la toma del poder por la burguesía industrial y la organización federal del Estado. En 1906 publicó *La nacionalidad catalana,* texto auroral del catalanismo político.

> *"Consecuencia de toda la doctrina aquí expuesta es la reivindicación de un Estado Catalán, en unión federativa con los Estados de las otras nacionalidades de España. Del hecho de la nacionalidad catalana nace el derecho a la constitución de un Estado propio, de un Estado Catalán. (...). Estos dos hechos primarios, fundamentales: el de la personalidad nacional de Cataluña, y el de la unidad de España, fortalecidas por dos leyes correlativas: la de la libertad que implica la autonomía y la espontaneidad social, la de la universalidad que lleva a la constitución de potencias mundiales, se resuelven en una fórmula de armonía que es la Federación Española".*

(De *La nacionalidad catalana,* de Enrique Prat de la Riba. Valladolid. Imprenta Castellana. 1906)

Francesc Cambó (1876-1947) fue un político reformista, conservador y autonomista-federalista. Sostuvo que al catalanismo había que defenderlo desde dentro del Estado central. Formó parte como ministro del Gobierno de la Unión Nacional de Maura (1918), en el que actuó como portavoz y defensor de la burguesía empresarial y financiera catalana, de ahí su apoyo al proteccionismo económico y a la normativa de ordenación bancaria. Fue uno de los promotores de la ilegal Asamblea de Parlamentarios (1917), reunida con el fin de fijar un programa de reformas políticas y de establecer un verdadero régimen representativo.

> *"El federalismo es en Derecho público y en materia de organización de Estados, algo así como es la Sociedad Anónima en Derecho mercantil y en materia de organización de sociedades. Así como la Sociedad Anónima permite la agrupación de inmensos capitales, permite la estabilidad de sociedades que no dependen ni de la vida ni del honor de los socios, y tiene en su estructura una flexibilidad tan grande que le permite adaptarse a todas las contingencias del negocio que emprende, así igualmente la organización federativa permite constituir Estados inmensos que casi abarcan continentes".*

(De *"La solución autonomista del problema catalán"*, conferencia de Francesc Cambó en la Real Academia de Jurisprudencia el 29 de noviembre de 1918)

Antoni Rovira i Virgili (1882-1949), historiador y teórico del nacionalismo catalán, fundador de Acció Catalana (1922), de Esquerra Republicana y presidente interino de la Generalidad de Cataluña tras la ejecución de Lluís Companys (1940), afirma la voluntad de Cataluña de conseguir la libertad.

> *"Catalunya vol la llibertat. Per obtenir-la, ha presentat la fórmula de l'autonomía integral, que és la fórmula de la llibertat catalana dins l'Estat español (...)*
> *No pot ésser que els catalans ens hi conformem, Aqueixes rescloses que s'alcen davant del nostre ideal, han de desaparèixer ben aviat. És impossible acceptar procediments dilatoris que ja fa massa anys que duren. Volem la llibertat. L'hem demanada, i ens la neguen. Doncs caldrà exigir-la. Això d'ara no pot continuar. Els catalans, si acceptéssim la continuació de l'actual règim centralista, quedaríem coberts de vergonya davant el món i davant les generacions futures".*

(Tomado de *Catalunya i Espanya*, de Antoni Rovira i Virgili. A cura de Jaume Sobrequés i Callicó. Edicions de la Magrana/Diputació de Barcelona. 1988. Texto publicado el 14-XII-1918)

"Nosotros odiamos a España con toda nuestra alma"

Sabino Arana (1865-1903), vasquista procedente del carlismo -sustituyó el "Dios, Patria y Fueros" de los carlistas por "Dios y Leyes Antiguas"-, siguió el ejemplo de los catalanistas. Lo hizo con simplicidad doctrinal y planteamientos muy radicales a partir de un antiespañolismo obsesivo, del etnicismo y la xenofobia, de la concepción del ruralismo y el catolicismo excluyente como señas de identidad fundamentales del pueblo vasco y de los fueros como expresión de su soberanía. Fundó el Partido Nacionalista Vasco y creó la ikurriña, la bandera vasca. Rasgo propio de la ideología aranista fue la afirmación de la hidalguía del pueblo vasco frente al resto de los españoles, contaminados, afirmaba, por la sangre semítica de moros y judíos. Arana juzgaba a la raza vasca superior a la española, y a los españoles, los "maketos", un pueblo degenerado origen de todos los males de su país; descalifica también a liberales y socialistas, y la industrialización, factor, en su opinión, de desculturización y desintegración de la tradicional organización patriarcal y rural de la nación euskalduna.

> "194.-Nosotros odiamos a España con toda nuestra alma, mientras tenga oprimida a nuestra Patria con las cadenas de esta vitanda esclavitud. No hay odio que sea proporcionado a la enorme injusticia que con nosotros ha consumado el hijo del romano. No hay odio con que puedan pagarse los innumerables daños de su dominación.
>
> 195.- Los euskerianos nacionalistas aborrecen a España, porque ha pisoteado sus leyes patrias, profanado y demolido su templo y uncido a su Patria al yugo de la esclavitud más infame, y está corrompiéndole la sangre, que es la raza, y va a arrancarle la lengua, que es el Euzkera, y acabará por estrujarle el corazón del sentimiento nacional.
>
> 197.-El odio cordial que nosotros profesamos a España se funda en el amor igualmente vivo que tenemos a Euskeria nuestra Patria. Poco nos importa que España sea grande o chica, fuerte o débil, rica o pobre. Está esclavizando a nuestra Patria, y esto nos basta para odiarla con toda nuestra alma, así se encuentre en la cumbre de la grandeza como al borde de su ruina".

(De *De su alma y de su pluma. Colección de pensamientos, seleccionados en los escritos del maestro del nacionalismo vasco*. Bilbao. Talleres Gráficos E. Verdes Achirica. 1932)

"Galicia, pobre y desdichada se yergue del polvo de su humillación"

Alfredo Brañas (1859-1900), jurista, ideólogo del regionalismo-nacionalismo gallego, se inspiró en el nacionalismo catalán para formular sus propuestas galleguistas. Fue autor de *"El Regionalismo. Estudio sociológico, histórico y literario"* (1899), libro germinal del galleguismo. Brañas definió por vez primera, en la publicación *La Patria Gallega*, el concepto de "nacionalidad gallega". Se centró en la defensa de la lengua autóctona y del catolicismo. Como los nacionalistas vascos y al contrario que los catalanes, ataca el liberalismo y el capitalismo, y, como todos los nacionalistas, apoya sus reivindicaciones en la tradición y en los agravios sufridos por Galicia a lo largo de la historia.

> "Galicia, pobre y desdichada se yergue del polvo de su humillación y dirige clamorosas protestas a sus verdugos por medio de tiernísimos poetas, cuya lira patriótica ensordece los aires con himnos pindáricos y plegarias y lamentos que son las notas perdurables de la esclavitud y de la miseria, o por medio de una constante emigración, que deja tristes y solitarios sus valles y montañas, sus poéticas aldeas y sus hermosos caseríos, e incultas y abandonadas sus antes risueñas y feraces campiñas".

(De *El Regionalismo. Estudio sociológico, histórico y literario*, de Alfredo Brañas. Barcelona. Jaime Molinas, ed., 1889)

Vicente Risco (1884-1963), etnógrafo e ideólogo galleguista, autor de *Teoría del nacionalismo gallego* y fundador del Partido Galleguista (1930), reclama la autonomía espiritual, política y económica de Galicia.

> *"Temos dito qu´o Nacionalismo galego propose a reconstitución espiritual, política y económeca de Galicia. Quérese decir que precisamol-a autonomía nas tres ordes (...)*
> *Agora bén: entendemos por reconstitución espiritual, a creación e conservación da civilización galega na Fala, na Arte e nos Costumes. Entendemos por reconstitución política, a liberación e goberno (no senso galego da verba) do pobo galego, ou sexa: acabar c´o caciquismo".*

(De *Teoría do Nacionalismo Galego*, de Vicente Risco. Orense. Imprenta de la Región. 1925)

"El español penetró en las Canarias a sangre y fuego"

El nacionalismo canario hunde sus raíces en una tradición que se remonta a 1808, cuando la Junta Suprema, que había asumido el poder en las islas durante la invasión francesa, consideró varias posibilidades: vincular el archipiélago a los Estados Unidos de América, a Brasil, a la América hispana, en proceso de independizarse, o convertirse en un protectorado británico. En los años sesenta del siglo xx renacerá como respuesta a la degradada situación socio-económica de las islas.

El tinerfeño Secundino Delgado Rodríguez (1867-1912), padre del nacionalismo canario, se formó en el ambiente revolucionario de la Cuba de finales del siglo xix, donde luchó al lado de los independentistas contra los españoles. En Caracas fundó la revista *El Guanche* y colaboró con otros medios de ideología independentista.

> (El canario) *"compara su estado con el de Cuba y Filipinas y deduce consecuencias terribles para sus explotadores, terribles hoy ante la opinión pública, más terribles mañana, el día de las responsabilidades. Lo mismo que en aquellas dos colonias, el español penetró en las Canarias a sangre y fuego y si subyugó y en parte destruyó al indio, al guanche lo absorbió por completo. Si explota a destajo las islas asiáticas y americanas que le pertenecen también explota sus islas africanas.*
> *Nuestras fieles Canarias, nuestra fiel isla de Cuba, dice el peninsular. ¿Fieles a quién? ¡Oh compatriotas canarios! Fieles a España. El peninsular no dice nuestra fiel Andalucía porque Andalucía es España y semejante frase sería un contrasentido. Pero nuestras islas queridísimas no son una porción, sino una posesión española".*

(Del *artículo n.º 4, de 7 de enero de 1898*, de Secundino Delgado, en *El Guanche, revista quincenal independiente, noticiosa de las Islas Canarias*)

"El pancatalanismo anula nuestra nacionalidad valenciana"

José María Bayarri (1886-1970), estudioso de la lengua valenciana, se lamenta de la pérdida del autogobierno de la región en el siglo XVIII y cree que desde entonces Valencia está sometida por España a una situación colonial. Se opuso a los defensores de la catalanidad de Valencia. En 1931 publicó *"El perill catalá"*, la obra que mejor define su pensamiento.

> *"El peligro, que llamamos* catalán, *para nuestra Valencia consiste, ya lo habíamos insinuado, en creer y propagar que Valencia, el antiguo Reino, nuestra Patria es catalana, que Valencia, por sí misma, no tiene personalidad nacional, que la patria de los valencianos se llama Cataluña, que los valencianos somos catalanes de Valencia; que (...) la nacionalidad de los valencianos es catalana; que nuestra historia valenciana y nuestra cultura y nuestro territorio y nuestra tradición, forman parte y están implícitas en una entidad nacional superior que se llama la gran Cataluña.*
>
> *La pretensión de ese pancatalanismo anula nuestra nacionalidad valenciana. Valencia queda extinguida en su personalidad jurídica".*

(De *El peligro catalán*, de Josep María Bayarri. Colección: *"La nacionalidad valenciana"*. Traducción de Carles Recio. Valencia. Edición Histórica de 1931. Institut d´Estudis Valencians. 1998)

"Ideal andaluz"

El notario Blas Infante (1885-1936), *"Padre de la patria andaluza"*, primer ideólogo del andalucismo político, creía en la continuidad histórica entre al-Ándalus y Andalucía, evoca el pasado común de españoles y marroquíes y propone la federación de sus estados. Su programa político tiene un alto contenido de denuncia y reivindicación social, afirma la nacionalidad andaluza, asume las tesis de federalistas y republicanos y reclama la regeneración de Andalucía.

> *"Yo tengo clavada en la conciencia, desde mi infancia, la visión sombría del jornalero. Yo le he visto pasear su hambre por las calles del pueblo, confundiendo su agonía con la agonía triste de las tardes invernales; he presenciado cómo son repartidos entre los vecinos acomodados, para que éstos le otorguen una limosna de trabajo, tan sólo por fueros de caridad; los he contemplado en los cortijos, desarrollando una vida que se confunde con la de las bestias; les he visto dormir hacinados en sus sucias gañanías, comer el negro pan de los esclavos, esponjado en el gazpacho maloliente y servido, como a manadas de ciervos en el dornillo común, trabajar de sol a sol, empapados por la lluvia del invierno, caldeados en la siega por los horrores de la canícula; y he sentido con indignación al ver que sus mujeres se deforman consumidas por la miseria de las rudas faenas del campo".*

(De *Ideal andaluz. Varios estudios acerca del Renacimiento de Andalucía*, de Blas Infante Pérez. Sevilla. Imprenta de Joaquín L. Arévalo. 1915)

"Aragón es una nacionalidad"

El regionalismo-nacionalismo aragonés surgió en vinculación con el pensamiento regionalista de Joaquín Costa, aragonés de Monzón (Huesca). Entre los aragonesistas, Julio Calvo Alfaro (1896-1955), director de la revista *El Ebro*, definió en sus Pág.inas y en diversos trabajos la nacionalidad aragonesa. Gaspar Torrente (1888-1970), republicano federalista, elaboró un ideario nacionalista trasunto del catalán. Fundó periódicos y asociaciones políticas a fin de difundir el concepto de "nacionalidad aragonesa".

> *"¿Qué es Aragón?*
> *-Aragón es una nacionalidad definida geográficamente por las provincias de Zaragoza, Huesca y Teruel.*
> *¿Quién es aragonés?*
> *-Aragonés es aquel nacido en Aragón o que se declare por su propia voluntad ciudadano aragonés.*
> *¿A quién debe servir sobre todo el ciudadano aragonés?*
> *-A Aragón".*
> *(De Doctrina regionalista de Aragón,* de Julio Calvo Alfaro. *El Ebro.* 1922*)*

> *"Es innegable la existencia de un espíritu nacionalista aragonés, toda vez que es innegable, también, la existencia de un pueblo que se apellida Aragón y goza -aunque no se le quiera reconocer- una personalidad bien definida y bien propia...*
> *Eso es cierto, es verdad; pero no olvidemos que, de la personalidad colectiva, no somos los hombres de ahora precisamente los que debemos llevar la representación; tenemos una Historia, la historia de Aragón, y delante de ella no cuesta mucho evidenciar la afirmación de nuestro carácter y de la existencia de nuestra raza".*

(De *Cien años de nacionalismo aragonés,* de Gaspar Torrente. Edición de Antonio Peiró. Selección de textos: Bizén Pinilla y Antonio Peiró. Zaragoza. Rolde de Estudios Nacionalista Aragonés. 1988)

"España ha sido y es una ficción. No existe España"

Los ideólogos nacionalistas periféricos redujeron el concepto de "España" a una simple ficción jurídico-política, y la clave de la historia peninsular a una oposición constante entre centralismo y autonomismo. Marcelino Domingo (1884-1939), fundador del Partit Republicà Català y del Partido Radical-Socialista (1929), argumentó sobre la inexistencia de España.

> *"Porque España ha sido y es una ficción. No existe España. Pudo articularse una gran nación en tiempo de los Reyes Católicos. ¿Cómo? Aceptando y respetando la variedad dentro de la unidad. Una política de unidad alta, creadora, hubiera podido, tal vez, con los siglos, como Francia, esbatir la variedad o lograr en la variedad*

> *la más firme y rica colaboración para la unidad. Pero se siguió, por unos y por otros reyes, la táctica más opuesta. (...) Se quiso con contumacia suicida una ley y un rey; y hubo y hay una ley -cuando la hay- y un rey; ¿pero hay una Nación?".*

(De *¿A dónde va España?*, de Marcelino Domingo. Madrid. Editorial "Historia Nueva". 1930)

Aliadófilos y germanófilos

La neutralidad de España en la Primera Guerra Mundial dividió la opinión pública entre aliadófilos y germanófilos. Los liberales y progresistas tomaron partido por Francia e Inglaterra, ejemplos de libertad y democracia; los conservadores dieron su apoyo moral a Alemania, modelo de eficacia, orden y autoritarismo. Aquellos alegaban la defensa de los valores democráticos, estos argumentaban razones afectivas y el desencuentro histórico de los españoles con ingleses y franceses. El pueblo se manifestaba de forma mayoritaria por la neutralidad, excepto las clases obreras, más proclives a ayudar a las democracias.

El político liberal Álvaro de Figueroa, conde Romanones (1863-1950), partidario de las democracias occidentales, señala los peligros de la neutralidad. Pablo Iglesias (1850-1925) creía que España carecía de recursos para participar en la guerra. El profesor de filosofía José Verdes Montenegro (1865-1939), socialista, director de *El Mundo Obrero* (1901-1904), justifica la neutralidad, por ser la victoria de unos u otros ajena a los intereses de la clase trabajadora. Vicente Blasco Ibáñez (1867-1925), ensayista y novelista naturalista de gran éxito internacional, fue ferviente partidario de los Aliados. En su novela *Los cuatro jinetes del Apocalipsis* (1916) aborda la cuestión de la guerra. Jacinto Benavente (1886-1954), autor de teatro de bulevar, realista y verosímil, Premio Nobel de literatura 1922, dio su apoyo a Alemania.

> *"(...) la neutralidad es un convencionalismo que sólo puede convencer a aquellos que se contentan con palabras y no con realidades; es necesario que tengamos el valor de hacer saber a Inglaterra y a Francia que con ellas estamos, que consideramos su triunfo como nuestro y su vencimiento como propio; entonces España, si el resultado de la contienda es favorable para la Triple Inteligencia, podrá afianzar su posición en Europa, podrá obtener ventajas positivas. Si no hace esto, cualquiera que sea el resultado de la guerra europea, fatalmente habrá que sufrir muy graves daños".*

(De *Hay neutralidades que matan*, del Conde de Romanones. *Diario Universal*. 19-8-1914)

> *"No soy anglófilo ni germanófilo porque no creo que del triunfo de un bando o de otro dependa el que haya más justicia, ni más libertad para los hombres, ni se beneficie la civilización de los pueblos; porque pienso que la maldita guerra es una de tantas orgías de la clase capitalista en que ésta hace su agosto a costa de los proletarios, en que proletariza a pequeños y medianos burgueses y en que sus*

fracciones nacionales compiten por obtener la supremacía mundial".
(De *Contra la guerra*, de José Verdes Montenegro. Casa Editorial Monclús. Tortosa, 1917)

> *"Después de la batalla salvadora del Marne, cuando el gobierno volvió a instalarse en París, conversé un día con M. Poincaré, que era entonces presidente de la República. (...) El presidente de la República quiso felicitarme por mis escritos espontáneos a favor de Francia en los primeros y más difíciles momentos de la guerra, cuando el porvenir se mostraba oscuro, incierto, y bastaban los dedos de una mano para contar en el extranjero a los que sosteníamos franca y decididamente a los Aliados.*
> *-Quiero que vaya usted al frente -me dijo-, pero no para escribir en los periódicos. Eso pueden hacerlo muchos. Vaya como novelista. Observe, y tal vez de su viaje nazca un libro que sirva a nuestra causa".*

(De *Los cuatro jinetes del Apocalipsis*, de Vicente Blasco Ibáñez. Lima. Talleres de "La Prensa", 1916)

> *"(...) nos preguntamos extrañados cómo nuestros «intelectuales» han logrado sobreponerse a la realidad histórica para elevarse a las sublimes idealidades del amor a Francia y a Inglaterra, con la grata ilusión de que ellas son y serán siempre nuestras mejores amigas y aliadas. Que la amistad de esas dos poderosas naciones nos sería muy conveniente, ¿quién lo duda? Todas las amistades son convenientes si son verdaderas. Pero ¿cuándo han sido amigas nuestras leales esas dos señoras naciones?".*

(De *Manifiesto germanófilo*, de Jacinto Benavente, *ABC*, 10-7-1915)

"Algo muy sencillo de explicar. El Opus Dei"

La organización católica del Opus Dei fue fundada en 1928 por José María Escrivá de Balaguer (1902-1975), religioso beatificado por el papa en mayo de 1992 y santificado en octubre de 2002. La Obra predica un modelo de vida ejemplar, aspira a organizar una sociedad cristiana desde arriba, y al servicio de este objetivo recluta sus miembros entre quienes mejor pueden contribuir a alcanzarlo. El Opus Dei experimentará extensa difusión internacional tras la Segunda Guerra Mundial. Balaguer es autor de *Camino*, en el que vierte su pensamiento a través de 999 aforismos:*"¿Qué es el Opus Dei? El Opus Dei es una organización internacional de laicos, a la que pertenecen también sacerdotes seculares (una exigua minoría en comparación con el total de socios). Sus miembros son personas que viven en el mundo, en el que ejercen su profesión u oficio (...). ¿Qué se propone el Opus Dei? El Opus Dei se propone promover entre personas de todas las clases de la sociedad el deseo de la perfección cristiana en medio del mundo".*
(De *Algo muy sencillo de explicar. El Opus Dei*, de José María Escrivá de Balaguer. Oficina de Información del Opus Dei en España. Texto publicado en el núm. 173 de la Revista *TELVA*, el 1 de diciembre de 1970)

El periodista Jesús Ynfante (1944) publicó en Francia (1970) *La prodigiosa aventura del Opus Dei. Génesis y desarrollo de la Santa Mafia*, libro prohibido en España por la censura franquista y reelaborado por su autor en trabajos posteriores. El libro es un alegato contra el *"fascismo clerical"* y, según el autor, contra la estrecha vinculación entre el gran capital y la Obra, a la que califica de organización mafiosa.

> *"El grupo de estudiantes de 1928 se ha convertido en una mafia poderosísima que devora presupuestos de organismos científicos y aparatos estatales, y que es propietaria además de innumerables empresas, lo que le permite mantener una pujante apariencia social que es uno de sus señuelos más atrayentes. Las formas religiosas e ideológicas van quedando cada vez más soterradas bajo tamaño monstruo organizativo".*

(De *La prodigiosa aventura del Opus Dei. Génesis y desarrollo de la Santa Mafia*, de Jesús Ynfante. París. Ruedo Ibérico. 1970)

"El hombre providencial". "Política quirúrgica"

A finales del siglo xix comenzaron a manifestarse tendencias totalitarias entre sectores militares y de la burguesía conservadora. A ello contribuyeron la desintegración progresiva de la democracia ficticia de la oligarquía, el descontento social y la evocación por los regeneracionistas de *"la revolución desde arriba"*, del *"cirujano de hierro"*, del *"hombre providencial"* capaz de poner remedio a los males del país y encaminarlo hacia la verdadera democracia y el desarrollo económico. Las críticas de los regeneracionistas erosionaron la imagen del sistema representativo y amplios sectores sociales comenzaron a considerar la dictadura como única vía posible para la salvación del país.

> *"Repito que la hora presente en España es la hora de un gran corazón y una gran inteligencia de ese fuste. Sólo bajo su dirección cabría la certeza del éxito, por cumplir cuantas condiciones para él son necesarias. Patriota ferviente, encarnaría en todas sus resoluciones el alma de la patria; mano de hierro, ante ella caerían, como ante el rayo las torres cuarteadas, oligarcas, banderías y caciques; apóstol y Mesías del pueblo, sacudiría su modorra y despertaría su fe y sus entusiasmos".*

(De *El problema nacional: hechos, causas, remedios*, de Ricardo Macías Picavea. Librería General de Victoriano Suárez. Madrid. 1899)

> *"(...) se requiere sajar, quemar, resecar, amputar, extraer pus, transfundir sangre, injertar músculo; una verdadera política quirúrgica. Y esa política, sin la cual la libertad podrá ser una promesa y una esperanza para mañana, para un mañana muy remoto, en manera alguna para hoy, y España como una simiente de nación enterrada en el surco, que otra generación podrá ver nacer, si antes el campo no es subvertido por uno de tantos terremotos*

*de la historia; esa política quirúrgica, repito, tiene que ser cargo
personal de un cirujano de hierro, que conozca bien la anatomía del
pueblo español y sienta por él una compasión infinita".*
(De *Oligarquía y caciquismo como la forma actual de gobierno en España: urgencia y
modo de cambiarla,* de Joaquín Costa. Madrid. Hijos de M.G. Hernández. 1902)

El escritor José Martínez Ruiz, "Azorín" (1873-1967) reflexiona sobre la
imposibilidad de modificar la estructura íntima de un pueblo.

*"Fijaos bien: un pueblo puede ser levantado en masa a impulsos del
patriotismo o de la gloria militar; durante un momento -ocho, diez
o veinte años- pueden correr masas enteras agitadas por una idea
poderosa; pero esto será sólo un instante; pero no se tratará de
modificar la íntima estructura de ese pueblo; pero volverá a ser el
mismo que era, con su idiosincrasia peculiar, pasada la fiebre que le
ha enardecido y convulsionado".*
(De *Las confesiones de un pequeño filósofo,* de José Martínez Ruiz, "Azorín". *El Pueblo
Vasco.* 22-8-1903)

"El cirujano de hierro"

El general Primo de Rivera (1870-1930), en el poder tras el golpe de Estado que
dirigió el 23 de septiembre de 1923, suspendió las garantías constitucionales y
prometió gobernar con eficacia y honestidad: *"Menos política y más administración".*
Unos vieron en el dictador al *"cirujano de hierro"* y algunos economistas admiraron
las transformaciones que España comenzó a experimentar bajo su mandato.
Sus mayores éxitos fueron la pacificación del Protectorado en Marruecos tras el
desembarco de Alhucemas (1925), la mejora de la infraestructura y el desarrollo
económico.

*"Si algo más había de tener de bueno el 13 de septiembre, ha tenido el
poder probar y contrastar cómo en España se podía hacer, apelando
a una actitud de orden, de patriotismo y de ciudadanía del Ejército
y de la Armada, una importantísima revolución de los hábitos y
costumbres públicos, una estructuración esencialmente nueva del
modo de gobernar el país, sin que se produjera ni un solo chispazo,
sin que se acusara ni una sola ambición, sin que se rompiera ni
siquiera uno de los más tenues hilos que atan y forman la madeja de
la disciplina, que ha de envolvernos a todos en el Ejército por igual,
para ser garantía del cumplimiento de todos nuestros deberes y de
la más firme asistencia a la madre Patria".*
(De *Actuación ciudadana que corresponde al Ejército. Conferencia pronunciada por el
Presidente del Consejo de Ministros, D. Miguel Primo de Rivera, en el Casino de Clases
de Madrid, el día 26 de octubre de 1927)*

El político y periodista Rafael Sánchez-Guerra (1897-1964), ideólogo izquierdista y propagandista del republicanismo, niega legitimidad al ejército para gobernar el país.

> *"¿Es función del ejército la gobernación de un país? No. Nunca. En ningún caso. Un gobierno de orígenes militares, con procedimientos dictatoriales o con apariencia y alarde constitucional, sólo puede mantenerse en el poder por la coacción y por la fuerza.*
>
> *Una nación libre no debe permitir que se le arrebaten sus derechos a gobernarse por sí misma. Los ejércitos no han sido creados para regir los pueblos, sino para servirlos".*

(De *España Republicana. Lecciones de sus hombres*, por Rafael Sánchez Guerra. S.l. (s.n.). 1931)

• **Bibliografía:** página 310

8.- LA SEGUNDA REPÚBLICA

El fin de la bonanza económica, resultado de la contracción de las exportaciones tras el fin de la Primera Guerra Mundial, la crisis financiera y económica internacional de 1929 y la oposición de intelectuales y estudiantes, marcaron el fin de la dictadura del general Primo de Rivera el 28 de enero de 1930. La presión social obligó al Gobierno a convocar elecciones municipales. Los republicanos se alzaron con el triunfo (12 de abril de 1931) en las ciudades principales. Falto de apoyos, el monarca Alfonso XIII se exilió y la República fue proclamada el 14 de abril de aquel año de 1931 por un Comité Revolucionario que se convertiría en Gobierno provisional bajo la presidencia de Niceto Alcalá Zamora (1887-1949), representante de la derecha liberal conservadora. El nuevo régimen, considerado por muchos la solución idónea para los problemas estructurales del país, despertó gran entusiasmo popular: la mayoría de los trabajadores confiaba poder llevar a cabo el cambio social que el país necesitaba; para las clases medias significaba recuperación de las libertades y de los derechos civiles, el fin del señoritismo y del caciquismo, el logro de la igualdad de oportunidades y, en general, la modernización del país; para los nacionalistas periféricos, era el marco político adecuado para institucionalizar la autonomías y, en su caso, para conconseguir la independencia.

Las Constitución republicana de 1931 recuperó los principios democráticos fundamentales del liberalismo radical -soberanía nacional e igualdad de los ciudadanos ante la ley-, asignó el poder ejecutivo al Consejo de Ministros, dirigido por el presidente del Gobierno, y otorgó funciones representativas al presidente de la República; radicó el poder legislativo en una sola Cámara, el Congreso, elegido por sufragio universal y directo. La Constitución estableció, por vez primera en la historia de España, la aconfesionalidad del Estado, y reconoció, también por vez primera, el derecho de las regiones a la autonomía y el de las mujeres al voto.

"Agrupación al servicio de la República"

Poco antes de la proclamación de la Segunda República, tres relevantes personalidades del mundo cultural y científico, Gregorio Marañón, José Ortega y Gasset y Ramón Pérez de Ayala, se dirigieron al pueblo español, a través de las Pág.inas del diario *El Sol* para manifestar la necesidad de acabar con el régimen oligárquico de la Restauración y de sustituir la Monarquía por la República. La asociación Agrupación al Servicio de la República había sido creada al objeto de aglutinar a los interesados en implantar el nuevo modelo de Estado.

> *"El Estado español tradicional llega ahora al grado postrero de su descomposición. No procede ésta de que encontrase frente a sí la hostilidad de fuerzas poderosas, sino que sucumbe corrompido por sus propios vicios sustantivos. La Monarquía de Sagunto no ha sabido convertirse en una institución nacionalizada (…). Nunca se ha sacrificado aceptando con generosidad las necesidades vitales de nuestro pueblo, sino que, por el contrario, ha impedido siempre su marcha natural por las rutas históricas, fomentando sus defectos inveterados y desalentando toda buena inspiración. De aquí que día por día se haya ido quedando sola la Monarquía y concluyese por mostrar a la intemperie su verdadero carácter, que no es el de un Estado nacional, sino el de un Poder público convertido fraudulentamente en parcialidad y en facción.*
> *Nosotros creemos que ese viejo Estado tiene que ser sustituido por otro auténticamente nacional".*

(Del artículo *Agrupación al servicio de la República,* publicado por Gregorio Marañón, José Ortega y Gasset y Ramón Pérez de Ayala en el diario *El Sol,* 15 de noviembre de 1931)

Proclamación de la Segunda República

> *"En nombre de todo el Gobierno de la República Española saluda al pueblo una voz, la de su Presidente, rendida por la emoción e impulsada por el entusiasmo ante el espectáculo sin igual de una reacción casi imposible de imitar, que esta Nación ha dado al mundo resolviendo el problema de su revolución latente y cambio indispensable de su estructuración en medio de un orden maravilloso y por voluntad y vía perfectamente legal. El Gobierno todo, en nombre del cual hablo, compenetrado en su amor al país y dispuesto a resolver todos los ideales nacionales, ofrece que pronto, muy pronto, tan pronto como las circunstancias lo permitan, el país dictará todo el modelo de su estructuración política…".*

(De *Discursos, Proclamación de la República (14 de abril de 1931),* de Niceto Alcalá Zamora)

El literato, articulista y periodista en lenguas catalana y castellana Josep Pla i Casadevall (1897-1981), cronista parlamentario, corresponsal del periódico *La Veu* en Madrid, refiere alguno hechos en relación con la proclamación de la República, de los que fue testigo directo.

"A las tres de la tarde del día 14 se izó en Madrid la primera bandera republicana, que tremoló sobre el Palacio de Comunicaciones (...).

En cuanto esto se hizo público, Madrid corrió a destruir y a esconder los símbolos monárquicos. Los comerciantes proveedores de la Real Casa, las tiendas con el escudo real, las fondas, teatros y restaurantes con algún nombre relacionado con la Monarquía, hicieron desaparecer rápidamente los nombres comprometedores y dinásticos. Las estatuas que el pueblo consiguió derribar cayeron de forma implacable. Un busto de bronce de Primo de Rivera fue colgado en el balcón de Gobernación. Las banderas republicanas se hicieron más y más espesas".

(De *La Segunda República española. Una crónica, 1931-1936*, de Josep Pla. Edición de Xavier Pericay. Barcelona. Ediciones Destino, S. A. 2006)

El jurista penalista y político socialista Luis Jiménez de Asúa (1889-1970), presidente de la Comisión parlamentaria redactora de la Constitución republicana de 1931, comenta algunos de sus artículos.

"El artículo primero contiene la definición de la República española diciendo que España es una República democrática de trabajadores de toda clase, que se organiza en régimen de Libertad y de Justicia. Los poderes de todos sus órganos emanan del pueblo. La República constituye un Estado integral, compatible con la autonomía de los Municipios y las Regiones. La bandera de la república española es roja, amarilla y morada".

(De *La Constitución política de la democracia española*, de Luis Jiménez de Asúa. Ediciones Ercilla. Santiago de Chile. 1942)

Deterioro del orden público

El triunfo electoral de la coalición de derechas CEDA (1933) detuvo la puesta en práctica de las reformas. En 1934 se desencadenó una violenta revolución en Asturias, que fue reprimida por el general Franco con efectivos del ejército de África. Las izquierdas se coaligaron en el Frente Popular, y ganaron las elecciones de febrero de 1936, Azaña accedió a la presidencia de la República y desbloqueó el programa reformista. La agitación social y las reclamaciones de la derecha ponían en peligro la supervivencia del régimen republicano.

José Calvo Sotelo (1893-1936), político monárquico, ministro de Hacienda de Primo de Rivera, fue uno de los líderes de las campañas de acoso de la derecha contra la izquierda. El jurista José María Gil Robles (1898-1980), político de centro-derecha, comenzó su carrera pública en *El Debate*, periódico católico-conservador dirigido por Ángel Herrera Oria. Desde 1933 fue líder de la CEDA. Como Calvo Sotelo, denunció la subversión popular.

Extremistas de derechas asesinaron (12 de julio de 1936) al oficial de la Guardia de Asalto teniente Castillo, y al día siguiente, a Calvo Sotelo. El día 18 se produjo el golpe militar del general Franco, desencadenante de la Guerra Civil.

"(...) los sucesos revolucionarios presentes son los más graves registrados en la Historia de España desde el siglo XIX a nuestros días. Alguno insinuó que han sido los más graves ocurridos en Europa. (...). Es cierto que hemos sofocado los focos externos, la expresión externa de la revolución; pero sus raíces íntimas están todavía profundamente arraigadas en la entraña de un gran núcleo de españoles. Cuando ocurren conmociones de este tipo y de este estilo, algo vital se va, algo esencial se quema, se resquebraja, se desencuaderna, y esto está ocurriendo en España".

(Del *Discurso de Calvo Sotelo en el Congreso el 6 de noviembre de 1934*, con motivo de la *Revolución de Asturias*. Tomado de *Antología de José Calvo Sotelo*, de Carlos Cardell. Madrid. Espasa-Calpe, S. A. 1942)

"Habéis ejercido el Poder con arbitrariedad; pero, además, con absoluta y total ineficacia. Aunque os sea molesto, señores diputados, no tengo más remedio que leer unos datos estadísticos (...).
Desde el 16 de febrero hasta el 15 de junio, inclusive, un resumen numérico arroja los siguientes datos: Iglesias totalmente destruidas, 160; asaltos de templos, incendios sofocados, destrozos, intentos de asalto, 251; muertos, 269; heridos de diferente gravedad, 1287; agresiones personales frustradas o cuyas consecuencias no constan, 215; atracos consumados, 138; tentativas de atraco, 23; centros particulares y políticos destruidos, 69; ídem asaltados, 312; huelgas generales, 113; huelgas parciales, 228; periódicos totalmente destruidos, 10; asaltos a periódicos, intentos de asalto y destrozos, 33; bombas y petardos explotados, 146; recogidas sin explotar, 78".

(Del *Discurso de Gil Robles el 16-6-1936*. En *Gil Robles. Discurso parlamentarios*. Esquema histórico y edición de Pablo Beltrán de Heredia. Madrid. Taurus. 1971)

Santiago Casares Quiroga (1884-1950), ministro y jefe de Gobierno de la República con Azaña, defiende a la República de las acusaciones de la derecha.

"(...) voy a examinar, siquiera sea rápidamente (...) las afirmaciones hechas, tanto por el Sr. Gil Robles como por el Sr. Calvo Sotelo (...)
(...) quienes se levantan representando a las oposiciones para acusar al Gobierno punto menos que de tolerar actos subversivos y actos de exaltación son aquellos mismos que durante dos años, que a muchos de nosotros nos han parecido un poco largos, han vejado, perseguido, encarcelado, maltratado, torturado, llegando a límites como jamás se había llegado, creando un fondo de odio, de verdadero frenesí en las masas populares, y que vengan a reprocharnos las consecuencias de todo eso. ¡Pero si estáis examinado vuestra propia obra!".

(De *Estado subversivo en que vive toda España. 16 de junio de 1936*, de Santiago Casares Quiroga. Tomado de *Casares Quiroga. Discursos parlamentarios (1931-1936)*. Edición de Emilio Grandíos Seoane. A Coruña. Edición de Castro. A Coruña. 2006)

El problema de los latifundios

La inmensa masa de braceros en paro casi permanente constituía una amenaza para la paz social desde la época de las desamortizaciones. El problema de los trabajadores del campo fue objeto de análisis y denuncia por parte de intelectuales y políticos del primer tercio del siglo xx. El notario Juan Díaz del Moral (1870-1948), intelectual krausista, discípulo de Giner de los Ríos, historiador de los movimientos campesinos andaluces, propuso una reforma agraria con fines más sociales que económicos. El ingeniero agrónomo Pascual Carrión (1891-1976) desempeñó un relevante papel en la política agraria de la Segunda República: fue jefe del Instituto de Reforma Agraria, secretario de la Junta Central de Reforma Agraria (1931-1932) y miembro de la Comisión Técnica que redactó el anteproyecto de Ley de Reforma Agraria. Carrión abordó el estudio de los latifundios.

> *"¿Y en qué consiste la función social que la tierra desempeña? Pues en suministrar vegetales para alimento de los habitantes de la Nación y del ganado, en suministrar materias primas para muchas industrias; y en los pueblos de agricultura vigorosa, próspera y poderosa, como la española (...) la tierra debe suministrar elementos y productos de intercambio, para mantener la vida económica internacional, que es indispensable, porque un pueblo que se aísla de la vida internacional es pueblo muerto, y como la industria española no puede cumplir esta función, tiene que cumplirla la agricultura".*

(De *La Reforma Agraria. El Estatuto Catalán*, de Juan Díaz del Moral. Madrid. *Revista de Occidente*. 1932)

> *"El estudio detenido que hemos realizado a lo largo de esta obra muestra claramente que el problema de los latifundios en España no es una entelequia inventada por unos cuantos descontentos o idealistas, sino una cuestión grave de enorme trascendencia económica y social para nuestra patria. No se trata sólo del hecho de que unos 7000 propietarios poseen más de seis millones de hectáreas en las regiones manchegas, extremeña y andaluza, sino también de que disfruten la mayor parte de la riqueza que en ellas se produce, dejando al resto de sus habitantes en situación precaria, y, sobre todo, impidiendo que se intensifique la producción y puedan progresar estas provincias".*

(De *Los latifundios en España*, de Pascual Carrión. Madrid. Gráficas Reunidas. 1932)

"La anarquía es la filosofía más sólida del progreso"

Federico Urales, pseudónimo del anarcocomunista Juan Montseny (1864-1942), cofundador de la CNT (1910) y de la FAI (1927), fundador de la *Revista Blanca*, posteriormente titulada *Tierra y Libertad*, y del semanario *El Luchador*, comentó "el carácter profundamente idealista y religioso-moral del anarquismo, así como su utopismo, tan ascético y severo como la primitiva utopía judeocristiana".

"Y la anarquía no podrá ser un sistema social ni individual: ha de ser la madre y el amparo de todos los sistemas, sociales e individuales, que se practiquen sin gobiernos ni propietarios...
La anarquía ha de ser una infinidad de sistemas y de vidas libres de toda traba. Ha de ser así como un campo de experimentación para todas las semillas humanas, para todas las naturalezas humanas, y ha de ser, además, un amparo para todas las orientaciones y para todos los atrevimientos".

(De *La anarquía al alcance de todos*, de Federico Urales. Barcelona. Ediciones de la *Revista Blanca*. 1931)

Los anarcosindicalistas aspiraban a subvertir el orden establecido mediante la huelga general y la acción directa o confrontación con los patronos. En 1900 fundaron la Federación de Trabajadores de la Región Española, en 1907 crearon Solidaridad Obrera, en 1909 proclamaron la huelga general como medio de acción revolucionaria, en 1910 fundaron la Confederación Nacional del Trabajo (CNT), y en 1927 la Federación Anarquista Ibérica (FAI), que dio nuevo impulso al movimiento huelguístico. Ángel Pestaña Núñez (1886-1937), líder anarcosindicalista y antimarxista, rechazó la violencia y promovió el sindicalismo político, a cuyo fin fundó el Partido Sindicalista. Diego Abad de Santillán (1897-1983), teórico del anarquismo, dirigente de la FAI durante la Guerra Civil, aborda el análisis del modelo libertario de sociedad y de economía socializada.

"¿Cómo suprimir el derecho de propiedad privada, los códigos, las leyes, los tribunales y todas cuantas instituciones han sido creadas para defenderla y ampararla? Más clara y más concreta la pregunta: ¿Cómo llegará, por qué medios, la clase trabajadora a suprimir la explotación del hombre por el hombre socializando los medios de producción y de consumo?
¿Matando a un propietario? No. ¿A dos? Tampoco. ¿A tres? ¿A diez, a veinte? Podríamos aumentar el número hasta que sumaran miles, hasta lo infinito, y la respuesta sería siempre la misma: negativa".

(De *Consideraciones generales sobre la violencia*, de Ángel Pestaña. Madrid. Ediciones Minuesa. 1932)

"La anarquía no es negación; es la filosofía más sólida del progreso, la más consecuente, la más armoniosa. Proporciona el avance y el perfeccionamiento de los hombres y las instituciones en todos los órdenes de la vida; eso presupone la afirmación de la libertad, de la libre iniciativa, del pensamiento y de las manos libres, porque un progreso que tiene por delante dogmas, credos cerrados, preconceptos autoritarios, no podrá ser más que parcial y deficiente".

(De *El anarquismo y la revolución de España. Escritos 1930/38*, de Diego Abad de Santillán. Selección de Antonio Elorza. Madrid. Editorial Ayuso.)

La izquierda radical

El anarcosindicalista Salvador Seguí Rubinat (1886- 1923) señaló las diferencias entre comunistas y anarquistas.

> *"Las diferencias que separan a los sindicalistas libertarios (comunistas libertarios) de los socialistas que han aceptado el programa de la Tercera Internacional y de los que siguen las inspiraciones de la Segunda, son de dos clases: doctrinales y tácticas. Las primeras pueden concretarse así: los socialistas quieren la exaltación del Estado, la subordinación de la vida libre a una institución que habrá de regular las relaciones entre los hombres y que forzosamente tendrá que oponerse a toda idea que signifique elevación a la categoría de entidad colectiva e influyente de cualquier grupo que no acepte su tutela absoluta, y si esto parece exagerado, que no acepte su tutela, cuando menos, en lo que tenga relación con las bases económicas de la sociedad. Es decir: la sustitución de la burguesía por la burocracia. Los comunistas libertarios queremos la desaparición del Estado para que las normas de convivencia surjan de las propias necesidades, y para que las iniciativas individuales puedan tener libre expresión en todo momento".*

(De *La posición doctrinal de los sindicalistas libertarios frente a los internacionalistas Socialistas. Cultura y acción.* 21-11-1922)

Andrés Nin (1892-1937), ideólogo troskista-estalinista, líder de Izquierda Comunista de España, acusa a la Iglesia de adormecer el espíritu de rebeldía de los explotados. Joaquín Maurín Juliá (1896-1973), líder del sindicalismo marxista y del Bloque Obrero Campesino (BOC), diputado tras las elecciones de febrero de 1936, ganadas por el Frente Popular, comenta la deriva comunista del movimiento obrero en Cataluña.

> *"(...) la Iglesia, una de las armas de mayor eficacia de que se han servido en todo tiempo los opresores para adormecer el espíritu de rebeldía de sus explotados ("la religión es el opio del pueblo", decía Marx), y eternizar la opresión, está incondicionalmente al servicio del capital financiero, como lo estuvo antaño al de la aristocracia feudal. La Iglesia cuenta con una vasta red de instituciones auxiliares".*

(De *Las dictaduras de nuestro tiempo*, de Andreu Nin. Madrid. Hoy. 1930)

> *"El Partit Comunista Català acordó por mayoría, en el Congreso celebrado en noviembre de 1930, fusionarse con la Federación Comunista (...).*
> *En el Congreso de unificación se acordó organizar el Bloque Obrero y Campesino. Habíamos llegado a la conclusión de que la adopción rígida de los métodos de organización de los partidos comunistas,*

en un país como España, en donde hay una tan escasa tradición organizativa política, nos condenaría al fracaso (...). No era posible proceder de otro modo. (...) Había que encontrar, pues, una fórmula de organización que se adaptara a las particularidades de nuestro movimiento obrero. Esa fórmula fue el Bloque Obrero y Campesino".

(De *El Bloque Obrero Campesino. Origen, actividad, perspectivas*, de Joaquín Maurín. Barcelona. Administración C.I.B. Núm. 2. 1932)

De la fusión de Izquierda Comunista de España y del Bloque Obrero y Campesino nació (1935) el Partido Obrero de Unificación Marxista (POUM), que se implantaría sobre todo en Cataluña y Valencia, hizo de la revolución social y del derecho de las naciones a la autodeterminación su bandera, se apartó del PCE y del comunismo estalinista y formó frente común con los anarquistas.

"España ha dejado de ser católica"

Manuel Azaña (1880-1940) fue brillante orador, periodista, ensayista y novelista -Premio Nacional de Literatura 1926-, fundador del Partido Acción Republicana, presidente del Gobierno (1931-1933) y presidente de la Segunda República (1936-1939). Murió en el exilio, en Montauban (Francia). Su liberalismo y laicismo le granjearon muchos enemigos. Gran eco tuvieron sus comentarios, tras la separación de Iglesia y Estado por el Gobierno de la República, sobre el hecho de que España había dejado de ser oficialmente católica. Desde la derecha se le respondió que *"España no puede dejar de ser católica sin dejar de ser España".*

"Para afirmar que España ha dejado de ser católica tenemos las mismas razones, quiero decir de la misma índole, que para afirmar que España era católica en los siglos xvi y xvii: Sería una disputa vana ponernos a examinar ahora qué debe España al catolicismo, que suele ser el tema favorito de los historiadores apologistas; yo creo más bien que es el catolicismo quien debe a España, porque una religión no vive en los textos escritos de los Concilios o en los infolios de sus teólogos, sino en el espíritu y en las obras de los pueblos que la abrazan, y el genio español se derramó por los ámbitos morales del catolicismo, como su genio político se derramó por el mundo en las empresas que todos conocemos".

(De *Relaciones entre la Iglesia y el Estado*, de Manuel Azaña. *DS*, núm. 55. 13 de octubre de 1931)

Socialismo revolucionario

El ugetista Francisco Largo Caballero (1869-1946) evolucionó de posturas moderadas, que facilitaron la colaboración del PSOE y de la UGT con Primo de Rivera, a revolucionarias radicales, de ahí el sobrenombre del *"Lenin español"*. Durante la guerra ocupó la presidencia del PSOE, la jefatura del Gobierno y el Ministerio de la Guerra. Por su austeridad y fidelidad a los principios socialistas, gozó de gran popularidad entre los obreros.

"Nosotros tenemos que contar principalmente con que la clase trabajadora es la que tiene interés y debe preocuparse por cambiar la estructura económica del país. Si luego hay quien quiera ayudarnos, que esté conforme con nosotros, que venga; pero somos nosotros los que debemos ocuparnos primeramente de conseguirlo. Ya sé yo que todo esto tiene sus dificultades. Las dificultades son grandes. Yo creo que todo esto no se podrá hacer mientras la clase trabajadora no tenga íntegramente en sus manos el Poder político".

(De *Discurso a los trabajadores. Una crítica de la república. Una doctrina socialista. Un programa de acción*, de Francisco Largo Caballero. Madrid. Gráfica Socialista. 1934)

"El sentido humanista del socialismo"

Julián Besteiro (1870-1940), intelectual formado en la Institución Libre de Enseñanza, fue un liberal republicano de profundas convicciones éticas; profesó un socialismo humanista, calificó de aberración política al comunismo bolchevique y trató de actualizar el materialismo histórico (*Marxismo y antimarxismo*. 1935). Fue presidente del PSOE, de las Cortes Constituyentes y diputado por Madrid durante la Guerra Civil. Ofreció al general Franco una solución negociada a la guerra, que este rechazó. Fue uno de los pocos miembros del Consejo de Defensa de Madrid que no abandonó la ciudad ante el avance de las tropas sublevadas. Fue juzgado por rebelión militar y condenado a treinta años de reclusión.

> *"Una vez que el proletariado existe, una vez que el proletariado se concentra y el obrero no está disperso, a solas consigo mismo; una vez que la solidaridad va creando conciencia de clase y el dolor de la explotación va despertando rebeldías, el hecho mismo de la existencia y desenvolvimiento del proletariado engendra la lucha de clases. Y una vez engendrada la lucha de clases, la lucha de clases no se interrumpe, la lucha de clases se acrecienta, se intensifica; el abismo que separa al capital, cada vez más concentrado, y al obrero, cada vez más expropiado, es más grande, y del choque continuo y de la lucha constante no puede derivarse más que una solución: la desaparición del sistema feudal, bajo el cual se organiza la gran producción del capitalismo, para convertirse en una organización científica sobre la base de la socialización de los medios de producción".*

(De *La lucha de clases como hecho social y como teoría*, Conferencia pronunciada por el camarada Julián Besteiro en la Casa del Pueblo de Madrid. Madrid. Gráfica Socialista. 1929)

El socialista humanista Fernando de los Ríos Urruti (1879-1949) fue profesor universitario y de la Institución Libre de Enseñanza, ministro de Justicia de la República y embajador en París y los Estados Unidos de América. Analizó la democracia y el marxismo. Opuso el parlamentarismo a los excesos del capitalismo y del marxismo.

> *"(...) Marx, de acuerdo con su tiempo, cree hallar una interpretación científica del proceso de la cultura en los fenómenos económicos, a los cuales atribuye el carácter de causa eficiente de la realidad social. A ellos les asigna el exclusivo carácter de agentes generadores de las formas e instituciones culturales, siendo a su vez originados los fenómenos económicos, fundamentalmente, por razones mecánico-biológicas inmanentes al propio proceso de la historia económica y de la técnica de la producción. La historia de la cultura se convierte, de esta suerte, en un capítulo de la historia natural: se trata de un mero proceso biológico".*

(De *El sentido humanista del socialismo*, de Fernando de los Ríos. Publicación: Javier Morata. Madrid. 1926)

"La raza, la hispanidad, es algo espiritual"

La derecha conservadora exaltó los valores hispanos frente a los nacionalismos periféricos. En ese ambiente germinó el concepto de "la Hispanidad", acuñado por el sacerdote vasco Zacarías de Vizcarra (1880-1963), que lo definió como el conjunto de valores éticos y culturales compartidos por todos los pueblos hispanos. A partir de 1913 comenzó a generalizarse en el mundo hispánico la celebración de la Fiesta de la Raza el día 12 de octubre, instituida fiesta nacional española en 1918. Vizcarra propuso la sustitución del término "Raza" por el de "Hispanidad".

El cardenal Isidro Gomá y Tomás (1869-1940), arzobispo de Toledo, Primado de la Iglesia española, en una conferencia pronunciada en el Teatro Colón de Buenos Aires el 12 de octubre de 1934, con motivo de la conmemoración del Día de la Raza, define su concepto de "la Hispanidad".

> *"La raza, la hispanidad, es algo espiritual que transciende sobre las diferencias biológicas y psicológicas y los conceptos de* nación *y* patria. *Si la noción de catolicidad pudiese reducirse en su ámbito y aplicarse sin peligro a una institución histórica que no fuera el catolicismo, diríamos que la hispanidad importa cierta catolicidad dentro de los grandes límites de una agrupación de naciones y de razas. Es algo espiritual, de orden divino y humano a la vez, porque comprende el factor religioso, el catolicismo en nuestro caso, por el que entroncamos en el catolicismo".*

(De *Apología de la Hispanidad*, del Dr. Isidro Gomá y Tomás, Arzobispo de Toledo. Conferencias pronunciadas en Buenos Aires, 12 de octubre de 1934. Tomado de la edición digital de Foro Arbil)

Ramiro de Maeztu Whitney (1875-1936), intelectual regeneracionista y ultranacionalista, epígono del 98, defensor de doctrinas reaccionarias y ultracatólicas, divulgó el término "Hispanidad", título de una serie de artículos que publicó en la revista derechista *Acción Española*; en 1934 los recopiló en el libro *Defensa de la Hispanidad*.

"Entonces percibimos el espíritu de la Hispanidad como una luz de lo alto. Desunidos, dispersos, nos damos cuenta de que la libertad no ha sido, ni puede ser, lazo de unión. Los pueblos no se unen en la libertad, sino en la comunidad. Nuestra comunidad no es racial, ni geográfica, sino espiritual. Es en el espíritu donde hallamos al mismo tiempo la comunidad y el ideal. Y es la Historia quien nos lo descubre. [...] Todo un sistema de doctrinas, de sentimientos, de leyes, de moral, con el que fuimos grandes; todo un sistema que parecía sepultarse entre las cenizas del pretérito y que ahora, en las ruinas del liberalismo, en el desprecio de Rousseau, en el probado utopismo de Marx, vuelve a alzarse ante nuestras miradas y nos hace decir que nuestro siglo XVI, con todos sus descuidos de reparación obligada, tenía razón y llevaba consigo el porvenir".

(De *Defensa de la Hispanidad*, de Ramiro de Maeztu. Santander. Aldus, S.A. 1938)

El pensador neotomista Manuel García Morente (1886-1942) identificó "Hispanidad" con "fe católica"; opuso los valores católicos e hispanos al sentido hedonista de la vida y al mercantilismo.

"Pues bien, yo pienso que todo espíritu y todo el estilo de la nación española pueden también condensarse y a la vez concretarse en un tipo humano ideal, aspiración secreta y profunda de las almas españolas, el caballero cristiano. El caballero cristiano -como el gentleman inglés, como el ocio y la dignidad del varón romano, como la belleza y bondad del griego- expresa en la breve síntesis de sus dos denominaciones el conjunto o el extracto último de los ideales hispánicos. Caballerosidad y cristiandad en fusión perfecta e identificación radical, pero concretadas en una personalidad absolutamente individual y señera, tal es, según yo lo siento, el fondo mismo de la psicología hispánica".

(De *Idea de la Hispanidad*, de Manuel García Morente. Madrid. Espasa-Calpe. 1938)

Defensa de los valores hispanos por intelectuales nacionalistas

Los valores hispanos y la hispanidad, la patria, el clasicismo, el Imperio, la luz frente a las tinieblas, el catolicismo y el optimismo frente a la desesperanza fueron ensalzados por un buen número de escritores nacionalistas de metafórica y lírica prosa. En la estela de ese grupo se inscribe, por ejemplo, el pensamiento de Juan Vázquez de Mella (1861-1928), fundador del Partido Católico Tradicionalista. Vázquez de Mella exaltó el pasado español, la *"mismidad de España"*, que identificó con el carlismo y con la tradición cristiana; propugnó la sustitución del sufragio universal por la representación por clases, reivindicó la unión política con Portugal e Iberoamérica, la soberanía de España sobre el norte de África y el regionalismo administrativo. Previno sobre la amenaza que para el mundo y España representaba la Rusia comunista.

"(...) España parece que reposa y que duerme al lado de un abismo, y no advierte que está durmiendo sobre un volcán que echa llamas (...).

Dirigid la vista a otra parte, y mirad a esa Rusia, inmensa fábrica de anarquía donde los zares rojos han llevado ya a la cumbre la enorme tiranía que se va extendiendo sobre el mundo. En un charco inmenso de sangre, entre escombros, sobre montañas gigantescas de cadáveres, levantan sus tronos; y heraldos que van con la bolsa repleta de oro y el alma llena de ideas subversivas, se extienden por el mundo a dilatar la revolución, como un medio de poder salvar ese cetro de anarquía que está perturbando todos los pueblos (...).

Rusia está encendiendo la revolución en todo el mundo, quiere prolongar su estepa sobre todas las grandezas morales de Occidente".

(De *Obras Completas*, de Vázquez de Mella. Madrid. Junta del Homenaje a Mella. 1933)

"Esa guerra -¡españoles!-, que hoy la veis alzarse cada vez más atrozmente, con la separación de Cataluña. Porque Ginebra, el bloque "continental" y "demócrata" de Ginebra, quiere y necesita una España rota para siempre. Dividida, cercenada, controlada, desmedulada, bastardeada, perdida, sifilítica en sus ideales patrios (...).

Mientras, los monstruos, los amos de Occidente, calibran sus cañones y emproan sus naves de proa. ¡Alerta, pueblo genuino y "sindicalista de España! ¡Alerta, Genio de España! ¡Que nos roban, que nos matan a España! ¡Que se la llevan! ¡Que se la llevan!".

(De *Genio de España: Exaltaciones a una resurrección Nacional y del mundo*, de Ernesto Giménez Caballero. Barcelona. Doncel. 1939)

"La dialéctica de los puños y las pistolas"

Los ideólogos fascistas españoles de preguerra rechazaron la democracia burguesa y la monarquía; se propusieron la conquista del poder por medio de la acción violenta -" *dialéctica de los puños y las pistolas"*-, la creación de un Estado totalitario y la implantación del nacionalsindicalismo, solución intermedia entre capitalismo y socialismo. Sus propuestas fusionaban elementos anarcosindicalistas y regeneracionistas. Su frecuente evocación del pasado imperial de España era más un recurso lírico-patriótico que una reivindicación política. El regeneracionista Raimundo Ledesma Ramos (1905-1936) fundó una organización política de ideología nacional-sindicalista o fascista de izquierdas: las Juntas de Ofensiva Nacional-Sindicalistas (JONS). Reclamaba la instauración del Estado Nuevo, cuyos objetivos serían la justicia social y el engrandecimiento de la patria. Ledesma Ramos vertió su pensamiento en las Pág.inas del semanario *La Conquista del Estado*, que fundó en 1931.

> *"Las falanges jóvenes de La Conquista del Estado combatirán, armas en mano si es preciso, la anacrónica solución que ofrece la ancianidad constituyente.*
> *¡Abajo los leguleyos! ¡Viva la España joven, imperial y revolucionaria!...*
> *Nada nos interesa la Monarquía ni nada nos interesa la República.*
> *¡Cosa de leguleyos y de ancianos!*
> *Nos interesa, sí, elaborar un Estado hispánico, eficaz y poderoso.*
> *Y para ello seremos revolucionarios. ¡No más mitos fracasados!*
> *España se salvará por el esfuerzo joven".*

(De *¡En pie de guerra!*, de R. Ledesma Ramos. *La Conquista del Estado*. Núm. 3. 28-3-1931)

Onésimo Redondo (1905-1936), *"Caudillo de Castilla"*, patriota exaltado y sindicalista comprometido con la justicia social, admirador de la Alemania nazi, defendió tesis similares a las de Ledesma Ramos. En 1931 fundó las Juntas Castellanas de Actuación Hispánica, que se fusionaron con las JONS de Ledesma Ramos.

> *"¡Castilla, salva a España!*
> *Sea este el grito de la Nueva Revolución.*
> *¡Castellanos! ¿No veis a España en la pendiente de la ruina? La política, ese arte infame de odiar con pasión al que sustenta opuestas opiniones y de escalar el mando triturando al adversario con el pretexto de salvar a la Nación, ha acechado siempre la vida de España, ha paralizado sus energías y está a punto hoy de dar fin de la Patria...*
> *¡Castellanos! Traidores son los que todavía quitan importancia a tan catastrófico período: el que no sienta alarmado todo su ser es indigno hijo de España".*

(De *Onésimo Redondo, Caudillo de España*. Valladolid. Ediciones Libertad. 1937)

José Antonio Primo de Rivera (1903-1936), ideólogo nacionalista en la misma línea que Ledesma Ramos y Redondo, elocuente orador y líder político carismático, fundó Falange Española (FE), organización que en 1934 se fusionó con las Juntas de Ofensiva Nacional-Sindicalista (JONS). De esta fusión nació FE y de las JONS, de la que se separaría Ledesma Ramos, a causa de la creciente presencia en la misma de elementos monárquicos y conservadores. El ideario joseantoniano, más utópico-poético que político, integraba tesis krausistas, regeneracionistas y la de Ortega y Gasset sobre la invertebración de España. Primo de Rivera negó legitimidad al parlamentarismo, al capitalismo y al marxismo.

> *"NACIÓN. UNIDAD. IMPERIO*
> *2.-España es una unidad de destino en lo universal. Toda conspiración contra esa unidad es repulsiva. Todo separatismo es un crimen que no perdonaremos.*
> *La Constitución vigente, en cuanto incita a las disgregaciones,*

atenta contra la unidad de destino de España. Por eso exigimos su anulación fulminante.

3.-Tenemos voluntad de Imperio. Afirmamos que la plenitud histórica de España es el Imperio. Reclamamos para España un puesto preeminente en Europa. No soportamos ni el aislamiento internacional ni la mediatización extranjera".

(De *Norma Programática de la Falange*. Redactada en noviembre de 1934, de José Antonio Primo de Rivera. En *Obras Completas*, de José Antonio Primo de Rivera. Madrid. Ediciones de la Vicesecretaría de Educación Popular de FET y de las JONS 1945)

El movimiento feminista

A partir del último tercio del siglo XIX, los krausistas y la izquierda progresista asumieron las demandas del movimiento feminista sobre la abolición o reforma de las leyes discriminatorias de la mujer. Para la activista anarcosindicalista Teresa Claramunt (1862-1931), obrera textil catalana, *"La principal causa del atraso de la mujer está en el absurdo principio de la superioridad que el hombre se atribuye"*. El filólogo e historiador Miguel Romera-Navarro (1888-1954) animó el panorama del feminismo español de comienzos del siglo XX con la publicación en 1909 del libro *Ensayo de una filosofía feminista*, en refutación a las tesis de Moebius y de los frenólogos sobre la inferioridad mental de la mujer a causa del menor tamaño de su cerebro. Tesis similares a las de Romera sostuvo la ensayista y periodista Carmen de Burgos, "Colombine" (1867-1932), que llevó a cabo una intensa labor publicista a favor de los derechos de la mujer y de la igualdad social.

> *"Que el cráneo está en proporción con el volumen general del organismo y que la pequeñez del cerebro nada indica, se comprueba con el hecho de que los hombres de elevada estatura tienen un cráneo grande, y quizá también un cerebro de gran tamaño, sin que por estas circunstancias hayan de tener más inteligencia que los hombres pequeños, de menor cráneo, y acaso también de cerebro menor.*
>
> *La experiencia individual muestra cotidianamente la verdad de nuestro aserto, hasta el extremo de que jamás prejuzgamos a nadie por el tamaño de la cabeza".*

(De *Ensayo de una filosofía feminista*. Refutación a Moebius, de Miguel Romera Navarro. Madrid. Imprenta de la Revista Técnica de Infantería y Caballería. 1909)

> *"Ambos sexos son completamente iguales en capacidad y valor. Han pasado de moda las discusiones sobre el peso y tamaño del cerebro y los estudios empíricos acerca de la diferencia de los espíritus. Ahora la poética teoría platoniana, de que los hombres eran hijos del Sol, las mujeres de la Tierra y que de su unión nacieron las andróginas de la Luna, a las cuales partió Júpiter con un hilo por la mitad y andan desde entonces buscando su complemento, toma*

carácter científico con la teoría de la intersexualidad: Ni mujeres
en absoluto ni hombres en absoluto, el valor moral es el mismo con
diferente morfología y distinción de funciones fisiológicas pero no
espirituales".
(De *El feminismo en España*, de Carmen de Burgos. *Mujer*, 26 de septiembre de 1931.
Núm. 17)

La socialista Margarita Nelken (1897-1968) defendió los principios fundamentales del feminismo -derecho de la mujer al trabajo, al voto y la educación, igualdad de derechos con el hombre, divorcio-; analizó la moral sexual tradicional, la prostitución y la contracepción. Asumió la defensa de los grupos sociales marginados y desfavorecidos, entre ellos las mujeres trabajadoras y la infancia desprotegida.

"(...) la cuestión feminista en España es, ante todo, o, mejor dicho, en
su esencia, una cuestión puramente económica, y aquí, en España,
es a la mujer de la clase media a quien el problema económico se
presenta con caracteres apremiantes, por ser ella la que menos
y más difícilmente encuentra un marido para mantenerla. En las
clases elevadas, la fortuna de la mujer la ampara contra el celibato
y, en caso de celibato, la preserva de las dificultades pecuniarias; en
el pueblo, como no existe la cuestión de intereses, el hombre puede
casarse con mayor libertad: la clase artesana es la que comprende
menos mujeres solteras".
(De *La condición social de la mujer*, de Margarita Nelken. Barcelona. Minerva, s.a.)

La cenetista Federica Montseny (1904-1995) fue la primera mujer en ocupar una carrera ministerial (de Sanidad y Asistencia Social). Elaboró proyectos de reforma social al servicio de la mujer y la infancia que las circunstancias políticas impidieron poner en práctica: ley del aborto, centros de acogida para prostitutas y niños desvalidos, comedores para embarazadas, profesiones para minusválidos.

"En países como España, en donde la mayoría de las mujeres son
semianalfabetas, en donde muchas lo desconocen todo, criadas para
el hogar, siervas del cura, sacerdotisas del dios qué dirán y de la diosa
costumbre, cerradas a toda innovación, sin más horizontes que el
matrimonio y la procreación de unos hijos para los que ninguna
preparación reciben, de los que únicamente pueden ser la madre,
adorada con un poco de piedad y de sentimiento protector; pero, a
pesar de todo y por encima de todo, dominando y desequilibrando
al hombre con una sonrisa, con una mirada de coqueta o de virgen
maliciosa e hipócrita, en España, repito, admiremos al progreso
habido y sorprendámonos de no oír aún, por la noche, el paso
lúgubre de la Hermandad del Santo Oficio y de que no veamos aún
apedrear a las mujeres adúlteras".

(De *El problema de los sexos. Matrimonio, unión libre y amor sin convivencia*, de Federica Montseny. Parte de este folleto fue publicada en artículos en *La Revista Blanca*. 1931)

El voto femenino

La sufragista Clara Campoamor (1888-1972), fundadora de la Asociación Femenina Universitaria y de Unión Republicana Femenina, defendió en las Cortes y en su obra *El voto femenino y yo* el derecho al voto de las mujeres. Victoria Kent (1892-1987), del Partido Radical Socialista, llevó a cabo, al frente de la Dirección General de Prisiones, entre 1931 y 1934, una sustancial mejora y humanización del sistema penitenciario. Se opuso al reconocimiento inmediato del sufragio femenino, por considerar que la incultura y religiosidad de la mayoría de las mujeres desviarían su voto hacia los partidos de derecha reaccionaria. El derecho al voto de las mujeres fue reconocido por la Constitución republicana de 1931.

> *"Son necesarios algunos años de convivencia con la República; que vean las mujeres que la República ha traído a España lo que no trajo la Monarquía; esas veinte mil escuelas de que nos hablaba esta mañana el Ministro de Instrucción Pública, esos laboratorios, esas Universidades Populares, esos Centros de Cultura donde la mujer pueda depositar a sus hijos para hacerlos verdaderos ciudadanos".*

(De *La intervención de Victoria Kent en el debate parlamentario sobre el voto femenino*. 1-10-1931)

> *"¿Cómo puede decirse que cuando las mujeres den señales de vida por la República se les concederá como premio el derecho a votar? ¿Es que no han luchado las mujeres por la República? ¿Es que al hablar con elogio de las mujeres obreras y de las mujeres universitarias no están cantando su capacidad? Además, al hablar de las mujeres obreras y universitarias, ¿se va a ignorar a todas las que no pertenecen a una clase ni a la otra? ¿No sufren éstas las consecuencias de la legislación? ¿No pagan los impuestos para sostener al Estado en la misma forma que las otras y los varones? ¿No refluye sobre ellas toda la consecuencia de la legislación que se elabora aquí para los dos sexos, pero solamente dirigida y matizada por uno? ¿Cómo puede decirse que la mujer no ha luchado y que necesita una época, largos años de República, para demostrar su capacidad? Y ¿por qué no los hombres?".*

(Del *Discurso de Clara Campoamor ante las Cortes*. 1 de octubre de 1931)

"Higiene de la raza"

El psiquiatra Antonio Vallejo-Nágera (1889-1960) teorizó sobre la supuesta relación entre biología e ideología y las deficiencias mentales de rojos, marxistas, anticatólicos y antiespañoles, psicópatas a los que había que excluir de la sociedad. El marxismo, en su opinión, era una anomalía biológica, una enfermedad que había que prevenir mediante la práctica de la eugenesia positiva: dejar perecer a los antisociales y acrecentar el número de excelentes. A las mujeres les reservó como única misión asegurar la descendencia de los mejores: *"su misión en el mundo no es la de luchar en la vida, sino acunar la descendencia de quien tiene que luchar por ella"*. Vallejo-Nágera fue nombrado jefe de los Servicios Psiquiátricos Militares de Franco. Trató de demostrar sus tesis mediante pruebas psicológicas y mediciones antropomórficas a prisioneros antifranquistas durante la Guerra Civil.

> *"Coincidimos con los nacionalsocialistas en que cada raza tiene una significación cultural particular, cuyos valores biopsíquicos deben exaltarse conjuntamente, pero sin temer enlaces bastardos entre sajones, latinos y judíos (...).*
> *¿Qué podemos hacer los psiquiatras para mejorar la raza? ¿Cuál es nuestro programa? (...) Absurdo sería un programa de mejoramiento de la raza por la simple eliminación de indeseables. Necesitamos mejorar los más aptos para el perfeccionamiento de la raza, lo que requiere una previa selección. Enfrente de la selección natural resultante de los gobiernos oligárquicos o aristocráticos tenemos la selección artificial, posible únicamente en los países de organización socialista. La experiencia está a favor de la selección natural, de la aristocrática, que favorece a los superdotados, al mismo tiempo que a los inferiores biológicos, aunque sin perjudicarlos".*

(De *Higiene de la raza. La asexualización de los psicópatas*, de Antonio Vallejo Nágera. Madrid. Ediciones Medicina. 1934)

Proclamación de la República Catalana

El militar y político catalanista Francesc Macià (1859-1933), fundador del partido Estat Català (1922), nacionalista radical integrado más tarde en Esquerra Republicana de Catalunya, proclamó -17 de abril de 1931- la República Catalana; posteriormente moderó sus posiciones al aceptar un Estatuto de autonomía y la transformación de su gobierno en Gobierno de la Generalidad de Cataluña.

Lluís Companys (1882-1940), activista catalanista, líder de Esquerra Republicana de Catalunya, sucesor de Maciá al frente de la Generalidad de Cataluña, proclamó el "Estado catalán" (6-10-1934), *"que con toda cordialidad procuraremos integrar en la Federación de Repúblicas Ibéricas"*. Fue detenido en Francia, donde se había exiliado, y fusilado en Barcelona en 1940.

> *"CATALANS:*
> *Interpretant el sentiment i els anhels del poble que ens acaba de donar el seu sufragi, proclamo la República Catalana com Estat integrant de la Federació ibérica.[...]*
> *En proclamar la nostra República, fem arribar la nostra veu a tots els pobles d'Espanya i del món, demanant-los que espiritualment estiguin al nostre costat i enfront de la monarquía borbónica que hem abatut, i els oferim aportar-los tot el nostre esforç i tota la*

emoció del nostre poble renaixent per afermar la pau internacional".
(Tomado de *Macià i el seu temps. Catàleg de l'Exposició itinerante de l'Avi Macià i el seu temps.* Inaugurada el día 23 de abril de 1984. Diputació de Barcelona. 1984)

"Los gallegos aspiramos a una autonomía integral"

Alfonso R. Castelao (1886-1950), pintor, humorista, escritor y político galleguista, cofundó la revista *Nós*, aglutinadora del galleguismo cultural. Defendió en las Cortes Constituyentes la autonomía de Galicia.

> *"Galiza ten unha cultura propria, en todo diferente da dos demáis grupos hispanos, que se revela nas artes plásticas, na sabiduría popular, na música e instrumentos, nas danzas e cantigas, nos estilos da architeitura civil e relixiosa, no lirismo da poesía oral i escrita, no ritmo das espresións literarias e musicaes, na filosofía dos refráns, no sentido saudoso do amor e no sentido trascendente da vida e da morte. E se a cultura galega xurde de fondos primitivos e insobornabeis, como a de Btretaña na Franza e a de Escocia en Inglaterra, ben se advierte na alma de Galiza un refinamiento europeo, que se denota en rasgos de tolerancia, de crítica, de humor, de trasacordo e de cautela, calidades que non sobresaen nos povos de fala castelán".*

(De *Estatuto de autonomía para Galiza, 1936. Comentarios de Castelao, 1948.* Madrid. Akal Editor. 1976)

• **Bibliografía:** página 311

9.- LA EDAD DE PLATA DE LA CULTURA ESPAÑOLA

Durante la Restauración, a pesar de la crisis generalizada, la cultura española alcanzó alto nivel de calidad: *"Edad de Plata de la Cultura Española"* (José María Jover), *"Nueva Edad de Oro Cultural"* (Juan Marichal). Para Tuñón de Lara, España entró en la modernidad durante aquel medio siglo. Krausistas, realismo y naturalismo literarios, regeneracionistas, positivistas, modernistas, noventayochistas, novecentistas, Generación del 27, nacionalismo y casticismo musicales..., y personalidades como Pérez Galdós, Leopoldo Alas, Casas, Gaudí, Unamuno, Valle Inclán, Baroja, Ramón y Cajal, Ortega y Gasset, Falla, García Lorca, Buñuel, Aleixandre, Picasso, Miró, Dalí, etc., dan idea del alto grado de esplendor de la cultura española de la Restauración.

El Krausismo

El movimiento intelectual del krausismo fusionó racionalismo -*"La facultad soberana es la razón, que conoce los principios, las reacciones y los fines y presta carácter a las restantes potencias"* (Sanz del Río)-, misticismo, sentido práctico, senequismo, laicismo, moral natural rigurosa, elementos panteístas y "religión natural", basada en la relación directa entre Dios y los hombres. El ideario krausista reflejaba el orden de valores del sector minoritario de la clase media ilustrada y liberal. Los krausistas estaban comprometidos en la defensa de la libertad, el imperio de la ley, la obra bien hecha, el reconocimiento de la excelencia, el carácter instrumental de los bienes materiales y la apertura de espíritu. Rechazaron la Revelación, los dogmas y el ceremonial litúrgico. Asumieron las tesis del evolucionismo darwiniano, las positivistas sobre la experiencia y la inducción como fuentes del conocimiento, y las neokantianas sobre metafísica especulativa y empirismo. Reclamaban un sistema socioeconómico que tuviera en cuenta los intereses generales. Sus tesis eran profundamente revolucionarias en una España dominada aún por un catolicismo integrista. Con los krausistas culminó la tradición racionalista española de erasmistas, tácitos, ilustrados, novatores, afrancesados y liberales progresistas, y, como ellos, se propusieron abrir el país a los aires renovadores de Europa y regenerar la sociedad. El krausismo se inspiraba en el pensamiento del alemán Karl Krause (1781-1832), heredero de Kant; fue introducido en España por Julián Sanz del Río (1814-1869), intelectual panteísta (el mundo es Dios) que confiaba en el valor de la razón y de la ciencia como motores del progreso: Ideal de la Humanidad para la vida.

> *"Cuando nuestra humanidad sea en toda tierra un reino interior, una pacífica y armónica domesticidad, entonces se reunirá con todos sus miembros en una vida indivisible; entonces abrazará con calor material vivificador a todos los hombres y pueblos como su madre natural, la más universal y más íntima, la verdaderamente eterna, y en este calor el hombre hallará reanimación y fuerza invencible para el cumplimiento de su destino. En este día lleno, el individuo no se sentirá desamparado en la guerra que divide hoy su corazón, y le desconcierta y desespera, cuando de un lado la naturaleza le lleva al sentido, la sombra de la vida, y del otro lado el espíritu le obliga a recogerse dentro, a alejarse del contacto de la vida que empaña la pureza de las ideas".*

(De *Ideal de la humanidad para la vida*, de Julián Sanz del Río. Madrid. Imprenta de Manuel Galiano. 1860)

Los pensadores conservadores calificaron de panteístas y nihilistas a los krausistas. Para el tomista Juan Ortí y Lara (1826-1904), la filosofía era una ciencia cerrada, no necesitada de añadidos ni innovaciones. Ceferino González (1831-1894) atribuyó al racionalismo krausista el origen del estancamiento moral de la sociedad: *"La causa principal originaria, ya que no única, del malestar que esteriliza y detiene la marcha de la sociedad por los caminos del bien, es esa gran negación oculta y encarnada en el principio racionalista, es la negación de Dios"*. Gumersindo Laverde Ruiz (1835-1890), mentor de Menéndez y Pelayo, rechazó el racionalismo krausista, el positivismo y el materialismo.

> *"Enseñan asimismo los krausistas que sólo se da en nosotros propio racional conocimiento después que la mente ha andado paso a paso desde la intuición-yo hasta la de lo Absoluto, todo el largo y escabroso camino trazado en la Analítica. Por lo menos, de la Metodología krausista es indudable que sólo así lo adquirimos. Ahora pregunto: ¿En virtud de qué criterio aceptan ese camino como el único cierto y seguro para llegar a la posesión de la Ciencia, los neófitos, cuando todavía no le han recorrido, y carecen, por tanto, de propio racional conocimiento? No puede ser más que por un acto de fe en la sabiduría de los Maestros; por donde se ve que los krausistas infringen uno de sus más famosos cánones desde el*

primer momento de la especulación filosófica".
(De *Dos palabras sobre el krausismo,* de Gumersindo Laverde Ruiz. *Revista Europea,* 4-7-1875)

La Institución Libre de Enseñanza (ILE)

En 1868 eminentes profesores krausistas -Giner de los Ríos, Sanz del Río, Emilio Castelar, Gumersindo de Azcárate- fueron separados de sus cátedras por su oposición a las directrices conservadoras del Gobierno en materia de enseñanza. Los revolucionarios de 1868 los restituyeron en sus puestos, decretaron la libertad de cátedra, suprimieron las asignaturas relacionadas con la religión católica y trataron de poner en práctica un vasto plan de escolarización general. Cánovas del Castillo entregó la enseñanza a la reacción conservadora: el ministro Manuel de Echagüe envió a los profesores de enseñanza media y superior un real decreto (26 de febrero de 1875) en el que declaraba que *"los prejuicios que a la enseñanza ha causado la absoluta libertad, las quejas repetidas de los padres y de los mismos alumnos, el deber que tiene el Gobierno de velar por la moral y las sanas doctrinas y el sentimiento de responsabilidad que sobre él pesa, justifican y requieren su intervención en la enseñanza".*

> *"Es, pues, preciso que vigile V. S. con el mayor cuidado para que en los establecimientos que dependen de su autoridad no se enseñe nada contrario al dogma católico ni a la sana moral, procurando que los Profesores se atengan estrictamente a la explicación de las asignaturas que les están confiadas, sin extraviar el espíritu dócil de la juventud por sendas que conduzcan a funestos errores sociales. Use V. S., en este punto del más escrupuloso celo, contando con que interpreta los propósitos del Gobierno, que son a la vez los del país".*
> (*De la Circular del Ministro de Fomento de 26 de febrero de 1875*)

Los profesores opuestos al control de la enseñanza por el clero y la reacción conservadora fundaron en 1876 un centro de enseñanza alternativa a la oficial, la Institución Libre de Enseñanza (ILE), centro privado laico que se propuso formar ciudadanos libres y capacitados para llevar a cabo la regeneración que el país necesitaba. Utilizaron para ello métodos innovadores: primacía del aprendizaje reflexivo sobre el memorístico, supresión de exámenes, premios y castigos; formación científica y tecnológica, visitas a centros de trabajo, práctica del deporte, dibujo y canto; viajes al extranjero, coeducación de ambos sexos, convivencia de profesores y alumnos. En las aulas de la ILE se formó la mayoría de los intelectuales de la edad de plata, promotores de numerosas empresas docentes y culturales e inspiradores de la política educativa de la Segunda República. La ILE fue suprimida y sus bienes confiscados por el general Franco, por considerarla contraria a los intereses del Estado.

> *"La Institución Libre de Enseñanza es completamente ajena a todo espíritu e interés de comunión religiosa, escuela filosófica o*

partido político, proclamando tan sólo el principio de la libertad e inviolabilidad de la ciencia, y de la consiguiente independencia de su indagación y exposición respecto de cualquiera otra autoridad que la de la propia conciencia del Profesor, único responsable de sus doctrinas".
(Artículo 15 de los estatutos de la ILE).

El krausopositivista Francisco Giner de los Ríos (1839-1915), cofundador de la ILE, fue pedagogo y psicólogo introductor en España de los estudios psicosomáticos y pionero del ecologismo; profesó un *"racionalismo armónico"* que relativiza y somete a revisión permanente toda teoría filosófica; cree que la ciencia debe desempeñar una función social y potenciar el desarrollo de las capacidades humanas. El pedagogo institucionista e historiador del arte Manuel Pedro Bartolomé Cossío (1857-1935) promovió la organización de colonias escolares y la circulación de material educativo entre los estudiantes. Ambos pedagogos fijaron los objetivos de la ILE.

"Una autoridad insigne lo ha dicho: Si veis en la escuela niños quietos, callados, que ni ríen ni alborotan, es que están muertos: enterradlos. Pues ese principio severo, ese axioma de vitalidad que hace del trabajo el medio ambiente y natural del hombre y lo corona de alegría, no lo ha traído al mundo la pedagogía moderna en balde, ni sólo para la escuela primaria donde, por desgracia, apenas aún existe; penetrad bien su íntimo sentido y extendedlo entonces sin pueril recelo a todos los grados de la educación y la enseñanza. Transformad esas antiguas aulas; suprimid el estrado y la cátedra del maestro, barrera de hielo que lo aísla y hace imposible toda intimidad con el discípulo; suprimid el banco, la grada, el anfiteatro, símbolos perdurables de la uniformidad y del tedio".
(De *Ensayos sobre educación*, de Francisco Giner de los Ríos. Madrid. Ediciones La Lectura. 1889)

"La Institución se propone, ante todo, educar a sus alumnos. Para lograrlo, comienza por asentar, como base primordial, ineludible, el principio de la reverencia máxima que al niño se debe. Por ello precisamente no es la Institución, ni puede ser de ningún modo, una escuela de propaganda. Ajena a todo particularismo religioso, filosófico y político, abstiénese en absoluto de perturbar la niñez y la adolescencia, anticipando en ellas la hora de las divisiones humanas (...).
 Pretende despertar el interés de sus alumnos hacia una amplia cultura general, múltiplemente orientada; procura que se asimilen aquel todo de conocimientos (humanidades) que cada época especialmente exige, para cimentar luego en ella, según les sea posible, una educación profesional de acuerdo con sus aptitudes y vocación".

(De *Una antología pedagógica*, de Manuel Bartolomé Cossío. Selección de textos de Jaume Carbonell Sebarroja. Madrid. Ministerio de Educación y Ciencia. 1985)

Fruto de la renovación pedagógica llevada a cabo por la ILE fue la fundación (1910) de la Residencia de Estudiantes de Madrid, con el objetivo de crear una élite rectora y de fomentar el diálogo y la convivencia entre jóvenes intelectuales y artistas progresistas. Nombres ligados a la Residencia fueron, por ejemplo, Buñuel, Bacarisse, Dalí, García Lorca, Alberti, Moreno Villa, Severo Ochoa, Falla, Ortega y Gasset, Negrín, Blas Cabrera, Altolaguirre y muchos otros intelectuales y artistas. El pedagogo Alberto Jiménez Fraud (1883-1964), su primer director, exalumno de Giner de los Ríos, señala cómo la Residencia quería ser el hogar espiritual donde se fraguara el sentimiento de amor a España.

> *"La Residencia quiere ser el hogar espiritual donde se fragüe y depure, en corazones jóvenes, el sentimiento profundo de amor a la España que se está haciendo, a la que dentro de poco tendremos que hacer con nuestras manos. Este sentimiento será, a su vez, el propulsor más fuerte de nuestra múltiple actividad cotidiana; porque sólo responderemos seriamente a sus exigencias, elevando hasta el más alto grado posible nuestro perfeccionamiento y desarrollo individual".*

(De *La Residencia de Estudiantes. Visita a Maquiavelo*, de Alberto Jiménez Fraud. Barcelona. Ediciones Ariel. 1972)

La Escuela Moderna de Barcelona

El anarquista Francisco Ferrer Guardia (1859-1910), fundador de la Escuela Moderna de Barcelona (1901), versión libertaria de la burguesa ILE, aplicó una pedagogía racional e integradora. Para Ferrer, la pedagogía aplicada a los niños *"no se ha de emplear contra ellos, sino a favor del desarrollo espontáneo de sus facultades a fin de que puedan buscar libremente la satisfacción de sus necesidades físicas, intelectuales y morales"*. Sus innovadores métodos provocaron la hostilidad de la burguesía conservadora, de la jerarquía eclesiástica y de los gobernantes (Ministro Bravo: *España no necesita hombres que sepan, sino bueyes que trabajen*). La Escuela Moderna fue clausurada en 1906 y su fundador fusilado (1910), lo que provocó una oleada de protestas en todo el mundo. Su modelo pedagógico sería aplicado por escuelas de España, Latinoamérica y Estados Unidos de América.

> *"Los exámenes clásicos, aquellos que estamos habituados a ver a la terminación del año escolar y a los que nuestros padres tenían en gran predicamento, no dan resultado alguno; y si lo producen es en el orden del mal.*
> *Estos actos, que se visten de solemnidades ridículas, parecen ser instituidos solamente para satisfacer el amor propio enfermizo de los padres, la supina vanidad y el interés egoísta de muchos maestros y para causar sendas torturas a los niños antes del examen, y después,*

las consiguientes enfermedades más o menos prematuras".
(De *La Escuela Moderna. Póstuma explicación y alcance de la enseñanza racionalista*, de Francisco Ferrer Guardia. Tusquets Editores, S. A. Barcelona. 2002)

"La Instrucción pública en España"

A pesar de los intentos renovadores de la enseñanza por parte de instituciones privadas, la educación en España a finales del siglo xix y comienzos del xx presentaba un panorama desolador: el porcentaje de analfabetos era muy alto. Políticos de diferentes tendencias demandaban soluciones para tan grave problema. El intelectual republicano Melquíades Álvarez (1864-1936), fundador del Partido Reformista (1912), de centro derecha, comenta la pésima situación de la enseñanza. Según César Silió y Cortés (1865-1944), ministro de Instrucción Pública y Bellas Artes, historiador y periodista, en 1900 el 46 % de los varones y el 57 % de las jóvenes de entre once a veinte años no sabían leer ni escribir. El ministro Santiago Alba (1872-1949) reitera la necesidad de multiplicar el número de escuelas. Manuel Azaña (1880-1940) señala la necesidad reformar la enseñanza.

> *"Me parece que fue Michelet quien dijo que la primera parte de la política era la educación, la segunda la educación y la tercera la educación. Todos recordáis también que un político francés insigne, M. Ferry, pronunciaba ante sus compatriotas, a raíz de la catástrofe de Sedán, aquellas sinceras palabras reveladoras de una gran enseñanza:* No nos vencieron -decía- ni la superioridad de las armas alemanas ni la estrategia del general Moltke; nos han vencido únicamente los maestros de escuela. *Si esto era una verdad respecto a Francia, preocupada ya con la reforma de la enseñanza desde el año 1865, ¿qué no decir de este desventurado país, donde la falta absoluta de cultura y la ignorancia más supina constituyen el patrimonio único de la inmensa mayoría de los españoles?".*

(De *La Intrucción Pública en España*. Discurso pronunciado en el Congreso de los Diputados el día 14 de diciembre de 1901 por D. Melquiades Álvarez)

> *"Según la Memoria publicada, y elevada a las Cortes, por el Sr. Conde de Romanones, Ministro a la sazón de Instrucción pública, el 15 de Mayo de 1910, existen en España nueve mil quinientas setenta y nueve escuelas menos de las que serían necesarias para dar cumplimiento a la ley de 1857. Estas son las que faltan para ponernos, en cuanto al número, a la altura que se juzgaba indispensable hace ya más de medio siglo; y ¡a cuántas reflexiones se presta la consideración de cómo actúan y viven las otras veinticuatromil setecientas ochenta y siete, que anota la estadística como escuelas en función de enseñanza! (...).*
> *Hay provincias, como las de Granada, Jaén y Málaga, en que la cifra de analfabetos comprendidos en esas mismas edades, pasa del*

setenta y dos por ciento".

(De *La educación nacional*, de César Silió. Madrid. Librería Española y Extranjera. 1914)

> "(...) Tenemos, en primer término, que completar el número de Escuelas señalado por la ley del 57. ¡El plan de nuestro insigne Moyano es todavía un programa político, al cabo de más de medio siglo de promulgarse aquélla! Y sólo para esto calculad, ultimado que sea el arreglo escolar, del cual no se halla pendiente en el Ministerio ya ninguna provincia, que habremos de crear más de 10 000 Escuelas (...). Dad a cada Maestro -sin reducir demasiado el coeficiente ideal, siempre en consideración a la posibilidad tangible - no más de 50 niños. Pues sólo para esta obra, según cálculos del Museo Pedagógico, serán necesarios, sobre los que tenemos, cincuenta mil Maestros más en España".

(De *La Instrucción pública en España*. Discurso leído en la Universidad de Valladolid, el día 1.º de octubre de 1912, por Santiago Alba. En *La Izquierda Liberal. Campañas políticas de D. Santiago Alba*. Valladolid. Imprenta Castellana. 1919)

> "(...) el único medio de que la masa general de la nación adquiera un conocimiento exacto de sus necesidades reales, de los obstáculos que se oponen a su satisfacción y de los medios útiles de removerlos es una instrucción, una enseñanza bien orientada y firmemente dada desde la escuela hasta la Universidad, y en España, la enseñanza no sólo sirve para eso, sino que es una de las principales causas de desconcierto y confusión".

(De *La Reforma del Estado*, de Manuel Azaña (1911). Tomado de Manuel Azaña. Antología. 1. Ensayos. Selección de Federico Jiménez Losantos. Madrid, Alianza Editorial. 1982)

Rodolfo Llopis (1895-1983), pedagogo relacionado con la ILE, director general de Enseñanza Primaria de la República entre 1931 y 1933, impulsó un ambicioso plan de reforma educativa, a fin de humanizar y modernizar la enseñanza y atraer al ejercicio de la docencia a personas de mérito. Elevó el nivel de exigencias para ingresar en las Escuelas Normales, otorgó a los estudios de magisterio categoría universitaria y creó la sección de Pedagogía en la Facultad de Filosofía y Letras de Madrid.

> "El instrumento más adecuado para esa educación popular es, indudablemente, la escuela primaria, que es, en realidad, la escuela del Pueblo. La escuela primaria ha sufrido y está sufriendo en estos momentos una profunda transformación. Fue, en un principio, escuela catequista; después se ha hecho instructiva; ahora se quiere que sea educativa (...).
> Pero la escuela primaria, con todos esos títulos que acabamos

de enumerar, no es popular. Para que sea popular necesita transformarse de tal modo, que en ella encuentre el pueblo aquella iniciación y aquella preparación necesarias para la vida. La escuela necesita acabar con el divorcio en que vive con relación a la vida; necesita vivificarse".

(De *Pedagogía*, por Rodolfo Llopis. Madrid. Editorial Reus. 1931)

La "Renaixença" catalana

Desde el primer tercio del siglo XIX comienzan a manifestarse movimientos de exaltación de las culturas regionales hispanas, sobre todo de las lenguas autóctonas, que recuperan entonces el carácter de vehículo de expresión literaria que habían perdido desde el siglo XVI. Los regionalismos se convirtieron en ideologías nacionalistas cuando en Europa se admitió el derecho de las nacionalidades a convertirse en estados. En los regionalismos culturales influyeron, además del gusto romántico por lo peculiar y exclusivo de los pueblos, el deseo de destacar el hecho diferencial regional frente a la uniformidad cultural y el centralismo oficial. Estos movimientos tomaron el nombre de "Renaixença" en Cataluña, Valencia y Baleares, y de "Rexurdimento" en Galicia. También en el País Vasco se produjo un movimiento similar.

La publicación de *La Pàtria* (1833), de Carlos Aribau (1798-1862), marcó el comienzo de la "Renaixença" catalana.

> *"En llemosí sonó lo meu primer vagit*
> *quan del mugró matern la dolça llet bevia;*
> *en llemosí al señor pregava cada dia*
> *e càntics llemosins somiava cada nit.*
> *Sí, quan me trobe sol, parl´amb mon esperit,*
> *en llemosí li parl´que llengua altra no sent,*
> *e ma boca llavors, no sap mentir ni ment,*
> *puix surten mes raons del centre de mon pit".*

(De *La pàtria*, de Bonaventura Carles Aribau. Barcelona. Biblioteca de Catalunya. 1933)

La reapertura de la Universidad de Barcelona, que había sido trasladada a Cervera en la centuria anterior, dio un gran dinamismo al movimiento. Al impulso de recuperación lingüística obedeció la reposición (1859) de los Juegos Florales, certámenes literarios de origen medieval. En los Juegos se dieron a conocer muchos de los grandes poetas del movimiento, entre ellos Jacinto Verdaguer (1845-1902). En los años sesenta se editaron las primeras novelas, generalmente de tema histórico y costumbrista. La dramaturgia alcanzó un alto nivel con Ángel Guimerá (1845-1924). Joan Maragall (1860-1911), ensayista y poeta lírico, fue la más destacada personalidad de la literatura modernista catalana. El Instituto de Estudios Catalanes, fundado en 1907 por Prat de la Riba, promovió la fundación de la Biblioteca de Cataluña y la normalización lingüística, que se llevó a cabo según los criterios de Pompeu Fabra. La obra arquitectónica de Gaudí se inserta en el movimiento de exaltación regionalista catalana.

"Oda a España
Escucha, España - la voz de un hijo
que te habla en lengua - no castellana;
hablo en la lengua - que me ha otorgado
la tierra áspera:
en esta lengua - te hablaron pocos;
en la otra, muchos.
(...)
¡Oh triste España!
Yo vi los barcos - marchar repletos
de hijos que enviabas - a que muriesen:
iban sonriendo - a lo ignorado;
y tú cantabas - cerca del mar
como una loca.
(...)
¿Do estás, España?-Yo no te veo.
¿No escuchas mi voz atronadora?
¿No entiendes esta lengua - que te habla entre peligros?
¿Olvidaste entenderte con tus hijos?
¡Adiós, España!".

(*Oda a España*, de Joan Maragall, en *Antología poética*. Traducción de Diego Navarro y Fernando Gutiérrez. Madrid. Aguilar Editor. 1946)

El "Rexurdimento"

El Rexurdimento comenzó con la publicación (1828) del poema lírico *A Alborada*, de Nicolás Pastor. Manuel Murguía (1833-1923), teórico del celtismo gallego y creador de la Real Academia Gallega, identificó "lengua" y "nación": *"Las lenguas son las verdaderas banderas nacionales"*. Eduardo Pondal (1835-1917), poeta y teórico del celtismo, anhelaba una Galicia fuerte y dinámica, líder de una confederación de pueblos ibéricos e hispanoamericanos. A partir de los Juegos Florales de 1861 dio comienzo el pleno "Rexurdimento", que alcanzó su mejor expresión en los versos de Rosalía de Castro (1837-1885), gran poeta lírica de la melancolía. Manuel Curros Enríquez (1851-1908) es poeta costumbrista, anticlerical y social.

"Castellanos de Castilla,
tratade ben ós gallegos;
cando van, van como rosas;
cando vén, vén como negros.
-Cando foi, iba sorrindo; cando veu, viña morrendo;
a luciña d'os meus ollos,
o amantiño do meu peito.
Aquel máis que neve branco,
aquel de dosuras cheio,
aquel por quen eu vivia
e sin quen vivir non quero.

Foi à Castilla por pan,
e saramagos lle deron;
déronlle fel por bebida,
peniñas por alimento.
Déronlle, en fin, canto amargo
tén a vida no seu seo…
¡Castellanos, castellanos,
tendes corazón de ferro! (…)".

(De *Cantares Gallegos*, de Rosalía de Castro. Vigo. J. Compañel Editor. 1863)

La "Renaixença" valenciana

En Valencia, la "Renaixença" fue obra sobre todo del poeta lírico Teodoro Llorente (1836-1911) y del investigador Constantí Llombart (1848-1893), fundador de *"Lo Rat Penat"* (1878), asociación intregradora de los valencianistas, y teórico de un regionalismo cultural y lingüístico, como F. Barberà i Martí (1850-1924), el primero en evocar la pérdida de los fueros regionales y en reclamar el autogobierno para el Reino de Valencia. El novelista Blasco Ibáñez y el pintor Joaquín Sorolla dieron tratamiento literario y artístico, respectivamente, a los temas valencianos.

"Gemecs d'aquell valencianisme atropellat que deu repercutir doblement hui en nostres cors. Perqué si en aquell moment plorava a soles el be perdut per la supressio dels Furs, privilegis, exencions i llibertats, actualment devem plorar aquella perdua, mes pels grans perjuïns carrejats durant centnorantacinc anys d'uniformisacio llegislativa —com si diguerem de treball destructor de la Nostra personalitat valenciana—; centnorantacinc anys d'actuacio permanent de tots los mijos irresistibles de que dispon el poder central: des de l'imposicio violenta, realisada sense pietat, fins al précepte Ilegal i l'insinuacio directa o indirecta encaminades a l'acaparament de la pensa valenciana; des de l'opressio dels cossos fins a l'esclavitut de les inteligencies… Tot per a convertir en provincians docilets i obscurs als que eren ciutadans dignes, amants de lo seu i acostumats a mirar d'igual a igual als ascendents dels amos d'ara".

(De *De regionalisme i valentinicultura. Discurs llegit al inaugurar les sessións de la Societat Lo Rat Penat en vel·lá solemn e celebrada el día 7 de Dehembre de 1902*, de F. Barberá Marti. Valencia (s.n.). 1910)

Debate sobre idealismo, realismo y naturalismo

La corriente literaria y artística del realismo constituyó una reacción contra el principio romántico de *"el arte por el arte"*; opuso la representación fidedigna de la realidad a la de mundos irreales. A medida que avanzaba la precarización de las condiciones laborales en la sociedad industrial, la mayoría de los novelistas realistas españoles derivaron hacia posiciones críticas y comprometidas, antiburguesas y anticlericales. De la confluencia del realismo con el positivismo nació el naturalismo, que interpretó la conducta humana como resultado de la fisiología, la herencia, el instinto sexual, las circunstancias sociopolíticas, el afán de poder, la selección natural y la interacción con el medio natural.

No tardó mucho tiempo en producirse un debate entre los defensores del idealismo por un lado y del realismo y el naturalismo por otro. Fernán Caballero rechazó el liberalismo, el materialismo y el positivismo de la novela realista, pero no sus técnicas. Para Pereda, había que *"negar en redondo la legitimidad del arte realista, del arte que copia la vida tal como la encuentra"*. Pedro Antonio de Alarcón consideraba que *"nunca, en ninguna edad ni en ningún pueblo, bajo los auspicios de ninguna religión ni en las tinieblas del más feroz ateísmo, han caminado separadas la Bondad y la Belleza, o sea la Moral y el Arte"*. Juan Valera reivindicó la imaginación como facultad esencial del artista, a la vez que exigía verosimilitud a la novela. Para Leopoldo Alas, la misión del novelista era *"reflejar la vida toda, sin abstracciones; no levantando un plano de la realidad, sino pintando su imagen como la pinta la superficie de un lago tranquilo"*. Emilia Pardo Bazán se reconoce seguidora de la nueva corriente realista, admite que la novela sea estudio social, psicológico e histórico, pero rechaza su materialismo, pesimismo, determinismo, minuciosidad descriptiva y su alejamiento del cristianismo.

Los españoles concebían el naturalismo, a pesar de su origen francés, un estilo de novelar muy arraigado en la tradición literaria española. Para Galdós: *"El llamado naturalismo nos era familiar a los españoles en el reino de la novela, pues los maestros de este arte lo practicaron con toda la libertad del mundo, y de ellos tomaron enseñanza los noveladores ingleses y franceses. Nuestros contemporáneos ciertamente no lo habían olvidado cuando vieron traspasar la frontera el estandarte naturalista, que no significaba más que la repatriación de una vieja idea"*.

El Ateneo de Madrid

La burguesía romántico-liberal promovió a lo largo del siglo XIX la fundación de Ateneos, asociaciones de carácter cultural. En 1820 se fundó el Ateneo Español, futuro Ateneo Científico y Literario de Madrid, escenario de charlas, tertulias y polémicas sobre las más variadas cuestiones bajo el signo del republicanismo y la masonería. La Institución Libre de Enseñanza y el Ateneo de Madrid fueron las más notables creaciones del liberalismo cultural. Eminente ateneísta fue Manuel de la Revilla (1846-1881), crítico literario, orador, polemista, poeta, ensayista, traductor de Descartes y comentador de cuestiones filosóficas, hindúes e islámicas.

> *"Lo que ha sucedido es que en el Ateneo, como en todas partes, hay dos grandes tendencias, que se subdividen en multitud de matices: la de los amantes de la libertad, del progreso y de la civilización moderna, y la de los intransigentes adoradores de lo pasado. La tendencia liberal en todos sus grados, desde la democracia más exaltada hasta lo que se llama liberalismo conservador, constituye la gran mayoría del Ateneo, mientras el ultramontanismo, a lo que se ha llamado en España neo-catolicismo, corresponde una minoría exigua en aquella ilustrada corporación"*.

(De *Revista crítica*, de Manuel de la Revilla, en *Revista Contemporánea*. Tomo I. Vol. III, 15-1-1870)

"Nos duele España"

La inquietud ante la situación de España fue el principal aglutinante de la Generación del 98, grupo de literatos e intelectuales -Azorín, Valle Inclán, Machado, Unamuno, Baroja...- que compartían, además, sentido trascendente y ético de la existencia, afán crítico-regeneracionista y deseo de redescubrir las esencias del país. Coincidían con los regeneracionistas en las críticas contra el régimen liberal-oligárquico y en sus anhelos político-sociales. Identificaron Castilla con la esencia de España y convirtieron las figuras del Cid y Don Quijote en símbolos de las más excelsas categorías hispanas. Partían de posturas muy pesimistas sobre la realidad española y del concepto del pueblo como protagonista de la historia. Su *"Nos duele España"* resume su posición: Ángel Ganivet, precursor del grupo: *"España es una nación absurda y metafísicamente imposible, y el absurdo es su nervio y su principal sostén. Su cordura será la señal de su acabamiento"*. Valle Inclán: *"España es una deformación grotesca de la civilización europea"*. Azorín: *"Pensemos en nuestras campiñas yermas, en nuestros pueblos tristes y miserables, en nuestros labriegos atosigados por la usura y la rutina, en nuestros municipios explotados y saqueados, en nuestros gobiernos formados por hombres ineptos y venales; en nuestro Parlamento atiborrado de vividores. Pensemos en esta enorme tristeza de nuestra España"*. Unamuno: *"la miseria mental de España arranca del aislamiento en que nos puso el proteccionismo inquisitorial"*. Ramiro de Maeztu: *"Así no podemos seguir. España se nos aparece no como una afirmación ni como una negación, sino como un problema. Hay que crear la poesía del dinero y de las chimeneas, la epopeya del dividendo y del negocio, la belleza de las calles rectas y de la fábrica, de la máquina y de la bolsa"*.

Los filósofos del Grupo del 98

Miguel de Unamuno (1864-1936) fue el filósofo del humanismo trágico. Su pensamiento se relaciona con el evolucionismo y el existencialismo - *Del sentimiento trágico de la vida*-: el ser humano se pregunta sobre el sentido de su existencia, teme a la muerte e intenta eternizarse. Del choque entre el deseo de eternidad y la conciencia de la inevitabilidad de la muerte surge el sentimiento trágico de la vida. La creencia en la inmortalidad del alma da satisfacción al deseo de eternidad, pero no responde a las dudas de la razón, de ahí el permanente conflicto entre fe y razón. Este conflicto nos mantiene en permanente estado de inquietud y dolor; el dolor es factor esencial de humanización, sin él no hay vida, *"sólo sufriendo se es persona"*. Cree -*En torno al casticismo*- que *"la tradición es la sustancia de la historia"*; distingue entre el devenir cotidiano de esta, mutable y circunstancial, y la intrahistoria, eterna e inmutable, la verdadera historia.

> *"Todo lo que cuentan a diario los periódicos, la historia toda del presente momento histórico, no es sino la superficie del mar, una superficie que se hiela y cristaliza en los libros y registros, y una vez cristalizada así, una capa dura, no mayor con respecto a la vida*

intra-histórica que esta pobre corteza en que vivimos con relación al inmenso foco ardiente que lleva dentro (...). Esa vida intra-histórica, silenciosa y continua como el fondo mismo del mar, es la sustancia del progreso, la verdadera tradición, la tradición eterna, no la tradición mentira que se suele ir a buscar al pasado enterrado en libros y papeles y monumentos y piedras".

(De *En torno al casticismo*, de Miguel de Unamuno, en *Obras Completas. VIII. Ensayos.* Edición de Ricardo Senabre. Madrid. Biblioteca Castro. Fundación José Antonio de Castro. 2007)

Juan de Mairena y Abel Martín, personajes creados por Antonio Machado (1875-1939), transmiten pensamiento en torno a la soledad, la dignidad y la muerte. La filosofía es, para Machado, diálogo -*"Converso con el hombre que siempre va conmigo"*-, autocrítica, esperanza y aproximación a las esencias, a la realidad humana y del mundo.

"Cuando a Juan de Mairena se le preguntó si el poeta y, en general, el escritor debía escribir para las masas, contestó: Cuidado, amigos míos. Existe un hombre del pueblo, que es, en España al menos, el hombre universal y eterno. El hombre masa no existe; las masas humanas son una invención de la burguesía, una degradación de las muchedumbres de hombres, basada en una descalificación del hombre que pretende dejarle reducido a aquello que el hombre tiene de común con los objetos del mundo físico: la propiedad de poder ser medido con relación a unidad de volumen. Desconfiad del tópico masas humanas".

(De *Abel Martín. Cancionero de Juan de Mairena. Prosas varias*, de Antonio Machado. Buenos Aires. Editorial Losada. S. A. 1979)

El esperpento

El esperpento, recurso estético surrealista conseguido mediante la caricatura, la deformación de la realidad y la exageración de sus aspectos más grotescos y expresivos, responde al gusto tradicional español por la estética de la realidad distorsionada. La tradición del esperpento dio comienzo con Cervantes, continuó con Quevedo, Goya y Pérez Galdós, y culminó en Ramón María del Valle Inclán (1866-1936), novelista y dramaturgo, creador de héroes bufos y renovador del lenguaje teatral. Max Estrella, personaje central de su *Luces de Bohemia*, está inspirado en la figura y personalidad del novelista Alejandro Sawa (1862-1909), máximo representate de la bohemia literaria. La tradición del esperpento continuó en el teatro vanguardista de García Lorca -*El Público, Así que pasen cinco años*- y en la estética del *"feísmo"* cinematográfico de Pedro Almodóvar.

"Max- Los ultraístas son unos farsantes. El esperpentismo lo ha inventado Goya. Los héroes clásicos han ido a pasearse en el callejón del Gato.

Don Latino- ¡Estás completamente curda!

Max- Los héroes clásicos reflejados en los espejos cóncavos dan el Esperpento. El sentido trágico de la vida española sólo puede darse con una estética sistemáticamente deformada.

Don Latino- ¡Miau! ¡Te estás contagiando!

Max- España es una deformación grotesca de la civilización europea.

Don Latino- ¡Pudiera! Yo me inhibo.

Max- Las imágenes más bellas en un espejo cóncavo son absurdas.

Don Latino- Conforme. Pero a mí me divierte mirarme en los espejos cóncavos de la calle del Gato.

Max- Y a mí. La deformación deja de serlo cuando está sujeta a una matemática perfecta. Mi estética actual es transformar con matemática de espejo cóncavo las normas clásicas.

Don Latino- ¿Y dónde está el espejo?

Max- En el fondo del vaso.

Don Latino- ¡Eres genial! ¡Me quito el cráneo!

Max- Latino, deformemos la expresión en el mismo espejo que nos deforma las caras y toda la vida miserable de España.

Don Latino- Nos mudaremos al callejón del Gato.

Max- Vamos a ver qué palacio está desalquilado. Arrímame a la pared. ¡Sacúdeme!"

(De *Luces de Bohemia*, de Ramón María del Valle-Inclán. Madrid. Espasa-Calpe. 1961)

Mitos de Don Quijote y el Cid

Los intelectuales de la edad de plata de la cultura española identificaron a Don Quijote con los valores éticos y espirituales hispanos, opuestos al materialismo del mundo anglosajón. Para Unamuno, el quijotismo era la base de la filosofía española, una *"religión nacional"*, una forma de interpretación del mundo a través de la imaginación. Para Blasco Ibáñez, la novela de Cervantes era *"la Biblia de nuestra raza"*. Gran número de ensayistas escribieron sobre el personaje cervantino: Azorín: *La ruta de Don Quijote*; Miguel de Unamuno: *Vida de Don Quijote y Sancho*; Ramiro de Maeztu: *Don Quijote, Don Juan y La Celestina*; Ortega y Gasset: *Meditaciones del Quijote*.

> *"El Gran Capitán, o Francisco Pizarro o Hernán Cortés, llevaron a sus soldados a la victoria, pero no es menos cierto que Don Quijote ha sostenido los ánimos de esforzados luchadores, infundiéndoles brío y fe, consuelo en la derrota, moderación en el triunfo. Con nosotros vive y en nosotros alienta; momentos hay en la vida en que se le ve surgir caballero en su Rocinante, viniendo a ayudar, como Santiago, a los que le invocan...".*

(De *El Caballero de la Triste Figura*, de Miguel de Unamuno. *Obras Completas. VIII. Ensayos*. Edición de Ricardo Senabre. Madrid. Biblioteca Castro. Fundación José Antonio de Castro. 2007)

> *"Flor de este nuevo y grande giro que toma la cultura es el Quijote. En él periclita para siempre la épica con su aspiración a sostener un orbe mítico lindando con el de los fenómenos materiales, pero de él distinto. Se salva, es cierto, la realidad de la aventura; pero tal salvación envuelve la más punzante ironía. La realidad de la aventura queda reducida a lo psicológico, a un humor del organismo tal vez. Es real en cuanto vapor de un cerebro. De modo que su realidad es, más bien, la de su contrario, la material".*

(De *Meditaciones del Quijote* (1914), de José Ortega y Gasset. Edición de José Luis Villacañas. Madrid. Biblioteca Nueva. 2004)

El héroe medieval castellano Rodrigo Díaz de Vivar atrajo poderosamente el interés de regeneracionistas y noventayochistas, que lo elevaron, como a Don Quijote, a la categoría de símbolo de las virtudes patrias. Los escritos de Joaquín Costa son paradigma de la exaltación ensayística de la figura del Cid.

> *"(...) diría que la figura del Cid representa todo un programa político y que su vida es una lucha incesante por llevar ese programa a la realidad: lucha religiosa, contra el Papado; lucha nacional, contra el Imperio; y lucha política, contra los reyes. Ese programa podría resumirse en esto: respecto de Europa y el Imperio, la autarquía de la nación más absoluta; respecto del Pontificado, la condenación del ultramontanismo y la independencia civil del Estado; respecto de África, el rescate del territorio; respecto del Islam, la tolerancia, considerando a sus creyentes como elementos integrantes de la nacionalidad; respecto de la Península, la unión federativa de sus reinos".*

(De *Crisis política de España*, de Joaquín Costa. Barcelona. Producciones Editoriales. 1980)

Sobre la tauromaquia y el flamenco

Está documentada la existencia de antitaurinos desde el siglo XIII. Contrarios a la tauromaquia se manifestaron, por ejemplo, Alfonso X el Sabio, Isabel la Católica, Juan de Mariana, Lope de Vega, Tirso de Molina, Feijoo, Cadalso, Blanco White, Larra, Balmes, Menéndez y Pelayo, Ramón y Cajal, la mayoría de los krausistas, regeneracionistas, noventayochistas, novecentistas y un dilatado etc. El regeneracionista Joaquín Costa se mostró especialmente crítico con la *"fiesta nacional"*: *"Sólo España aparece en el concierto universal con la cabeza desmelenada, los brazos humeantes de sangre, la voz ronca y fatal, gritando aún: ¡Sangre, sangre, más caballos a los toros! (...). Las corridas de toros son un mal inveterado que nos perjudica más de lo que muchos creen y de lo que a primera vista parece; desde la perversión del sentimiento público hasta el descrédito extranjero, hay una serie tétrica de gradaciones que nos envilecen".*

Eugenio Noel (1885-1936), regeneracionista de la escuela de Costa y epígono de la Generación del 98, novelista y ensayista, hizo de la lucha contra las corridas de toros y el *"flamenquismo"* el norte de su vida. Los calificó de atavismos impropios de un pueblo civilizado y los responsabilizó del subdesarrollo, degradación moral e incultura de los españoles.

> *"¡Bravo, toro! Sin embargo, el engaño indigno del hombre pudo más que el valor de tu raza. Te pincharon cien veces y la sangre caía por tus lomos, embelleciendo tu martirio. Te dolían las vértebras de correr casi siempre en semicírculo. Cuando descansabas, tu fatiga era como el estertor de la agonía de un gigante. La plebe ponía en tu belleza sangrienta y firme sus ojos innobles y los varones de los tendidos envidiaban tus oscilantes trofeos de macho. ¡Bravo, toro! ¡Bravo, toro! Sonó un metálico pataleo. Cegaba el sol. Era la arena como un pedazo de la bandera de esa pobre España que sólo tú llevas en el corazón. Vociferaba el populacho. Pedía tu muerte. Quería vencer tu bravura porque la envidia de tu poder le escarbaba en la nuca. Y avanzó el verdugo. ¿Iba solo? No, toro, no: iba con él toda una raza, y en el pecho del hombre pálido la imagen del oro, del amor y de la fama explotaban como chispa de motor. ¡Bravo, toro!".*

(De *Escritos antitaurinos*, de Eugenio Noel. Madrid. Taurus. 1967)

Ramón Pérez de Ayala (1881-1962), ensayista relacionado con la ILE, poeta de origen modernista, novelista de rasgos autobiográficos e irónico-humorísticos, cofundador de la Agrupación al Servicio de la República y exiliado tras la Guerra Civil, escribe sobre la fiesta de los toros.

> *"La fiesta de los toros es una aleación de hermosura sensual para los ojos y de emociones recias para nervios, corazón y pulmones, y como quiera que toda emoción intensa se produce necesariamente como consecuencia de un hecho temeroso, insólito o brutal, de aquí que las corridas de toros hayan tenido sus detractores, así extranjeros como nacionales, quienes vituperan este espectáculo precisamente a causa de su brutalidad. Si éstos reparan sólo en el lado bárbaro de la fiesta, los apologistas, por el contrario, no quieren reparar sino en el deleite de los sentidos y el enardecimiento de las potencias del alma engendrados por este espectáculo congojoso y deslumbrante; por donde en consecuencia, lo califican de sublime...".*

(De *Política y toros. Ensayos por Ramón Pérez de Ayala*. Madrid. Editorial Calleja. 1918)

La Leyenda Negra

En una época en la que los intelectuales reflexionaban sobre la decadencia del país y la irrelevancia de la ciencia española, en la que reformistas y regeneracionistas trataban de encontrar remedio a los males de la sociedad, el historiador y sociólogo Julián Juderías (1877-1918) asumió la defensa de la imagen de España. Definió y divulgó el concepto de "Leyenda Negra" con la publicación en la revista *La Ilustración*

Española y Americana (1914) de una obra apologética del mismo nombre.

> *"Porque habremos podido ser intransigentes y fanáticos, pero no impusimos nuestro criterio en nombre de una libertad de pensamiento que era un sarcasmo; ni nos asesinamos unos a otros, como en los países donde reinaba esta libertad; ni perseguimos en nuestras guerras más ideales que aquellos que por serlo verdaderamente, por no referirse a cosas materiales, sino a cosas del espíritu, nos condujeron a la decadencia y a la ruina, que la causa verdadera de ambas no debe buscarse en la intolerancia religiosa, ni en esa incapacidad para la cultura que generosamente nos achacan, sino en una falta extraordinaria de sentido práctico y en el consiguiente desconocimiento de la realidad de las cosas".*

(De *La Leyenda Negra. Estudios acerca del concepto de España en el extranjero*, de Julián Juderías. Madrid. Editora Nacional. 1967)

La Escuela Española de Lingüística

El filólogo e historiador Manuel Milá y Fontanals (1818-1884) difundió en España la filología moderna y la nueva metodología de investigación histórico-literaria. Con él nació la Escuela Española de Lingüística, de la que formarán parte relevantes personalidades como Menéndez y Pelayo y Menéndez Pidal. Providencialismo histórico y metodología científica presiden la investigación histórico-literaria de Marcelino Menéndez y Pelayo (1856-1912), autor de una ingente obra de recuperación de la conciencia histórica de los españoles y de su historia cultural. Elaboró sus tesis a partir del concepto unitario de la historia de España, del catolicismo y de la misión imperial como elementos constitutivos de la esencia del país. Se centró en el estudio de la función desempeñada por los españoles en la historia cristiana de Europa. Con la Generación del 98 se relaciona el pensamiento de Ramón Menéndez Pidal (1869-1968), continuador del nacionalismo histórico de Modesto Lafuente y creador de la lingüística histórica española, llevó a cabo una extensa labor de reconstrucción y análisis de textos de la tradición épica castellana.

> *¡Dichosa edad aquélla, de prestigios y maravillas, edad de juventud y de robusta vida! España era o se creía el pueblo de Dios, y cada español, cual otro Josué, sentía en sí fe y aliento bastante para derrocar los muros al son de las trompetas o para atajar al sol en su carrera (...). España, evangelizadora de la mitad del orbe; España martillo de herejes, luz de Trento, espada de Roma, cuna de San Ignacio...; ésa es nuestra grandeza y nuestra unidad; no tenemos otra. El día en que acabe de perderse, España volverá al cantonalismo de los arévacos y de los vetones o de los reyes de taifas".*

(Del epílogo de la *Historia de los heterodoxos españoles*, de Marcelino Menéndez y Pelayo. Madrid. Biblioteca de Autores Cristianos de La Editorial Católica, S. A. 1987)

> *"Punto de partida en el presente estudio ha sido la general suposición de que entre nuestros hombres de la Edad Media no actuaba un*

concepto directivo que mirase a España como unidad histórica;
hasta un Menéndez Pelayo creyó que en los siglos xi ó xii no existía la
más vaga aspiración a un fin remoto reconstructivo de esa unidad
fragmentada por la invasión árabe.
Pero una tal aspiración, no ya vaga, sino muy concreta, la hemos
visto formulada en términos precisos, un par de siglos antes, en el
Epítome Universal Ovetense, que afirma la liberación de España
mediante la expulsión total de los sarracenos, predestinada por un
infalible decreto divino. Y una afirmación análoga se ve renovada en
todos los tiempos...".

(De *El Imperio hispánico y los cinco reinos. Dos épocas en la estructura política de España*, de Ramón Menéndez Pidal. Madrid. Instituto de Estudios Políticos. 1950)

El Modernismo

El Modernismo fue una forma de interpretación del mundo en la que convergieron las tensiones generadas por la crisis espiritual del último tercio del siglo xix. Afectó a todos los órdenes de la vida, a la actividad intelectual, al arte y a la literatura. El modernismo intelectual, rupturista e incluso heterodoxo, asumió los basamentos ideológicos del krausopositivismo y se expresó por medio del género ensayístico, que se abrió a una amplia variedad de formas de pensamiento: espiritualismo, espiritismo, esoterismo, parasicología, misticismo, pitagorismo, positivismo. Los modernistas crearon un lenguaje plástico y literario que conjuga la belleza ideal con la expresividad; dio origen a diversas corrientes artísticas y literarias: exotismo, esteticismo, simbolismo, prerrafaelismo, parnasianismo, bohemia literaria, decadentismo, impresionismo, expresionismo, vanguardias, etc.

"El modernismo sólo tiene una regla y un precepto: ¡la emoción! Los
modos de expresión son infinitos. Acaso no lo sean en el hecho real,
pero en el concepto estético sí. Tantos corazones, tantas maneras de
expresión. En el arte las reglas y los preceptos pueden ser invariables
como invariables son las esencias, pero en la medida en que cada uno
había de intervenir cambia por la manera personal del sentimiento".

(De *Entrevistas, conferencias y cartas*, de Ramón María del Valle-Inclán. Edición al cuidado de Javier del Valle-Inclán.Valencia. Pre-textos, 1994)

Los arquitectos modernistas renovaron los estilos históricos e introdujeron nuevas técnicas y materiales, como el hierro y el cristal. Crearon formas decorativas abstractas que recuerdan el movimiento ondulante del agua y del fuego. Mediante el cultivo del diseño transformaron en arte objetos industriales y manufacturados de uso habitual. La burguesía catalana se sirvió del modernismo para crear un arte propio, autóctono, cuyo máximo representante fue Antonio Gaudí (1852-1926), figura destacada de la Renaixença. Su obra integra en un conjunto orgánico arquitectura, escultura realista, mobiliario de diseño, decoración de hierro forjado y "collages" de trozos de cerámica de colores diversos. Su arquitectura combina corrientes y tendencias de diverso signo y es, al mismo tiempo, laica y religiosa, neobarroca, neogótica y neomudéjar, abstracta y naturalista.

> *"La ornamentación ha sido, es y será coloreada, la naturaleza no nos presenta ningún objeto monótonamente uniforme. Todo en la vegetación, en la geología, topografía, en el reino animal, siempre el contraste de color es más o menos vivo, y de aquí que obligadamente debamos colorear en parte o en todo un miembro arquitectónico, coloración que tal vez desaparecerá, pero que la mano del tiempo se encarga de darle una propia y preciosa de la antigüedad (...) mientras no venga la coloración natural del tiempo, es indispensable la pintura, y ésta lo mismo se adapta a la rigidez y severidad de las grandes masas en los frondosos huecos de la profusa ornamentación".*

(De *Manuscritos sobre ornamentación*, de Antoni Gaudí. 1879. En *Antonio Gaudí. Manuscritos, artículos, conversaciones y dibujos*. Edición a cargo de Marcià Codinachs. Colegio Oficial de Aparejadores y Arquitectos Técnicos de Murcia. La Caixa. 2002)

Los novecentistas

La generación novecentista o de 1914, relacionada con la ILE y con el grupo del 98, de ideología socialdemócrata, receptiva a la estética de las vanguardias, propugnó la armonización de España con Europa, denunció la farsa democrática del sistema político de la Restauración y reclamó la moralización de la sociedad y de la política; participó, aunque en menor grado, del pesimismo del grupo del 98, y, en algunos casos, consideró a los españoles incapaces de vivir en democracia. Novecentistas fueron, por ejemplo, el poeta Juan Ramón Jiménez, los historiadores Claudio Sánchez Albornoz y Américo Castro, el filósofo José Ortega y Gasset, los novelistas Ramón Gómez de la Serna, Ramón Pérez de Ayala y Gabriel Miró, y los ensayistas Salvador de Madariaga, Manuel Azaña, Eugenio D'Ors y Fernando de los Ríos.

El poeta lírico novecentista Juan Ramón Jiménez (1881-1958), Premio Nobel de Literatura 1956, evolucionó del subjetivismo romántico al preciosismo modernista, al experimentalismo y a la *"poesía pura"*, que trata de aprehender la belleza ideal y el sentido último de la realidad.

> *"No importa de veras la poesía libre, la poesía auténticamente pura, como no importa de veras la pura metafísica, la libre religión; religión, metafísica y poesía se traen y se llevan en el bolsillo como cobre, en la nariz como adorno o en el bastón como anuncio y amenaza. Y si esto, y, ¡ay!, lo otro, lo principal que queda perdido, no se ve claro de cerca, menos se verá de lejos. Muchas personas que quieren tener una idea de la poesía de su país o del extranjero, pretenden guiarse por tal crítica. Y hasta es corriente trabajar cabezonamente sobre esa materia indigna, diaria o semanal, deshonrada, corruptible, en lugar de concentrarse en la misma obra poética, que existe, que*

*espera, que es la fuente invariable de poesía y crítica y bebería
directa y hondamente, sin prejuicio alguno".*
(De *Estética y ética estética: Crítica y complemento*, de Juan Ramón Jiménez. Selección
de Francisco Garfias. Madrid. Aguilar, S. A. de Ediciones. 1967)

El polígrafo novecentista Salvador de Madariaga (1886-1978), ingeniero de
minas e intelectual liberal, europeísta de gran prestigio internacional, experto en
literatura comparada, cultivó una extensa variedad de temas y géneros. Ocupó
importantes cargos en los gobiernos de la Segunda República y en la Sociedad de
Naciones.

*"No habrá quien ponga en duda que los cuatro europeos del espíritu
que más descuellan son Don Quijote, Hamlet, Fausto y Don Juan.
Hay otros: Ivan Karamazov, Peer Gynt, por ejemplo. Pero estos
cuatro son los de más talla. Y habrá de apuntarse ya que, de los
cuatro, dos sean españoles. Esto era de esperar; porque España es
una Europa en miniatura, es decir, una fuerte unidad de variedades
fuertes, conjunto que ya sabemos ser muy propicio a la producción
de individuos vigorosos. Más desconcertante al primer pronto es que
no figure en la lista ni un francés ni un italiano; puesto que Francia
e Italia son sin disputa las dos madres de la cultura europea".*
(De *Bosquejo de Europa*, de Salvador de Madariaga. Buenos Aires. Edit. Sudamericana,
1969)

El "Noucentisme"

El "Noucentisme" fue un movimiento cultural y artístico vehículo de expresión
de las esencias de la catalanidad. El inventor del término fue Eugenio d'Ors (1882-
1954), esteta de brillante y conceptista lenguaje, autor de prolífica obra en la que
destacan sus agudas glosas. Además, anima a combatir la irracionalidad y a oponer
la luz del espíritu a las tinieblas de los instintos. Propugna la sustitución del
racionalismo mecanicista por la razón intuitiva, apoyada en la inteligencia lógica
y en la experiencia de la vida. Concibe la historia como una evolución progresiva
en la que constantes de doble y opuesta naturaleza se suceden alternativamente.
Clasicismo mediterráneo, belleza natural, orden y armonía fueron los fundamentos
de su estética. Para d'Ors, existen dos únicas corrientes artísticas, que se repiten
y suceden de forma constante: clasicismo, sinónimo de equilibrio y armonía, y
barroquismo, expresión de lo compulsivo y pasional. Los estilos artísticos son
formas portadoras de ideas cuyo significado nos es revelado por la inteligencia
figurativa.

*"(...) los estilos (...) son repertorios de dominantes formales, en que
funcionalmente nos son revelados los eones, las constantes de la
Historia...*
*Hay eones puros, es decir, constantes absolutas, independientes
del lugar y del tiempo. Pero hay también los que he llamado eones*

mixtos, *constantes relativas, a quienes muerden ya las limitaciones de extensión o de duración. Un eón puro es el Ewigwibliche goethiano, porque no puede imaginarse una sociedad humana sin la presencia de la feminidad. Un eón mixto es la Raza, porque es posible, en el pasado o en el presente de la sociedad humana, concebir un existir en que las razas no se diferencien aún o en que lleguen a confundirse o en que no se perciban sus diferencias".*

(De *Teoría de los estilos y espejo de la arquitectura*, de Eugenio d´Ors. Aguilar. Madrid, 1945)

"Todo pasa. Pasan pompas y vanidades. Pasa la nombradía como la oscuridad. Nada quedará a fin de cuentas, de lo que hoy es la dulzura o el dolor de tus horas, su fatiga o su satisfacción. Una sola cosa, Aprendiz, Estudiante, hijo mío, una sola cosa te será contada, y es tu Obra Bien Hecha".

(De *Aprendizaje y heroísmo. Grandeza y servidumbre de la inteligencia*, de Eugenio D'Ors. III Foro de la Delegación Nacional de Juventudes, 1961)

"Yo soy yo y mi circunstancia"

José Ortega y Gasset (1883-1956), catedrático de Metafísica, fue un pensador comprometido con la regeneración y modernización de España y su apertura a la cultura y a la ciencia internacionales. Introdujo en España conceptos filosóficos procedentes de escuelas antipositivistas: existencialismo, historicismo, vitalismo, bergsonismo. Su pensamiento recibe el nombre de raciovitalismo, por su defensa de la *"razón vital"*, instrumento que empleamos para abordar el conocimiento de la realidad. Eje del raciovitalismo es su doctrina sobre las circunstancias: *"Yo soy yo y mi circunstancia"*. Según Ortega, a través del conocimiento de nuestra circunstancia individual podemos acceder al de los problemas generales y dar sentido a lo que nos rodea; cada perspectiva personal capta una parte de la realidad, de manera que la verdad global es una suma de verdades parciales y complementarias. Transmitió su pensamiento en ensayos, artículos periodísticos, cursos y conferencias. Tuvo una destacada participación en la vida política y cultural del país; fundó la Liga de Educación Política Española (1914), el diario *El Sol* (1916), las revistas *España* (1915) y *Revista de Occidente* (1923), la Agrupación al Servicio de la República (1932) y el Instituto de Humanidades (1948).

"Hemos de buscar a nuestra circunstancia, tal y como ella es, precisamente en lo que tiene de limitación, de peculiaridad, el lugar acertado en la inmensa perspectiva del mundo. No detenernos perpetuamente en éxtasis ante los valores hieráticos, sino conquistar a nuestra vida individual el puesto oportuno entre ellos. En suma: la reabsorción de la circunstancia es el destino concreto del hombre (...). Yo soy yo y mi circunstancia".

(De *Meditaciones del Quijote*, de José Ortega y Gasset (1914). Edición de José Luis Villacañas. Madrid. Biblioteca Nueva. 2004).

Para Ortega, el objeto inmediato de la filosofía es la vida, realidad radical de los seres humanos. Lo limitado de nuestro autoconocimiento, de nuestras circunstancias y de la realidad, constituye el motor que nos impulsa a elaborar ideas para explicar el mundo.

> *"Pero la vida que nos es dada no nos es dada hecha, sino que necesitamos hacérnosla nosotros, cada cual la suya. La vida es quehacer. Y lo más grave de estos quehaceres en que la vida consiste no es que sea preciso hacerlos, sino, en cierto modo, lo contrario, quiero decir que nos encontramos siempre forzados a hacer algo, pero no nos encontramos nunca estrictamente forzados a hacer algo determinado, que no nos es impuesto este o el otro quehacer, como le es impuesta al astro su trayectoria o a la piedra su gravitación. Antes que hacer algo, tiene cada hombre que decidir por su cuenta y riesgo, lo que va a hacer. Pero esta decisión es imposible si el hombre no posee algunas convicciones sobre lo que son las cosas en su derredor, los otros hombres, él mismo. Sólo en vista de ellas puede preferir una acción a otra, puede, en suma, vivir".*

(De *Historia como sistema*, de José Ortega y Gasset. *Revista de Occidente* 1941)

La historia es para Ortega un *"vivir y revivir"* diario en el que conviven tres generaciones, la naciente, la presente y la que está en vías de desaparición, cada una con sus propias ideas, valores y creencias y cuya interacción es el motor del cambio histórico. Ortega abordó la comprensión de España a partir de posturas pesimistas y regeneracionistas similares a las del grupo del 98: *"La historia de España se reduce a la historia de su resistencia a la cultura moderna"*. Niega carácter coyuntural a la decadencia, por ser esta tan antigua como la propia España, país inacabado y siempre dominado por particularismos antagónicos. Atribuye el fracaso histórico del país a la carencia tradicional de minorías rectoras capacitadas, y sitúa el origen del problema en los pueblos germánicos, que llegaron a la península sin fuerza vital. Radicó la salvación del país en su europeización -*"España es el problema, Europa la solución"*- y en la educación del pueblo. Adjudica el retraso de la ciencia española al aislamiento del país, por lo que propone su apertura a la ciencia internacional. Atribuye -*La rebelión de las masas* (1932)- el origen de los problemas del mundo contemporáneo a la relevancia creciente del hombre-masa, a la deficiente preparación de la burguesía y a la carencia de minorías adecuadamente preparadas.

> *"Lo característico del momento es que el alma vulgar, sabiéndose vulgar, tiene el denuedo de afirmar el derecho de la vulgaridad y lo impone dondequiera. Como se dice en Norteamérica: ser diferente es indecente. La masa arrolla todo lo diferente, agregio, individual, calificado y selecto. Quien no sea como todo el mundo, quien no piense como todo el mundo, corre el riesgo de ser eliminado. Y claro está que ese todo el mundo no es todo el mundo. Todo el*

mundo *era, normalmente, la unidad compleja de masa y minorías discrepantes, especiales. Ahora todo el mundo es sólo la masa*".
(De *La rebelión de las masas*, de Ortega y Gasset. 1932. Edición conmemorativa. Introducción de Julián Marías. Madrid. Espasa Calpe. 2005)

Desde los siglos modernos, regeneracionistas y reformistas españoles participaban de la idea de que los mejores están alejados de la dirección del país. Este sentimiento se acentuó durante la Restauración y de él se hicieron eco, por ejemplo, Costa y Maeztu. Ortega comparte estas ideas y habla de aristofobia.

> *"Así, un pueblo que, por una perversión de sus afectos, da en odiar a toda individualidad selecta y ejemplar por el mero hecho de serlo, y siendo vulgo y masa se juzga apto para prescindir de guías y regirse por sí mismo en sus ideas y en su política, en su moral y en sus gustos, causará irremediablemente su propia degeneración. En mi entender, es España un lamentable ejemplo de esta perversión".*

(De *España invertebrada. Bosquejos de algunos pensamientos históricos*, de José Ortega y Gasset. Madrid. Espasa Calpe S.A. 2006)

Ortega asumió las tesis de los noventayochistas sobre Castilla como médula de España.

> *"España es una cosa hecha por Castilla, y hay razones para ir sospechando que, en general, sólo cabezas castellanas tienen órganos adecuados para percibir el gran problema de la España integral. Más de una vez me he entretenido imaginando qué habría acontecido si, en lugar de hombres de Castilla, hubiesen sido encargados, mil años hace, los unitarios de ahora, catalanes y vascos, de forjar esta enorme cosa que llamamos España. Yo sospecho que, aplicando sus métodos y dando con sus testas en el yunque, lejos de arribar a la España una, habrían dejado la península convertida en una pululación de mil cantones".*

(De *España invertebrada. Bosquejo de algunos pensamientos históricos*, de José Ortega y Gasset. Edición de Francisco José Martín. Madrid. Biblioteca Nueva. 2007)

Los "ismos"

En las vanguardias artísticas de entreguerras alentaban el afán innovador, el sentido crítico y el libre juego de la imaginación. Los artistas vanguardistas se interesaron por la estética del maquinismo, el cientifismo, el deporte, el arte primitivo, lo onírico y las teorías de Freud sobre la actividad psíquica. Adoptaron diversas formas de expresión, los "ismos": futurismo, dadaísmo, fauvismo, expresionismo, cubismo, surrealismo, constructivismo, abstracción, etc. Gómez de la Serna: *"Si lo nuevo se vuelve contra lo antiguo es porque lo antiguo repudia lo nuevo"*. Guillermo de Torre: *"Seamos fieles a la época"*. Picasso: *"El arte es el lenguaje de los signos"*. Juan Gris: *"El cubismo es un estado de espíritu"*. Joan Miró: *"El surrealismo me gustó porque no considera la pintura como un fin"*. Luis Buñuel: *"No ha aparecido más que un nuevo arte, el cine"*. Salvador Dalí: *"La revolución surrealista es antes que nada una revolución de orden moral"*.

La Generación del 27 (Rafael Alberti, Federico García Lorca, Vicente Aleixandre, etc.) fue la más notable aportación de la poesía española a las vanguardias de entreguerras. Para Ortega y Gasset -*La deshumanización del arte* (1925)-, el nuevo arte es sobre todo ideal, se ha alejado de las formas reconocibles en la realidad y a causa de ello tiene una función lúdica y decorativa y solo es accesible a las minorías.

> *"Si se analiza el nuevo estilo se hallan en él ciertas tendencias sumamente conexas entre sí. Tiende: 1, a la deshumanización del arte; 2, a evitar las formas vivas; 3, a hacer que la obra de arte no sea sino obra de arte; 4, a considerar el arte como juego, y nada más; 5, a una esencial ironía; 6, a eludir toda falsedad, y, por tanto, a una escrupulosa realización. En fin, 7, el arte, según los artistas jóvenes, es una cosa sin trascendencia alguna".*

(De *La deshumanización del arte y otros ensayos de estética*, de José Ortega y Gasset. Madrid. Espasa. Colección Austral. 2001)

Para Luis Buñuel (1900-1983), cineasta libertario, iconoclasta e innovador, de inagotables recursos imaginativos (suya es la frase: *"la imaginación humana es libre, el hombre no"*) solo había aparecido un nuevo arte: el cine.

> *"En verdad, no ha aparecido más que un nuevo arte, el cine. Y hemos nacido con él por casualidad. El cine, como es natural, mamó lo que tenía a su alrededor, del teatro, de los trucos -de la prestidigitación-, de las* actualidades *pacíficas y guerreras, de las ciencias naturales, del sentimentalismo, de los cuentos de hadas... De cuanto podía introducir en su embudo. Hasta que un día, casi en seguida, algunas gentes algo mayores que nosotros pensaron que también debía ponerse al servicio de la expresión -del expresionismo- y de la poesía tal como la entendían hacia los años veinte. Y nació el* cine de arte. *De pronto, dos personas que habían nacido con el cine ya hecho, es decir, que habían* visto *desde sus primeros tiempos la imagen inventada y reflejada, pensaron –bajo la influencia de lo que en la literatura se estaba haciendo por el mundo- que el cine podía ser, como la pluma o el pincel, una fuente de emociones que podía emplearse para dar forma a las nuevas maneras del arte. O del antiarte, si quieres".*

(De *Conversaciones con Buñuel. Seguidas de 45 entrevistas con familiares, amigos y colaboradores del cineasta aragonés*, de Max Aub. Madrid. Aguilar. 1984)

El nacionalismo musical

Los románticos alentaron la emergencia de la zarzuela y del nacionalismo musical. Aquella adquirió sus características formales -tres actos, costumbrismo, música adaptada a los ambientes y estados emocionales- en la segunda mitad del siglo XIX. La denominación de género grande se aplicó a las zarzuelas próximas a la ópera, con partes habladas y música internacional; las de un solo acto, carácter cómico y música popular, se unificaron bajo la denominación de género chico. En 1851 se creó una compañía estable de zarzuela y en 1856 se inauguró el Teatro de la Zarzuela de Madrid.

El nacionalismo musical elevó la tradición popular española a la categoría de música culta. El catalán Felipe Pedrell (1845-1922), compositor y musicólogo, introdujo en España la música de Wagner, estudió a los polifonistas españoles, investigó el folklore popular y conectó con la modernidad musical internacional. Su manifiesto *"Por nuestra música"* marcó el comienzo de la recuperación del pasado musical local y el nacimiento de la escuela nacional, en la que habrían de distinguirse personalidades como Granados, Albéniz, Falla y otros muchos.

> *"Posee España una mina musical inagotable de cantos populares de variadas procedencias. Pero ni Europa ni la mayoría de los músicos españoles tienen idea cabal de la riqueza de formas directas que ofrece nuestra música popular, ni pueden adivinar, sin estudiarlas muy a fondo, la importancia de esa infinidad de melodías primitivas de tan fecunda melopea y ritmopea que brotan de todas las provincias de España y forman regiones musicales distintas y características".*

(De *Por nuestra música*, de Felipe Pedrell. Barcelona. Imprenta de Heinrich y C. 1891)

A los compositores del nacionalismo se les considera versión musical de la Generación del 98, singularmente a Manuel de Falla (1876-1946), que fusionó formas tradicionales locales e internacionales, sobre todo la música popular andaluza con el impresionismo francés. Joaquín Turina (1882-1949), compositor, pianista, director de orquesta, crítico musical y profesor de composición, relaciona música y pintura.

> *"(...) y en todo cuanto hago, mi intención principal es la de traducir en música mis sentimientos con la mayor fidelidad posible, no sirviéndome de los procedimientos musicales más que como un medio para conseguir este fin. Y lo que me he propuesto, por lo tanto, al escribir las Piezas, es expresar musicalmente la impresión en mí producida por el carácter y el ambiente de esas cuatro ramas bien distintas de la raza española".*

(De la *Carta de Manuel de Falla a Henri Collet*. París, 15 de abril de 1909. Tomado de *"Poesía"*. 36-37. Madrid. Ministerio de Cultura. 1991)

> *"Observamos que, de las artes plásticas, es la pintura la que mayor conexión tiene con la música. En efecto, la música descriptiva y cuanto no es acción o pasiones en la música teatral, es francamente pintura.*
> *La descripción de un paisaje, la impresión de un ambiente marítimo,*

el fragor de una tempestad, el bullicio de una fiesta, el acompasado ritmo de un cortejo, son otras tantas pinturas que, con los sonidos, hace el músico. Para estas pinturas dispone el compositor de una paleta maravillosa, cual es la orquesta".

(De *Discurso leído por D. Joaquín Turina, en el acto de su recepción pública, en la Real Academia de Bellas Artes de San Fernando, el día 4 de agosto de 1939*. Madrid. Nuevas Gráficas, S. A. 1940)

El urbanismo lineal

Arturo Soria y Mata (1844-1920), ingeniero de caminos y urbanista interesado por las cuestiones medioambientales y los problemas de la vivienda y el tráfico, diseñó un innovador proyecto de ciudad lineal, que en parte realizó al este de la ciudad de Madrid. La ciudad ideada por Arturo Soria se articulaba a lo largo de una vía de al menos 50 metros de anchura, arbolada y ajardinada, en la que convergían calles transversales con casas unifamiliares ajardinadas. La avenida principal podría prolongarse tanto como fuera necesario, canalizaría los servicios y en ella se instalarían los edificios oficiales. Arturo Soria introdujo el tranvía en Madrid e ideó redes de comunicaciones subterráneas, telefónicas y de cercanías.

"Ya hemos visto que la forma lineal es la más favorable a las necesidades de la locomoción, y como el efectuarla con la mayor rapidez y la menor fatiga posibles no se consigue más que por medio de una vía férrea, llámese ferrocarril, llámese tranvía, la primera condición a que debe satisfacer la calle única o principal de una ciudad lineal es la de que su ancho permita establecer ferrocarriles y tranvías en número proporcionado a su tráfico, y de que el eje, o sea la dirección que han de seguir los coches sea el trazado de un ferrocarril, es decir, una línea recta siempre que se pueda, y cuando no, una curva del mayor radio que el terreno permita".

(De *Arturo Soria y la Ciudad Lineal*. Dirigido y anotado por George R. Collins y Carlos Flores. Ensayo biográfico por Arturo Soria y Puig. Madrid. *Revista de Occidente*. 1968)

Sobre el positivismo

También la ciencia española alcanzó un alto nivel en la edad de plata de la cultura. Fue aquella una época de cuestionamiento de los valores vigentes, de auge del cientifismo, del maquinismo y del redescubrimiento del mundo a través del positivismo y del evolucionismo.

El positivismo solo admitía como fuentes del conocimiento científico la inducción y los hechos comprobados de forma experimental; rechazaba la religión, la moral y la metafísica. Para los positivistas, el progreso científico redime a los seres humanos de la ignorancia, los eleva y dignifica. El positivismo fue también una corriente política que reclamaba la adaptación del orden social a las nuevas circunstancias surgidas de la industrialización, y una nueva "fe" en la capacidad de la ciencia para favorecer el progreso y organizar la sociedad bajo el signo de la razón. El positivismo fue la corriente de pensamiento dominante entre los españoles desde la década de los setenta del siglo XIX. El sociólogo científico Pedro Estasén y Cortada (1855-1913) difundió la doctrina en conferencias pronunciadas en el Ateneo de Barcelona. Para Estasén, atacar al positivismo era atacar a la ciencia.

> *"(...) es la filosofía moderna por excelencia, sistema filosófico que ha nacido de las matemáticas y por ello es rígido e inexorable como sus deducciones; que ha nacido de la física y por ello sus leyes son fijas como las leyes de la estática y de la dinámica; que ha nacido de la química y es difícil como el estudio de las afinidades de la materia; que ha nacido de la biología y es complicado como los organismos que la ciencia de la vida estudia; que ha nacido de la psicología y tiene las elevadas miras que pueda tener la ciencia que estudia el mecanismo del espíritu del hombre; pero que, y a pesar de nacer de ellas, las asimila, las absorbe, las aúna, las ordena, las relaciona, clasifica y forma serie".*

(De *El Positivismo o Sistema de las ciencias experimentales*; conferencias dadas en el Ateneo Barcelonés, durante los meses de enero, febrero, marzo y abril de 1877, por Pedro Estasén y Cortada. Barcelona. Jané Hermanos, Ed. 1877)

El positivismo tuvo muchos detractores, entre ellos Juan Manuel Ortí y Lara (1826-1904), profesor neotomista de Metafísica, jurista y abogado de ideología conservadora, así como seguidores de doctrinas teosóficas, místico-religiosas y espiritualistas, según las cuales el espíritu constituye la substancia de toda la realidad.

> *"La filosofía racionalista había dicho: La razón es la única fuente de verdad, es la verdad misma que se revela al hombre, el verbo que ilumina a todo hombre que viene al mundo, la luz de las luces, y la autoridad de las autoridades: no hay otra realidad que la que contempla la razón más allá del orden sensible: no existe lo sobrenatural. La filosofía positiva vino después diciendo: El espíritu humano carece de virtud para conocer lo absoluto, lo necesario, lo infinito; la experiencia de los hechos es su única luz; no hay otra realidad sino la de los hechos observados, y todo lo demás pertenece a un mundo puramente subjetivo: en una palabra, no existen verdades inteligibles. Así, después de haber negado el orden sobrenatural, objeto de la fe, la ciencia acabó por negarse a sí misma: que esto y no otra cosa es reducir sus investigaciones a los límites del orden material y sensible".*

(De *La ciencia y la divina Revelación*, de Juan Manuel Ortí y Lara. Madrid. Gutenberg. 1881)

Sobre el evolucionismo y la teoría de la relatividad

Las tesis de Darwin sobre el evolucionismo y la selección natural se recibieron en España durante el Sexenio Revolucionario (1868-1874), época de libertad. Sin embargo, a causa de la oposición entre la nueva teoría y la doctrina cristiana acerca del origen de la especie humana, su aceptación por la comunidad científica fue lenta y se prolongaría hasta los años treinta del siglo xx. Juan Vilanova y Piera (1821-1893), geólogo y paleontólogo, señaló la evidencia de la modificación constante de los seres vivos y advirtió que no había que interpretar los textos bíblicos al pie de la letra. El pensador materialista Joaquín María Bartrina (1850-1880) fue uno de los primeros españoles en aceptar el evolucionismo, junto con los krausistas, que nombraron a Darwin profesor honorario de la ILE y difundieron sus tesis en el Boletín de la misma. Evolucionista fue también Pedro Estasén y Cortada (1855-1913).

"La pólvora ha hecho desaparecer el gran caballo de batalla; el vapor amenaza reemplazar a los grandes caballos de tiro. Los caminos de hierro, la división de las propiedades, los multiplicados caminos, los prados artificiales, y el cultivo de los tubérculos y las raíces, desconocido en otro tiempo, han metamorfoseado el alimento de este cuadrúpedo, cambiando de una manera notable las condiciones del trabajo. El volumen y la forma del caballo se han apropiado a las exigencias de una sociedad progresiva; pero la raza, prescindiendo de las aptitudes esencialmente vitales, no es sino una modificación constante y hereditaria de la forma y el tamaño".

(De *Historia natural: la creación*, de Juan Vilanova y Piera. Barcelona. Montaner y Simón. 1872-1876)

"Sin creernos con autoridad suficiente para calificar de verdaderas o de falsas las teorías Darwinianas, nosotros, con un distinguido escritor francés, vemos en ellas la expresión de un esfuerzo gigantesco del espíritu humano para llegar a la explicación de fenómenos que por mucho tiempo han sido considerados como puestos fuera del alcance de la inteligencia. El hombre que ha intentado este esfuerzo no es solo un filósofo, es a la par uno de los sabios más eruditos de Inglaterra; sus obras presentan el reino animal bajo un punto de vista completamente nuevo".

(De *El Darwinismo*, de Joaquín María Bartrina, en *Obras en prosa y verso*, escogidas y coleccionadas por J. Sardá. Barcelona-Madrid. Teixidó y Parera. 1881)

"Ningún órgano se forma de improviso, ninguna función se realiza de momento, todo sigue un curso evolutivo, todo se desenvuelve, nada se crea, y esta solución transformista, que tanto repugna a espíritus de nuestra época que están prontos a anatematizar todo lo que les parece moderno, y creyendo demasiado pronunciadas (ellos sabrán en qué sentido) estas soluciones solo las consideran cual delirios de los tiempos presentes (...).
La gran teoría de la evolución estaba en camino de comprenderla el poeta latino (Lucrecio), cuando decía que los seres no se aniquilan

cuando sus partículas se disuelven o se esparcen sino que todas sus
partes vuelven a reincorporarse a la sustancia universal".
(De *El Positivismo o Sistema de las ciencias experimentales*; conferencias dadas en el Ateneo Barcelonés, durante los meses de enero, febrero, marzo y abril de 1877, por Pedro Estasén y Cortada. Barcelona. Jané Hermanos, Ed. 1877)

Los medios conservadores y católicos rechazaron las nuevas teorías, más con argumentos filosóficos y religiosos que científicos. Sin embargo, la Iglesia admitiría, de forma gradual, aspectos del darwinismo e incluso calificaría el mal y la enfermedad de imperfecciones derivadas del proceso evolutivo. También se tendieron puentes entre evolucionismo y diversos ámbitos científicos, filosóficos y políticos para vincular aquella teoría al socialismo, a la genética y a la sociología. El genetista Antonio de Zulueta (1885-1971) fusionó evolucionismo y genética. Algunos científicos reaccionarios aprovecharon las tesis de Darwin para justificar las desigualdades sociales en la biología.

> *"Cada una de estas mutaciones, de por sí no determina una nueva*
> *especie, pero son muchos los que suponen que, si en la Naturaleza*
> *se produce una mutación útil al ser que la presenta, éste tendrá más*
> *probabilidades de vivir y dejar descendientes con el mismo carácter,*
> *que por selección natural prevalecerán sobre los demás".*

(De *Estado actual de la teoría de la evolución*, de Antonio de Zulueta. Boletín de la Real Sociedad Española de Historia Natural, 1928)

La teoría de la relatividad fue aceptada por la comunidad científica española a partir de 1920. Einstein había llegado a la conclusión de que el tiempo y el espacio son relativos y de que este es cuatridimensional, curvo y finito, lo que obligó a replantearse la ciencia a la luz de la nueva doctrina. Esta teoría, "germen de una nueva cultura" (Ortega y Gasset), fue presentada en España en 1908 por Blas Cabrera (1878-1945), físico especialista en las propiedades magnéticas de la materia, y por Esteban Terradas (1883-1950), físico-matemático introductor de la física cuántica en los medios universitarios.

> *"Einstein, espíritu profundamente filosófico, en presencia del mismo*
> *problema, analiza los postulados más fundamentales de la ciencia*
> *y busca la solución del conflicto en la reconstrucción completa*
> *de la Filosofía natural, partiendo de la independencia declarada*
> *de las leyes naturales respecto del observador que las conoce. [...]*
> *Einstein afirmó el principio de relatividad general que lleva a la*
> *independencia completa de las leyes naturales respecto de quien sea*
> *el observador que las estudia".*

(De *Principio de relatividad. Sus fundamentos experimentales y filosóficos y su evolución histórica*, de Blas Cabrera. Publicaciones de la Residencia de Estudiantes. 1923)

La edad de plata de la ciencia y la tecnología españolas

Durante la edad de plata de la cultura española o segundo Siglo de Oro también la ciencia española vivió una etapa de dinamismo y productividad. Fue aquella una época de cuestionamiento de los valores vigentes, de auge del maquinismo y del redescubrimiento del mundo a través de la ciencia positiva y del evolucionismo. Al renacer científico contribuyeron la apertura de los krausistas a las novedades científicas y culturales internacionales, las controversias entre positivistas, darwinistas, genetistas y sus opositores, las posibilidades brindadas por la industrialización para la aplicación práctica de las formulaciones teóricas, y el afán innovador de intelectuales y científicos formados en la ILE, promotores de gran número de empresas educativas, culturales y científicas

Narciso Monturiol (1819-1885) construyó una máquina sumergible, el Ictíneo, dotado de sistemas de renovación del aire, de iluminación, de visión del exterior y de mecanismo de inmersión, que fue luego perfeccionado por Isaac Peral y Caballero (1851-1895), constructor de un submarino, el primero en el mundo, propulsado por energía eléctrica, capaz de alcanzar una profundidad de 30 metros. Leonardo Torres Quevedo (1852-1936), inventor de un funicular aéreo de alambres múltiples y de máquinas de calcular, llevó a cabo una importante labor investigadora en el campo de la mecánica aplicada. Juan de la Cierva (1895-1936), inventó el autogiro, máquina voladora precedente del helicóptero. El autogiró voló sobre el canal de la Mancha en 1928 y de Inglaterra a España en 1934.

> *"Si mis ensayos submarinos no han podido apoyarse en los experimentos de los que me han precedido en este arte; sin embargo descansan en las verdades por la ciencia demostradas, y por lo tanto han realizado los principios naturales de que se derivan. Y debía ser así; porque la observación de los hechos en el orden de los seres acuáticos, en el de la respiración de plantas y animales, en el de las reacciones químicas, y las leyes físico-mecánicas y de la máquina de vapor, ha sido tan exacta cual debía esperarse ya que procedía de ilustres naturalistas, físicos, químicos y mecánicos".*

(De *Ensayo sobre el arte de navegar por debajo del agua*, escrito por el inventor del *Ictíneo o barco-pez*, de Narciso Monturiol. Barcelona, Imprenta de Henrich y Ci. 1891)

> *(...) el autogiro, nuevo sistema volador que he tenido la suerte de encontrar y desarrollar, ha sido tan bien acogido en general es porque en el espíritu de todos aquellos técnicos, que se interesan por la aviación sin prejuicios, materializa una aspiración instintiva, no satisfecha con un aparato volador que tiene, como el aeroplano limitaciones hasta cierto punto comparables con las del ferrocarril en relación con el automóvil".*

(En el prólogo de Juan de la Cierva (1935) al libro *El autogiro, ayer, hoy, mañana*, de Tomás de Martín Barbadillo. Madrid. Espasa-Calpe, S. A. 1935)

Gran personalidad de la ciencia española de la edad de plata fue Santiago Ramón y Cajal (1852-1934), médico positivista y evolucionista, Premio Nobel de Medicina 1906, creador de la Escuela Española de Histología, investigador de la estructura del sistema nervioso y descubridor de las leyes que rigen la morfología de los neurotransmisores.

> *"El sistema nervioso representa el último término de la evolución de la materia viva y la máquina más complicada y de más nobles actividades que nos ofrece la naturaleza. En cuanto este sistema aparece, la unidad del ser viviente se acentúa, sus recursos para procurarse el alimento y sus defensas de los ataques del mundo exterior se multiplican, adquiriendo también mayor precisión, eficacia y congruencia; y en los peldaños más altos de la animalidad, a guisa de perfeccionamientos de estos aparatos defensivos, surgen fenómenos tan admirables como la sensación, el pensamiento y la voluntad".*

(De *Idea general del sistema nervioso*. 1899. *En Cajal. Antología*. Edición de J. M. López Piñero. Barcelona. Ediciones Península. 1986)

La polémica sobre la ciencia y el pensamiento españoles

A pesar del dinamismo de la ciencia y la tecnología españolas de la época, a finales del siglo xix se reactivó la vieja polémica sobre la aportación de los españoles al progreso científico, cuestión que ya se había planteado en el siglo xviii. El detonante fue la publicación (1876) por el neokantiano Manuel de la Revilla de un artículo en el que afirmaba que *"en la historia científica no somos nada"*. En la polémica, que casi se ha mantenido hasta nuestros días, participaron gran número de científicos y pensadores. La mayoría reconoció la irrelevancia de la ciencia hispana, hecho que atribuyeron al freno impuesto al pensamiento por el catolicismo integrista. Juan Antonio Llorente, historiador de la Inquisición, había afirmado que este tribunal había impedido *"el progreso de las artes, las ciencias, la industria y el comercio"*.

Algunos se inclinaron por la tesis esencialista de negar a los españoles capacidad para la reflexión científica, otros consideraron las carencias resultado de circunstancias temporales. Juan Valera: *"Mucho hay en España que hacer; todo está inexplorado, virgen, inculto, filosofía, historia, ciencias y hasta literatura"*. José de Echegaray: *"¿Qué descubrimiento analítico, qué verdad geométrica, qué nueva teoría lleva nombre español?"*. Leopoldo Alas: *"Hay pocos sabios en España que con miras elevadas, filosóficas, desciendan al pormenor (que no debería llamarse así) de las ciencias particulares"*. Joan Maragall: *"Hoy como ayer, el pensamiento español no significa nada en ninguna parte"*. Ángel Ganivet: *"Hasta hace poco no sabíamos construir un buque de guerra, y hasta hace poquísimo nuestros maquinistas eran extranjeros"*. Menéndez y Pelayo propuso: *"volver al espíritu de Vives para salvar la ciencia española del olvido y la muerte"*. Torres Quevedo: *"¿Tenemos sobrada cultura científica, o, por lo menos, la suficiente? (...). Yo creo que no la tenemos"*. Rafael Altamira: *"Si lo que principalmente se aprecia en filosofía es el sistema, no hay duda que España no ha creado ninguno fundamental".* Ramón y Cajal: *"Hemos vivido, pues, durante siglos, recluidos en nuestra concha, dando vueltas a la noria del aristotelismo y del escolasticismo, y desinteresados y desdeñosos (con excepción de pocos paréntesis) del poderoso movimiento crítico y revisionista que impulsó en Europa a las ciencias y las artes".* Ortega y Gasset: *"Necesitamos ciencia a torrentes, a diluvios, para que no se nos enmollezcan, como tierras regadas, las secas testas, duras y hasta berroqueñas".* Américo Castro: *"España siempre ha ejercido su derecho de mantenerse apartada de la Europa científica e industrializada".* José Botella Llusiá: *"(...) creo que realmente en 1876 (...) sí había que afirmar que la contribución nuestra a la investigación universal había sido muy pobre".*

Sobre la decadencia de España

Asociada a la polémica de la ciencia española la vieja cuestión de la decadencia de España se planteó de nuevo entre krausistas, regeneracionistas y noventayochistas, entre ellos el ensayista Pompeyo Gener (1848-1920), el novelista Juan Valera (1824-1905) y el erudito Pedro Sainz Rodríguez (1897-1986).

> *"La decadencia española nos vino de Alemania, de la dinastía intolerante de los Austrias; en 1700 quedó consumada. A partir de aquí la regeneración se la debemos a Francia. Primero son los franceses los que luchan con la brutalidad del pueblo, de la nobleza y del clero. Luego siguen la obra algunos españoles discípulos de la Enciclopedia. Y dicha regeneración la imponen los reyes a pesar de la nación misma que se opone a ella, y vienen a ser considerados caracteres nacionales los que sólo lo son de decadencia hereditaria".*

(De *Herejías. Estudios de crítica inductiva sobre asuntos españoles*, de Pompeyo Gener. Barcelona. Imprenta de Luis Tasso Serra. 1887)

> *"La tiranía, pues de los reyes y de la casa de Austria, su mal gobierno y las crueldades del Santo Oficio no fueron causa de nuestra decadencia: fueron meros síntomas de una enfermedad espantosa que devoraba el cuerpo social entero. La enfermedad estaba más honda. Fue una epidemia que inficionó a la mayoría de la nación o a la parte más briosa y fuerte. Fue una fiebre de orgullo, un delirio de soberbia que la prosperidad hizo brotar en los ánimos al triunfar después de ocho siglos en la lucha contra los infieles. Nos llenamos de desdén y de fanatismo a la judaica. De aquí nuestro divorcio y aislamiento del resto de Europa".*

(De *Disertaciones y juicios literarios*, de Juan Valera. Madrid. Imprenta de M. Tello. 1890)

> *"Pero siempre que se hable de* decadencia española, *entendamos la curva descendente que hemos seguido a partir del período de máxima extensión territorial conseguida bajo los Reyes de la casa de Austria (...). Si podemos hablar con propiedad de la decadencia*

española a partir de ese momento, es porque el derrumbamiento paulatino de un imperio político ha coincidido con el apagamiento de ciertas virtudes colectivas que, unidas a diversas circunstancias históricas, fueron causa de nuestra grandeza".

(De *Evolución de las ideas sobre la decadencia española,* de Pedro Sainz Rodríguez. Madrid. Atlántida. 1925)

• **Bibliografía:** página 313

10.- EL FRANQUISMO

La crisis económica estructural, agravada por la internacional desencadenada en 1929, la transformación gradual de la República burguesa en asamblearia, la agitación social, el deterioro del orden público, la hostilidad de la Iglesia y de amplios sectores sociales conservadores contra los planes de modernización que intentaban llevar a cabo los gobiernos republicanos, el auge de los totalitarismos en Europa y la evocación del "cirujano de hierro", suelen citarse entre los factores desencadenantes del golpe militar del general Francisco Franco Bahamonde (1892-1975) contra la República el 18 de julio de 1936 en el Protectorado de Marruecos.

El golpe militar provocó un movimiento revolucionario popular en las zonas que permanecieron fieles a la República y en las que los milicianos, el pueblo en armas, se convirtieron en importante brazo armado del Gobierno. Los excesos de todo tipo y el terror se adueñaron de la España republicana, sin que el Gobierno pudiera hacer nada para remediarlo.

El ejército sublevado, con la ayuda de las potencias fascista, Italia de Mussolini y Alemania de Hitler, y de fuerzas marroquíes, se impuso al republicano en una sangrienta Guerra Civil (1936-1939).

El Alzamiento Nacional

Los militares dieron el nombre de Alzamiento Nacional al golpe de Estado que dirigieron contra la República el 18 de julio de 1936.

> *"Una vez más el Ejército, unido a las demás fuerzas de la Nación, se ha visto obligado a recoger el anhelo de la gran mayoría de los españoles que veían con amargura infinita desaparecer lo que a todos puede unirnos en un ideal común: España.*
> *Se trata de restablecer el imperio del orden dentro de la República,*

> *no solamente en su apariencia o signos exteriores, sino también en su misma esencia".*

(Tomado de *Colección de proclamas y arengas del Excelentísimo Señor General Don Francisco Franco, Jefe del Estado y Generalísimo del Ejército Salvador de España*, por Emilio Díez. Sevilla. Imprenta Carmona. 1937)

> *"España sabrá en su día recompensar a estos militares dignísimos que tanto hicieron por el triunfo del Alzamiento Nacional en Melilla, primero, y en las tierras de España, después.*
> *Y con estos heroicos Regulares, esas Mehallas de Melilla y Tafersit, que también hanse ofrecido pródigas en la lucha por la Civilización (...). Estas fuerzas, con los Grupos de Regulares, constituyen la fuerza musulmana encuadrada en unidades gloriosas que tan alto han puesto el nombre de la Patria (...).*
> *Al recordar aquellos días, después de un año de Victorias incesantes y clamorosas, conducidas por el Caudillo de nuestra España, gritemos con fervor y enardecimiento.*
> *¡VIVA Y ARRIBA ESPAÑA! ¡VIVA FRANCO!*

Melilla, a 1 de octubre de 1937, Fiesta Nacional del Caudillo. II Año Triunfal".
(De *¡¡17 de julio!! La guarnición de Melilla inicia la salvación de España. Episodios inéditos del Glorioso Alzamiento Nacional*, de Julio Martínez Abad. Melilla. Artes Gráficas Postal Exprés. 1937)

José Moreno Villa (1887-1955), intelectual de amplios registros relacionado con la Generación del 27, fundador de la revista cultural *Gibralfaro*, mantuvo una estrecha relación con la ILE y la Residencia de Estudiantes. Aquí refiere las circunstancias de la Residencia tras el estallido de la rebelión militar.

> *"Estalla la rebelión militar e inmediatamente se produce un cambio de actitud en la servidumbre de la Residencia de Estudiantes: unas cuantas mujeres aleccionan a las demás y comienzan a mirarnos como a burgueses dignos de ser arrastrados. Un escribiente de la oficina se enfrenta con la Dirección y pide que se le entregue el dinero de aquella casa. Jiménez Fraud puede escribir sobre aquellos levantamientos internos de gentes que se respaldaban con la amenaza del paseo. Huyeron las chicas americanas, huyeron los estudiantes en casi su totalidad. Los que permanecimos allí nos congregábamos con la servidumbre a escuchar las noticias emocionantes de la radio".*

(De *Vida en claro. Autobiografía*, de José Moreno Villa. Madrid. Visor Libros. 2000)

El 12 de octubre de 1936, durante la celebración del Día de la Raza en la Universidad de Salamanca, con asistencia de la mujer del Caudillo y de falangistas exaltados, se produjo un enfrentamiento entre Millán-Astray, fundador de la Legión, hombre fogoso y de ideas fascistoides, y Miguel de Unamuno. Aquel, en un momento determinado, gritó: *"Muera la intelectualidad traidora, Viva la muerte"*, a lo que este respondió con las célebres frases: *"Este es el templo de la inteligencia, y yo soy su sumo sacerdote. Estáis profanando su sagrado recinto. Venceréis, porque tenéis sobrada fuerza bruta. Pero no convenceréis. Para convencer hay que persuadir, y para persuadir necesitaréis algo que os falta: razón y derecho en la lucha. Me parece inútil el pediros que penséis en España. He dicho".*

Para Lluís Companys (1882-1940), líder de Esquerra Republicana de Catalunya y sucesor de Macià al frente de la Generalidad de Cataluña, los sublevados eran una burocracia militar instrumento del fascismo internacional.

> *"El 19 de julio la que se subleva es esta España caduca, carcomida por el tiempo, cancerosa por sus pecados, que encuentra el apoyo y sirve de instrumento al fascismo internacional, obedeciendo a una táctica de estas fuerzas retardatarias que vienen a significar una continuación de la barbarie primitiva. No es el ejército, en cuanto está integrado por el pueblo, el que se ha sublevado. Es una burocracia militar que tiene una concepción feudal y que se ha creído de una casta superior; una burocracia militar mimada por los reyes, halagada por el último de los borbones, y que desde hace un siglo no ha ganado ni una sola victoria".*

(Del *Discurso pronunciado por el Presidente de la Generalidad de Cataluña Lluís Companys, el día 27 de diciembre de 1936 en el Palacio de Bellas Artes, de Barcelona, con motivo del III Aniversario del fallecimiento de Francisco Maciá. Esquerra Republicana de Catalunya*)

El periodista Manuel Chaves Nogales (1897-1944), ideológicamente próximo a Manuel Azaña, denuncia los asesinatos de las bandas armadas.

> *"¡Hay que acabar con los asesinatos!*
> *Esta fue la obsesión de Miaja desde el primer día. En la primera reunión de la Junta de Defensa planteó ya claramente su firme propósito:*
> *¡Poco he de poder si no acabo con esa canalla!*
> *La empresa no era fácil. La impotencia del Gobierno ante las masas armadas que hicieron frente a la rebelión militar había permitido que se formasen unas cuadrillas de asesinos que, sin ningún control, por sí y ante sí, crearon un régimen de terror que estuvo a punto de ahogar en sangre a la República. Millares de personas, inocentes en su mayoría, fueron vilmente asesinadas. Lo que fue el terror rojo en Madrid causó espanto al mundo civilizado".*

(De *Miaja acaba con el terrorismo rojo*, de Manuel Chaves Nogales, en *La defensa de Madrid*. Edición de María Isabel Cintas Guillén.Sevilla, Ediciones Espuela de Plata. 2011)

La Guerra Civil

Los militares rebeldes justificaron su acción con el argumento de que la República conducía inexorablemente al caos. Se propusieron restablecer el orden social, político y económico anterior. La jerarquía eclesiástica trataba de recuperar su relevancia y sus prerrogativas en materia de familia y educación, por lo que dio su apoyo a los sublevados, como también la oligarquía tradicional, que monopolizaba el poder y el dinero, e incluso extensos segmentos de las clases medias, que preferían la seguridad del régimen oligárquico a la incertidumbre de las reformas. El bando republicano, mezcla de liberales, socialistas, comunistas, anarquistas y separatistas, era mucho más heterogéneo que el de las derechas sublevadas. Las desavenencias internas, la carencia de un líder y la falta de solidaridad entre la retaguardia y el frente de batalla debilitaron al ejército republicano frente al franquista. La no intervención en el conflicto español pactada por las democracias occidentales dejó sola a la República frente a los facciosos. La República fue solo apoyada por México, "más simbólica que efectivamente", por los voluntarios de las Brigadas Internacionales y por la Unión Soviética.

Como resultado de la guerra, hubo más de un millón de víctimas, entre militares muertos en batalla y civiles en la retaguardia, ejecutados y represaliados en uno y otro bando; entre 367000 y 500000 vencidos fueron recluidos en unos 188 campos de concentración, y cerca de 300000 tuvieron que exiliarse, entre ellos numerosos artistas, pensadores, profesores, científicos y profesionales cualificados. Al exilio exterior se añadió el interior, resultado de la censura a que fueron sometidas todas las creaciones del espíritu. España quedó, además, descapitalizada: 510 toneladas de oro del Banco de España empleó la República en la financiación de la guerra, la población activa descendió en medio millón, el nivel de renta bajó un 28,3 % y hasta 1954 no se recuperó la renta por individuo activo de 1935.

Con el triunfo de los militares, la oligarquía tradicional y la Iglesia recuperaron sus prerrogativas y España se apartó, una vez más, de la marcha general de los pueblos de la Europa occidental, en los que la democracia había logrado triunfar sobre el fascismo.

Franco asumió la jefatura suprema del Estado y del Ejército y la presidencia del Gobierno, e instauró un régimen político que evolucionó del militarismo fascista al nacionalsindicalismo, al nacionalcatolicismo y a la tecnocracia desarrollista. Organizó unas Cortes obedientes, dictó las Leyes Fundamentales, que suplieron la inexistencia de verdadera Constitución, proclamó religión del Estado al catolicismo, prohibió los partidos políticos y los sindicatos, creó un sindicato ficticio, el Vertical, y reconoció al Sindicato Español Universitario (SEU), creado por Falange Española en 1933, como única organización estudiantil. El régimen dictatorial del general Franco mantuvo sus estructuras inalterables hasta su muerte en 1975.

El socialista Juan Negrín López (1892-1956), médico fisiólogo, fue ministro de Hacienda con Largo Caballero, presidente del Consejo de Ministros de la República entre 1937 y 1939, y, en el exilio, hasta 1945. Negrín, para unos, intentó poner orden en la retaguardia y organizar el Ejército republicano; para otros, prolongó inútilmente la guerra y se sometió a los intereses de comunistas y anarquistas.

"Cuando está en juego el porvenir de la Patria, se sucumbe o se vence. ¡Y se vencerá!

Si no se siente entusiasmo por nuestra causa, fácil será desviarse hacia la transigencia y el arreglo que -no nos engañemos- nunca será transacción ni acomodo de convivencia, porque el enemigo, el verdadero enemigo, no lo quiere así, y al español rebelde no se le dejaría pactar.

No. Ese es el camino de la capitulación. ¿Y para qué? ¿Para recobrar en la emigración el sosiego perdido? Pero, ¿y los millares, los millones de españoles que tienen puestas en nuestras manos, no sólo su tranquilidad, sus esperanzas, sino sus bienes y sus vidas? ¿Olvidamos cuáles son los métodos de persecución y exterminio del nazismo y del fascio? ¿Ignoramos qué ha sucedido y está sucediendo en Asturias, en Santander y en Vasconia?...".

(De *El Gobierno de la República se dirige al país*, de Juan Negrín. Subsecretaría de Propaganda. Delegación de Madrid. S.A.)

El líder obrero Ignacio Gallegos (1914-1990), combatiente republicano, exiliado político, miembro del Comité Central del Partido Comunista de España y de su Comité Ejecutivo y cofundador del Partido Comunista de los Pueblos de España y de Izquierda Unida, señala en este texto de 1937 cómo *"en la tierra tal vez más productiva de Andalucía, vivían los hombres más pobres de España."*

"Voy a hablaros en nombre de la juventud más esclavizada de nuestro país; voy a hablaros en nombre de los que pasaron mucha hambre, de los que sufrieron muchas vejaciones; voy a hablaros en nombre de los jóvenes del campo andaluz. Es en Jaén (y debe producir en vosotros dolor oír la palabra Jaén) donde peor han vivido los jóvenes, donde en peores condiciones han desarrollado su vida los trabajadores en general. En la tierra más rica de España, en la tierra tal vez más productiva de Andalucía, vivían los hombres más pobres de España. Junto a las grandes riquezas de los terratenientes, junto a las grandes acumulaciones de capital agrícola, estaba la desesperación sin límites de todos aquellos jóvenes campesinos que no encontraban ocasión de ganar un solo jornal...".

(De *El problema campesino en Andalucía*, de Ignacio Gallegos, de Juventudes Socialistas Unificadas de Jaén. Conferencia Nacional de Juventudes. Enero de 1937)

Miguel Hernández (1910-1940), poeta lírico intimista y atormentado, de origen campesino, Comisario de Cultura de la República, fue encarcelado y condenado a muerte por Franco. Aquí transmite sus impresiones sobre su viaje a Rusia.

"Salir de España, donde vivir es vivir en carne viva, y más hoy que nunca; atravesar los Pirineos fue para mí arrancarme de un mundo cálido, desnudo, hirviente de pasión dentro de la paz y de la guerra,

y hacerme pasar ante una humanidad de cartón, sentada en una
comodidad de trenes de primera clase y un silencio de pobres fieras
aisladas: hienas leyendo el periódico, sapos eructando chocolate,
zorros y lobos mirándose de reojo y gruñendo de tener que rozarse.
Cuerpos humanos aficionados a no serlo y propensos a ser larvas,
moluscos, carne de pulpo y caracol viscosa, lenta. Esta mala impresión
recibí al pasar por Europa camino de la URSS (...) En los pueblos de la
URSS, como en los de España, late un sentimiento familiar, fraternal
de la vida, cegado en otros países, en los del dominio fascista sobre
todo, por un resentimiento de castrados incapaces de convivir con
sus semejantes y sólo capaces de hacer arma mortífera de sus
calamidades y defectos".

(De *La URSS y España, fuerzas hermanas*, de Miguel Hernández. *Nuestra Bandera*
Núm. 108, 10 de noviembre de 1937)

El general republicano José Miaja Menant (1878-1958) fue ministro de la Guerra,
jefe de operaciones del Sur y general en jefe de la Junta de Defensa de Madrid
(1939). Participó en el golpe de Estado del coronel Casado contra el Gobierno de
Negrín.

"Sin darnos cuenta amamos a esa española presa en los lazos de un
mercenarismo imbécil. La amanos porque posee todo lo que para
nosotros es amable. Y porque en el contoneo garboso y melancólico
con que esa mujer se aleja de la posibilidad de un amor que la
redimiera, hay toda la suave tristeza y el valor abnegado con que
España sobrepone a su propia vida el glorioso destino que le toca
en suerte. Sólo que España es, ante todo, viril, y su lucha es de
independencia y de emancipación. España hombre, pelea y muere;
mientras que España mujer y madre, renuncia a todo en aras del
cumplimiento de un deber que la Historia le impone".

(Del prólogo del general Miaja al libro *España en el momento internacional. Crónicas
de la guerra*, de Delgado Rodrigo, publicadas en *"El Sindicalista"*. Madrid, 1937)

La *Velada en Benicarló* (1937), libro de Manuel Azaña entre la ficción y el ensayo
sobre la Guerra Civil, resume la visión del autor sobre el conflicto que enfrentaba
a los españoles entre sí.

"La sociedad española busca, hace más de cien años, un asentamiento
firme. No lo encuentra. No sabe construirlo. La expresión política de
este desbarajuste se halla en los golpes de Estado, pronunciamientos,
dictaduras, guerras civiles, destronamientos y restauraciones de
nuestro siglo XIX. La guerra presente, en lo que tiene de conflicto
interno español, es una peripecia grandiosa de aquella historia.
No será la última. En su corta vida, la República no ha inventado
ni suscitado las fuerzas que la destrozan. Durante años, ingentes

realidades españolas estaban como sofocadas o retenidas. En todo caso, se aparentaba desconocerlas. La República, al romper una ficción, las ha sacado a la luz. No ha podido ni dominarlas ni atraérselas, y desde el comienzo la han atenazado".
(De *La velada en Benicarló. Diálogo de la guerra de España*, de Manuel Azaña. Edición de Manuel Aragón. Madrid. Castalia. 1980)

Pablo de Azcárate y Flórez (1890-1971), jurista formado en la ILE, miembro de la dirección de la Sociedad de Naciones, ensayista y diplomático, embajador de la República en Londres, instó a ingleses y franceses a denunciar el acuerdo de no intervención en el conflicto español y la violación del mismo por las potencias fascistas con su ayuda a los sublevados.

"Aterrorizados ante el peligro de que la escalada de la ayuda que Hitler y Mussolini prestaron al franquismo desde los primeros momentos de la guerra pudiera provocar una ayuda por parte de los países democráticos (y en especial Francia) a la república, y que todo ello pudiera conducir a una conflagración general, se recurrió en Londres y París, como tabla de salvación, a un compromiso de no intervenir en la guerra civil de España que fuese aceptado por tirios y troyanos, es decir, por todos los países democráticos y las dos dictaduras europeas".
(De *Mi embajada en Londres durante la guerra civil española*, de Pablo de Azcárate. Barcelona. Ariel. 1976)

"¡No pasarán!"

Dolores Ibárruri, "Pasionaria" (1895-1989), fue cofundadora del Partido Comunista Español (PCE), diputada por Asturias en las Cortes republicanas, vicepresidenta de las mismas, presidenta del PCE y miembro del Secretariado de la Internacional Comunista. Durante el asedio de las tropas franquistas a la ciudad de Madrid, Pasionaria hará del eslogan "¡No pasarán!" un símbolo de la lucha antifascista. En su exilio de Moscú desempeñó, desde 1942, la secretaría general del partido y la presidencia desde 1960. Tras la legalización del PCE (1977) y su regreso a España, fue elegida diputada por Asturias. Frente a eurocomunistas y críticos antimoscovitas, se mantuvo siempre fiel al marxismo-leninismo soviético.

"La consigna de lucha de los primeros días, que levantó a Madrid y que la gritan como un desafío los antifascistas de todo el mundo, el NO PASARÁN, hay que clavarla en todos los frentes, en todas las trincheras, en todos los parapetos como grito de guerra, de decisión, de voluntad revolucionaria de aplastar al fascismo.
Vamos a ayudar a abatir al fascismo internacional; vamos a contribuir poderosamente a liberar al mundo de la amenaza pavorosa del fascismo; vamos a enseñar a todos los pueblos cómo se lucha y cómo se vence. Y al grito de PASAREMOS, marcharemos hacia

la victoria con la fuerza invencible de nuestro Ejército Popular".
(De *Ejército popular unido, Ejército de Victoria*, de Dolores Ibárruri. Madrid-Barcelona. Ediciones del Partido Comunista de España. 1938)

"Señor, acoge con piedad en tu seno a los que mueren por España"

Rafael Sánchez Mazas (1894-1966) fue periodista y ensayista, cofundador de la revista *El Fascio* y de *Falange Española*, cuyo nombre se le atribuye, creador del grito ritual "¡Arriba España!" y redactor de la letra de *Cara al Sol*, el himno de la Falange, en colaboración con otros falangistas, entre ellos el diplomático Agustín de Foxá, autor de la novela *Madrid, de Corte a checa*.

> *"Señor, acoge con piedad en tu seno a los que mueren por España y consérvanos siempre el santo orgullo de que solamente en nuestras filas se muere por España y que solamente a nosotros honre el enemigo con sus mayores armas. Víctimas del odio, los nuestros no cayeron por odio, sino por amor, y el último secreto de sus corazones era la alegría con que fueron a dar sus vidas por la Patria. Ni ellos ni nosotros hemos conseguido jamás entristecernos de rencor ni odiar al enemigo, y tú sabes, Señor, que todos estos caídos mueren para libertar con su sacrificio generoso a los mismos que les asesinaron, para cimentar con su sangre joven las primeras piedras en la reedificación de una Patria libre, fuerte y entera".*

(De *Oración por los caídos*, de Rafael Sánchez Mazas, en Semanario Nacionalsindicalista. 29-10-1938)

El farmacéutico y químico José Giral (1879-1962), cofundador con Manuel Azaña del partido Acción Republicana, ministro de Marina de sus gobiernos y de Exteriores con Negrín, organizó las milicias populares que se opusieron a los militares rebeldes. En este texto comenta el fenómeno de los refugiados en las legaciones extranjeras en Madrid.

> *"(...) el Gobierno de la República quiso mostrar su magnanimidad y benevolencia con sus enemigos, tolerando que se refugiasen en masa en las diversas Embajadas y Legaciones extranjeras acreditadas en la capital de España; con dos señaladísimas excepciones: Gran Bretaña y Norteamérica, que nunca admitieron asilados. La mayoría de éstos eran hombres en edad militar y, por lo tanto, verdaderos desertores cuya delincuencia se exaltaba ante la realidad de la guerra. Una buena parte la constituían militares profesionales, en activo o en reserva, y el caso entonces era de evidente delito de traición. Todos estos delincuentes, en número de varios millares, encontraron segura protección en los pabellones extranjeros".*

(De *Año y medio de gestiones de canje*, de José Giral. Editor (s.n.). 1938)

"Paz, piedad, perdón"

Dos años después del comienzo de la Guerra Civil, el 18 de julio de 1938, Manuel Azaña pronunció un discurso en el Ayuntamiento de Barcelona, en el que en tono conciliador denuncia el sinsentido de la guerra y la necesidad de terminarla mediante un pacto, a lo que se oponían el general Franco y Juan Negrín.

> *"Pero es obligación moral, sobre todo de los que padecen la guerra, cuando se acabe como nosotros queremos que se acabe, sacar de la lección y de la musa del escarmiento el mayor bien posible, y cuando la antorcha pase a otras manos, a otros hombres, a otras generaciones, que les hierva la sangre iracunda y otra vez el genio español vuelva a enfurecerse con la intolerancia y con el odio y con el apetito de destrucción, que piensen en los muertos y que escuchen su lección: la de esos hombres que han caído magníficamente por un ideal grandioso y que ahora, abrigados en la tierra materna, ya no tienen odio, ya no tienen rencor, y nos envían, con los destellos de su luz, tranquila y remota como la de una estrella, el mensaje de la patria eterna que dice a todos sus hijos: Paz, piedad, perdón".*

(Del *Discurso de Manuel Azaña, el 18 de julio de 1938 en el Salón de Cent del Ayuntamiento de Barcelona*)

El nacionalcatolicismo

La Iglesia demonizó a los republicanos y justificó y legitimó el golpe militar de Franco, *"Caudillo de España por la Gracia de Dios"*. La guerra contra la República fue, para los golpistas, una Cruzada contra las fuerzas del mal. La denominación de "Cruzada" institucionalizó el nacionalcatolicismo, forma de *"fascismo clerical"* más práctica habitual que cuerpo de doctrina política. El cardenal Isidro Gomá y Tomás (1869-1940), arzobispo de Toledo, Primado de la Iglesia española, participó en la redacción de la *Carta colectiva de los obispos españoles*.

El cardenal Enrique Plá y Deniel (1876-1968), sucesor de Gomá, asumió su misma orientación ideológica. A cambio del apoyo de la Iglesia, Franco proclamó la confesionalidad del Estado y le concedería -Concordato de 1953- un trato de favor: control sobre la moral, la enseñanza, la ciencia, la cultura y las actividades intelectuales. El nacionalcatolicismo significó la restauración de los valores integristas de la premodernidad.

> *"La guerra que sigue asolando gran parte de España y destruyendo magníficas ciudades no es, en lo que tiene de popular y nacional, una contienda de carácter político en el sentido estricto de la palabra. (...) Esta cruentísima guerra es, en el fondo, una guerra de principios, de doctrinas, de un concepto de la vida y del hecho social contra otro, de una civilización contra otra. Es la guerra que sostiene el espíritu cristiano y español contra este otro espíritu, si espíritu puede llamarse, que quisiera fundir todo lo humano, desde*

las cumbres del pensamiento a la pequeñez del vivir cotidiano, en el molde del materialismo marxista".

(De *El caso de España. Instrucción a sus diocesanos y respuesta a unas consultas sobre la guerra actual*, por Isidro Gomá y Tomás. Excma. Diputación Foral de Navarra. 1936)

"La guerra es, pues, como un plebiscito armado. La lucha blanca de los comicios de febrero de 1936, en que la falta de conciencia política del Gobierno nacional dio arbitrariamente a las fuerzas revolucionarias un triunfo que no habían logrado en las urnas, se transformó, por la contienda cívico-militar, en la lucha cruenta de un pueblo partido en dos tendencias: la espiritual, del lado de los sublevados, que salió a la defensa del orden, la paz social, la civilización tradicional y la Patria, y muy ostensiblemente, en un gran sector, para la defensa de la religión; y de la otra parte, la materialista, llámese marxista, comunista o anarquista, que quiso sustituir la vieja civilización de España, con todos sus factores, por la novísima civilización de los soviets rusos".

(De *Carta Pastoral en la que los obispos españoles justifican las causas de la guerra civil y su apoyo a los sublevados. Heraldo de Aragón.* 6-8-1937)

El dirigente obrerista Joaquín Maurín (1896-1973) comenta el fracaso de la República. El anarquista Abad de Santillán (1897-1983) se pregunta sobre las causas de su derrota

"La Segunda República española constituye un fracaso, casi espectacular, más rápido aún, más fulminante que el de la misma dictadura de Primo de Rivera (...).
La burguesía española ha tenido un destino trágico. Colocada en una situación geográfica admirable, se ha visto obligada a contemplar cómo la burguesía de los otros países sumaba victorias, mientras que ella vivía raquítica, pudriéndose en la inacción La burguesía española no ha sido capaz, por toda una serie de razones que hemos estudiado en otra parte, de hacer su revolución. Todos los intentos de revolución democrática realizados por nuestra burguesía han fracasado siempre. Desde las Cortes de Cádiz a la Segunda República se extiende un período de ciento veinte años. Cuatro generaciones que se han esforzado por arrancar a España de su retraso, de su letargo, en conseguirlo".

(De *Joaquín Maurín. Revolución y contrarrevolución en España.* País. Ruedo Ibérico. París. 1966)

"Se sucedían las generaciones en un combate sin tregua donde lo más florido, lo más generoso e inteligente de un pueblo moría con la sonrisa en los labios, desafiando a los poderes de las tinieblas y

de la esclavitud, puesta la esperanza en el triunfo de la justicia. Pero esta vez nos sentimos vencidos. ¡Vencidos! ¿Para quién, para qué clase de hombres, para qué razas, para qué pueblos tiene esa palabra ¡vencidos! la significación que tiene para nosotros? ¡Felices los que han muerto en el camino, porque ellos no han tenido que sufrir lo que es mil veces peor que la muerte: una verdadera derrota, definitiva para nuestra generación".

(De *Por qué perdimos la guerra*, de Diego Abad de Santillán. Buenos Aires. 1940)

La División Azul

Franco envió un grupo de voluntarios y militares profesionales, la "División Azul", a combatir al lado de las tropas alemanas en el frente ruso entre 1940 y 1943. Trataba así de compensar la falta de mayor implicación militar en el conflicto que enfrentaba a Hitler con las democracias occidentales y Rusia.

El falangista José Antonio Girón de Velasco (1911-1995) fue relevante personalidad del franquismo hasta mediados de los años cincuenta en calidad de ministro de Trabajo. El ascenso al poder de los tecnócratas opusdeístas a partir de 1957 marcó el comienzo del declive de su estrella política, que volvería a brillar tras la muerte de Carrero Blanco (1973) como candidato a sucederle en la presidencia del Gobierno. En estos párrafos comenta la trascendencia de la División Azul.

"(...) la División Azul es el exponente más claro de este valor nacional-sindicalista; la atracción del combate, la inquietud del sacrificio, el sentido español de entender el orgullo y de mostrarse al mundo como raza y como imperialismo. Es el ambiente heroico tan propicio a la perfección falangista, donde las virtudes son más espontáneas, más exacto el sentido de la misión, donde es más ardiente la fe y más agudo el emblema, porque se caldean los espíritus con el fuego y se afilan las flechas con las espadas.

Por eso, para dentro y para fuera de España, la legión de hombres que se bate en tierras rusas debe ser un símbolo. Es una minoría selecta situada en las mejores condiciones para vivir, para interpretar y para representar el sentido falangista español revolucionario".

(De *Trascendencia de la División Azul*, de José Antonio Girón. En *José Antonio Girón. Escritos y Discursos*. Madrid. Ediciones de la Vicesecretaría de Educación Popular. 1943)

"Creí firmemente en la victoria del Eje"

El abogado Ramón Serrano Suñer (1901-2003), cuñado de Franco, desempeñó un papel de primer orden como ideólogo franquista y ministro en los primeros gobiernos del régimen. Fue promotor de la fusión de Falange Española con Comunión Tradicionalista Carlista, del encuentro de Franco con Hitler en Hendaya (23-10-1940), del envío de la División Azul al frente de Rusia, del Fuero del Trabajo, primera ley fundamental del franquismo, y de las leyes represivas de la masonería y el comunismo. Fue principal valedor de la Alemania nazi en España. El ocaso paulatino del ejército alemán y la necesidad de aproximarse a las democracias occidentales marcaron el comienzo del fin de su relevancia política.

> *"Por mi parte he de confesar honestamente que creí firmemente en la victoria del Eje desde que vi decidida con tan sorprendente facilidad la campaña de Francia hasta que ciertos hechos (todos posteriores a mi salida del Gobierno) (...) hicieron patente un cambio en la situación militar. Y fue justamente en aquella anterior etapa victoriosa en la que tuvo lugar mi acción pública internacional. Cuando yo abandonaba el Ministerio de Asuntos Exteriores el poderío alemán alcanzaba su zenit (...).*
>
> *En todo caso si haber sido un mal profeta constituye un delito, yo me declaro reo de ese delito en el que incurrieron, temporalmente al menos, millones de hombres y cientos de mentalidades ilustres".*

(De *Entre Hendaya y Gibraltar*, de Ramón Serrano Suñer. Madrid. Ediciones y Publicaciones Españolas, S. A. 1947)

El contubernio judeo-masónico-comunista

El general Franco sentía profunda aversión contra el supuesto "contubernio judeo-masónico-comunista", peligroso enemigo de España, en su opinión. Escribió el libro *Masonería* bajo el seudónimo de Jakim Boor. Prohibió la masonería en marzo de 1940.

> *"El secreto es que hemos topado con la masonería, con esa lacra que ha invadido al mundo en el siglo XIX, y que para España fue la causa de todas sus desdichas, que hoy reina y triunfa en los medios políticos internacionales del Occidente y es la que ata, desata y se impone por encima de la voluntad de los propios pueblos en las relaciones de las naciones (...).*
>
> *España ha cometido el gran pecado de haber extirpado de su solar el cáncer masónico que lo corroía, la traición encubierta en sus logias bajo los dictados de los superestados masónicos al servicio del extranjero. Por ello, y por su catolicidad, se ha constituido en blanco de las iras de la masonería atea y polariza las maquinaciones extrañas de que otros Estados se salvan por la condición de masones de sus Jefes de estado o de la mayoría de sus gobernantes".*

(De *Masonería*, de Jakim Boor (1947). Barcelona. Asociación Cultural Editorial Ojeda. 2003)

El político socialdemócrata Indalecio Prieto (1883-1962), ministro de la República, comenta, en el exilio, el uso práctico que el general Franco hacía de su hostilidad contra la masonería y el comunismo.

> *"El general Franco viene sirviéndose de dos excelentes trucos políticos: la masonería y el comunismo. Según él, su espada victoriosa ha decapitado completamente a tan terribles hidras devoradoras de España, y como a ambos monstruos les cortó de sendos tajos las*

muchas cabezas que tanto pavor producían y así no hay modo de
que les renazca ninguna (...).

De cuando en cuando se pavonea de tan colosales proezas, pero
lo hace con discreción. A los diplomáticos, generales, banqueros y
parlamentarios norteamericanos, casi todos masones, no les dice
palabra mala de la francmasonería sino del comunismo. En cambio,
su fobia antimasónica desatose sin freno mientras conversa con
clérigos católicos de cualesquiera latitudes. De esta forma, ante
Roma es el campeón del combate contra las logias, y ante Washington
el más esforzado paladín de la pelea en favor del capitalismo".

(De *De mi vida: recuerdos, estampas, siluetas, sombras*, de Indalecio Prieto. México.
El Sitio. 1965)

El culto a la personalidad del caudillo

El falangista Eugenio Montes (1897-1982), escritor en gallego y castellano
relacionado con la Generación del 27 y el ultraísmo, colaborador de la revista *Nós*
y autor de publicaciones de signo conservador como *Acción Española*, calificó a
Falange y requetés de órdenes militares. Joaquín Arrarás (1898-1975) fue historiador.
Manuel Machado (1874-1947), poeta y dramaturgo.

"*Falange y Requeté son dos Órdenes militares, como lo fueron en
otros tiempos Calatrava y Santiago, aquellas milicias caballerescas
que hicieron la Reconquista. Para llevarlas al fin de sus anhelos
los católicos reyes, aceptando nuevos deberes y más trabajos,
incorporaron a sus funciones el maestrazgo de las Órdenes diversas.
Sea así. Su Excelencia, como Jefe del Estado y caudillo, gran maestre
de todas las familias (...). El 18 de julio de 1936 se embarcó España
para un gran periplo. Franco en el mando y la Falange al remo*".

(De *La hora de la unidad. Tanto monta, monta tanto, Requeté como Falange*, de Eugenio
Montes. Burgos. Imprenta Aldecoa. 1937)

"*Hoy como ayer, el general Franco sabe sostener el timón cara a la
noche y a la tormenta, para llevar la nave a puerto seguro.
Buen timonel de la dulce sonrisa, siempre a flor de labios.
Una sonrisa gentil y natural, que es resplandor de un alma sana. La
sonrisa con que Franco ha sabido acoger desde su juventud todas
las esfinges que la vida puso en su camino (...). Sonrisa de Franco
que ilumina en su nuevo camino a la España renaciente, mártir y
gloriosa*".

(De *Franco*, de Joaquín Arrarás. Madrid. Ediciones Atlas. 1938)

"*(...) Francisco Franco: el valor sereno, la idea clara, la voluntad
firme y la sonrisa. Porque Franco no es el dictador que preside el
triunfo de su partido o sector de la nación. Es el padre que reúne
bajo su mando, como una gran familia, todas las fuerzas nacionales*

de España. Por eso su gesto no es hosco: Franco sonríe y acoge".
(De *Manual de Historia de España*. Segundo Grado. Instituto de España. 1939)

"Franco
El heroico caudillo que encabezó el glorioso Alzamiento Nacional,
salvador de España, es también conductor civil y gobernante de
su Pueblo. Su espada de guerrero invicto alterna en sus manos
patrióticas con la pluma del legislador. Armas y Letras han coincidido
en su corazón esforzado y en su mente privilegiada. El Generalísimo
Franco significa, pues, hoy, la más alta Magistratura del Estado y
la suprema potestad militar del Ejército. El País ha visto en él su
representación más auténtica en los albores de esta nueva etapa de
nuestra Historia".
(De *Raza Española (El libro del muchacho español)*, de Alejandro Manzanares Beriain.
Madrid. Editorial Magisterio Español. 1941)

"Caudillo de la nueva Reconquista,
    Señor de España, que en su fe renace,
    sabe vencer y sonreír, y hace
    campo de paz la tierra que conquista.
    Sabe vencer y sonreír. Su ingenio
    militar campa en la guerrera gloria
    seguro y firme. Y para hacer Historia
    Dios quiso darle mucho más: el genio.
(*Francisco Franco*, de Manuel Machado. Tomado de *Franco*, de Joaquín Arrarás.
Madrid. Ediciones Atlas. 1965)

Un grupo de españoles propone pedir el capelo cardenalicio para Franco

"NUESTRO INVICTO CAUDILLO, PRíNCIPE DE LA IGLESIA
Un grupo de españoles, que conservarán por el momento su nombre
en secreto para que los resentidos de siempre no puedan tacharles
de oportunistas y aduladores, tiene la iniciativa, y la hace pública en
este escrito, de pedir el capelo cardenalicio para Francisco Franco
Bahamonde (...).
Nada más justo, nada más equitativo que este premio a otorgar
al hombre que, sin ser sacerdote, mayores servicios ha prestado a
la Santa Iglesia. De manera que, si se otorgan condecoraciones y
títulos honoríficos civiles para premiar servicios al Estado y a los
organismos políticos seglares, si algunos soberanos conceden cruces
y dignidades que hacen del agraciado un primo de Rey de que se
trate, si esto hacen los poderes perecederos de la tierra, ¿cómo va a
hacer menos la eterna Roma haciendo príncipe de la Iglesia a uno
de los dos o tres más preclaros seglares que jamás la hayan servido
en todos los tiempos?".

(Tomado de *Mis conversaciones privadas con Franco*, de Francisco Franco Salgado-Araujo. Barcelona. Editorial Planeta, S. A. 1978)

"Mía es la voz antigua de la tierra"

El triunfo militar de Franco significó el exilio para miles de ciudadanos españoles. Muchos dejaron testimonio de tan dramática experiencia, único nexo entre todos los escritores de la llamada "literatura del exilio".

> *"Hay dos Españas: la del soldado y la del poeta. La de la espada fratricida y la de la canción vagabunda. Hay dos Españas y una sola canción. Y esta es la canción del poeta vagabundo:*
> *Soldado, tuya es la hacienda,*
> *la casa,*
> *el caballo*
> *y la pistola.*
> *Mía es la voz antigua de la tierra.*
> *Tú te quedas con todo y me dejas desnudo y errante por el mundo...*
> *Mas yo te dejo mudo... ¡mudo!*
> *Y ¿cómo vas a recoger el trigo*
> *y a alimentar el fuego*
> *si yo me llevo la canción?".*

(León Felipe, 1884-1968)

Juan Rejano, periodista y poeta de la Generación del 27: *"Yo no he dejado mi tierra: la he perdido, me la han arrebatado", parece decir constantemente el hombre en destierro".* Rodolfo Llopis, pedagogo, director general de Enseñanza Primaria entre 1931 y 1933, promotor de un ambicioso plan de reforma educativa: *"¿Qué crimen habremos podido cometer para que nuestra expiación no haya terminado todavía? Sabed que siempre nos hemos dado la misma respuesta: Nuestro crimen ha consistido -si es que ello es un crimen- en haber defendido con las armas en la mano, durante treinta y tres meses, la libertad y la independencia de España".* María Teresa León, intelectual formada en la ILE, novelista y ensayista: *"Bienaventurados los que os llevasteis a cuestas la dulce carga del recuerdo de España".* José Bergamín, ensayista unamuniano, poeta y dramaturgo: *"España peregrina".* Francisco Ayala, sociólogo, novelista y ensayista: *"Sabía que había salido de España para muchísimo tiempo, quizá para siempre".* Vicente Llorens, historiador de la literatura y la cultura españolas: *"Al terminar la guerra civil de 1939 se produjo un éxodo republicano de tal naturaleza y de tales proporciones como no se había conocido en la historia de España".* Juan Marichal, humanista comprometido con la causa de la democracia: *"Todo exilio revela siempre la densidad cultural de un país: y la de España en 1936 era la más alta de toda su historia. Porque el medio siglo 1886-1936 es, sin duda alguna, la segunda Edad de Oro de la cultura española".* Jordi Gracia, historiador del pensamiento español del siglo xx: *"La guerra sucia del Estado contra los vencidos fue la continuación política de la guerra porque no sabía cuánto podía durar su victoria y hasta qué punto la Segunda Guerra Mundial podía comprometer su resultado".*

Asociación Católica de Propagandistas

La Asociación Católica de Propagandistas fue fundada en 1909 por el jesuita y pedagogo Ángel de Ayala (1867-1960): *"La Iglesia ha procurado siempre infiltrar la savia del Evangelio en todas las manifestaciones de la vida..* Los propagandistas aspiraban a ejercer una función social directiva y educadora, a fin de mejorar las instituciones y contribuir al bien común. La ACdP promovió la creación de numerosas asociaciones, partidos políticos, periódicos, centros de estudio y editoriales. Numerosos propagandistas participaron en la actividad política. En 1931 fundaron Acción Española, asociación monárquica que publicó una revista con el mismo nombre.

La ACdP contó desde el primer momento con un activo dirigente: Ángel Herrera Oria (1886-1968), obispo de Santander y Málaga, cardenal desde 1965, y fundador del periódico católico *El Debate* (1911) y de entidades varias: Centro de Estudios Universitarios, Instituto Social Obrero; presidió la Junta Central de Acción Católica. Llevó a cabo una eficaz acción social, sobre todo en el campo de la enseñanza. Su ideología fusionaba catolicismo social y socialdemocracia.

> *"(...) para que las partes o miembros de la sociedad, esto es, los ciudadanos, puedan cumplir sus deberes sociales, es necesario que el Estado les provea de lo que necesitan para vivir y desarrollarse. En otros términos: es menester que se guarden los preceptos de la justicia distributiva.*
> *Dad a cada miembro del cuerpo social lo que necesita. ¿Para qué? Para el cumplimiento de sus funciones sociales. Robusteced al individuo para que sea mejor ciudadano".*

(De *Conciencia social y conciencia ciudadana*, de Ángel Herrera Oria. La Editorial Católica, S. A. Madrid. 1962)

Sobre Franco

A lo largo de su dilatada historia, Franco y el franquismo han sido objeto de numerosos estudios, ensayos, alabanzas y críticas. He aquí algunos ejemplos de fervientes seguidores, opositores y disidentes:

El poeta falangista Dionisio Ridruejo (1912-1975) denunció el alejamiento de los postulados falangistas por el franquismo. Santiago Carrillo (1915-2012), ideólogo marxista, cofundador en 1975 del eurocomunismo, facilitó la restauración de la democracia tras la muerte del dictador al acordar con Adolfo Suárez la legalización del PCE, a cambio de moderar sus demandas y aceptar la monarquía parlamentaria. El general Francisco Franco Salgado-Araujo (1890-1975), primo y colaborador de Franco, se refiere a la faraónica obra del Valle de los Caídos, en cuya construcción (1940-1958) participaron prisioneros republicanos.

> *"Durante mucho tiempo he pensado (...) que el régimen presidido por V.E., a través de todas sus vicisitudes unificadoras, terminaría por ser al fin el instrumento del pueblo español y de la realización histórica reformadora que nosotros habíamos pensado. No ha*

resultado así y esto lleva camino de que no resulte ya nunca".
(En *Carta de Dionisio Ridruejo al Jefe del Estado.* 7-7-1942)

*"Los españoles comprueban hoy que el triunfo de Franco fue una
derrota para España, derrota que retrasó y frenó el desarrollo
económico, cultural y social del país, que causó grandes perjuicios a
su prestigio y su influencia en el mundo".*
(En *Después de Franco, ¿qué?*, de Santiago Carrillo. París. Ediciones Sociales. 1965)

*"Esta obra está exclusivamente inspirada por Franco hasta en los
más mínimos detalles (...) En España no hay ambiente para ese
monumento, pues aunque dure el miedo a otra guerra civil, gran
parte de la población tiende a perdonar y a olvidar".*
(De *Mis conversaciones privadas con Franco*, de Francisco Franco Salgado-Araujo.
Barcelona. Editorial Planeta. 1978)

A partir de la derrota del Eje, los franquistas trataron de desfascistizar el
sistema político, tanto en la práctica política y económica como en los símbolos e
imágenes. Adolfo Muñoz Alonso (1915-1974), pensador católico, falangista, niega la
existencia de contaminación fascista en el ideario de José Antonio Primo de Rivera,
apoyo ideológico fundamental del franquismo en sus comienzos.

*"Si se estudia con elemental buena fe el ideario de Falange española
de las JONS y se adentra en el pensamiento profundo, no se aprecia
la más leve contaminación fascista, y sobre todo, no aparece en él
un indicio, significante de lo que por fascismo querían entender sus
denostadores".*
(En *Un pensador para un pueblo*, de Adolfo Muñoz Alonso. Madrid. Ediciones Almena.
1969)

El general Franco separó la jefatura del Estado de la del Gobierno en 1972, y en
1973 nombró presidente del mismo al almirante Luis Carrero Blanco (1904-1973),
hombre fuerte del Régimen. Carrero le apoyaba en sus planes sucesorios a favor
del príncipe Juan Carlos de Borbón y en la sustitución en el poder de los falangistas
por los tecnócratas opusdeístas. Su nombramiento como presidente del Gobierno
le convirtió en garante de los principios del Movimiento. Fue asesinado por ETA en
atentado perpetrado en Madrid el 20 de diciembre de 1973.

*"Porque Dios conocía bien vuestra rectitud de intención al lanzaros
a la guerra en defensa de la Fe y de la independencia de España, no
sólo os concedió la victoria de 1939, sino que os inspiró la prudencia
política necesaria para librarnos de las peripecias de la segunda
guerra mundial, manteniendo en ella nuestra neutralidad; empresa
nada fácil, que requirió una difícil dosificación de habilidad y
firmeza para resistir a las instigaciones de dentro, que no faltaron,*

*pues no pocos creyeron en 1941 que era el momento de encaramarse
en el carro del vencedor, y las presiones de fuera, que se hacían, no
se olvide, con el respaldo de un Ejército que acababa de derrotar
en unas semanas a todos los de Europa. Hoy, no hace falta ser muy
agudo para comprender que si hubiéramos entrado en la segunda
guerra mundial, lo que el comunismo no había conseguido en 1936
lo hubiera logrado en 1945".*

(De *Alocución en el Consejo de Ministros celebrado en el Palacio de El Pardo, el día 7 de
diciembre de 1972, por Luis Carrero Blanco.* Tomado de *Luis Carrero Blanco. Discursos
y escritos 1943-1973.* Madrid. Instituto de Estudios Políticos. 1974)

Ramón Cotarelo (1943), ensayista, profesor de Ciencia Política, distingue entre la
violencia franquista y la de los republicanos.

*"Por supuesto que en ambos bandos se cometieron barbaridades,
pero, como se ha dicho ya, las del bando republicano no eran
actos deliberados del Gobierno de la República, que, con sus más
y sus menos y en situación francamente precaria, continuó siendo
un Estado de derecho (...). En el bando franquista la violencia era
institucional y en el republicano no (...), la República no tenía un
plan de exterminio del adversario civil por razón de sus convicciones
ideológicas, sino sólo de represión penal en el caso de que realizaran
actividades delictivas".*

(En *Memoria del franquismo,* de Ramón Cotarelo. Madrid. Ediciones Akal, S. A. 2011)

Los médicos humanistas

La tradición de los médicos humanistas continuó durante el siglo xx. Gregorio
Marañón y Posadillo (1887-1960) fue, tal vez, el que mejor encarnó la imagen del
grupo. Desde la doble perspectiva de la psicología y la endocrinología y mediante
el análisis de la interacción entre ambas elaboró novedosas teorías sobre la
sexualidad y sobre la personalidad y conducta de relevantes personajes históricos
-Tiberio, Enrique IV, conde-duque de Olivares, Luis Vives, Antonio Pérez...- y
literarios -Don Juan-. Investigó en el campo del psicoanálisis, la psicosexualidad,
la intersexualidad, el envejecimiento, las secreciones internas y la quimioterapia.
Formó parte del grupo de intelectuales liberales que dieron su apoyo a la sustitución
de la monarquía por la República, de la que luego criticarían su descontrol y deriva
populista.

*"Don Juan esbelto, elegante, de piel fina, cabello ondulado y rostro
lampiño o adornado de leve barba puntiaguda, que vemos pasar por
los salones o por los escenarios. El cuidado minucioso de su vestido,
y a veces la llamativa exageración de éste, acentúan todavía más
esta borrosidad de lo viril en la morfología donjuanesca (...).
También es muy típica de la virilidad indiferenciada de nuestro héroe
su incapacidad para sentir el agravio amoroso. Fijémonos en que no*

se conoce un solo caso de un Don Juan entristecido o irritado en lo profundo de su instinto -quizá sí en su vanidad- por el abandono o por la traición de cualquiera de sus amantes. Nace con la lección aprendida de que el que a hierro mata, a hierro muere".

(De *Don Juan*, de Gregorio Marañón. Madrid. Espasa-Calpe. Austral. 1960)

El cirujano Josep Trueta i Raspall (1897-1977) aplicó métodos novedosos en la curación de fracturas y heridas, el *"método Trueta"*. Fue militante antifranquista, exiliado en Inglaterra desde 1939, y en Oxford ocupó la cátedra de Traumatología y Ortopedia. Fue activo catalanista, miembro del Consell Nacional de Catalunya en Londres, constituido a fin de conseguir el reconocimiento de Cataluña por los aliados. En 1946 publicó una historia de Cataluña con el título de *L´Esperit de Catalunya*. Esta obra se publicó por vez primera en inglés en 1946, y en catalán en México en 1950.

"L'any 1704 començá la Guerra de Successió espanyola (...). El 13 de juliol del 1713, Espanya i Anglaterra signaren el tractat d'Utrecht, que fixà la situació política d'Europa almenys durant una centuria. Entre altres punts, el tractat d'Utrecht decidí la sort dels catalans en nom de la pau d'Europa: havien de ser convertits en espanyols del tipus castellá per la força de les armes, amb les mateixes lleis, administració, justicia i idioma que les províncies castellanes i amb una forma de govern que els catalans havien deixat enrera des del segle XIII".

(De *L´esperit de Catalunya*, de Josep Trueta. Barcelona. Edición 62. 2003)

Juan Rof Carballo (1905-1994) difundió en España las técnicas del psicoanálisis y de la medicina psicosomática. Sobre esta ciencia publicó (1949) un tratado, *Patología psicosomática*, en el que advierte sobre la importancia en el proceso curativo del diálogo entre el médico y el enfermo.

"La represión es el concepto cardinal del psicoanálisis. La psicología profunda *justifica su nombre por la importancia que da a los contenidos subconscientes de la vida psíquica, gran parte de los cuales han pasado a la subsconsciencia, es decir, se han sustraído a la conciencia precisamente por la acción de la represión. La represión constituye una defensa gracias a la cual la persona escapa de sus tendencias profundas cuando son peligrosas o repulsivas o pueden dar lugar a conflictos.*
Todo lo que resulta desagradable al sujeto: dolor, ansiedad, miedo al fracaso, es motivo de represión. Lo que principalmente es objeto de represión es lo que amenaza al éxito, seguridad y estimación o reconocimiento de la persona".

(De *Patología psicosomática*, de Juan Rof Carballo. Madrid. Editorial Paz y Montalvo. 1949)

A Juan José López Ibor (1908-1991), psiquiatra, sexólogo, catedrático de Medicina Legal y Psicología Clínica, se debe en gran medida la inclusión de la Psiquiatría en los planes de estudio universitarios. Estudió las patologías psicosomáticas, la angustia, los trastornos bipolares, la interacción entre psique, sociedad y circunstancias personales, y la neurosis, enfermedad que consideraba más física que psíquica.

> *"El psiquismo humano cuenta, como hemos visto al hablar de los actos fallidos, con dos provincias superpuestas Una consciente, donde se realizan las operaciones ordinarias de nuestra vida psíquica, y otra inconsciente, mucho más grande, de una potencialidad enorme, donde radican todos los deseos e impulsos insatisfechos, toda la vida instintiva contenida en su alboroto originario. Ésta pugna por salir, y así como antes lo ha hecho en forma de actos fallidos, lo hace también en forma de ensueño. Hay en el ensueño un contenido latente y otro manifiesto. La razón de esta distinción radica en la existencia de una instancia psíquica que se denomina "censura". Más claramente; como lo que soñamos es lo que deseamos y como esto no queremos confesarlo porque nos produce repugnancia y la realidad nos lo niega (censura psíquica), aparece este deseo disfrazado en forma de símbolos que encubren su contenido primitivo".*

(De *La agonía del psicoanálisis*, de Juan José López Ibor. Círculo de Lectores. Barcelona. 1988. Este libro fue publicado por vez primera en 1948)

"España como problema"/"España, sin problema".

Pedro Laín Entralgo (1908-2001), médico, falangista, pensador orteguiano, historiador de la Medicina, autor de trabajos sobre España y trató de conciliar fe y ciencia y de definir la naturaleza de la cultura española. La publicación en 1949 de su libro *"España como problema"* suscitó la respuesta, ese mismo año, del monárquico e historiador del pensamiento Rafael Calvo Serer (1916-1988), en su libro *España, sin problema*. El debate, centrado, en principio, en dilucidar las claves históricas de España, se convirtió en una reflexión sobre el futuro del país después del franquismo. Calvo Serer evolucionó del catolicismo opusdeísta a la oposición antifranquista: convirtió el diario *Madrid* en portavoz de las corrientes democráticas.

> *"En mi libro he intentado definir con precisión suficiente la consistencia real de ese reiterado problema de nuestra cultura. Ha sido problemática la cultura española, desde Jovellanos y las Cortes de Cádiz -afinando el juicio, desde Quevedo-, porque, en cuanto empresa nacional, y sin mengua de tal o cual acierto aislado, no ha conseguido resolver de un modo armonioso y continuo las varias antinomias operantes en el cuerpo mismo de nuestro país; antinomias entre las instancias sociales vivas y acuciosas, no entre fórmulas doctrinales abstractas, proclamadas y esgrimidas, por tanto, con apasionada pretensión de exclusividad".*

(De *España como problema,* de Pedro Laín Entralgo. Madrid. Seminario de Problemas Hispanoamericanos. 1949)

> *"El hecho inicial de nuestra inestabilidad contemporánea, espiritual*
> *y política, proviene de la trágica resistencia contra Napoleón, en que*
> *todo el país participó, y con la cual quebrantó su propia estructura,*
> *por la yuxtaposición de una crisis política con la ideológica y social,*
> *en circunstancias sin igual en Europa. Así, nuestro desarrollo*
> *industrial y técnico tuvo que producirse en el ochocientos con el*
> *retraso y las deficiencias impuestas por la guerra civil continua.*
> *Todavía en 1874 ponían los carlistas sitio a Bilbao, y entonces toda*
> *España ofrecía a la Europa liberal un espectáculo de anacronismos*
> *militares, políticos y espirituales".*

(De *España, sin problema,* de Rafael Calvo Serer. Madrid. Ediciones Rialp. S. A. 1949)

Polémica sobre el origen y el ser de España y los españoles

El filólogo Américo Castro Quesada (1885-1972) y el historiador medievalista Claudio Sánchez Albornoz (1893-1984), ambos de ideología liberal, mantuvieron, en la posguerra, una animada polémica sobre el origen y el ser de España y los españoles. Castro interpretó el pasado español a través de la filología y de la literatura, innovó la metodología e introdujo conceptos y principios novedosos: "morada vital", "vividura", "vivir desviviéndose".

Para Castro, no puede hablarse de España con anterioridad al año 711, España es resultado de la ruptura a finales del siglo xv de la convivencia pacífica de los tres pueblos del Medioevo ibérico, cristianos, musulmanes y judíos. Fue, según Castro, en aquella centuria, siglo xv, cuando comenzó a configurarse la identidad del país, por lo que resulta inapropiado hablar de españoles con anterioridad a esa época. De la convivencia entre los tres pueblos se derivó un intercambio mutuo de elementos culturales: los cristianos se apropiaron el concepto oriental de la unidad de fe religiosa como signo fundamental de identidad de la organización política, de manera que ser español era sinónimo de católico. Estos hechos explican la singular religiosidad de los españoles de los siglos modernos, que, por su intenso carácter oriental, los distanció de Europa y los distinguió entre los pueblos europeos. En 1948 Castro publicó *España en su historia,* posteriormente reeditada con el título de *La realidad histórica de España.*

> *"El español se considera casi como una emanación del suelo de la*
> *Península Ibérica, o por lo menos tan antiguo como los moradores*
> *de sus cavernas prehistóricas; es decir, de quienes en la cueva de*
> *Altamira (Santander) dejaron sobre sus muros de roca, luminosas*
> *e inquietantes figuras de hombres y bisontes. Una ininterrumpida*
> *continuidad enlazaría así la españolidad del habitante prehistórico*
> *de la montaña santanderina, con la de quienes allá preparan el*
> *queso de Cabrales en grutas menos sombrías, pero tan antiguas*
> *geológicamente como las del hombre rupestre (...).*

Según las vigentes creencias, la esencia del español cruzó incólume e inafectada a través de las varias gentes y de lo acontecido en la Península desde que existe tradición de ella. El padre Juan de Mariana - en muchos sentidos una excelsa personalidad - comenzaba así su Historia de España, *en 1601:* Túbal, hijo de Jafet, fue el primer hombre que vino a España, *y al decir* España *pensaba en un concepto fijo, como si hablara del primer* árbol *plantado en España".*

(De La realidad histórica de España, de Américo Castro. México. Porrúa. 1954)

Para Sánchez Albornoz, la historia es un proceso de cambio continuo, por lo que no puede hablarse de España solo a partir de finales del siglo xv. Argumenta que Castro no tiene en cuenta innumerables hechos y datos sin los cuales resulta imposible comprender el pasado español. Por ejemplo, el desembarco de los musulmanes norteafricanos en la costa de Algeciras (711), el de Colón en América (1492) y el de Carlos I en la costa de Cantabria para hacerse cargo de su herencia española (1516). La Historia de España habría sido muy diferente de no haberse producido ninguno o alguno de aquellos hechos. Al contrario que Castro, cree que la religión fue el mayor factor de europeización entre los españoles, el vínculo que los mantuvo unidos al continente europeo y que evitó su definitiva africanización. En 1957 publicó *España, un enigma histórico*, en respuesta a las tesis de Castro.

"Me he alzado contra la absurda y torpe teoría de que lo español es posterior al 711. Es difícil evitar una sonrisa ante la afirmación -de un exquisito ensayista como peregrino historiador- de que todo lo ocurrido en la Península antes de la invasión islámica cae fuera de la historia de España. Las guerras celtibéricas, lusitanas o cántabras que descubren la contextura vital de los peninsulares de entonces y que contribuyeron a forjar la de sus sucesores, serían meras Pág. inas de la historia romana; y los esfuerzos de Leovigildo, Recaredo y Recesvinto en la cristalización de España y de lo hispano, serían pura historia germánica. Con la misma sinrazón podríamos considerar meros avatares de la historia del califato de Damasco las batallas de Guadalete y Covadonga, incluir la gesta del Cid en la historia almorávide y excluir de la nuestra la jornada de las Navas, todas decisivas en la afirmación y mudanza de lo hispano".

(De *España, un enigma histórico*, de C. Sánchez Albornoz. Buenos Aires. Edit. Sudamericana. 1971)

"Español, palabra extranjera"

Según opinión generalizada entre los filólogos, el término "español" se originó en Provenza, en el siglo xi, para designar a los cristianos hispanos, que carecían de un nombre colectivo -a sí mismos se denominaban catalanes, portugueses, navarros, aragoneses, castellanos, gallegos, etc.-, y para distinguirlos entre el conjunto de los cristianos europeos. El investigador suizo Paul Aesbischer fue el primero en señalar el origen extranjero del término, que habría penetrado en la península ibérica por el camino de Santiago. Américo Castro se encuentra entre los historiadores que defienden el origen provenzal del término "español".

> *"Para el profesor Aesbischer era natural permanecer impasible al encontrarse con el hecho de que* español *es un provenzalismo; para los españoles, en cambio, la cuestión ofrece aspectos molestos o incómodos. Quienes no han penetrado en los más hondos estratos de este fenómeno lingüístico (intento hacerlo ahora), se sienten mal impresionados al darse cuenta de que los habitantes de la Península no supieron o no pudieron darse un nombre que a todos los abarcara, y a la postre aceptaron uno venido de fuera. Los francos llamaron* Francia *a la tierra que dominaban, el nombre de* Inglaterra *enlaza con el de los anglos, etc. (...).*
> *Al estudiante de su propia historia no le dicen -y habrán de decírselo dentro de más o menos años- que los cristianos que emprendieron la tarea de ir arrojando a los moros hacia el sur de la Península, carecían de un nombre secular que los aunara a todos en el siglo* XIII...".

(De *Español, palabra extranjera. Razones y motivos,* de Américo Castro. Madrid. Taurus. 1970)

"La supervivencia del espíritu pactista en Cataluña"

En los años cuarenta y cincuenta, el historiador Jaume Vicens Vives (1910-1960), catedrático de Historia económica de la Universidad de Barcelona, conectó la historiografía hispana a la internacional, sobre todo a la francesa de los Annales. Creó una escuela de historiadores españoles, el Centro de Estudios de Historia Internacional, la revista *Estudios de Historia Moderna* y el *Índice Histórico Español.* En 1954 publicó *Noticia de Catalunya,* libro en el que expone la permanencia en Cataluña del espíritu pactista, fundamento de su cultura política y de sus relaciones políticas con el Estado central.

> *"Durant els segles* XVI *i* XVII *el pactisme fou l'ossada del constitucionalisme català. Mentre al voltant de Catalunya tot canviava i es removía, els nostres homes remanien aferrats a les lleis que els havien fets poderosos i rics durant els segles medievals. Més enllà discutirem si aquesta actitud fou o no una errada, i si procedía d'una impotència real de maniobra o d'un encarcarament sentimental malaltís. Ara només cal referir-nos a la nua realitat: per mantenir aquelles lleis i constitucions i resistir la pressió formidable del cesarisme monàrquic, el pactisme es convertí en una doctrina intocable i sagrada".*

(De *Noticia de Catalunya,* de Jaume Vicens Vives. Barcelona. Ediciones Destino. 1954)

La tecnocracia franquista

La ONU rechazó el franquismo en 1945. Al año siguiente retiraron las potencias extranjeras sus embajadas de España. El reconocimiento internacional del Régimen no comenzó hasta la firma de los acuerdos con los Estados Unidos (1953). La España franquista fue admitida en la ONU en 1955.

A finales de la década de los cincuenta, Franco dio entrada en el gobierno a tecnócratas opusdeístas, que hicieron del desarrollo económico la justificación del régimen político. Gracias a los planes de desarrollo, a las divisas procedentes del turismo y de la emigración y a la favorable coyuntura internacional, España comenzó a industrializarse y la pequeña burguesía, tradicionalmente el sector social más débil y menos numeroso, experimentó un intenso crecimiento, se modernizó y adoptó hábitos de vida y posturas políticas similares a los de la sociedad europea occidental. Sin embargo, aún persistían inmensas bolsas de pobreza, paro y subdesarrollo; se produjo entonces un éxodo rural sin precedentes y miles de españoles tuvieron que emigrar a los países desarrollados de Europa occidental. El auge económico trajo consigo la demanda creciente de libertades políticas y sindicales, que eran sistemáticamente rechazadas por el régimen. La represión no impidió la emergencia de grupos terroristas, la acción de sindicatos clandestinos y la deserción de sectores tradicionalmente adictos a Franco. En 1973 murió en atentado de ETA Carrero Blanco, presidente del Gobierno y probable sucesor de Franco.

Los curas obreros

El cardenal Vicente Enrique y Tarancón (1907-1994), personalidad fundamental de la Iglesia española durante el franquismo y la transición democrática, se opuso siempre al nacionalcatolicismo, despojó a Acción Católica de significado político y fue pionero en la denuncia de las injusticias sociales por parte de la jerarquía católica. Tarancón dio su apoyo a la instauración de la democracia en España, por lo que se convirtió en blanco de las amenazas y críticas de los sectores intransigentes del régimen, de los "ultras".

> *"No podemos callar. No debemos callar por más tiempo. Llegan hasta Nuestros oídos los clamores de la multitud. Parten Nuestro corazón de Padre las angustias y las estrecheces que sufren Nuestros hijos y un deber ineludible pone la pluma en Nuestras manos.*
>
> *Quizá no consigamos nada con Nuestras palabras. Quizá los egoísmos y la malicia de los hombres ahoguen Nuestra voz. Pero queremos, cumpliendo con Nuestro deber, que juzgamos sacratísimo, reforzar con Nuestra voz y con Nuestra autoridad el clamor de Nuestros hijos. Queremos decir públicamente que es un caso de conciencia el atender sus peticiones y sus súplicas. Queremos decir que no tan sólo la justicia y la caridad cristiana, sino la misma humanidad pide y exige que se atiendan los clamores de los que piden con angustia un pedazo de pan".*

(De la *Introducción de la Carta Pastoral El pan nuestro de cada día dánosle hoy... y católicos militantes*, de Vicente Enrique y Tarancón. Madrid. Publicaciones HOAC. 1951)

El compromiso social proclamado por los teólogos de la liberación influyó en los "curas obreros" españoles de los años cuarenta, cincuenta y comienzos de los sesenta, portavoces de la no violencia y protagonistas del diálogo cristomarxista. Curas obreros fueron José María de Llanos (1906-1992), que llevó a cabo una intensa labor de apostolado social entre obreros filocomunistas de los barrios marginales del sur de Madrid, y José María Díez-Alegría (1911-2010), teólogo posconciliar y activista expulsado de la Compañía de Jesús, por la publicación, sin autorización previa, de su libro ¡Yo creo en la esperanza! El jesuita Pedro Arrupe Gondra (1907-1991), General de la Compañía de Jesús de 1965 a 1983, abrió el jesuitismo al compromiso social. Su desacuerdo con los sectores conservadores de la Iglesia marcó el comienzo del ocaso de la relevancia de los jesuitas en los medios eclesiásticos.

> *"La no violencia constituye entonces un elemento formal del proyecto de Jesús, el del hombre nuevo a que se refería Pablo cuando del anuncio evangélico deducía y concretaba una ética característica para los creyentes. Por una vez más evito aquí aportar los textos tan repetidos y archiconocidos de todos. Lo que nos interesaría de su estudio no es precisamente encontrar cómo desde ellos, que son muchos, se convoca e invita a maneras no violentas de comportarse ante el mal en la vida, lo que nos interesaría, repito, es constatar lo central de tales diversas y numerosas enseñanzas".*

(De *La denuncia no violenta*, de José María Llanos. Algorta. Ed. Zero, S. A. 1970)

> *"Conciencia cristiana y marxismo*
> *Para mí estudiar con una cierta atención a Marx y al marxismo-leninismo fue una necesidad profesional. No he llegado a ser un experto en marxismo, pero sí tengo algún conocimiento y mi reflexión cristiana ha sido ayudada por él. El estudio de Marx me llevó al estudio de la dialéctica del amo y el esclavo, de la Fenomenología del Espíritu, de Hegel. Este estudio y la consideración de la inversión hecha por Marx de esta dialéctica de Hegel, pasando de una pretendida justificación dialéctica de la esclavitud a una justificación dialéctica de la liberación, me hicieron pensar profundamente".*

(De *¡Yo creo en la esperanza!*, de José María Díez-Alegría. Bilbao. Editorial Descleée de Brower. 1992)

> *"Caridad discreta: lema de nuestro esfuerzo en este campo como en todos. En este campo hoy, de un modo especial. Porque hoy no es posible tener auténtica caridad, sin sentir honda preocupación por los problemas sociales que desgarran a la humanidad y deshumanizan la vida de la mayoría de los hombres. No es posible tener auténtica caridad, sin sentir la llamada a aportar algo para su remedio. Y tampoco cabe una discreción que no discierna a la luz de la fe modos posibles de realización de esa llamada. Ni solamente*

para la acción personal, sino también y sobre todo, para la acción común de la Compañía".

(De *Compromiso social*, de P. Arrupe. Madrid. Editorial Apostolado de la Prensa, S. A. Editorial Hechos y dichos. Separata de la obra *Escala en España*. 1972)

Alberto Iniesta (1923-2016), obispo auxiliar de Madrid, *"el obispo rojo de Vallecas"*, desempeñó un papel decisivo en la transición del nacionalcatolicismo al catolicismo renovado del Concilio Vaticano II. En su homilía del 4 de octubre de 1975 demandó la supresión de la pena de muerte y denunció la ejecución de cinco condenados a muerte por el franquismo.

> *"Desde el punto de vista cristiano, es totalmente rechazable quitar la vida a un ser humano. Es uno de los pecados más graves en nuestra moral. Por eso, repruebo y lamento profundamente los asesinatos causados por el terrorismo de todo el mundo (...). Una gran parte de la sociedad entre los que me encuentro y cuyo número va constantemente en aumento, opinamos que la pena de muerte se debe eliminar de los códigos modernos (...). Y somos opuestos a la pena de muerte, en primer lugar porque no parece que consiga el efecto de reprimir a los posibles delincuentes de nuevos asesinatos. La experiencia de otros países y la triste experiencia del nuestro en estos últimos días, vienen lamentablemente a darnos una confirmación en este sentido".*

(De *Homilía de Alberto Iniesta*, en *Recuerdos de la Transición*. PPC. Madrid. Editorial y distribuidora S. A. 2002)

El Movimiento Nacional

En 1958 fue creado el Movimiento Nacional, entidad política integradora de las corrientes ideológicas franquistas, *"Comunión de los españoles en los ideales que dieron vida a la Cruzada".*

> *"Así, nuestro Movimiento ha venido a constituir la más firme base de renovación y de cultura, el medio idóneo para la formación del espíritu nacional de las juventudes y para la preparación y promoción de la base política de las nuevas generaciones. Todo ello exige el constante y progresivo perfeccionamiento de sus estructuras, la renovación de sus cuadros y el ensanchamiento de su base. Tres son las verdades fundamentales en que se ha apoyado al correr de estos años nuestra política: los principios de la ley de Dios, el mejor servicio de la Patria y la justicia social con el bien general de los españoles, bases de una grande e indispensable revolución política".*

(Del *Discurso del jefe Nacional del Movimiento, Francisco Franco Bahamonde*, en la *Sesión inaugural del XI Consejo Nacional del Movimiento*. Madrid, 28 de noviembre de 1967. Ediciones del Movimiento. 1967)

Plan de estabilización de 1959

Alberto Ullastres (1914-2001), jurista y economista, profesor de Historia de la Economía, puso en práctica el Plan de Estabilización de 1959, a fin de encaminar el país hacia la integración en la Europa comunitaria. El plan puso término a la autarquía del primer franquismo, logró liberalizar la economía y mejorar el nivel de vida de los españoles; comenzó entonces *"el despliegue económico"*, que fue favorecido por las divisas procedentes del turismo y la emigración.

> *"El objetivo número uno de todo Plan de desarrollo, el objetivo de todo desarrollo y del plan que lo encuadra e instrumental, es la elevación de la renta nacional o producto nacional bruto y, en la mayor medida posible, de la renta individual, de la renta per cápita, de la renta media (...).*
>
> *Es misión del Plan determinar qué es previsible que puedan y quieran hacer todos y cada uno de los individuos del país, todos y cada uno de los sectores de la economía, e incluso el propio Estado como el sujeto y operador económico de mayor peso de la misma".*

(De *El desarrollo económico y su planteamiento en España*, de Alberto Ullastres. Madrid. Revista *Arbor*. Número 189-190. CSIC 1962)

En defensa de la identidad vasca

Antonio Añoveros (1909-1987), obispo de Cádiz, Ceuta y Bilbao, se enfrentó al franquismo. El 24 de febrero de 1974 se leyó en las iglesias de su diócesis su homilía en defensa de la identidad del pueblo vasco. Fue acusado de atentar contra la unidad nacional y a punto estuvo de ser expulsado de España. La Conferencia Episcopal, presidida por el cardenal Tarancón, amenazó a Franco con la excomunión si se consumaba la expulsión.

> *"El pueblo vasco tiene unas características propias de tipo cultural y espiritual, entre las que destaca su lengua milenaria. Esos rasgos peculiares dan al pueblo vasco una personalidad específica, dentro del conjunto de pueblos que constituyen el Estado Español actual.*
>
> *El pueblo vasco, lo mismo que los demás pueblos del Estado Español, tiene el derecho de conservar su propia identidad, cultivando y desarrollando su patrimonio espiritual, sin perjuicio de un saludable intercambio con los pueblos circunvecinos, dentro de una organización sociopolítica que reconozca su justa libertad.*
>
> *Sin embargo, en las actuales circunstancias, el pueblo vasco tropieza con serios obstáculos para poder disfrutar de este derecho. El uso de la lengua vasca, tanto en la enseñanza, en sus distintos niveles, como en los medios de comunicación (prensa, radio y televisión), está sometido a notorias resticciones. Las diversas manifestaciones culturales se hallan también sometidas a un discriminado control".*

(De la *Homilía de Monseñor Añoveros* (1974). En *Recuerdos de la transición*, de Alberto Iniesta. Madrid. PPC. Editorial y Distribuidora, S. A. 2002)

El contubernio de Múnich

Los días 5 y 6 de junio de 1962 se reunieron en la ciudad de Múnich 118 representantes de organizaciones antifranquistas. Promotores de la reunión fueron Salvador de Madariaga y Gil Robles, liberales; Dionisio Ridruejo, falangista disidente, y Joaquín Satrústegui, monárquico liberal. La reunión se convocó a fin de debatir sobre el ingreso de España en la CEE, que había sido solicitado por el Gobierno franquista. Los participantes condicionaban la adhesión de España a la CEE a la democratización del Régimen y solicitaban a Europa a que presionase en este sentido. La reunión de Múnich provocó las iras de las autoridades franquistas, que la denominaron *"contubernio contra España"* y calificaron a los participantes de *"vendepatrias y traidores"*. Franco arrestó y exilió a los participantes tras su regreso a España, organizó masivas manifestaciones en apoyo de su Régimen y suspendió durante dos años la aplicación del artículo 14 del Fuero de los Españoles.

> *"El Congreso del Movimiento Europeo reunido en Múnich los días 7 y 8 de junio de 1962 estima que la integración, ya en forma de adhesión, ya de asociación de todo país a Europa, exige de cada uno de ellos instituciones democráticas, lo que significa, en el caso de España, de acuerdo con la Convención Europea de los Derechos del Hombre y la Carta Social Europea, lo siguiente:*
> *1. La instauración de instituciones auténticamente representativas y democráticas que garanticen que el Gobierno se basa en el consentimiento de los gobernados.*
> *2. La efectiva garantía de todos los derechos de la persona humana, en especial los de libertad personal y de expresión, con supresión de la censura gubernativa.*
> *3. El reconocimiento de la personalidad de las distintas comunidades naturales.*
> *4. El ejercicio de las libertades sindicales sobre bases democráticas y de la defensa de los trabajadores de sus derechos fundamentales, entre otros medios por el de la huelga.*
> *5. La posibilidad de organización de corrientes de opinión y de partidos políticos con el reconocimiento de los derechos de la oposición".*

(Tomado de *Cuando la transición se hizo posible. El "contubernio de Múnich"*, de J. Satrústegui y otros. Editorial Tecnos. 1993)

La democracia cristiana

Las reticencias de Franco ante las conclusiones del Concilio Vaticano II (1962-1965) y sus conflictivas relaciones con el papa Pablo VI fueron el origen de la deserción de sectores de propagandistas católicos, hasta entonces fieles apoyos del Régimen, entre ellos Joaquín Ruiz-Giménez (1913-2009), profesor de Filosofía del Derecho, líder del ala izquierda de la democracia cristiana, corriente política que aspiraba a conciliar cristianismo y democracia. Ruiz-Giménez había colaborado con Herrera Oria, fundó la revista *Cuadernos para el Diálogo* (1963), de gran altura intelectual; fue Embajador de España ante la Santa Sede, reformó las enseñanzas medias en su etapa de ministro de Educación (1951-1956), y se presentó a las elecciones de 1977 como líder de Izquierda Democrática. Fue el primer Defensor del Pueblo de la España democrática.

> *"Legitimar y encauzar la oposición*
> *Todo sistema político necesita el contrapunto de una oposición. Esto no quiere decir que la oposición haya de ser subversiva ni clandestina. Por el contrario, es preciso procurar que la clandestinidad desaparezca, porque queden abiertos cauces normales de crítica y de acción creadora dentro de los organismos institucionales ya existentes, especialmente en las Cortes (que a mi juicio es todavía el órgano más vitalizable) y mediante asociaciones legalmente reconocidas para la acción política, por lo menos en el nivel de la formación de los hombres y de la crítica pública, hasta que sea prudente extenderlo al campo de la acción electoral, que sería un tercer escalón, a la larga necesario y seguramente insoslayable".*

(De *El problema de los partidos políticos*, en *El camino hacia la democracia*, en *"Cuadernos para el Diálogo"* (1963-1976), de Joaquín Ruíz-Giménez. T. II. Núm. 18. Marzo de 1965)

"El crepúsculo de las ideologías"

Los falangistas habían sido reemplazados en el poder por tecnócratas que hicieron del desarrollo económico la razón última de la política e incluso de la existencia del propio Estado. Gonzalo Fernández de la Mora (1924-2002), ensayista y diplomático, se erigió en portavoz intelectual de la tecnocracia: trató de conciliar -*El crepúsculo de las ideologías*- inexistencia de libertades y éxito socio-económico.

> *"Cuando dos ideologías contrapuestas tienden a fundirse es que ambas están en trance de disolución. Hoy el socialismo renuncia a la lucha de clases y a la total nacionalización de los bienes de producción, y acepta la competencia comercial y el juego democrático. Por su lado, el liberalismo prescinde de los dogmas individualistas, sustituye el principio de la representación por el de la fiscalización y hace suyas la planificación económica y la función social de la propiedad. El comunismo se occidentaliza y aburguesa mientras que el capitalismo preconiza la coexistencia pacífica y proscribe la guerra preventiva. Los nacionalismos se integran en las corrientes de unificación continental y apuntan hacia el cosmopolitismo. Hay, pues, en todos los niveles una convergencia y, en definitiva, un debilitamiento de las ideologías (...).*
> *Las ideologías periclitan y, en los ámbitos históricos más evolucionados, ya son puro lastre residual. Ninguno de sus apoyos vertebrales es sólido".*

(De *El crepúsculo de las ideologías*, de Gonzalo Fernández de la Mora. Madrid. Ediciones Rialp, S. A. 1965)

El Grupo Tácito

Un sector de propagandistas democristianos críticos del franquismo fundó el Grupo Tácito (1973), promotor del cambio democrático. Tácitos fueron varios ministros de la transición y Leopoldo Calvo Sotelo, futuro presidente del Gobierno. Los tácitos propugnaban la organización de nuevos cauces de participación política, la recuperación del poder por el pueblo y una sociedad más justa e igualitaria. El cardenal Tarancón les prestó apoyo. Desempeñaron una función política de primer orden: muchos de ellos promovieron la creación de Alianza Popular y Unión de Centro Democrático. Alfonso Osorio García (1923), define aquí los objetivos del grupo.

> *"A nadie le cabe duda que, por una simple razón biológica, el poder personal de Franco puede terminarse pronto. Como consecuencia de ello es claro, aun para los que no quieren ver, que una nueva situación política está próxima a nacer.*
>
> *El que ésta sea equilibrada y no traumática, por muy bien que funcionen las Instituciones, depende en una no desdeñable medida de nosotros, de nuestra dedicación y de nuestro esfuerzo; porque nada nos va a ser dado gratuitamente. Pero, al tiempo, nosotros no podremos convocar a nadie si no sabemos decir y hacer en cada momento lo que es justo".*

(De *Escrito desde la derecha. Canto a la libertad*, de Alfonso Osorio. Barcelona. Plaza Janés. 1989)

"En su biografía, ¡cuántos cadáveres!"

Fernando Arrabal (1932), dramaturgo y cineasta español residente en Francia, creó el *"teatro pánico"*, *"una manera de ser presidida por la confusión, el humor, el terror, el azar y la euforia"*. La muerte de su padre, víctima de la represión franquista, y su encarcelamiento en 1967, alimentaron su profundo antifranquismo.

> *"Excelentísimo señor:*
>
> *Le escribo esta carta con amor.*
>
> *Sin el más mínimo odio o rencor, tengo que decirle que es Vd. el hombre que más daño me ha causado.*
>
> *Tengo mucho miedo al comenzar a escribirle:*
>
> *Temo que esta modesta carta (que me conmueve de pies a cabeza) sea demasiado frágil para llegar hasta Vd.; que no llegue a sus manos.*
>
> *Creo que Vd. sufre infinitamente; sólo un ser que tanto sufre puede imponer tanto dolor en torno suyo; el dolor preside, no sólo su vida de hombre político y de militar, sino incluso sus distracciones; Vd. pinta naufragios y su juego favorito es matar conejos, palomas o atunes.*
>
> *En su biografía, ¡cuántos cadáveres!: en África, en Asturias, en la guerra civil, en la postguerra".*

(De *Carta al general Franco*, de Fernando Arrabal. París. Babilonia Editores. 1976)

¿Aperturismo político?

Durante el tardofranquismo se formaron corrientes ideológicas a favor de la apertura política, a la que se oponían los elementos más conservadores del Régimen. Arias Navarro (1908-1989), último presidente del Gobierno franquista, se vio obligado a prometer la promulgación de un Estatuto de Asociaciones. Sus propuestas fueron rechazadas por los demócratas, por insuficientes, y por los "ultras", por excesivas. Antonio Gala Velasco (1930), literato de amplios registros -novelista, dramaturgo, columnista-, ejerce la crítica social desde posturas de izquierda-liberal. Aquí reflexiona sobre el aperturismo.

> *"Porque lo que pretenden los aperturistas es abrir, y sólo con el hecho de llamar para que se abra, queda sobreentendido que había cerrazón y había clausura: si no hubiera nada que abrir -y que abrir ya-, nadie se tomaría el trabajo de pedirlo. "Parece como si lo que propiciaran fuera un revanchismo cegador, en vez de auspiciar la apacible evolución participativa responsable de todos". (Otra vez el "como si" y otra vez el arrullo de la "apacible evolución participativa", ese somnífero con el que llevamos adormeciéndonos toda la vida".*

(De *La Obertura*, de Antonio Gala. Sábado Gráfico. 13 de julio de 1974)

Escuelas de filosofía de Madrid y Barcelona

La Escuela de Filosofía de Madrid se formó bajo el magisterio de Ortega y Gasset. Entre sus miembros -José Gaos, Paulino Garagorri, etc.-, Xavier Zubiri (1898-1983), filósofo metafísico y teólogo, identificó a Dios con origen y sentido último de la realidad; definió al hombre como una realidad relativamente absoluta frente a todo lo demás y a los demás. Para María Zambrano (1904-1991), analista de los cambios experimentados por el sentimiento de lo sagrado, existen formas de conocimiento ajenas a la razón, la intuición poética -*"razón poética"*-, por ejemplo, nos enseña el sentido de las cosas y de los símbolos; cree que la *"legitimidad del cambio de toda forma es la característica del pensamiento revolucionario auténtico"*. Julián Marías (1914-2005) comentó y sistematizó el pensamiento de Ortega y Gasset, criticó la lógica y la abstracción escolásticas, analizó diversos aspectos de la vida humana y llevó a cabo una prolífica labor ensayística sobre cuestiones de actualidad.

> *"Pero Ortega no se limitó nunca a ser un profesor, a dar orientación e información a sus discípulos, a exponer ante ellos una doctrina. En primer lugar, ha usado de una ilimitada generosidad, infrecuente en la vida intelectual de nuestro tiempo, y ha ofrecido a los que hemos sido sus discípulos el acceso a lo que era más fértil y menos conocido del pensamiento ajeno, a sus propios secretos metódicos, a la intimidad de su mente. Se ha esforzado por lograr que su filosofía no quedase hermética en él, sino que fuese también propia de sus discípulos, incluso más allá de lo que era objeto de sus exposiciones impresas".*

(De *Acerca de Ortega*, de Julián Marías. Madrid. Ediciones de la *Revista de Occidente*, S. A. 1971)

La Escuela de Barcelona abordó la comprensión de la realidad a través del *"seny"* tradicional catalán, término que podría traducirse por "sentido común". Entre sus miembros -Jaime Serra, Joaquín Ramón Xirau, Eduardo Nicol. Roura-Parella, García Bacca, etc.-, José Ferrater Mora (1912-1991) elaboró un cuerpo de doctrina en torno al ser y la muerte y analizó la organización social.

> *"Miles de cuestiones solicitan nuestra atención: la formación de super-Estados, productos de una ingente evolución industrial, militar y política en el curso de la cual se hunden unos "imperios" y emergen otros; los incesantes y colosales trastornos sociales; el vertiginoso desarrollo de las técnicas; el tercer mundo; la posibilidad (y algunos afirman la imposibilidad) de un holocausto nuclear; los rápidos cambios de formas y modelos de vida; la lucha a muerte, y a veces la interpenetración de diversas ideologías (...). No hay más remedio que cortar por lo sano y elegir, más o menos arbitrariamente, algunos temas suficientemente básicos.*
>
> *Son estos la técnica, la organización de la sociedad y la busca de un absoluto. Con ello pueden tocarse tres puntos que ninguna descripción de la crisis actual puede eludir: el material (o una parte de él), el social y el individual o personal".*

(De *Las crisis humanas*, de J. Ferrater Mora. Madrid. Alianza Editorial. 1983)

El pensamiento científico

El matemático Julio Rey Pastor (1888-1962) llevó a cabo una importante labor de divulgación científica y de investigación en el campo de la geometría.

> *"Puesto que la Ciencia sustituye las cosas reales por entes abstractos que aproximadamente las representan, traduciendo en proposiciones lógicas entre esos seres abstractos las relaciones empíricas primero, y después las leyes teóricas, compréndese cuan hondamente interesa, para el análisis estructural de cada ciencia, el estudio de esa correspondencia, que es la Ciencia misma.*
>
> *Y no se crea que tal esquema se refiera exclusivamente a la Matemática, que pasa por ser la más abstracta entre todas; pues el punto material de la Mecánica, el átomo, el rayo y la onda de la Física, las inexistentes substancias puras de la Química, son entes tan abstractos como los puntos y curvas de la Geometría".*

(De *Álgebra del lenguaje*, de Julio Rey Pastor. Discurso de ingreso -1 de abril de 1954- en su recepción pública. Madrid. Real Academia Española. 1954)

El bioquímico Severo Ochoa (1905-1993) investigó en el campo de la biología molecular, de las enzimas y de la síntesis biológica del ácido ribonucleico, del ADN y del papel de los genes sobre la formación de las proteínas, lo que le valió el Premio Nobel de Fisiología y Medicina en 1959. Ochoa se consideraba *"un exiliado científico, no político".*

"Pocas veces he sentido emoción más intensa que cuando creí haber hecho descubrimientos de alguna trascendencia. Voy a hablaros pues de algunos de los momentos de mi vida en el laboratorio que recuerdo con más placer. Hay quien cree que la persona que dedica su vida al cultivo de la ciencia hace un gran sacrificio. Esto no es así; no puede considerarse un sacrificio dedicarse a hacer lo que a uno más interesa y apasiona. Los estudios de que voy a hablar cubren dos etapas de la actividad investigadora de mi laboratorio. Una la fijación de CO_2 por animales y plantas, la otra el descubrimiento y estudio de un enzima que cataliza la síntesis de compuestos análogos al ácido ribonucleico (RNA) y la utilización de estos compuestos en el desciframiento de la clave genética".

(De *"La emoción de descubrir"*, de Severo Ochoa. Discurso de ingreso como Académico de Honor en la Real Academia de Medicina y Cirugía de Murcia. Consejería de Cultura del Consejo Regional de Murcia. 1982)

• **Bibliografía:** página 314

11.- LA TRANSICIÓN DEMOCRÁTICA

Desde los años sesenta, el despliegue económico y la emergencia de una extensa clase media de hábitos similares a la europea hacían necesario adaptar el sistema político a la nueva realidad social. El cambio no fue posible hasta después de la muerte del general Franco el 20 de noviembre de 1975. Dos días más tarde Juan Carlos I de Borbón fue proclamado rey de España. El consenso entre las fuerzas políticas facilitó la preparación del texto de la Constitución. El 18 de marzo de 1977 fue promulgada la Ley Electoral y el 15 de junio se celebraron las elecciones, las primeras libres desde la Segunda República, para elegir a los diputados de las Cortes Constituyentes. Se alzó con el triunfo la Unión de Centro Democrático, el partido de Adolfo Suárez. La Constitución fue aprobada por el pueblo en el referéndum del 6 de diciembre de 1978. La nueva norma suprema instituyó la monarquía parlamentaria y la división territorial de España en comunidades autónomas dotadas de amplios poderes. En octubre de 1977 se había aprobado la Ley de Amnistía y los últimos presos políticos fueron liberados. Con esta ley se evitaron posibles reclamaciones judiciales contra líderes y funcionarios franquistas.

El PSOE obtuvo el 48,11 % de los sufragios en las elecciones de octubre de 1982. Felipe González (1942), abogado laboralista, accedió entonces a la presidencia del Gobierno. Volvería a ganar las elecciones de 1986, 1989 y 1993. España se integró (1981) en la estructura militar y política de la OTAN y, en 1986, fue admitida en la CEE.

El Partido Popular, conservador, dirigido por José María Aznar (1953), ganó las elecciones generales de 1996 y con mayoría absoluta las de 2000. En 2004 los socialistas, presididos por José Luis Rodríguez Zapatero (1960), se alzaron con el triunfo en las elecciones generales, y de nuevo, en 2011, los conservadores, liderados por Mariano Rajoy (1955), accedieron al poder. La alternancia pacífica en el poder de socialdemócratas y conservadores afianzó la democracia parlamentaria y el desarrollo económico.

"Podemos efectuar la modernización de la sociedad española sin convulsiones"

El presidente Adolfo Suárez (1932-2014), político surgido del Movimiento Nacional, asumió las demandas del pueblo español y con el apoyo de políticos demócratas, de socialistas y comunistas, dirigió el proceso que hizo posible la sustitución de las estructuras del Estado franquista por la monarquía parlamentaria. Suárez se mantuvo en la presidencia del Gobierno hasta 1981.

> *"Nuestro verdadero compromiso está, pues, identificado con el futuro (...).*
> *Entendemos por ello que el sistema de derechos y libertades que perfila la Constitución es el obligado punto de referencia para la modernización de nuestro país, para la consecución de una sociedad libre de viejas ataduras y de los privilegios y desigualdades que han caracterizado la estructura social española. Creo que la profundidad, la serenidad y el rigor con que se ha realizado en España el cambio político constituyen suficiente garantía de que podemos efectuar la modernización de la sociedad española sin convulsiones ni sobresaltos".*

(Del *Discurso de investidura de Adolfo Suárez González*. Madrid. Congreso de los Diputados. Servicio Central de Publicaciones, Presidencia del Gobierno. 1979)

"¡Ciutadans de Catalunya, ja sóc aquí!"

La institucionalización del Estado de las Comunidades Autónomas trató de dar solución al viejo problema de la organización territorial del Estado y a las aspiraciones de autogobierno de las llamadas "nacionalidades históricas", Cataluña, País Vasco y Galicia.

Josep Tarradellas (1899-1988), militante de Esquerra Republicana de Catalunya, presidente de la Generalidad de Cataluña en el exilio, regresó a España tras la restauración de la democracia. El 23 de octubre de 1977 se dirigió al pueblo catalán con un célebre discurso que comenzaba así:

> *"Ciudadanos de Cataluña: ja sóc aquí!*
> *¡Ya estoy aquí! ¡Porque yo también quiero el Estatuto! ¡Ya estoy aquí!*
> *Para compartir vuestras penas, vuestros sacrificios y vuestras alegrías por Cataluña. ¡Ya estoy aquí!*
> *Para trabajar con vosotros por una Cataluña próspera, democrática y pletórica de libertad. ¡Ya estoy aquí!*
> *Por esta Cataluña que tiene que ponerse a trabajar más que nunca para lograr fuerza y prosperidad. Para que sea un ejemplo para todos los pueblos de España. Para que la unidad que hemos forjado en las horas difíciles de nuestra lucha y que nos ha conducido a la victoria sea más sólida que nunca. ¡Ya estoy aquí!".*

(De *Discurso pronunciado por el presidente Josep Tarradellas*. En *Ja sóc aquí. Recuerdo de un retorno*, de Josep Tarradellas. Traducción de Alfons Sureda i Carrión. Barcelona. Planeta. 1990)

El pensamiento político durante la transición democrática

Tradicionalmente, los socialistas eran marxistas, revolucionarios y republicanos. Con Felipe González adoptaron posturas moderadas de signo socialdemócrata -armonización de capitalismo y estado de bienestar, control por el estado de los servicios públicos, política de pleno empleo, universalización de las prestaciones sociales y de la educación, etc.- y aceptaron los postulados de la economía de mercado y la monarquía parlamentaria. En este párrafo Felipe González expone los tres principios en que basaría su política.

> *"Nos proponemos gobernar sobre la base de tres principios, que debo proclamar categóricamente:*
> *-La paz social, es decir, la seguridad ciudadana como garantía de desarrollo de las libertades, que es un concepto más noble y amplio que el orden público reducido a la tranquilidad en las calles (...).*
> *-La unidad nacional, que se fortalece con la diversidad de nuestros pueblos, con las preferencias de los grupos, con las singularidades propias de este rico y variado mundo que llamamos España (...).*
> *-El progreso, como instrumento al servicio de la justicia, como un concepto que va más allá del mero desarrollo económico, que incluye el incremento de la riqueza nacional, pero que atiende a las necesidades vitales de los seres humanos, a su profundo afán de comprensión, de dignidad, de igualdad".*

(Del *Discurso de Investidura de Felipe González Márquez*. Congreso de los Diputados. 30-11-1982. Presidencia del Gobierno. Madrid. Servicio Central de Publicaciones. 1982)

Enrique Tierno Galván (1918-1986), ideólogo marxista, jurista, sociólogo y catedrático de Derecho Político, fue autor de prolífica obra sobre literatura, historia y política. Fundó el Partido Socialista Popular (PSP), que luego se integraría en el PSOE, del que fue Presidente Honorario.

> *"En el caso español los elementos formales están compensados por la importancia de los hechos, ya que se trata del primer acto parlamentario solemne en que el jefe del Estado inaugura después de una dictadura la democracia. Es, pues, una situación excepcional en la que lo que importa no es el acto mismo que, repito, es trivial, sino lo que llamaríamos el mensaje de la Corona. Cabe conjeturar que no será un mensaje en el que la política en cuanto correlación de fuerzas y tensiones y distensiones en torno al poder se plantee*

como problema. Se tratará, suponemos, de un mensaje corto, alentador, neutral y moderadamente optimista para sostener ante los diputados y la opinión pública la idea de distanciamiento e imparcialidad del Trono respecto de los acontecimientos políticos ordinarios".

(De *Distanciamiento del trono*, de Enrique Tierno Galván. En la revista semanal *Gente* de *Diario 16*. 22 de julio de 1977)

La invasión de Checoslovaquia por los rusos (1968) deterioró las relaciones de Santiago Carrillo (1915-2012), histórico dirigente del PCE, con la Rusia soviética. Junto con los líderes comunistas Enrico Berlinguer y Georges Marchais, Carrillo se adhirió al eurocomunismo (1977), corriente ideológica comunista que rechazó el estalinismo y la dictadura del proletariado y aceptó el pluripartidismo y la democracia parlamentaria.

"Los partidos incluidos en la corriente eurocomunista coinciden en la necesidad de ir al socialismo con democracia, pluripartidismo, parlamentos e instituciones representativas, soberanía popular ejercida regularmente a través del sufragio universal, sindicatos independientes del Estado y los políticos, libertades religiosas, libertad de creación cultural, científica, artística y el desarrollo de las más amplias formas de participación popular en todos los niveles y ramas de la actividad social. Paralelamente, en unas u otras formas, esos partidos reivindican su total independencia en relación con todo eventual centro dirigente internacional y con los estados socialistas, sin por ello dejar de ser internacionalistas".

(De *Eurocomunismo y Estado*, de Santiago Carrillo. Barcelona. Ed. Crítica. 1977)

Fernando Claudín (1915-1990), ideólogo comunista, tras el VI Congreso del Comité Central del PCE se posicionó a favor de la unión de las fuerzas de izquierda y de la adaptación de las estrategias del PCE a las nuevas circunstancias sociales del país. Por sus diferencias con Carrillo, fue expulsado del partido y tras su regreso del exilio ingresó en el PSOE.

"Dos aspectos, estrechamente independientes, destacan en la acción concreta de los partidos eurocomunistas: 1) el intento de adecuar la concepción del socialismo y la estrategia de transición a las condiciones específicas del capitalismo desarrollado; 2) el divorcio, cada vez más neto, entre dichos partidos y el comunismo de Moscú. Con el eurocomunismo se perfila el cisma de Occidente del movimiento comunista internacional, siguiendo al cisma de Oriente consumado en los años sesenta. Es una nueva y trascendental fase de la crisis general de dicho movimiento".

(De *Eurocomunismo y Socialismo*, de Fernando Claudín. Madrid. Siglo xxi de España Editores, S.A. 1977)

La corrupción fue ya denunciada en 1981 por Juan Luis Cebrián Echarri (1944), periodista, ensayista y novelista, cofundador de *Cuadernos para el diálogo* y fundador del diario *El País*, del que fue director durante los decisivos años de la transición (1976-1988).

> *"La corrupción está a la orden del día en la Administración Pública española y soy consciente de la gravedad de esta afirmación. Corrupción no es sólo, desde luego, apropiación, malversación o mala administración de los fondos. También es corrupto el funcionario que cobra y no trabaja, el que es sensible a presiones y sobornos, el que antepone sus convicciones políticas a sus obligaciones con la comunidad a que sirve (...). Pero no es que la suma de corrupciones personales haya generado una administración corrompida, como sucede en algunas repúblicas de América Latina, sino que el propio aparato del Estado durante los últimos cuarenta o cincuenta años fue destinado a corromperse como un aparato al servicio del poder".*

(De *La España que bosteza. Apuntes para una historia crítica de la Transición*, de Juan Luis Cebrián. Madrid. Ediciones Taurus, S. A. 1981)

Miquel Roca y Junyent (1940), político catalanista-liberal, promotor del Partido Reformista Democrático (1984), de centro derecha, defendió una propuesta catalana para la vertebración del conjunto del Estado, en la misma línea ideológica que Cambó.

> *"(...) los nacionalistas catalanes han intentado repetidamente presentar y defender un proyecto global para España. Para defenderlo han participado activamente en la política española, pero no han conseguido casi nunca superar el reconocimiento de una consideración y una simpatía superficiales".*

(De *¿Por qué no? Una propuesta catalana para la modernización del Estado*, de Miquel Roca Junyent. Madrid. Editorial Mezquita. 1982)

Gregorio Peces-Barba Martínez (1938-2012), cofundador de la revista *Cuadernos para el diálogo* (1963), político democristiano y posteriormente socialdemócrata, aborda la cuestión de *"España, nación de naciones"*.

> *"Es clave el artículo segundo donde se afirman las tres perspectivas que integran el planteamiento del problema y su articulación. En primer lugar España, nación, comunidad superior, cuya unidad se afirma vigorosamente. En segundo lugar, la existencia de otras comunidades en el interior de España que se califican como nacionalidades y regiones cuyo derecho a la autonomía se reconoce y garantiza. Por fin, la solidaridad entre todas las nacionalidades y regiones, camino práctico y progresivo, para fortalecer a la realidad comunitaria superior que es España y para evitar los desequilibrios*

entre zonas desarrolladas y zonas menos desarrolladas".
(De *La Constitución española de 1978. Un estudio de derecho y política*, de Gregorio Peces Barba. Con la colaboración de Luis Prieto Sanchís. Valencia. Fernando Torres Editor, S. A. 1984)

Jordi Solé Tura (1930-2009), eurocomunista y militante del PSC-PSOE, señala cómo la democracia española se construyó en un contexto difícil, con las estructuras franquistas todavía intactas.

> *"(...) la transición se inició no porque el movimiento antifranquista hubiese triunfado plenamente; no porque el régimen de la dictadura anterior hubiese sido derrocado por un amplio movimiento popular. Y eso creo que es muy importante señalarlo porque, a veces, tendemos a olvidarlo. Por eso, la transición a la democracia se inició en un contexto difícil, en el que ninguna fuerza política tenía la hegemonía, y en el que confluían intereses diversos, desde sectores que procedían del régimen anterior hasta sectores que habían estado en la oposición, pero sin que ninguno tuviese una hegemonía clara.*
> *Y una de las consecuencias de que el régimen anterior acabase como acabó y la transición se iniciase como se inició es que la construcción del sistema democrático se hizo, digamos, con el Estado anterior casi intacto".*

(De *La vida democrátiva: política y ciudadanía*, de Jordi Solé Tura. Conferencia celebrada el 12 de marzo de 1990. Bilbao. Fórum Deusto. Universidad de Deusto. 1990)

Julio Anguita González (1941), exsecretario general del Partido Comunista de España y excoordinador general de Izquierda Unida, es un político marxista y republicano, de profundas convicciones morales. Logró para aquella coalición política los mayores éxitos electorales de su historia. En estos párrafos expone su creencia en la capacidad liberalizadora del comunismo.

> *"El comunismo es la apuesta por una sociedad de plena emancipación humana en la que desde la constante creación y creatividad se ponga fin a lo que, según el clasicismo marxista, es la prehistoria del ser humano, y comience la verdadera historia de la humanidad. Es la plenitud del reino de la libertad".*

(De *La vida democrática: política y ciudadano. Izquierda Unida: La apuesta de los comunistas españoles. Una síntesis necesaria.* Por D. Julio Anguita. Conferencia celebrada el 20 de febrero de 1990. Universidad de Deusto)

La cuestión de las autonomías, el derecho de autodeterminación, la dispersión del poder y el solapamiento de funciones en el Estado autonómico son objeto de controversias y análisis. Manuel Fraga Iribarne (1922-2012), ideólogo conservador de la segunda mitad del siglo xx y primera década del xxi, líder del Alianza Popular (AP), partido conservador que se transformaría (1989) en el actual Partido Popular, de centro derecha reformista, se posicionó a favor de la administración única y de la distribución racional de las competencias entre las diferentes administraciones.

> *¿Hay que tolerar la coexistencia de organismos estatales, autonómicos, provinciales y locales dedicados a ejecutar la misma competencia, solapándose unos a otros, cuando no estorbándose y aún enfrentándose entre sí? ¿Tiene sentido que haya directores generales estatales y autonómicos de la misma función?"*

(De *Administración única. Una propuesta desde Galicia*, de Manuel Fraga Iribarne. Barcelona. Editorial Planeta, S. A. 1993)

Pasqual Maragall i Mira (1941), jurista y economista, político socialista y federalista, militante del PSC, fue alcalde de Barcelona de 1982 a 1997 y presidente de la Generalidad de Cataluña entre 2003 y 2006. Maragall propugna un federalismo asimétrico, que tenga en cuenta los precedentes históricos de autogobierno y la singularidad cultural de las "nacionalidades históricas".

> *"Cuando se analiza el proceso desde un punto de vista histórico, se ve cómo el Estado llega a la conclusión de que es necesario redistribuir los poderes y que ello se produce sobre la base de un precedente histórico, de algo que ya ocurrió. Escocia existía como reino antes de que el Reino Unido existiera, y ahora el Reino Unido se ha comprometido con la reforma de la distribución de poderes, mirando al futuro, pero también al pasado".*

(De *Teoría de la proximidad: federalismo, subsidiariedad y proporcionalidad*, de Pasqual Maragall, en *Europa próxima. Europa, regiones y ciudades*. Edicions UPC, 1999)

La instauración de la democracia no se llevó cabo sin dificultades

La instauración de la democracia no se llevó a cabo sin dificultades: ETA provocaba al Ejército con sus asesinatos y actos terroristas, y la extrema derecha y sectores del Ejército no estaban dispuestos a permitir el cambio político. El 23 de febrero de 1981 el Congreso de los Diputados fue ocupado por un grupo de guardias civiles al mando del coronel Tejero. El secuestro se produjo durante la votación de la candidatura como presidente del Gobierno de Leopoldo Calvo Sotelo (1926-2008), político monárquico y democristiano.

> *"Ningún suceso de la transición política ha merecido tantas Pág. inas como el 23 F; se ha hecho minuciosamente la crónica de aquellas horas, dramáticas y grotescas a la vez; se han inquirido los antecedentes inmediatos y remotos de la conjura; se ha descrito el estupor de los españoles, el miedo a una vuelta atrás, la pérdida súbita de la recién nacida confianza en las instituciones de la libertad; se ha alabado, justamente, la intervención decisiva de S.M.*

el Rey, que se ganó el Trono en una noche como sus antepasados medievales. Sobre el golpe militar queda muy poco que decir, aunque para algunos que creen en los secretos de Estado haya todavía sombras no esclarecidas y enigmas no resueltos...".

(De *Memoria viva de la Transición*, de Leopoldo Calvo Sotelo. Barcelona. Plaza Janés/Cambio 16. 1990)

El diplomático y ensayista José María de Areilza (1909-1998), el primer ministro de Asuntos Exteriores de la transición, ya señaló en 1983 las dificultades para evolucionar de una mentalidad autoritaria a una democrática.

"Traer la democracia a España no es un problema fácil ni de plazo rápido. Es una cuestión compleja que tardará varios años en llevarse a término y que exigirá, ante todo, un cambio de mentalidad en las clases dirigentes del país. Hablo de los que en la derecha, en el centro y en la izquierda tienen liderazgo, nombre o responsabilidad. No solamente de los que ejercen cargo.

Pasar, sin revolución, de una mentalidad autoritaria a una mentalidad democrática es un proceso de inevitable lentitud. El talante, las palabras, los conceptos y el tono que se utiliza para dirigirse a los demás, a la opinión y hasta a los propios seguidores es todavía, en muchísimos casos, el de la situación franquista, con la verdad guardada, como en tabernáculo, por sus poseedores y los discrepantes o los indiferentes, tratados como paganos en espera de la conversión".

(De *Cuadernos de la transición*, de José María de Areilza. Barcelona. Editorial Planeta, S. A. 1983)

El sindicalismo

Tras la legalización de los sindicatos a comienzos de la transición, los de mayor arraigo y mayor número de afiliados eran Comisiones Obreras (CC. OO.), comunista, muy activo en la clandestinidad bajo el franquismo, y la Unión General de Trabajadores (UGT), de ideología socialista. Marcelino Camacho Abad (1918-2010), militante comunista desde 1935, fue el promotor de la creación de CC. OO.; desde 1976 fue secretario general del sindicato y diputado un año más tarde. Nicolás Redondo Urbieta (1927), secretario general de la UGT entre 1976 y 1994 y diputado socialista por Vizcaya, mantuvo siempre la independencia del sindicato frente a los gobiernos socialistas.

"YA SOMOS LEGALES, fue la frase que más pronunciamos el 28 de abril de aquel 1977. Esa tarde, en los locales sindicales que habíamos abierto amparados en esa tolerancia, sacamos todas nuestras pancartas y banderas (...).

Pero a nadie puede escapársele que en este período había nacido un nuevo sindicalismo y una nueva organización, Comisiones

Obreras. En nuestra opinión no unas siglas sindicales más, sino una concepción sindical nueva, nacida de la experiencia. Quince años de trabajo sindical en las más duras condiciones ponían al descubierto que las asambleas y la participación democrática de todos los trabajadores eran su principal instrumento de acción".

(De *Memorias. Confieso que he luchado*, de Marcelino Camacho. Madrid. Temas de Hoy, S. A. 1990)

"Tenemos que provocar un revulsivo cultural que haga del progreso, la igualdad y la estructuración de la sociedad los objetivos ineludibles del cambio para que el movimiento no se convierta en retroceso.
Es cierto que la experiencia política de la transición y las nuevas coyunturas históricas han llevado a la izquierda, nos han llevado a todos, a desestimar cierta apelación al voluntarismo, pero también lo es que nuestra tarea de hoy es oponernos a los profetas del desencanto que en realidad miran hacia nuevas formas de encantamiento basadas en el egoísmo...".

(De *El sindicalismo en el siglo* XXI, de Nicolás Redondo. Madrid. Editorial Largo Caballero. 1987)

Sobre el estado de bienestar

El socialdemócrata Javier Solana (1942), catedrático de Física del Estado Sólido, ocupó varias carteras ministeriales en los gobiernos de Felipe González; ha sido Secretario General de la OTAN y Alto Representante de la UE para la Política Exterior. En este texto señala el trasfondo de la idea histórica de progreso latente en el estado de bienestar.

"El estado del bienestar venía a recoger aquella ilusión basada en la idea del progreso, del ascenso a estadios cada vez más cercanos a los ideales de justicia, de felicidad (...). La idea del progreso había tenido que enfrentarse a la experiencia terrible de los campos de exterminio nazis, al genocidio, a la liberación de la energía atómica para la destrucción, la expoliación de la naturaleza..., algo más que avisos para confiar ciegamente en los procesos tecnológicos. Los hechos habían demostrado, que los avances científicos y tecnológicos no podían conducir por sí solos a estadios que pudieran considerarse superiores, si éstos no dependían de una voluntad política que los orientase, si no respondían a opciones políticas que pudieran asegurarles.
Así, pues, la experiencia histórica del estado del bienestar no surgía de la inocencia, sino que se daba después de años amargos, después de haber descendido el hombre a la sima del horror".

(De *El cambio socialista*, de Javier Solana, en *La vida democrática: política y ciudadano*. Conferencia celebrada el 6 de marzo de 1990. Bilbao. Universidad de Deusto. 1990)

Teología de la Liberación. El diálogo cristomarxista

La Teología de la Liberación reclama un catolicismo izquierdista y una Iglesia popular; rechaza la economía de mercado y convoca a los creyentes a implicarse en la redención de las clases oprimidas. Algunos teóricos de la liberación han justificado la lucha armada como último recurso contra la pobreza y las injusticias, sin embargo, la mayoría se ha manifestado más favorable al diálogo que a la violencia, más a favor de la reforma que de la revolución.

El jesuita Ignacio Ellacuría (1930-1989) desarrolló su actividad pastoral en El Salvador, de cuya Universidad fue Rector. Propuso soluciones pacíficas para los conflictos político-sociales. Denunció la incompatibilidad entre marxismo e ideal de vida humana digna. Fue asesinado, junto con Ignacio Matín-Baró y otros jesuitas españoles, por sicarios del ejército salvadoreño. Julio Lois (1935-2001), promotor y coordinador del movimiento cristiano de base, articuló su pensamiento en torno al sentido liberador de Cristo, la Teología de la Liberación y la relación entre religión y política: *Teología de la liberación: Opción por los pobres*.

> *"Tiene poco sentido hablar de libertad, cuando el espacio de su actualización está reducido por las necesidades básicas insatisfechas, por drásticas limitaciones de posibilidades reales entre las que elegir y por imposiciones de toda índole, especialmente las apoyadas en la fuerza y el terror. Pero no basta con una mera liberación de, se requiere una liberación para o una liberación hacia la libertad, que sólo podrá ser plena, cuando sea libertad de todos. No es aceptable la libertad de unos pocos sustentada en la esclavitud de los demás, ni la libertad de esos pocos sustentada en la no-libertad de la mayoría".*

(De *Utopía y profetismo*, de Ignacio Ellacuría, en *Mysterium Liberationis. Conceptos fundamentales de la teología de la liberación*, Ignacio Ellacuría y Jon Sobrino. Madrid. Editorial Trotta. 1990)

El jesuita y psicólogo Ignacio Martín-Baró (1942-1989) fue profesor universitario y analista de la realidad social de El Salvador. Erigió su pensamiento en torno a la relación entre psicología, sociedad y circunstancias personales.

> *"Al pueblo latinoamericano, acostumbrado a interpretar su difícil existencia desde categorías religiosas, no le resultó difícil comprender que la salvación debía penetrar el ámbito de su propia historia; y a quienes desde siempre habían buscado mediaciones más cercanas e inteligibles para encontrar a Dios no les costaría entender que Jesús y sus seguidores hubieran optado por los pobres como lugar preferencial donde hallar a Dios y desde el cual realizar la salvación, ni aceptar que esta opción les demandara un compromiso total para combatir el pecado estructural y transformar la sociedad. Así fecundada, la religiosidad popular iría fructificando en diversas formas de praxis religiosa, entre las cuales la más dinámica y de mayor impacto social serían las comunidades eclesiales de base".*

(De *Psicología de la liberación*, de Ignacio Martín-Baró. Edición de Amalio Blanco. Madrid. Editorial Trotta, S. A. 1998)

"Elogio del ateísmo"

Gonzalo Puente Ojea (1928), diplomático -fue embajador de España ante la Santa Sede- y presidente de la Asociación Europa Laica, es pensador independiente y ateo, aplica el método marxista al análisis del cristianismo y asigna la reflexión sobre la existencia de Dios y del alma al marco de la ciencia. Para Puente Ojea, *"la Iglesia hoy en día es un enemigo público"*, *"tiene demasiados privilegios y hay que quitárselos, porque realmente está ejerciendo una acción de desigualdad sistemática con respecto a las conciencias, pretendiendo que el Estado beneficie a unas conciencias en contra de otras, y si sigue así, la poca democracia que tenemos se va a evaporar"*.

> *"El Jesús histórico fue seguramente un mesianista visionario que anunció patéticamente la llegada inminente del Reino de Dios en la tierra. Este visionario utópico, inmerso en la esperanza de Israel -reiterado literaria y oralmente, de una u otra manera, por una dilatada tradición profética tan vaga como variopinta-, creyó ciegamente en el oráculo escatológico-mesiánico como punto de arranque de una reconversión interior, en las mentes y en los corazones, que permitiera la realización plena de la ley mosaica en los términos extremos de una ética de urgencia escatológica para las vísperas de la inminente instauración del Reino. Anunció la venida del Mesías, y probablemente llegó a creerse él mismo ese Mesías judío en las últimas semanas de su magisterio público, exigiendo de su séquito una confianza sin límites y una entrega absoluta a los imperativos de aquella ética..."*.

(De *Elogio del ateísmo. Los espejos de una ilusión*, de Gonzalo Puente Ojea. Madrid. Siglo XXI. 1995)

"Creer de otra manera"

El teólogo Andrés Torres Queiruga (1940), profesor de Teología y de Filosofía de la Religión, de pensamiento relacionado con la Teología de la Liberación, ha sido amonestado por la Conferencia Episcopal Española, por considerar algunas de sus opiniones contrarias a las tesis de la Iglesia.

> *"La tarea que así se enuncia no es fácil. En realidad, hablar bien de Dios resulta imposible, pues su transcendencia supera por todos los costados las capacidades de la comprensión y de la expresión humana, hasta el punto de que San Juan de la Cruz -siguiendo en esto la tradición general de los verdaderos místicos- llega a afirmar que todo cuanto nosotros decimos, pensamos o imaginamos de Dios es ya por eso mismo falso.*
> *Encima, a la hora de ir configurando nuestra imagen de Dios, ni siquiera utilizamos siempre los mejores materiales de que*

disponemos. Demasiadas veces la construimos con lo peor de nosotros mismos: voluntad de poder, afán de dominio, espíritu de castigo y de venganza... La Biblia misma describe muchas veces a Dios con rasgos demoníacos, y nuestra historia religiosa está llena de intolerancias, hogueras e inquisiciones. No puede extrañar que Voltaire, en frase verdaderamente volteriana, *dijese aquello de que* Dios hizo al hombre a su imagen y semejanza, pero éste le devolvió la moneda.

(De *Creer de otra manera*, de Andrés Torres Queiruga. Cantabria. Editorial Sal Terrae. 1999)

Antología de frases de pensadores españoles

María Laffitte dio al feminismo una orientación filosófica: *"Como la mujer no forma los Estados ni produce los hechos, sino que permanece al margen de ellos, lógicamente no aparece en la historia"*. Severo Ochoa, biólogo molecular: *"Pocas veces he sentido emoción más intensa que cuando creí haber hecho descubrimientos de alguna trascendencia"*. José Luis López-Aranguren, introductor de la contemporaneidad filosófica en la Universidad Complutense de Madrid: *"El totalitarismo comunista, como todo totalitarismo, está montado sobre la coerción y sobre el control por el terror"*. Antonio Tovar Llorente, filólogo clásico: *"El memorismo, la rutina, la falta de todo problema sinceramente planteado, son el defecto mayor de nuestra educación"*. Juan Antonio Bardem, director de cine: *"El cine español es políticamente ineficaz, socialmente falso, estéticamente nulo, intelectualmente ínfimo e industrialmente raquítico"*. Luis García Berlanga, director de cine: *"La risa es, en muchos casos, una reacción de defensa hacia aquello que tememos"*. Eduardo Chillida, escultor abstracto: *"El escultor encuentra las superficies mirando siempre en profundidad"*. Rafael Canogar, pintor experimentalista: *"Las posibles formas de expresión son tantas como seres"*. Miguel Fisac, arquitecto experimentalista: *"¿Qué cosa más natural, más espontánea, más consecuente, más lógica, que nuestra arquitectura popular? Una de sus características es adaptarse a la función"*. Julio Caro Baroja, antropólogo social e historiador: *"(...) independientemente de que exista un carácter del pueblo español, o unos rasgos psicológicos y físicos del mismo, hay una voluntad de asignárselos, buenos o malos, según diversas coyunturas y conforme a posiciones diversas: de poder, de victoria, de derrota, de amor o de odio"*. Francisco Javier Sáenz de Oiza, arquitecto: *"Yo quiero dar forma a esa necesidad fundamental del hombre de buscar cobijo. Hablo de habitación en el término más poético posible y no en el sentido de alojamiento, que es lo que piden muchas veces al arquitecto y que representa una degradación, un sinónimo de habitar malamente"*. Oriol Bohigas, arquitecto, urbanista: *"Las ciudades no viven o mueren en función de su antigüedad física, sino en función de la capacidad de creación de sus habitantes"*.

•**Bibliografía:** página 315

12.- LA POSTMODERNIDAD

"Postmodernidad" es un término polisémico que se aplica a la cultura de las nuevas tecnologías, digital y de masas, de la globalización y universalización de los valores y formas de vida, del antidogmatismo y el relativismo, de la coexistencia de verdades, de los metalenguajes, la secularización, el laicismo y la identificación de las religiones con la irracionalidad. Los postmodernos han alumbrado una nueva moral presidida por el hedonismo, la tolerancia, la libertad sexual, la pluralidad ideológica y el rechazo de la autorrepresión. La compleja cultura postmoderna fusiona géneros literarios y multiplica las formas de expresión y comunicación artísticas y del pensamiento. Su vertiente cultural fue denominada "pensamiento débil" por el pensador italiano G. Vattimo.

Sobre la postmodernidad

Alfonso Sastre (1926), ideólogo izquierdista, guionista cinematográfico y dramaturgo, reflexiona sobre el pensamiento postmoderno español y la postmodernidad. El marista José María Mardones (1943-2006), filósofo de la religión, introductor en España del pensamiento de la Escuela de Frankfort, se plantea el fenómeno religioso desde la sociología y la filosofía y se interroga sobre la función de esta en la sociedad contemporánea. Javier Gomá Lanzón (1965) es jurista y helenista, ensayista y articulista.

> *"En la práctica española me parece que la posmodernidad no pasa mucho, por ahora, de cierto talante ecléctico y liberal asentado sobre algún horror a las opiniones fuertes, no porque con ellas se falte a la verdad, que eso cualquiera sabe, y tampoco importa demasiado, sino porque es de mal gusto desde el punto de vista estético y, si así quiere decirse, libertario a la violeta. ¿Serían, pues, los escritores posmodernos a la española una especie de libertarios a la violeta?".*

(De *¿Dónde estoy yo?*, de Alfonso Sastre. Hondarribia. Argitaletxe Hiru, S. L.. 1994)

> *"La postmodernidad, con su llamada a la despedida de todo fundamento y la desmitificación radical de toda realidad global, es una forma de ateísmo nihilista que no pretende apropiarse nada, y por eso mismo representa el rechazo máximo de Dios y la religión. Nos hallamos -parece ser- ante la liquidación más exhaustiva de las raíces de lo sagrado y de la aproximación a Dios".*

(De *Postmodernidad y cristianismo. El desafío del fragmento*, de José María Mardones. Santander. Santander. Editorial Sal Terrae. 1995)

> *"Ése es el gran experimento de este tiempo nuestro que por convención llamamos posmoderno, el de ver si el presente pluralismo y relativismo axiológico que han reemplazado al anterior monologismo moderno pueden o no contener y sostener toda la complejidad económica, ética, política y cultural de una civilización, sin que acabe ésta reventando por alguna de sus costuras; si la ética convencional, resultado del consenso democrático, es o no suficiente para resolver racional y pacíficamente los conflictos entre los hombres; si las promesas intramundanas de la polis, despojadas de aquellos grandes relatos que la dotaban de sentido, bastan para asegurar la integración de los ciudadanos en las nuevas sociedades secularizadas".*

(De *Apuntes en el gineceo*, de Javier Gomá Lanzón. Valencia. Pre-Textos. 2007)

Los soberanismos catalán y vasco

Jordi Pujol i Soley (1930), ideólogo catalanista de centro derecha, ha sido diputado, líder de la coalición Convergencia y Unió (CiU) y presidente de la Asamblea de Regiones de Europa. Fue elegido en seis elecciones autonómicas, desde 1980 a 2003, presidente de la Generalidad de Cataluña.

> *"En 2007 empezó la crisis económica pero también social y de valores (...). No han sido en Cataluña años buenos (...).*
> *En el caso de Cataluña es mucho más peligroso. Portugal, Grecia o España durante un tiempo seguramente tendrán que hacer la política económica y también social que se les dicte desde fuera, como de hecho ya ocurre ahora, en diciembre de 2011. Pero como son Estados no los dejarán a cero, no les impondrán un decreto de Nueva Planta. En Cataluña, en cambio, podría ser que sí. En Cataluña el poder autonómico puede quedar reducido casi a la nada, con consecuencias económicas y sociales, con un descabezamiento radical de nuestra identidad y, en conjunto, con la pérdida de la capacidad de tener un proyecto de país".*

(De *Años decisivos. Memorias (1993-2011)*, de Jordi Pujol. Barcelona. Ediciones Destino, S. A. Colección Imago Mundi. Volumen 213. 2012)

Artur Mas (1956), político conservador de centro derecha, fue conseller en cap del Gobierno catalán entre 2001 y 2003. Se alzó con el triunfo en las elecciones al Parlamento catalán en noviembre de 2010, y en diciembre de ese mismo año fue investido presidente de Cataluña. Mas reivindica el derecho de los catalanes a decidir y a constituir un Estado independiente.

> *"La Transició Nacional Catalana comença tot just en constatar que, en les actuals circumstàncies, ni la identitat catalana (la cultura, la llengua) ni la modernització del país (les bases per dotar-lo d'ínfraestructures eficients, les regles del joc per fer-lo mes competitiu) están de cap manera assegurades. No es tracta de cap amenaça sobtada, com la que va representar la supressió de la Generalitat per part del règim franquista, per exemple, sino duna mena de carreró sense sortida que erosiona sense remei alguns trets identitaris irrenunciables com la llengua, i perjudica el país d'una manera lenta i implacable degut, entre altres coses, a un tracte fiscal objectivament injust".*

(De *La legitimitat democràtica de la Transició Nacional Catalana*, de Artur Mas i Gavarró, en *La transició nacional*, V.A. La Garriga. Grup Malhivern. S. C. P. 2012)

El periodista Enric Juliana (1957), director adjunto del diario catalán *La Vanguardia* en Madrid, es autor de ensayos sobre política catalana.

> *"La gran mayoría de la sociedad catalana mantiene, de manera desigual, el sentimiento de pertenencia a España, como queda reflejado una y otra vez en todas las encuestas. La mayoría de los ciudadanos se consideran tan catalanes como españoles o algo más catalanes que españoles, pero siempre compartiendo las dos identidades. ¿Por cuánto tiempo? Esta es la pregunta que se formulan -sinceramente angustiados o no- quienes desde España observan con alarma la deriva política catalana. La respuesta solo puede ser a la gallega: depende. Depende de la evolución futura de la actual fase posnacional de las democracias occidentales; depende del grado de satisfacción que el actual gobierno español (y los venideros) sepa dar a las reclamaciones de la comunidad más compleja del tablero hispánico; de la reacción emocional del resto de España a estas reclamaciones; y de los contradictorios procesos en curso en el interior de la propia sociedad catalana."*

(De *Sobre la revolución catalana*, en *De España en el diván*, de Enric Juliana. Barcelona. RBA. Barcelona. 2014)

Íñigo Urkullu Rentería (1961) es desde 2008 presidente del Euzkadi Buru Batzar, órgano ejecutivo del Partido Nacionalista Vasco, y Lehendakari desde 2012. Es un político proclive a lograr consensos y un clima de convivencia pacífica en Euskadi, sin abdicar de los objetivos fundamentales del partido: independencia del País

Vasco. En este texto analiza las raíces del problema vasco.

> *"Y hoy ETA es, sin duda, un anacronismo en sí mismo que coarta el ejercicio de la libertad y de la democracia en un siglo xxi en el que las democracias occidentales se encuentran convulsionadas y en alerta ante la creciente amenaza de un terrorismo internacional globalizado".*

(De *Íñigo Urkullu. Transcripción de la intervención de Íñigo Urkullu,* en Barcelona, el 8 de febrero de 2007. Edita: Asociación Tribuna Galeuscat. B-32025, 2007)

Una nueva transición. Pablo Iglesias

Pablo Iglesias (1978), ideólogo vinculado a los movimientos sociales antiglobalización, profesor de Ciencia Política en la Universidad Complutense, es líder del movimiento ciudadano "Podemos", partido político desde marzo de 2014. Iglesias denuncia el bipartidismo. Ha recibido el apoyo de muchos descontentos con la "casta política" de los partidos mayoritarios tradicionales, PP y PSOE. En las elecciones europeas de mayo de 2014 "Podemos" obtuvo 1,2 millones de votos y cinco escaños, en las legislativas de diciembre de 2015 obtuvo 5 189 333 votos, y 69 escaños, situándose así en la tecera fuerza política más votada, solo superada por el PP y el PSOE. Desde diversos medios políticos se califica a Pablo Iglesias de utópico, radical y populista.

> *"Nos hemos convertido en una suerte de socialdemócratas. En defensores del intervencionismo estatal keynesiano, de la existencia de la seguridad social y de una cierta protección por parte de las instituciones; somos europeístas en el sentido de que Europa tiene que ser un santuario de los derechos humanos y un lugar de referencia en términos de legislación social y de prosperidad. Me veo en la posición no ya de los socialistas y socialdemócratas, sino incluso de la que compartían sectores de la democracia cristiana de los años cincuenta y sesenta; es decir, en la de defensores del sistema".*

(De *El reto de Podemos: teoría, praxis y comunicación. Entrevista con Pablo Iglesias,* por Fernando Vallespín. En *Una nueva transición. Materiales del año del cambio. Pablo Iglesias.* Madrid. Akal Ediciones, 2015)

"¡Sí se puede!"

Ada Colau (1974), humanista, y Adriá Alemany (1947), economista, son activistas por el derecho a la vivienda, impulsores de la Plataforma de Afectados por la Hipoteca (PAH), movimiento ciudadano creado en febrero de 2009. Demandan la dación en pago retroactiva en caso de impago, la moratoria de los desahucios y el alquiler social de las viviendas vacías que queden en manos de entidades bancarias. Ada Colau es alcaldesa de Barcelona desde mayo de 2015.

> *"El procedimiento de ejecución hipotecaria se alza como una*

auténtica apisonadora. En el instante en que el titular de una hipoteca deja de abonar la cuota íntegra de una sola mensualidad, el acreedor puede interponer una demanda en el juzgado que inicia el procedimiento. Se trata de un proceso ejecutivo donde el juez no juzga sino que ejerce de autómata sin posibilidad alguna de entrar a valorar las causas que motivan el impago. Da igual si te has quedado en el paro, si estás enfermo o si tienes hijos. En España, a diferencia de lo que ocurre en otros países y de lo que imagina la gente cuando firma el contrato, el préstamo hipotecario recae sobre la persona y no sobre la vivienda, que actúa como una más, no la única, garantía del préstamo".

(De *¡Sí se puede! Crónica de una pequeña gran aventura*, de Ada Colau y Adriá Alemany. Barcelona. Ediciones Destino, S. A. 2013)

Ciudadanos, la tercera vía

Albert Rivera Díaz (1979), diputado en el Parlamento de Cataluña, es presidente de Ciudadanos, partido político que fusiona socialdemocracia y liberalismo, preconiza la economía regulada, pero de libre mercado, y basa el desarrollo en la educación y el fomento de las nuevas tecnologías. Ciudadanos, como Podemos, gana adeptos en la misma medida que los pierden las dos fuerzas políticas mayoritarias, PSOE y PP. En las elecciones generales de diciembre de 2015 Ciudadanos obtuvo 3 500 446 votos y 40 escaños. Desde diversos medios se califica a Ciudadanos de versión moderada del PP.

"Ante la repetida pregunta ¿qué es Ciudadanos?, la respuesta es clara: no somos sólo un partido político, sino un proyecto para España. Como saben, Ciudadanos nace de una plataforma civil, de un conjunto de ciudadanos que deciden dar un paso hacia adelante para cambiar las cosas. Personas que han trabajado en el sector privado y en los servicios públicos, que saben lo que es tener una nómina o tener que pagarla, que tienen una hipoteca o han tenido que pedir un crédito, en definitiva, el reflejo de la clase media y trabajadora que ha levantado España y que ha soportado, también, el mayor peso de la crisis".

(De *Ciudadanos, un proyecto para España*, de Albert Rivera. *El País*, 19 de abril de 2015)

Heterogeneidad del pensamiento filosófico

El pensamiento filosófico español contemporáneo es diverso y heterogéneo, fragmentario, asistemático, más ensayístico sobre cuestiones varias que creador de grandes cuerpos de doctrina filosófica:

Emilio Lledó (1927) es pensador de amplios registros: *"Para mí, los libros significan la memoria. Yo creo que los seres humanos somos fundamentalmente memoria y lenguaje. Si no tuviéramos memoria, no sabríamos quiénes somos".*

(Respuesta de Emilio Lledó a una pregunta sobre su libro *Los libros y la libertad*. filosofiahoy.es)

Antonio Campillo (1956) sustituye la idea moderna de progreso como factor del cambio histórico por el "principio de la variación", según el cual la humanidad se enfrenta siempre a problemas similares, pero en contextos socioculturales diferentes que obligan a dar respuestas también diferentes: *"Parece claro que la idea de progreso debe ser puesta en suspenso a la hora de analizar las relaciones existentes entre las diversas formas de pensamiento, pero la pregunta que se nos plantea es la siguiente: ¿qué otra idea ha de ser puesta en juego?"*
(De *Adiós al progreso. Una meditación sobre la Historia.* Barcelona. Ed. Anagrama. 1985)

Jordi Llovet (1947), pensador, ensayista, crítico literario, profesor de Literatura Comparada, traductor y editor de Kafka, reflexiona sobre la finalidad de la semiología: *"Como cruce de las ciencias y de un proceso teórico siempre activo, la semiótica no puede fijarse como una ciencia y menos todavía como la ciencia: es un camino abierto de investigación, una crítica constante que se dirige de nuevo a sí misma, es decir, que se auto-critica.*
(De *Por una estética egoísta (Esquizosemia).* Barcelona. Editorial Anagrama. 1987)

El nietzscheanismo es la corriente de pensamiento con mayor número de adeptos entre los filósofos españoles. Eugenio Trías (1942) analiza el pensamiento de Nietzsche: *"Lo más fértil y fecundo de la filosofía que Nietzsche concibió en* Así habló Zarathustra *es su concepción de un ámbito en el cual los valores antagónicos del arriba y del abajo, de la cumbre y del abismo, del antes y del después, son* absolutamente relativizados *en tanto que, una vez muerto Dios, sólo subsiste el* gozne diferencial *como aquel límite o aquella bisagra en torno a la cual todo gira, todo da vueltas, todo vuelve y retorna".*
(De *La aventura filosófica.* Madrid. Mondadori. 1988)

José Antonio Marina (1939) relaciona "identidad" con "pueblo", "nación" y "cultura": *"La idea de nación favorece un modelo más variado de identidad social que puede ir desde fomentar identidades excluyentes -en el caso de nacionalismos extremistas- a convertirse en comunidades de individuos agrupados por un azar histórico y una tradición cultural, como en el caso de los patriotismos constitucionales".*
(En *Las culturas fracasadas.* Barcelona. Anagrama. 2000)

El ensayismo
Igualmente heterogéneos y variados son los temas y cuestiones tratados por los ensayistas:
Ramón Tamames (1933), economista, historiador y comentador de la actualidad, trata cuestiones medioambientales *"Es posible un mundo mejor, y la aceptación de los límites físicos al crecimiento -ya ostensibles por doquier- es el primer paso de cara a ese objetivo".*
(De *Viaje al centro de la Economía*, de Ramón Tamames. Madrid. CDN Ciencias de la Dirección, S. A. 1996)
En vinculación con el deterioro de la imagen de la transición se está produciendo

un debilitamiento del sentimiento nacional español, que suele asociarse con el rechazo a la exaltación nacionalista durante el franquismo. El sentimiento nacional español compite con los de las nacionalidades históricas, otros de reciente construcción y con fidelidades regionales o de otras entidades, como clubes de fútbol, por ejemplo.

> *"El sentimiento de pertenencia español no goza de buena salud en el presente. Orillado o denostado desde el discurso nacionalista moderado y radical, respectivamente, tampoco surge de manera clara en el discurso neoespañolista, que prefiere el lenguaje abstracto de los valores fríos de la ciudadanía y del patriotismo constitucional, concibiendo a España sobre todo como un Estado de derecho".*

(De *La dejación de España. Nacionalismo, desencanto y pertenencia*, de Helena Béjar, Madrid. Katz Editores. 2008)

Viçens Navarro (1937) reflexiona sobre la necesidad de recuperar la historia silenciada *"A raíz de una visita a las tierras del Ebro, que coincidía con las movilizaciones populares en defensa de dicho río, paseando con mi esposa por la orilla del Ebro descubrí un monumento a las tropas franquistas que impusieron el régimen dictatorial más sangriento (después del régimen nazi alemán) que ha existido en la Europa occidental durante el siglo xx, de cuyos asesinatos ya he hablado. Miles de estos asesinatos ocurrieron en las tierras del Ebro, y muchas de las víctimas desaparecidas están enterradas en fosas comunes sin saberse donde están".*
(De *El subdesarrollo social de España*, de Viçens Navarro. Barcelona. Diario Público. 2009)

El sociólogo Lamo de Espinosa (1946) analiza la evolución del optimismo de la transición al desconcierto posterior y la germinación de ideas regeneracionistas y el planteamiento de una posible "segunda transición": *"Como siempre, son muchas las causas que explican este cambio desde la serenidad del consenso de la Transición a esta no menos paradójica post-transición en la que todos los viejos consensos parecen necesitar una revisión. Y quizás la primera explicación la encontramos en el propio agotamiento del proyecto nacional que unificó al país en los treinta años posteriores a 1975".*
(De *¿La segunda Transición?*, de Emilio Lamo de Espinosa, en *Pulso de España 2010. Un informe sociológico* (Juan José Toharia, Coordinador). Madrid. Biblioteca Nueva, Fundación José Ortega y Gasset-Gregorio Marañón. 2011)

Para Alfredo Fierro (1937), psicólogo y jurista, humanista crítico y agnóstico, no es seguro que haya dioses: *"No es seguro que haya dioses. Tampoco es muy seguro que Jesús de Nazaret haya existido; o, más bien, no es seguro, sino altamente improbable, que haya vivido según suele narrarse. Ha habido y hay quienes niegan su existencia histórica. Sería Jesús un personaje enteramente de leyenda, ajeno del todo a la historia, una ficción piadosa construida inicialmente por Pablo de Tarso y por los evangelistas.*

Bien seguro es, sin embargo, que si existió y vivió, ya ha muerto. El único contenido verosímil del credo cristiano es el de *crucificado, muerto y sepultado. De él cabe arrancar como de núcleo sólido. Como dato también firme, hay que tomar que, si Jesús vivió, el curso de su vida y su muerte sucedieron hace dos mil años en tierras de Galilea y Judea"*.

(Del prólogo de *Después de Cristo*, de Alfredo Fierro. Madrid. Editorial Trotta, S. A. 2012)

El ecólogo Esteban Cabal Riera (1958) escribe sobre los poderes fácticos: *"El poder fáctico ni está legitimado ni siempre busca la legitimación para ejercerse, pero ejerce de facto (de hecho) el poder aunque no lo haga de iure (legalmente), ya que su mera existencia le hace ser determinante. La mayor parte de las veces no es necesario que se imponga por la fuerza: le basta con explicitar, o incluso con sugerir sus deseos para que se conviertan en realidad. La clave de su ejercicio es su capacidad de control de mecanismos externos a la política para lograr poder político, como por ejemplo el dominio de recursos vitales o estratégicos, que le dan el control de la ideología, la sociedad y la economía. Por ejemplo en vez de controlar un gobierno de turno, controlar o influenciar su legislación, de manera legal o cuasi-legal (...). Hay muchos tipos de poderes fácticos: la iglesia, los sindicatos, el lobby judío, etc. Pero sin duda el más influyente de lodos es el de los grandes conductores económicos: la banca y las grandes corporaciones internacionales"*.

(De *Gobierno mundial*, de Esteban Cabal. Madrid. Mandala Ediciones. 2012)

Antonio Muñoz Molina (1956), novelista, ensayista, articulista y académico, comenta la España de la postransición, del pelotazo, la especulación, la corrupción, las obras faraónicas e inútiles y las fallidas candidaturas olímpicas: *"Con la distancia se ve claro que la Expo del 92 fue el primero en el catálogo sucesivo de los simulacros españoles, el ensayo general y el estreno, el modelo de una gran parte de lo que vino después: la predilección por el acontecimiento excepcional y no por el trabajo sostenido durante mucho tiempo; el triunfo del espectáculo sobre la realidad; la construcción de realidades efímeras a las que se dedicaban los fondos públicos que habrían podido emplearse menos vistosamente pero con frutos más sólidos; el gasto incontrolado y sin límites"*.

(De *Todo lo que era sólido*, de Antonio Muñoz Molina. Barcelona. Editorial Seix Barral, S. A. 2013)

Clara Eugenia Núñez, historiadora y economista, escribe sobre el estado de la ciencia y de las universidades españolas: *"La falta de responsabilidad social de la universidad española responde a razones corporativas propias que se ven reforzadas por la falta de mecanismos eficaces de control por parte de la sociedad. Los intereses de los distintos grupos sociales que forman la universidad -rectores, profesores, estudiantes, sindicatos...- han olvidado, si es que alguna vez lo tuvieron claro, qué debe ser esa institución"*.

(De *Universidad y Ciencia en España. Claves de un fracaso y vías de solución*, de Clara Eugenia Núñez. Madrid. Gadir Editorial, S. L. 2013)

El historiador José Álvarez Junco (1942) comenta la instrumentalización del pasado por los grupos políticos: *"Las propuestas políticas, por radicales que sean, son legítimas, siempre que no se basen en la coerción sobre los demás. Pero no lo es la deformación del pasado (...). Si lo que se quiere es plantear una demanda política, hágase. Pero no nos obliguen a reformular la narración histórica para adecuarla a esa demanda".*
(De *Los malos usos de la Historia*, de José Alvarez Junco. *El País*. 22-12-2013)

Sobre Europa

España ingresó en la Europa comunitaria en 1986, cumpliéndose así el viejo sueño de quienes identificaban integración de España en Europa con solución para sus problemas: *"España es el problema, Europa la solución"* (Ortega y Gasset).

Jorge Semprún (1923-2011), ensayista y novelista, reflexiona sobre la riqueza lingüística del continente y la necesidad de construir su unidad a partir de esa realidad. Para Xavier Rubert de Ventós (1939), historiador y político socialista, Europa es *lugar de la diversidad y la duda, de la tragedia y la acción.* Los pensadores Eugenio Trías (1942), profesor de Historia de las Ideas, y Rafael Argullol (1949), ensayista, novelista y poeta, dialogan sobre Europa. José Enrique Ruiz-Domènec (1948), historiador medievalista, social y de la mediterraneidad, aborda las claves de la historia europea.

> *"Europa: lugar de la diversidad y la duda, de la tragedia y la acción. Europa: patria de ciudadanos equidistantes de la omnipotencia tiránica y de la impotencia bárbara (Glucksmann); de individuos que, como los paisanos de Kakania descritos por Musil, tienen cada uno por lo menos nueve caracteres: profesional, nacional, estatal, geográfico, sexual, consciente, inconsciente... y un décimo carácter, la fantasía, que les permite todo menos una cosa: tomar en serio lo que hacen sus otros nueve caracteres".*

(De *Europa y otros ensayos*, de X. Rubert de Ventós. Barcelona. Ediciones Ariel, S. A. 1986)

> *"No hay una sola Europa. A mí se me presentan, como mínimo, tres Europas: tanto si se atiende al criterio étnico, como al religioso. Hay primero, la Europa eslava, que tiende a ser de religión cristiana ortodoxa. En segundo lugar está la Europa latina, de tendencia católica; y por último la Europa nórdica, o central y nórdica (germánica, anglosajona), de religión protestante (luterana, anglicana, puritana, etc.). De hecho son mundos muy diferentes, con tradiciones históricas y culturales muy distintas. El mundo eslavo hereda la gran tradición de Bizancio (así Rusia o Bulgaria). Los siglos modernos fueron caballo de batalla del conflicto entre el Imperio Otomano y Rusia. El mundo latino es heredero del imperio romano occidental: Italia, España, las Galias. La Iglesia católica no ha hecho sino sugerir esa continuidad. El mundo germánico y anglosajón, más*

determinado étnicamente por la presencia de los antiguos bárbaros *que asaltaron el imperio romano occidental, derivó, al entrar en la edad moderna, hacia el protestantismo en todas sus formas y variantes.*

(De *El cansancio de Occidente*, de Rafael Argullol-Eugenio Trías. Barcelona, Ediciones Destino, S. A. 1992)

"A diferencia de otras regiones del mundo, Europa tiene la oportunidad de recurrir a una gran variedad de lenguas y culturas, y eso es una enorme ventaja lingüística. (El idioma más hablado en el mundo es el chino). Ahora bien, entre ellas dispone de tres lenguas intercontinentales, si no universales: inglés, español y francés. Me voy a permitir otro instante de chauvinismo para decir que la única lengua que se encuentra irresistiblemente en expansión en el mundo actual es el español. El inglés también se extiende, pero va muy por detrás. El español incluso compite con el inglés en Estados Unidos, que constituye el bastión de la lengua inglesa en el mundo actual".

(De *Qué significa para Jorge Semprún ser europeo*. En *Pensar en Europa*. Barcelona. Círculo de Lectores, S. A. 2006)

"La historia de Europa no es una cadena de acontecimientos, sino una serie de problemas: fundamentales e ineludibles problemas (…).
Sólo cuando hemos comprendido, en toda su amplitud, esas grandes crisis del espíritu, logramos una perspectiva real de la historia de Europa y podemos comenzar a valorar su herencia: esa maraña de contradicciones no resueltas. Algo completamente necesario ahora, a comienzos del siglo xxi, al haber entrado en un nuevo crisol que busca poner fin a siglos de callejones sin salida, de movimientos que no iban a ninguna parte, de soluciones precipitadas".

(De la Introducción de *Europa. Las claves de su historia*, de José Enrique Ruíz-Domènec. Barcelona. Círculo de lectores, S. A. 2010)

Mujer y ciencia

Las estadísticas indican que las mujeres obtienen mejores notas que los hombres en los estudios universitarios, es mayor el número de doctorandas que de doctorandos y el de científicas es igual o incluso superior al de científicos, sin embargo, hay más hombres que mujeres en los niveles más altos de la enseñanza superior, prueba manifiesta de la desigualdad de hecho entre hombres y mujeres. La bióloga Margarita Salas (1938), formada bajo el magisterio de Severo Ochoa, investiga el origen de nuestros genes.

"Una pregunta importante es ¿de dónde vienen nuestros genes? La mayor parte de ellos de un pasado lejano desde el punto de vista evolutivo. Las funciones celulares más elementales, tales como el metabolismo básico, la transcripción del DNA en RNA, la traducción

del RNA en proteínas, o la replicación del DNA, evolucionaron sólo una vez y han permanecido muy estables desde la evolución de los organismos unicelulares como las levaduras y las bacterias.

Otra cuestión relevante es ¿qué diferencia un organismo de otro? El equipo de Celera Genomics ha presentado datos en los que se pueden observar en los vertebrados la aparición de dos tipos de genes: los que son específicos de sus capacidades características, tales como la complejidad neuronal, la coagulación de la sangre o la respuesta inmune adquirida, y aquellos que confieren mayores capacidades generales, tales como genes para la señalización intra e intercelular, desarrollo, muerte celular programada o control de la expresión génica".

(De *La Biomedicina del Siglo xxi*, de Margarita Salas. Centro de Biología Molecular "Severo Ochoa." CSIC-UAM. Santander. Servicio de publicaciones de la Universidad de Cantabria. 2002)

Sobre arte

Alberto Schommer (1928) es fotógrafo-retratista sicológico, cronista de la transición.

"(...) la realidad es tan subjetiva que está en la mirada, en el hecho, y en lo que ese hecho va a producir: Cómo elegir el momento para transmitir una obra, antes, en el instante preciso o después. Y en esa duda, en esta reflexión se centra mucho el interés de la Fotografía. Porque hablaré del tiempo, pero de ese tiempo fotográfico al que me refiero ahora, a esta duda en la selección del tema; es donde radica la enorme libertad de toda obra fotográfica y es también esta misma libertad, precisamente, la que puede sugerir, como en el lenguaje escrito, otra realidad muy diferente".

(De *Elogio a la fotografía*, discurso del académico electo Excmo. Sr. D. Alberto Schommer. Leído en el acto de su Recepción Pública el día 26 de abril de 1998. Madrid. Real Academia de Bellas Artes de San Fernando. 1998)

La arquitectura es una de las artes que mejor refleja el postmodernismo artístico: eclecticismo y funcionalidad. Entre los arquitectos postmodernos españoles, Rafael Moneo Valle (1937) opone la arquitectura adaptada a su entorno y a su función a la sometida a lenguajes y estilos concretos. Ricardo Bofill (1939) reivindica la necesidad de experimentar, rompe con la frialdad de la arquitectura racionalista mediante la adición de elementos sustentantes clásicos y adapta el espacio arquitectónico a las necesidades de la sociedad industrial y postindustrial.

"(...) toda mi vida está hecha de experimentos sucesivos. En la búsqueda de una organización del espacio que esté de acuerdo con nuestra civilización industrial, he practicado sucesivamente una arquitectura sin fachada heredada de la arquitectura vernácula del

> *desierto, y después una arquitectura basada en la composición y el vocabulario clásicos.*
>
> *Este segundo período parece contrastar con el primero. Pero en realidad, como se verá después, en ambos casos se trata de la misma búsqueda. Cada uno de estos períodos no se ha impuesto de golpe, sino en el transcurso de numerosos proyectos que afinaban elementos técnicos o estéticos".*

(De *Espacio y vida*, de Ricardo Bofill, con la colaboración de Jean-Louis André. Barcelona. Tusquets Editores. 1990)

> *"La arquitectura hoy pretende estar viva, o facilitar la vida mejor que estar viva, ignorando cualquiera que sea referencia a conceptos tales como lenguaje, manera o estilo. Algunos discípulos de Rem Koolhaas, hoy presentes en todo el mundo, parecen estar atraídos por esta tendencia difundida ampliamente a través de las revistas de arquitectura. Pero hay otros modos de disolver la arquitectura en una construcción sin forma. Convendría recordar cómo los pintores de los años cincuenta re-descubrieron el valor expresivo de la materia al margen de cual fuera su apariencia".*

(De *Una reflexión sobre la arquitectura hoy*, de Rafael Moneo. Escuela Técnica Superior de Arquitectura de Valencia. Colegio Territorial de Arquitectos de Valencia Ícaro. Universidad Politécnica. 2000)

El ensayista, académico y crítico de arte Francisco Calvo Serraller (1948), historiador de la pintura española contemporánea, analiza las posibilidades que las nuevas tecnologías ofrecen a la creación artística.

> *"(...) la revolución tecnológica ha ido creando tantas posibilidades que nos resulta muy difícil señalar cuáles podrán ser sus límites definitivos. Hasta aquí hemos tratado de casi todos los medios tecnológicos de masas más populares, pero ni hemos podido agotar el tema ni, en realidad, sabemos cuándo se podrá agotar. Hay que pensar en la radio, los discos, el diseño industrial y, sobre todo, los ingenios cibernéticos, que han dado un arte por ordenador, cuyas posibilidades no han sido ni mucho menos exploradas. Cualquiera de estos medios es susceptible de ser usado con intención artística y, desde luego, así ha sido hecho y sin duda, se seguirá haciendo".*

(De *El arte contemporáneo*, de Francisco Calvo Serraller. Madrid. Ed. Taurus. 2001)

A mediados de los años sesenta del siglo xx se recupera la tradición artística figurativa, corriente que se ha diversificado con la adición de elementos informalistas y de otros inspirados en los "cómics", el cartelismo, la fotografía y las variadas técnicas de reproducción de la imagen. Surge así el arte postmoderno, a mitad de camino entre tradición e innovación y en el que prevalecen el neofigurativismo y el hiperrealismo. Antonio López García (1936) es pintor y escultor hiperrealista de intenso lirismo y precisión fotográfica.

> *"Lo más importante es sentir. Lo demás no existe. Porque saber dibujar, yo no sé, sinceramente, lo que es saber dibujar. No, no lo sé. ¿Qué es saber dibujar? ¿La Dama de Elche está muy bien modelada? ¿La Dama de Baza está muy bien modelada? A lo mejor está mejor modelada que una escultura de Benlliure. Pero, la Dama de Elche o la Dama de Baza tienen un contenido espiritual, una energía, un misterio, un sortilegio, algo tan sumamente fascinador, que todo lo demás no importa. ¡No importa! A mí me parece que modelar bien, o pintar bien, técnicamente bien, es muy fácil".*

(De *En torno a mi trabajo como pintor*, de Antonio López. Fundación Jorge Guillén, Universidad de Valladolid. 2007)

"Lenguas en guerra"

La coexistencia del castellano con las otras lenguas vernáculas hispanas es uno de los problemas que tiene planteados la democracia española. Por otro lado, varios analistas anuncian el empobrecimiento progresivo y el mal uso que los hablantes suelen hacer del castellano. Antonio Lamela (1926), arquitecto y humanista, señala la discriminación de que es objeto el español y *"cierta renuencia -o puro desconocimiento- a hacer un correcto uso"* del mismo *"por parte de muchos de sus hablantes"*. La periodista y lingüista Irene Lozano (1971), analista de la diferenciación sexual del lenguaje, reflexiona sobre la utilización de las lenguas como instrumentos políticos.

> *"Dicho muy sucintamente, también hay cierta renuencia —o puro desconocimiento— a hacer un correcto uso del idioma español por parte de muchos de sus hablantes; en su mayoría, jóvenes que carecen de un buen ejemplo de sus progenitores, de sus docentes, de los medios de comunicación, de todos quienes pueden y deben ejercer sobre ellos una influencia decisiva. En general, la cultura lingüística media de los españoles es muy deficiente, y se manifiesta en todas las áreas de la vida nacional. Se tendría que imbuir en los ciudadanos desde la escuela primaria una actitud de reflexión hacia el español, con especial atención a la valía de este idioma y a la enorme trascendencia que puede tener en su futuro, tanto a nivel individual como colectivo".*

(De *Del idioma español y su futuro*, de Antonio Lamela. Madrid. Espasa Calpe, S. A. 2008)

> *"En referencia a la actitud de algunos inmigrantes que tratan de explotar su situación de debilidad frente a las administraciones de los países de acogida, dijo Pujol:* Cuando una minoría consigue culpabilizar a la mayoría, a partir de ahí la minoría puede hacer lo que le venga en gana.
> *Aplicada a la Transición, su teoría explica el comportamiento de las minorías nacionalistas, y cómo y para qué extendieron la culpabilidad*

por la situación de sus lenguas a la mayoría no nacionalista. En 1976, cuando la Academia se disponía a conmemorar los mil años de las Glosas Emilianenses, el Gobierno lo prohibió expresamente. El momento político no aconseja tal celebración, fue la argumentación oficial, según ha relatado el académico Gregorio Salvador. Aceptar que la celebración del milenario del castellano podía resultar una provocación fue quizá uno de los primeros síntomas de que la mayoría castellano-hablante iba a ser fácilmente culpabilizada...".

(De *Lenguas en guerra*, de Irene Lozano. Madrid. Espasa Calpe, S. A. 2005)

La disidencia religiosa

El jesuita Juan Masiá (1941), exdirector de la cátedra de Bioética de la Universidad Pontificia de Comillas, crítico de la jerarquía eclesiástica, opuesto al pluralismo en el seno de la Iglesia, ha sido silenciado por sus opiniones sobre cuestiones bioéticas –los embriones no implantados no son personas- y el uso del preservativo vertidas en su libro *Tertulias de bioética*.

"Me llama también la atención la intromisión inoportuna de instancias eclesiásticas para dictar moralidad a la sociedad civil (...). Por ejemplo, el caso –mitad cómico, mitad anacrónico- en torno al preservativo, uno no sabe si reír o llorar. Ni siquiera tenía que ser problema. No sólo como prevención de un contagio, sino como anticonceptivo corriente, se puede usar para evitar un embarazo no deseado y evitar el aborto. Hace mucho tiempo que la teología moral seria ha superado ese falso problema. Aunque diga lo contrario un dicasterio romano o los asesores de una conferencia episcopal, o los que redactan para el Papa un discurso, se puede disentir en la Iglesia por fidelidad hacia la misma Iglesia".

(De *Tertulias de bioética. Manejar la vida, cuidar a las personas*, de Juan Masiá Clavel, SJ. Santander. Ed. Sal Terrae. 2005)

El libro *Jesús. Aproximación histórica*, de José Antonio Pagola (1937) suscitó un intenso debate: la Conferencia Episcopal Española emitió una nota con la indicación de que el autor *"parece sugerir indirectamente que algunas propuestas fundamentales de la doctrina católica carecen de fundamento histórico en Jesús"*. Se le critica también su relativización de aspectos dogmáticos del cristianismo y sus comentarios sobre la discriminación de la mujer en el seno de la Iglesia. Pagola ha sido vicario general del obispado de San Sebastián.

"La teología de la liberación ha promovido un acercamiento liberacionista a la Biblia que aporta elementos de valor indudable: mayor atención al Dios de los pobres, que no puede tolerar la opresión ni la injusticia (...). Esta lectura comprometida de la Biblia comporta riesgos. Es verdad que la exégesis no puede ser neutra;

pero también debe cuidarse de no ser unilateral.

La aportación del acercamiento feminista

Son numerosas las aportaciones positivas que provienen de la exégesis feminista. Las mujeres han logrado con frecuencia, mejor que los hombres, percibir la presencia, la significación y el papel de la mujer en la Biblia, en la historia de los orígenes cristianos y en la Iglesia...".

(De *Jesús. Aproximación histórica*, de José Antonio Pagola. PPC. Salamanca-Madrid. Editorial y Distribuidora. Salamanca-Madrid. 2008)

Sobre economía

La tesis formulada por J. M. Keynes (1883-1946) -la intervención del Estado es factor fundamental de la actividad económica- es la idea nodal del pensamiento de gran número de economistas españoles, entre ellos Luis Ángel Rojo Duque (1934-2011), gobernador del Banco de España e impulsor de su autonomía y del euro.

"Desde el punto de vista del bienestar colectivo, Keynes consideraba mucho más importante el mantenimiento de altos niveles de empleo que la asignación eficiente de los recursos productivos, y, por otra parte, la rigidez que atribuía al capitalismo corporativo moderno -y, concretamente, a la economía británica- le hacía dudar de su capacidad de reacción para eliminar los desequilibrios y desajustes a través del mecanismo de los precios. Por consiguiente, defendía las intervenciones del sector público para alcanzar el equilibrio interno, definido en términos de pleno empleo, y estaba dispuesto a aceptar el proteccionismo comercial y los controles de cambios para conseguir el equilibrio en las cuentas exteriores".

(De *Keynes: su tiempo y el nuestro*, de Luis Ángel Rojo. Madrid. Alianza Editorial. 1984)

La convergencia hacia una sociedad y una cultura universales, la globalización y la mundialización de la economía son analizados por el periodista y semiólogo Ignacio Ramonet (1943).

"Todos los Estados se ven arrastrados por la gran dinámica de la globalización. Se trata de una segunda revolución capitalista. La globalización alcanza a los rincones más recónditos e ignora tanto la independencia de los pueblos como la diversidad de los regímenes políticos.

La tierra está conociendo así una nueva era de conquista como la de los descubrimientos o las colonizaciones. Pero, mientras los actores principales de aquellas expansiones conquistadoras eran los Estados, esta vez se trata de empresas y conglomerados, grupos industriales y financieros privados que pretenden dominar el mundo. Nunca antes los amos de la tierra habían sido tan poco numerosos ni tan poderosos".

(De *Los desafíos de la globalización*, de Ignacio Ramonet. Madrid. Ediciones HOAC. 2004)

El sociólogo y ensayista Enrique Gil Calvo (1946) analiza el espejismo de la "nueva economía".

> *"El espejismo especulativo de la* nueva economía *estalló en marzo del 2000, y comenzó a desinflarse como un globo pinchado. Los nuevos mercados se vaciaron y los inversores comenzaron a rehuir los valores tecnológicos, que cayeron en picado. Así se iniciaba un ciclo depresivo de la economía occidental del que todavía no se vislumbra la salida -pese a las efímeras euforias derivadas de las fáciles victorias militares prefabricadas por los estadounidenses en Afganistán e Irak-, pues ya han transcurrido tres años seguidos de saldos negativos bursátiles en todos los mercados financieros".*

(De *El miedo es el mensaje. Riesgo, incertidumbre y medios de comunicación*, de Enrique Gil Calvo. Madrid. Alianza Editorial, S. A. 2003)

Vicente Verdú (1942), columnista, ensayista y sociólogo, comenta la volatividad y ligereza de las circunstancias de nuestra época y la emergencia de un mundo nuevo, a causa de la compleja crisis económica, social, cultural y moral.

> *"La economía contemporánea parece haberse convertido en un espectáculo autónomo y liberado de razón. Un espectáculo de capitales, mercancías o seres vivos, colosales fusiones y billones de dólares. El mayor espectáculo del mundo que opera hoy emancipado de cualquier regla externa, fascinado por su propia contorsión".*

(De *El capitalismo funeral*. Barcelona. Editorial Anagrama. 2009)

El sociólogo y ensayista José Luis Sampedro (1917-2013), economista-humanista comprometido con la justicia social, novelista y dramaturgo, propone una economía al servicio de la humanidad.

> *(...) se defiende el mito de que el consumidor es rey en el mercado y los empresarios, como el genio al servicio de Aladino, sólo atienden a satisfacer tales gustos. ¡Qué truco para hacernos tragar satisfechos la manipulación del mercado por los productores y para cantar elogios a la libertad en el mercado! Sí, pues nos juran que éste es el único sistema económico libre, demostrándolo con las colas de compradores en Moscú. Se callan, claro, que en el mercado sólo es libre quien tiene dinero; y que si no hay colas es porque las elimina el no tenerlo: el pobre ni siquiera se acerca a la tienda".*

(De *Economía humanista. Algo más que cifras*. Barcelona. Random House Mondadori, S. A. 2010)

Carlos Rodríguez Braun (1948), profesor de Historia del Pensamiento Económico, y Juan Ramón Rallo (1984), economista y profesor universitario, analizan la economía neoliberal.

> *"Claro que la libertad es más que la economía y el mercado, pero requiere el mercado y sus instituciones fundamentales, como la propiedad privada y los contratos voluntarios. No tiene sentido, por ello, oponer economía de mercado y liberalismo: nos lo han enseñado siempre las tiranías porque todas ellas acaban con la libertad en lo político, lo civil, la prensa, la religión, etc., y a la vez suprimen, limitan o condicionan la actividad económica en el mercado".*

(De *El liberalismo no es pecado. La economía en cinco lecciones.* Barcelona. Ediciones Deusto. 2011).

Antonio Baños Boncompain (1967), crítico de la economía actual, opina que posteconomía equivale a economía que ha abdicado de su función instrumental.

> *"La posteconomía es la economía que ya no cree en sí misma, que ha dejado de lado toda intención científica, toda esperanza de bienestar, toda función instrumental. Es la economía que deviene directamente en una doctrina, en una teología; cuando se transforma en un complejo tabú (...). La posteconomía volverá a invocar las fuerzas naturales con la única intención de aplacarlas, no ya de someterlas a su imperio".*

(De *Posteconomía. Hacia un capitalismo feudal,* de Antonio Baños Bomcopain. Barcelona. Los libros del lince, S. L. 2012).

Luis Garicano Gabilondo (1967) analiza la situación de la economía española y propone llevar a cabo reformas en la estructura económica y en los sistemas de pensiones y sanitario.

> *"Respecto a las exportaciones, y si comparamos la proporción de empresas pequeñas que exportan con Alemania, por ejemplo, exportan más empresas pequeñas que las alemanas; las medianas exportan lo mismo; las grandes, también; las muy grandes, pues también. Pero bueno, ¿cómo es posible? Las pequeñas son igual de buenas, las medianas son igual de buenas y las grandes son igual de buenas, ¿cómo puede ser que estemos mucho peor? Las pequeñas empresas son igual de productivas que las alemanas o las americanas; las medianas igual de productivas que las alemanas o las americanas, y las grandes, igual de productivas. La probabilidad de exportar, la misma, ¿cómo es posible que seamos peores? Simplemente porque hay una cantidad gigante de empresas pequeñas que no crecen: las pequeñas tienen menos capacidad exportadora -si comparamos grande con pequeña, por supuesto la*

capacidad es menor-, y si tenemos mucho más peso ahí, nuestra media es mucho más baja".

(De *El bañista desnudo: ¿Cómo puede España salir de la crisis?*, de Luis Garicano. Instituto de Estudios Económicos de Galicia Pedro Barrié de la Maza. 2012)

Santiago Niño-Becerra (1951) es analista de la crisis mundial, sobre la que en 2006 ya anunció que era inevitable.

> *"La crisis como tal empieza a mediados del 2010, cuando Gobiernos, dirigentes de instituciones económicas internacionales, y directores y gerentes de grandes corporaciones llegan a la conclusión de que es imposible salir del estado de postración en el que se halla la economía planetaria a través de más gasto público, que es el remedio que hasta entonces se había estado aplicando. ¿Desde cuándo? Desde septiembre del 2007, momento en el que llega a conocimiento del gran público el problema de las subprime: de las llamadas hipotecas basura. Por ello, el período septiembre del 2007-mayo del 2010 pienso que debe ser considerado de precrisis".*

(De *Más allá del crash. Apuntes para una crisis*, de Santiago Niño-Becerra. Barcelona. Random House Mondadori, S. A. 2012)

Polémica sobre los toros

La tradicional polémica sobre los toros alcanzó amplio eco mediático tras el anuncio de la prohibición de las corridas en Cataluña. En la polémica han participado intelectuales y pensadores varios, entre ellos el filósofo analítico y lógico Javier Mosterín (1941), catedrático de Lógica y Filosofía de la Ciencia, y Fernando Savater (1947), pensador nietzscheano.

> *"En la corrida, la tortura del toro empieza antes de que el inocente bóvido salga al ruedo. Con frecuencia se le untan los ojos de vaselina para dificultar su visión (ya de por sí mala), se introduce profundamente algodón de estopa en su nariz para dificultar su respiración, se le golpean los riñones con sacos terreros para reducir su fuerza, se le liman o afeitan las puntas de las astas, etcétera. Toda esta preparación no está prevista en el reglamento, pero como no se realiza a la vista del público nadie se da por enterado".*

(De *A favor de los toros*, de Jesús Mosterín. Pamplona. Editorial Laetoli, S. L. 2010)

> *"Ciertos autores ceden a la tentación de convertir en indebidas aquellas formas de trato con los animales que les resultan más lejanas: por ejemplo, Luc Ferry, en su por otra parte muy interesante y reflexivo libro* El nuevo orden ecológico, *se inclina a desautorizar las corridas de toros -a las que confiesa que no ha asistido jamás- pero en cambio no dice nada de la forma poco compasiva de tratar a las ocas para obtener* foie-gras, *lo cual probablemente le resulta mucho más próximo y familiar".*

(De *Tauroética*, de Fernando Savater. Madrid. Ediciones Turpial, S. A. 2010)

"Patty Diphusa"

La Movida madrileña de los años ochenta fue un movimiento sociocultural postmoderno que fusionó tradiciones populares y vanguardismo, desmitificación de lo trascendente, permisividad sexual, pasotismo y legitimación de lo marginal. Fue, así, una contracultura o cultura libertaria. La Movida otorgó gran valor a la cultura de la imagen y elevó la moda y el diseño a la categoría de señas de identidad de la España postfranquista. Personalidad fundamental de la Movida fue el cineasta Pedro Almodóvar, (1949), recreador de viejos tópicos españoles en películas con ingredientes esperpénticos y surrealistas.

> *"Siempre bajo mi punto de vista, los primeros ochenta fueron años intrépidos en los que el tiempo daba mucho de sí. No sólo éramos más jóvenes y más delgados, sino que el desconocimiento hacía que nos lanzáramos a todo con alegría. No conocíamos el precio de las cosas, ni pensábamos en el mercado. No teníamos memoria e imitábamos todo lo que nos gustaba, y disfrutábamos haciéndolo. No existía el menor sentimiento de solidaridad, ni político, ni social, ni generacional, y cuanto más plagiábamos más auténticos éramos. Estábamos llenos de pretensión, pero la falta de perspectiva producía el efecto contrario. Las drogas sólo mostraban su parte lúdica y el sexo era algo higiénico".*

(De *Patty Diphusa*, de Pedro Almodóvar. Barcelona. Editorial Anagrama S. A. 1998)

José Vidal-Beneyto (1927-2010), sociólogo de la comunicación de masas, ensayista y politólogo, analiza la obra almodovariana.

> *"Pedro Almodóvar (...) radicaliza sus planteamientos, y utiliza como arma de combate la provocación cuyo uso ha puesto de moda la publicidad invadiendo todos los campos de la comunicación. En sus manos el tratamiento provocativo es burla de los valores de la España franquista, mofa de las instituciones públicas y privadas de la dictadura, sarcasmo de los modos sociales de su clase dirigente. Almodóvar en* Tacones lejanos *ridiculiza a la magistratura al presentar al juez instructor Domínguez (Miguel Bosé) al mismo tiempo como un chivato de la policía (Hugo) y como un travestí de cabaret (Letal); se pitorrea de la religión cada vez que ésta asoma la cabeza y se sirve de la vida conventual de* Entretinieblas *-Julieta, la madre superiora de las Redentoras Humilladas es lesbiana y drogadicta- para un ajuste de cuentas definitivo con sus representantes más cualificados: monjas y sacerdotes...".*

(De *Memoria democrática*, de José Vidal-Beneyto. Foca. Madrid. Ediciones y Distribuciones Generales, S. L. 2007)

Sobre la asignatura Educación para la Ciudadanía

La asignatura Educación para la Ciudadanía del Gobierno socialista de Rodríguez Zapatero suscitó una apasionada polémica: instrumento de adoctrinamiento ideológico, para la oposición conservadora; adecuada y necesaria, para sus promotores. Para el clero conservador, contradecía la doctrina social de la Iglesia e imponía una formación estatal de las conciencias. El Gobierno del PP la suprimió y los alumnos que no optan por cursar Religión tienen que estudiar otra denominada Valores Culturales y Sociales, en Primaria, y Valores Éticos, en Secundaria. Fernando Savater, pensador nietzscheano y articulista, y Rafael Sánchez Ferlosio (1927), ensayista, articulista y novelista, se pronuncian sobre esta ley.

"Sin embargo, parece que los jerarcas eclesiásticos no están dispuestos a que nos olvidemos en España de los aspectos más nefastos de la influencia religiosa en el orden social. La campaña contra la asignatura de Educación para la Ciudadanía, que incluso lleva a algunos orates de confesionario a promover nada menos que la objeción de conciencia de alumnos y profesores, constituye una muestra abrumadora de la manipulación descarada de la ignorancia popular que ha sido durante siglos marca de la Santa Casa. Se engaña con descaro a la gente diciendo que esta materia interfiere con el derecho de los padres a educar moralmente a sus hijos, que sólo los padres poseen tal derecho y que, si el Estado intenta instruir en valores, se convierte en totalitario o al menos en partidista".

(De *¿Ciudadanos o feligreses?*, de Fernando Savater. *El País*, 4 de julio de 2007)

"No y no. Los conocimientos que proporciona la instrucción, exentos de toda clase de orientaciones prácticas y juicios de valor, aparte de ser, precisamente, el resultado de unas ciencias que durante siglos se han esforzado por purificarse de toda la morralla de fines e intereses que las condicionaba -como la alquimia pudo trocarse en química cuando se liberó del designio de conseguir el oro, o la astrología se hizo astronomía cuando renunció a predecir el porvenir-, pueden ni deben, de ninguna manera, dejarse dirigir por ninguna finalidad educativa.".

(De *Educar e instruir*, de Rafael Sánchez Ferlosio. *El País*. 29 de julio de 2007)

Antología de frases de ensayistas y pensadores contemporáneos

Luis María Ansón, periodista: *"La prensa, los medios de comunicación, no son un poder, sino, en todo caso, un contrapoder."*

Juan José Tamayo, teólogo y pensador multidisciplinar: *"La utopía no está tan muerta como se nos quiere hacer ver (...), está suficientemente enraizada en la realidad y en el ser humano como para que pueda morir, y menos aún por un decreto del neoliberalismo, su principal adversario".*

Iñaki Gabilondo: *"Yo creo que el periodismo es un servicio (...), nos debemos profesionalmente al sueño de la libertad del hombre y al sueño de libertad de la sociedad en la que nos movemos."*

López Aguilar, jurista constitucionalista: *"La pobreza es presentada como la consecuencia de un fracaso moral, parejo a la* incompetencia, ineficiencia e improductividad *del comportamiento económico de quienes se encuentran en el* lado oscuro *de la desigualdad en la pirámide social".*

Ana Veiga, bióloga: *"Aunque se quisiera clonar a alguien, es imposible conseguir la misma persona".*

Adela Cortina, profesora de Ética: *"En nuestros días es bien claro que el Estado y la sociedad civil son los responsables de crear cohesión social, no con leyendas y milagros emotivos, sino poniendo en práctica la justicia social".*

Javier Cercas, novelista y ensayista: *"El pasado parece a menudo algo ajeno y remoto, y no lo que es: una dimensión del presente sin la cual este resulta incomprensible".*

Alex Grijelmo, ensayista: *"Toda información incluye una pespectiva. Todo lo miramos desde algún punto de vista, real o imaginario".*

Ferrán Adriá, chef:*"Todo el mundo reconoce que desde España hemos impulsado una revolución gastronómica a nivel global".*

Celia Amorós, socióloga: *"El problema de las relaciones entre el hombre y la mujer es que no existen realmente como tales".*

Juan Mayorga, dramaturgo: *"No hay oficio más cruel que el del escritor, porque se expone, se desnuda y desnuda. Esa valentía, la de mirar algo de lo que los demás apartan la mirada, es el núcleo del talento mismo".*

Marina Gervás, ensayista: *"Crear no es producir. Es ir más allá de lo que somos, de lo que sabemos, de lo que vemos. Crear es exponerse. Crear es abrir los posibles".*

Víctor Lapuente, ensayista: *"Las dinámicas perversas -pongamos la corrupción- tienden a sobrevivir porque los humanos somos animales institucionales, interiorizamos las prácticas de nuestro entorno".*

Jordi LLovet, ensayista, crítico literario: *"Siendo su propia teoría, la semiótica es el tipo de pensamiento que, sin constituirse como sistema, es capaz de modelarse (pensarse) a sí mismo".*

José Antonio Marina (1939), pensador y ensayista de amplios registros: *"La nación es un invento moderno que sustituye al reino. Es una creación de la Revolución francesa, y hereda los tics totalitarios de ésta".*

Alberto Corazón, diseñador: *"El arte más hermoso no es el que te asombra, sino el que te conmueve. Todo aquello que provoca recogimiento".*

Emilio Lledó, filósofo: *"La duda es la luz del pensamiento."*

Juan Arias, periodista, tratadista de temas religiosos: *"Jesús no vino pues a traer una nueva religión, sino a decirnos que el hombre nuevo que un día podrá surgir en la tierra no necesitará de religiones porque Dios mismo los ha liberado de ellas y de sus cadenas".*

Joaquín Estefanía, economista y periodista: *"¿Quién tiene más poder, los gobiernos o la banca? Los bancos responden mayoritariamente los ciudadanos; y sin embargo, en esas mismas encuestas, castigan a los gobiernos sean del signo ideológico que sean, por su gestión de la larga y profunda crisis económica".*

Santiago Niño Becerra, analista de la situación económica internacional: *"La globalización tiene muchas cosas buenas, pero tiene una muy mala: no existen fronteras para los problemas".*

Juan Pablo Fusi, historiador: *"Los historiadores no podemos contestar a los porqué, sino a los cómo y cuándo, que a veces puede ser otra manera de explicar el porqué".*

●**Bibliografía:** página 317

Bibliografía

Capítulo 1

-Andrés-Gallego, J.: *La esclavitud en la América española*. Madrid. Encuentro. 2005.
-Asensio, E.: *El erasmismo y las corrientes espirituales afines: conversos, franciscanos, italianizantes*. Salamanca. Seminario de Estudios Medievales y Renacentistas. 2000.
-Barrientos García, J.: *Un siglo de moral económica en Salamanca (1526-1629): Francisco de Vitoria y Domingo de Soto*. Ediciones Universidad Salamanca. 1985.
-Bataillon, M. y Saint-Lu, A.: *El padre Las Casas y la defensa de los indios*. Madrid. Globus Comunicación. 1994.
-Beinart, Haim: *Los judíos en España*. Madrid. Editorial Mapfre. 1992.
-Benito Ruano, E.: *Del problema judío al problema converso*. Publicaciones del Centro Universitario de Toledo. Universidad Complutense. Colección "Toledo Universitario". 1972.
-Bennassar, B.: *Inquisición Española, poder político y control social*. Barcelona. Crítica. 1981.
-Castilla Urbano, F.: *Juan Ginés de Sepúlveda (1490-1573)*. Madrid. Ediciones del Orto. 2000.
-Garrán Martínez, J. M.: *La prohibición de la mendicidad: la controversia entre Domingo de Soto y Juan de Robles en Salamanc*a (1545). Ediciones Universidad Salamanca. 2004.
-Hamilton, Earl J.: *El tesoro americano y la revolución de los precios en España, 1501-1650*. Barcelona. Crítica. 2000.
-Maravall, J. A.: *Las Comunidades de Castilla. Una primera revolución moderna*. Barcelona. Altaya. 1997.
-Márquez, A.: *Los alumbrados. Orígenes y filosofía (1525-1559)*. Madrid. Taurus. 1980.
-Muñoz Machado, S.: *Sepúlveda, cronista del Emperador*. Barcelona. Edhasa. 2012.
-Perez, J.: *Historia de una tragedia. La expulsión de los judíos de España*. Barcelona. Crítica. 2001.
-Rey Pastor, J.: *La Ciencia en el descubrimiento de América*. Barcelona. Planeta DeAgostini. 2011.
-Sainz Rodríguez, P.: *Introducción a la historia de la literatura mística española*. Madrid. Espasa-Calpe. 1984.
-Sicroff, A.: *Los estatutos de limpieza de sangre*. Madrid. Taurus. 1985.
-VV. AA.: *Pórtico a la ciencia y a la técnica del Renacimiento*, Universidad de Salamanca. 2001.
-Werner, T.: *La represión del protestantismo en España, 1517-1648*. Leuven University Press. 2001.

Capítulo 2

-Antón Martínez, B.: *El tacitismo en el siglo xvii en España. El proceso de "receptio"*. Universidad de Valladolid. 1992.
-Bartolomé, F.: *Don Diego Sarmiento de Acuña*, Conde de Gondomar, el Maquiavelo español. Gijón.Trea. 2005.

-Bernabé Pons, L. F.: *Los moriscos: conflicto, expulsión y diáspora*. Madrid. Los Libros de la Catarata. 2009.

-Caro Baroja, J.: *Los moriscos del Reino de Granada. Ensayo de historia social*. Madrid. Istmo. 1976.

-Castro, A.: *El pensamiento de Cervantes*. Crítica. 1987.

-Domínguez Ortiz, A. y Vincent, B.: *Historia de los moriscos. Vida y tragedia de una minoría*. Madrid. Ed. Revista de Occidente. 1978.

-Elliott, J. H.: *El Conde-Duque de Olivares y la herencia de Felipe II*. Valladolid. Universidad. 1977.

-Elliott, J. H.: *La rebelión de los catalanes. Un estudio sobre la decadencia de España (1598-1640)*. Barcelona. RBA. 2006.

-Hernández Franco, J.: *Sangre limpia, sangre española. El debate sobre los estatutos de limpieza (siglos XV-XVII)*. Madrid. Cátedra. 2011.

-Herrero García, M.: *Ideas de los españoles del siglo XVII*. Madrid. Gredos. 1966.

-Jiménez Moreno, L.: *Baltasar Gracián (1601-1658)*. Madrid. Ediciones del Orto. 2001.

-Lapeyre, H.: *Geografía de la España morisca*. Universitat de València. 2009.

-Maravall, J. A.: *Historia del pensamiento español*. Madrid. Centro de Estudios Políticos y Constitucionales. 1999.

-Maravall, J. A.: *La cultura del Barroco*. Barcelona. Ariel. 1986.

-Maravall, J. A.: *Teoría del Estado en España en el siglo XVII*. Madrid. Centro de Estudios Constitucionales. 1997.

-Murillo Ferrol, F.: *Saavedra Fajardo y la política del barroco*. Madrid. Centro de Estudios Constitucionales. 1989.

-Pérez Magallón, J.: *Construyendo la modernidad. La cultura española en el tiempo de los novatores (1675-1725)*. Madrid. CSIC. 2002.

-Roncero López, V.: *El humanismo de Quevedo: Filología e Historia*. Pamplona. Eunsa. 2000.

-Torres i Sans, X.: *La Guerra dels Segadors*. Lleida: Pagès; Vic: Eumo. 2006.

Capítulo 3

-Aguilar Piñal, F.: *La España del absolutismo ilustrado*. Madrid. Espasa Calpe. 2005.

-Aguilar Piñal, F.: *Las academias*. Madrid. Espasa-Calpe. 1985.

-Alpert, M.: *Criptojudaísmo e Inquisición en los siglos XVII y XVIII*. Barcelona. Ariel. 2001.

-Egido, T.: *La religiosidad de los ilustrados*. Vol. XXXI de la *Historia de España,* de Ramón Menéndez Pidal. Madrid. Espasa-Calpe. 1992.

-Elorza, A: *La Inquisición y el pensamiento ilustrado*. Historia 16. N.º 1. 1986.

-Fernández, A.: *Jovellanos*. Madrid. Ediciones del Orto. 1995.

-Fernández, A.: *Utopía y realidad en la Ilustración española. Pablo de Olavide y las Nuevas Poblaciones*. Madrid. Universidad Complutense. 1990.

-Fuentes, J. F.: *José Marchena, biografía política e intelectual*. Barcelona. Crítica. 1989.

-García Escudero, J. M.: *Historia breve de las dos Españas*. Madrid. Rioduero. 1980.

-Giménez López, E.: *Expulsión y exilio de los jesuitas españoles*. Universidad de

Alicante. 1997.

-Gómez Alfaro, A.: *La gran redada de gitanos: España, prisión general de gitanos en 1749*. Madrid. Ed. Presencia Gitana. 1993.

-Grice-Hutchinson, M.: *El pensamiento económico en España (1177-1740)*. Barcelona, 1982.

-López Alós, J.: *Entre el trono y el escaño. El pensamiento reaccionario español frente a la revolución liberal (1808-1823)*. Madrid. Congreso de los Diputados. 2011.

-López Cordón, M. V.: *Condición femenina y razón ilustrada: Josefa Amar y Borbón*. Prensas Universitarias de Zaragoza. 2005.

-López, F.: *Juan Pablo Forner y la crisis de la conciencia española*. Junta de Castilla y León. 1999.

-Martí Gilabert, F.: *Carlos III y la política religiosa*. Madrid. Rialp. 2004.

-Negrín Fajardo, O.: *Historia de la educación española*. Madrid. UNED Editorial. 2011.

-Pallarés Moreno, J.: *León de Arroyal o La aventura intelectual de un ilustrado*. Universidad de Granada. 1992; Oviedo. Instituto Feijoo de Estudios del siglo XVIII, Universidad. 1993.

-Pardos Pérez, J. L.: *El Modernizador: una aproximación a Floridablanca*. Universidad de Murcia. 2012.

-Perdices de Blas, L.: *Pablo de Olavide (1725-1803), el Ilustrado*. Madrid. Editorial de la Universidad Complutense. 1993.

-Pérez García, J. M.: *La economía de la Ilustración*. Ediciones de la Universidad de Murcia. 1988.

-Pimentel Igea, J.: *Viajeros Científicos: Jorge Juan, Mutis y Malaspina*. Madrid. Ed. Nívola. 2008.

-Rumeu de Armas, A.: *Ciencia y tecnología en la España ilustrada*. La Escuela de Caminos y Canales. Madrid. Turner. 1980.

-Sánchez Blanco, F.: *La mentalidad ilustrada*. Madrid. Taurus. 1999.

-Sánchez Corredera, S.: *Jovellanos y el jovellanismo, una perspectiva filosófica*. Oviedo. Fundación Gustavo Bueno. Pentalfa. 2004.

-Sánchez-Blanco, F.: *Europa y el pensamiento español del siglo XVIII*. Madrid. Alianza Editorial. 1991.

-Sarrailh, J.: *Las sociedades económicas de amigos del país*. Vitoria-Gasteiz. Servicio Central de Publicaciones, Gobierno Vasco. 1988.

-Sebold, Russell P.: *Cadalso, el primer romántico europeo de España*. Madrid. Gredos, 1974.

-Tedde de Lorca, P.: *La modernización financiera de la economía española. De Francisco Cabarrús a Ramón Santillán (1782-1849)*. Madrid. Universidad San Pablo-CEU. 1999.

Capítulo 4

-Álvarez Barrientos, J. (ed.): *La Guerra de la Independencia en la cultura española*. Madrid. Siglo XXI. 2008.

-Artola, M. (ed.): *Las Cortes de Cádiz*. Madrid. Marcial Pons. 2003.

-Artola, M.: *El modelo constitucional español del siglo XIX*. Madrid. Fundación Juan

March. 1979.

-Artola, M.: *La España de Fernando VII*. Madrid. Espasa-Calpe. 1996-2001.

-Artola, M.: *Los afrancesados*. Madrid. Alianza Editorial. 2008.

-Chust Calero, M.: *Doceañismos, constituciones e independencias. La Constitución de 1812 y América*. Madrid. Fundación Mapfre. 2006.

-Clemente, J. C.: *Cuestiones carlistas y otras reflexiones históricas*. Madrid. Fundamentos. 2000.

-Elorza, A.: *El Fourierismo en España*. Madrid. Revista de Trabajo. 1975.

-Elorza, A.: *Socialismo utópico español*. Madrid. Alianza Editorial. 1970.

-Ferrer, M.: *Historia del tradicionalismo español*. Pamplona. Sancho el Fuerte. 2010.

-Fontana, J.: *La crisis del antiguo régimen, 1808-1833*. Barcelona. Crítica. 1983.

-Hernando, J.: *El pensamiento romántico y el arte en España*. Madrid. Cátedra. 1995.

-Herrera González, J.: *¡Serviles! El grupo reaccionario de las Cortes de Cádiz*. Málaga. Servicio de Publicaciones de la Fundación Unicaja. 2007.

-Herrero, J.: *Los orígenes del pensamiento reaccionario español*. Madrid. Cuadernos para el diálogo. 1973.

-Llorens, V.: *El Romanticismo español*. Madrid. Fundación Juan March. Castalia. 1980.

-Lloréns, V.: *Liberales y románticos, una emigración española en Inglaterra (1823-1834)*. Valencia.Biblioteca Valenciana. Madrid. Castalia. 2006.

-López Tabar, J.: *Los Famosos Traidores. Los afrancesados durante la crisis del Antiguo Régimen (1808-1833)*. Madrid. Biblioteca Nueva. 2001.

-Lucena Giraldo, M.: *Naciones de rebeldes. Las revoluciones de independencia latinoamericanas*. Madrid. Taurus. 2010.

-Lynch, J.: *Las revoluciones hispanoamericanas. 1808-1826*. Barcelona. RBA. 2005.

-Lynch, J.: *Simón Bolívar*. Barcelona. Crítica. 2006.

-Martí Gilabert, F.: *La abolición de la Inquisición en España*. Pamplona. Universidad de Navarra. 1975.

-Martí Gilabert, F.: *La desamortización española*. Madrid. Rialp. 2003.

-Moliner Prada, A. (ed.): *La guerra de la independencia en España, 1808-1814*. Barcelona. Nabla Ediciones. 2007.

-Navas Ruiz, R.: *El Romanticismo español*. Madrid. Cátedra. 1990.

-Varela Suances- Carpegna, J.: *La monarquía doceañista (1810-1837)*. Madrid. Marcial Pons. 2013.

-Varela Suanzes-Carpegna, J.: *La Constitución de 1812*. Madrid. Arlanza. 2008.

-VV. AA.: *El carlismo y las guerras carlistas. Hechos, hombres e ideas*. Madrid. La Esfera de los Libros. 2003.

-VV. AA.: *La Constitución de Cádiz. Historiografía y conmemoración. Homenaje a Francisco Tomás y Valiente*. Madrid. Centro de Estudios Políticos y Constitucionales. 2006.

Capítulo 5

-Álvarez Junco, J.: *Mater dolorosa. La idea de España en el siglo XIX*. Madrid. Taurus. 2001.

-Artola, M.: *La burguesía revolucionaria (1808-1874)*. Madrid. Alianza. 1997.

-Artola, M.: *Nación y estado en la España liberal*. Madrid. Nóesis. 1994.

-Artola, M.: *Partidos y programas políticos, 1808-1936*. Madrid. Alianza Editorial. 1991.

-Bahamonde, A.: *España en democracia. El sexenio, 1868-1874*. Madrid. Temas de Hoy. 1996.

-Barón Fernández, J.: *El movimiento cantonal de 1873*. Sada. Ediciós do Castro. 1998.

-Burdiel, I.: *Liberales, agitadores y conspiradores. Biografías heterodoxas del siglo XIX*. Madrid. Espasa Calpe. 2000.

-Caro Baroja, J.: *Historia del anticlericalismo español*. Madrid. Caro Raggio. 2008.

-Castells, I.: *Crisis del antiguo régimen y revolución liberal en España (1789-1845)*. Barcelona. Ariel. 2000.

-Clemente, J. C.: *El Carlismo, historia de una disidencia social (1833-1976)*. Barcelona. Ariel. 1990.

-Comellas, J. L.: *Isabel II, una reina y un reinado*. Barcelona. Ariel. 2002.

-Costas Comesaña, A.: *Apogeo del liberalismo en "La Gloriosa". La reforma económica en el Sexenio*. Madrid. Siglo XXI de España. 1988.

-Hernando, J.: *Arquitectura en España 1770-1900*. Madrid. Cátedra. 2004.

-Juretschke, H.: *La época del Romanticismo (1808-1874)*. Madrid, Espasa-Calpe. 1989.

-Jutglar, A.: *Pi y Margall y el Federalismo español*. Madrid. Taurus. 1974.

-López-Cordón, M. V.: *La revolución de 1868 y la I República*. Madrid. Siglo XXI. 1980.

-Martí Gilabert, F.: *La cuestión religiosa en la revolución de 1868-1874*. Madrid. Editora Mundial. 1989.

-Novella, J.: *El pensamiento reaccionario español (1812-1975). Tradición y contrarrevolución en España*. Madrid. Biblioteca Nueva. 2007.

-Oyarzun, R.: *Historia del carlismo*. Valladolid. Maxtor. 2008.

-Varela Suanzes-Carpegna, J.: *El constitucionalismo español en su contexto comparado*. Madrid. Instituto de Estudios Latinoamericanos. 2010.

-Vilches, J.: *Emilio Castelar. La Patria y la República*. Madrid. Biblioteca Nueva. 2001.

-Vilches, J.: *Progreso y Libertad. El Partido Progresista en la Revolución Liberal Española*. Madrid. Alianza Editorial. 2001.

Capítulo 6

-Alejandro Guillamón, V.: *Los Masones en el gobierno de España. La belicosa historia de la masonería española y sus repetidos asaltos al poder*. Madrid. Libroslibres. 2009.

-Álvarez Junco, J.: *La ideología política del anarquismo español (1868-1910)*. Madrid. Siglo XXI de España. 1991.

-Álvarez Junco, J.: *Mater dolorosa. La idea de España en el siglo XIX*. Madrid. Taurus. 2001.

-Arsenal, L.; Sanchiz, H, con la colaboración de Fernando Prado: *Una historia de las sociedades secretas españolas (1500-1936)*. Málaga. Sepha. 2013.

-César M. Lorenzo: *Los anarquistas españoles y el poder*. París. Ruedo ibérico. 1972.

-Dardé, C.: *Cánovas y el liberalismo conservador*. Madrid. Fundación FAES. 2013.

-Diego Romero, J. de: *Imaginar la República. La cultura política del republicanismo español, 1876-1908*. Madrid. Centro de Estudios Políticos y Constitucionales. 2008.

-Espadas Burgos, M. (coord.): *La época de la Restauración (1875-1902)*. Madrid. Espasa Calpe. 2000-2002.

-Ferrer Benimeli, J. A.: *Jefes de Gobierno masones. España 1868-1936*. Madrid. La esfera de los libros. 2007.

-García Escudero, J. M.: *Cánovas, un hombre para nuestro tiempo*. Madrid. Fundación Canovas del Castillo. 1998.

-Hernández Andreu, J.: *Librecambismo y proteccionismo en España (s. XVIII-XIX)*. Madrid. UNED. 2005.

-La Parra, E.: *La imagen del poder. Reyes y regentes en la España del siglo XIX*. Madrid. Síntesis. 2011.

-Marín Silvestre, D.: *Anarquistas. Un siglo de movimiento libertario en España*. Barcelona. Ariel. 2010.

-Martínez Cuadrado, M.: *La burguesía conservadora (1874-1931)*. Madrid. Alianza Editorial, Alfaguara. 1974.

-Martínez Cuadrado, M.: *Restauración y crisis de la monarquía (1874-1931)*. Madrid. Alianza. 2001.

-Molina, Antonio M.: *Yo, José Rizal*. Madrid. Cultura Hispánica. 1998.

-Moliner Prada, A.: *Fèlix Sardà i Salvany y el integrismo en la Restauración*. Universitat Autònoma de Barcelona, Servei de Publicacions. 2000.

-Pabón y Suárez de Urbina, J.: *Narváez y su época*. Madrid. Espasa-Calpe. 1983.

-Pantoja Antúnez, J. L. y Ramírez López, M.: *La Mano Negra, historia de una represión*. Cádiz. Quorum. 2010.

-Varela Suanzes-Carpegna, J.: *La Constitución de 1876*. Madrid. Iuste. 2009.

-Villena Espinosa, R.: *Anselmo Lorenzo, el proletario militante*. Toledo. Almud. 2009.

-Zugazagoitia, J.: *Pablo Iglesias, una vida heroica*. Madrid. Akal. 1976.

Capítulo 7

-Abellán, J. L.: *El 98 cien años después*. Madrid. Alderabán. 1999.

-Álvarez Junco, J.: *Alejandro Lerroux, el Emperador del Paralelo*. Madrid. Síntesis. 2005.

-Álvarez Junco, J.: *La ideología política del anarquismo español*. Madrid. Siglo XXI. 1976.

-Arbeloa, V. M.: *Clericalismo y anticlericalismo en España (1767-1930). Una introducción*. Madrid. Encuentro. 2009.

-Bachoud, A.: *Los españoles ante las campañas de Marruecos*. Madrid. Espasa-Calpe. 1988.

-Balfour, S.: *El fin del imperio español (1898-1923)*. Barcelona. RBA. 2006.

-Bar Cendón, A.: *La CNT en los años rojos. Del sindicalismo revolucionario al anarcosindicalismo, 1910-1926*. Madrid. Akal. 1981.

-Barrio Alonso, Á.: *La modernización de España (1917-1939). Política y sociedad*.

Madrid. Síntesis. 2004.

-Ben-Ami, Shlomo: *El cirujano de hierro. La dictadura de Primo de Rivera (1923-1930)*. Barcelona. RBA. 2012.

-Bobillo de la Peña, F. J.: *Nacionalismo gallego. La ideología de Vicente Risco*. Madrid. Akal. 1981.

-Comellas, J. L.: *Del 98 a la Semana Trágica 1898-1909. Crisis de conciencia y renovación política*. Madrid. Biblioteca Nueva. 2002.

-Ezkerra Greño, I.: *Sabino Arana o La sentimentalidad totalitaria*. Barcelona. Debolsillo. 2004.

-García de Cortázar, F.: *España 1900. De 1898 a 1923*. Madrid. Sílex. 1995.

-Gillespie, R.: *Historia del Partido Socialista Obrero Español*. Madrid. Alianza Editorial. 1991.

-Gonález Calleja, E.: *La España de Primo de Rivera. La modernización autoritaria (1923-1930)*. Alianza Editorial. Madrid. 2005.

-Hernández Andreu, J.: *España y la crisis de 1929*. Madrid. Espasa Calpe. 1986.

-Jesús de, J. y Prada, J.: *El galleguismo. Historia y textos. De los orígenes a la Declaración de Barcelona*. Ourense. Obradoiro de Historia de Galicia. 2003.

-Juliá, S. (coordinador): *Debates en torno al 98. Estado, sociedad y política*. Madrid. Consejería de Educación y Cultura. 1998.

-Marco, J. M.: *Antonio Maura, la política pura*. Madrid. Gota a Gota. 2013.

-Martín Corrales, E.: *Marruecos y el colonialismo español (1859-1912). De la guerra de África a la penetración pacífica*. Barcelona. Bellaterra. 2002.

-Martín Corrales, E.: *Semana trágica. Entre las barricadas de Barcelona y el Barranco del Lobo*. Barcelona. Bellaterra. 2011.

-Moliner Prada, A. (editor): *La semana trágica de Cataluña*. Alella. Barcelona. Nabla. 2009.

-Ribas, P.: *Aproximación a la historia del marxismo español (1869-1939)*. Madrid. Endymion. 1990.

-Robledo Hernández, R.: *Economistas y reformadores españoles. La cuestión agraria (1760-1935)*. Madrid. Ministerio de Agricultura, Pesca y Alimentación. 1993.

-Rocamora, J. A.: *El nacionalismo ibérico, 1732-1936*. Universidad de Valladolid. 1994.

-Salas Larrazábal, R.: *El protectorado de España en Marruecos*. Madrid. MAPFRE. 1992.

-Sánchez Jiménez, J.: *Las claves del movimiento obrero, 1830-1930*. Barcelona. Planeta. 1992.

-Santias de Bertran, J.: *Miguel Primo de Rivera dentro la historia del estado español*. Barcelona. El Carro del Sol. 2000.

-VV. AA.: *El desastre del 98.* Madrid, Barcelona.Cambio 16. 1985.

-VV. AA.: *Los comienzos del siglo xx. La población, la economía, la sociedad (1898-1931)*. Madrid. Espasa-Calpe. 1992.

Capítulo 8

-Álvarez Junco, J.: *La ideología política del anarquismo español (1868-1910)*. Madrid.

Siglo XXI de España. 1991.

-Aróstegui, J.: *Francisco Largo Caballero. La última etapa de un líder obrero*. Madrid. Fundación Largo Caballero. 1990.

-Botti, A.: *Cielo y dinero. El nacionalcatolicismo en España (1881-1975)*. Madrid. Alianza Editorial. 2008.

-Bullón de Mendoza, A.: *José Calvo Sotelo*. Barcelona. Ariel. 2004.

-Capel Martínez, R. M.: *El sufragio femenino en la 2.ª república española*. Granada. Departamento de Historia Contemporánea. 1975.

-Casanova, J.: *Tierra y libertad. Cien años de anarquismo en España*. Barcelona. Crítica. 2012.

-Fagoaga, C. y Saavedra, P.: *Clara Campoamor, la sufragista española*. Madrid. Instituto de la Mujer. 2007.

-Gallego Margaleff, F. J.: *Ramiro Ledesma Ramos y el fascismo español*. Madrid. Síntesis. 2005.

-Gibson, I.: *En busca de José Antonio*. Madrid. Aguilar. 2008.

-Gil Pecharromán, J.: *José Antonio Primo de Rivera. Retrato de un visionario*. Barcelona. Planeta-De Agostini. 2005.

-Jackson, G.: *Juan Negrín. Médico, socialista y jefe del Gobierno de la II República española*. Barcelona. Crítica. 2008.

-Jackson, G.: *La República española y la guerra civil*. Barcelona. RBA. 2004.

-Juliá, S.: *La Constitución de 1931*. Madrid. Iustel. 2009.

-Lafuente, I.: *La mujer olvidada. Clara Campoamor y su lucha por el voto feminino*. Madrid. Temas de Hoy. 2006.

-Lozano, I.: *Federica Montseny. Una anarquista en el poder*. Barcelona. Planeta de Agostini. 2009.

-Malefakis, E.: *Reforma agraria y revolución campesina en la España del siglo xx*. Madrid. Espasa Calpe. 2001.

-Marco, J. M.: *Manuel Azaña, una biografía*. Madrid. LibrosLibres. 2007.

-Márquez Padorno, M.: *La Agrupación al Servicio de la República. La acción de los intelectuales en la génesis de un nuevo estado*. Madrid. Biblioteca Nueva. 2003.

-Martínez, J.: *Margarita Nelken (1896-1968)*. Madrid. Ediciones del Orto. 1997.

-Payne Stanley, G.: *Falange. Historia del fascismo español*. Madrid. Sarpe. 1986.

-Payne, Stanley G.: *El colapso de la República. Los orígenes de la Guerra Civil (1933-1936)*. Madrid. La Esfera de los Libros. 2005.

-Ramos, M. D.: *Victoria Kent (1892-1987)*. Madrid. Ediciones del Orto. 1999.

-Roig Obiol, J.: *El nacionalismo catalán (1800-1939)*. Madrid. Arco Libros. 1998.

-Rojas Quintana, A.: *José María Gil Robles, historia de un injusto fracaso*. Madrid. Síntesis. 2010.

-Santidrián, Pedro R.: *España ha dejado de ser católica. Las razones de Azaña. Las razones de hoy. Aportaciones a la Nueva Constitución Española*. Madrid. Centro de Investigación y Publicaciones. 1978.

-Saña, H.: *La revolución libertaria. Los anarquistas en la Guerra Civil española*. Pamplona. Laetoli. 2010.

-Villena García, M. Á.: *Victoria Kent, una pasión republicana*. Barcelona. Debate. 2007.

-VV. AA.: *En el combate por la historia: la República, la Guerra Civil, el franquismo*.

Barcelona. Pasado & Presente. 2012.
-VV. AA.: *Manuel Azaña, pensamiento y acción*. Madrid. Alianza Editorial 1996.

Capítulo 9

-Abellán, J. L.: *El Ateneo de Madrid. Historia, política, cultura, teosofía*. Madrid. La Librería. 2006.
-Albarracín Teulón, A: *Santiago Ramón y Cajal o la pasión de España*. Barcelona. Labor. 1978.
-Álvarez Lázaro, P. F.: *Masonería y libre pensamiento en la España de la Restauración*. Madrid. Universidad Pontificia Comillas. 1985.
-Avilés Farré, J.: *Francisco Ferrer y Guardia, pedagogo, anarquista y mártir*. Madrid. Marcial Pons. 2006.
-Bassegoda i Nonell, J.: *Antonio Gaudí. Vida y arquitectura*. Tarragona. Caja de Ahorros Provincial. 1977.
-Díaz, E.: *La filosofía social del Krausismo español*. Madrid. Debate. 1989.
-Garagorri, P.: *La filosofía española en el siglo xx. Unamuno, Ortega, Zubiri. Dos precursores, Clarín y Ganivet, y cuatro continuadores*. Madrid. Alianza Editorial. 1985.
-García Camarero, E.: *La ciencia en la historia de España*. San Cugat del Vallés. Arpegio. 2013.
-García Santesmases, J.: *Obra e inventos de Torres Quevedo*. Madrid. Instituto de España. 1980.
-Glick, T. F.: *Darwin en España*. Barcelona. Península. 1982.
-Glick, Thomas F.: *Einstein y los españoles. Ciencia y sociedad en la España de entreguerras*. Madrid. Alianza Editorial. 1986.
-González de Posada, F.: *Leonardo Torres Quevedo*. Madrid. Fundación Banco Exterior de España. 1992.
-Jiménez Fraud, A.: *Historia de la Universidad Española*. Alianza Editorial. Madrid. 1971.
-Jiménez García, A.: *El krausismo y la Institución Libre de Enseñanza*. Madrid. Ediciones Pedagógicas. 2002.
-Jiménez-Landi, A.: *La Institución Libre de Enseñanza y su ambiente*. Madrid. Taurus. 1973-1987.
-Mainer, J. C.: *La Edad de Plata (1902-1939). Ensayo de interpretación de un proceso cultural*. Madrid. Cátedra 1987.
-Marchán Fiz, S.: *Las vanguardias en las artes y la arquitectura (1900-1930)*. Madrid. Espasa Calpe. 2000.
-Marías, J.: *Acerca de Ortega y Gasset*. Madrid. Espasa Calpe. 1991.
-Marías, J.: *Miguel de Unamuno*. Madrid. Espasa Calpe. 1997.
-Martínez Carrasco, A.: *D'Ors y Ortega frente a frente*. Madrid. Dykinson. 2013.
-Menéndez Alzamora, M.: *La Generación del 14. Una aventura intelectual*. Madrid. Siglo XXI de España. 2006.
-Muro, N.: *La enseñanza en la Escuela Moderna de Francisco Ferrer y Guardia*. Barcelona (1901-1906). Burgos. Gran Vía. 2009.

-Pérez Galán, M.: *La enseñanza en la Segunda República*. Madrid. Biblioteca Nueva. 2011.
-Ramírez, J. A.: *El arte de las vanguardias*. Madrid. Anaya. 1991.
-Rius, M.: *La Filosofía d'Eugeni D'Ors*. Barcelona. Curial. 1991.
-Rodríguez González, A. R.: *Isaac Peral. Historia de una frustracion*. Baracaldo. Grafite. 2007.
-Urrutia Núñez, Á.: *Gaudí y el modernismo catalán*. Madrid. Historia 16. 1991.
-Vernet, J.: *Historia de la Ciencia Española*. Madrid. Instituto de España. 1975.
-VV. AA.: *La Institución Libre de Enseñanza y Giner de los Ríos, nuevas perspectivas*. Madrid. Fundación Francisco Giner de los Ríos. 2013.

Capítulo 10

-Abellán, J. L. y Maillo, T.: *La escuela de Madrid. Un ensayo de filosofía*. Asamblea de Madrid. 1991.
-Abellán, J.L.: *María Zambrano, una pensadora de nuestro tiempo*. Rubí (Barcelona). Anthropos. 2006.
-Álvarez, A. y Silva, E. (coord.): *La memoria de los olvidados. Un debate sobre el silencio de la represión franquista*. Valladolid. Ámbito. 2004.
-Anes, G.: *Historia económica de España, siglos XIX y XX*. Barcelona. Galaxia Gutenberg. Círculo de Lectores. 2000.
-Aróstegui, J. (coordinador): *Franco, la represión como sistema*. Barcelona. Flor del Viento. 2012.
-Artigues, D.: *El Opus Dei en España 1928-1962. Su evolución ideológica y política de los orígenes al intento de dominio*. París. Ruedo Ibérico. 1971.
-Barba Prieto, D.: *La democracia cristiana, 1936-1977*. Madrid. Encuentro. 2001.
-Benet, J.: *Lluis Companys, Presidente de Cataluña, fusilado*. Barcelona. Península. 2005.
-Cabezas, O.: *Indalecio Prieto, socialista y español*. Madrid. Algaba. 2005.
-Casanova, J.: *La Iglesia de Franco*. Barcelona. Crítica. 2005.
-Corrales, X.: *De la misa al tajo. La experiencia de los curas obreros*. Publicacions de la Universitat de València. 2008.
-Díaz Hernández, O.: *Rafael Calvo Serer. La búsqueda de la libertad (1954-1988)*. Madrid. Rialp. 2010.
-Dionisio Vivas, M. A.: *Isidro Gomá ante la Dictadura y la República. Pensamiento político-religioso y acción pastoral*. Toledo. Instituto Teológico San Ildefonso. 2011.
-Fernández, C.: *El almirante Carrero. Esplugues de Llobregat*. Plaza & Janés. 1985.
-Gómez-Santos, M.: *López Ibor: el hilo rojo en su pensamiento*. Madrid. Biblioteca Nueva. 2007.
-González Duro, E.: *Los Psiquiatras de Franco. Los rojos no estaban locos*. Barcelona. Península. 2008.
-Jiménez Borreguero, J. F.: *Gregorio Marañón, el regreso del humanismo*. Arganda del Rey. Egartorre. 2006.

-Juliá, S.: *Memoria de la guerra y del franquismo*. Madrid. Fundación Pablo Iglesias. Taurus. 2006.

-Llorens, V.: *Estudios y ensayos sobre el exilio republicano de 1939*. Sevilla. Renacimiento. 2006.

-Montero García, F.: *La Iglesia: de la colaboración a la disidencia (1956-1975)*. Madrid. Encuentro. 2009.

-Nicol, E.: *El problema de la filosofía hispánica*. Sevilla. Espuela de Plata. 2008.

-Pàmies, T.: *Una española llamada Dolores Ibarruri*. Barcelona. Martínez Roca. 1977.

-Payne, Stanley G.: *El nacionalismo vasco. De sus orígenes a la ETA*. Barcelona. Dopesa. 1974.

-Prada Rodríguez, J.: *La España masacrada. La represión franquista de guerra y posguerra*. Madrid. Alianza. 2010.

-Raguer, H.: *La pólvora y el incienso. La Iglesia y la Guerra Civil española (1936-1939)*. Barcelona. Península. 2008.

-Romero Samper, M.: *La oposición durante el franquismo*. Madrid. Encuentro. 2005.

-Ruiz Carnicer, M. A.: *Falange, las culturas políticas del fascismo en la España de Franco (1936-1975)*. Zaragoza. Institución Fernando el Católico. 2013.

-Saint-Loup: *La División Azul, cruzada española de Leningrado al Gulag*. Molins de Rei (Barcelona). Nueva República. 2005.

-Sánchez Jiménez, J.: *El Cardenal Herrera Oria. Pensamiento y acción social*. Madrid.Encuentro. 1986.

-Saz, I.: *España contra España. Los nacionalismos franquistas*. Madrid. Marcial Pons. 2003.

-Sueiro Seoane, S.: *Fascismo y franquismo cara a cara. Una perspectiva histórica*. Madrid. Biblioteca Nueva. 2004.

-Thomas, Hugh: *La guerra civil española: 1936-1939*. Barcelona. Círculo de Lectores. 1977.

-Viñas, A.: *La conspiración del general Franco y otras revelaciones acerca de una Guerra Civil desfigurada*. Barcelona. Crítica. 2012.

-VV. AA.: *El exilio cultural de la Guerra Civil (1936-1939)*. Universidad de Salamanca. 2001.

Capítulo 11

-Álvarez Junco, J.: *Movimientos sociales en España. Del modelo tradicional a la modernidad post-franquista*. Madrid. Instituto Universitario Ortega y Gasset. 1995.

-Anguera, P.: *Cataluña en la España contemporánea*. Lleida. Milenio. 2006.

-Balcells, A.: *Breve historia del nacionalismo catalán*. Madrid. Alianza Editorial. 2004.

-Blanco Valdés, R. L.: *La Constitución de 1978*. Madrid. Alianza. 2011.

-Boyd, Carolyn P. y Blasco Herranz, I.: *Religión y política en la España contemporánea*.

Madrid. Centro de Estudios Políticos y Constitucionales. 2007.

-Campo Vidal, M.: *Adolfo Suárez, el presidente inesperado de la Transición*. Barcelona. RBA. 2012.

-Diago Reyes, M. C.: *La Constitución de 1978 en la historia de España*. Almería. Tutorial Formación. 2009.

-Díez Medrano, J.: *Naciones divididas. Clase, política y nacionalismo en el País Vasco y Cataluña*. Madrid. CIS. Siglo XXI de España. 1999.

-Fernández de la Mora, G.: *Filósofos españoles del siglo xx*. Barcelona. Planeta, 1987.

-Folguera, P. (ed.): *El feminismo en España. Dos siglos de historia*. Madrid. Fundación Pablo Iglesias. 2007.

-Fusi, J. P.: *España, la evolución de la identidad nacional*. Madrid. Temas de Hoy. 2000.

-Fusi, J. P.: *Un siglo de España. La cultura*. Madrid; Barcelona. Marcial Pons. 1999.

-García de Cortázar, F. y Manuel Azcona, J.: *El nacionalismo vasco*. Madrid. Alba Libros. 2005.

-Girauta, J. C.: *La verdadera historia del PSOE. De Pablo Iglesias a Zapatero*. Madrid. Buenas Letras. 2010.

-González Cuevas, P. C.: *El pensamiento político de la derecha española en el siglo xx. De la crisis de la Restauración al Estado de los partidos (1898-2000)*. Madrid. Tecnos. 2005.

-Juliá, S.; Pradera, J.; Prieto, J.: *Memoria de la transición*. Madrid. Taurus. 1996.

-Larumbe Gorraitz, M. A.: *Una inmensa minoría. Influencia y feminismo en la transición*. Zaragoza. Prensas Universitarias de Zaragoza. 2002.

-Morodo, R.: *La transición política*. Madrid. Tecnos. 1993.

-Peces-Barba, G.: *La elaboración de la Constitución de 1978*. Madrid. Centro de Estudios Constitucionales. 1988.

-Prego, V.: *Leopoldo Calvo-Sotelo, un presidente de transición (1981-1982)*. Madrid. Unidad. 2002.

-Román Marugán, P.: *El Partido Socialista Obrero Español en la transición española. Organización e ideología*, 1975-1982. Madrid. Universidad Complutense. 1987.

-Ruiz González, D.: *La España democrática (1975-2000). Política y sociedad*. Madrid. Síntesis. 2002.

-Ruiz Sanz, M.: *Enrique Tierno Galván. Aproximación a su vida, obra y pensamiento*. Madrid. Universidad Carlos III, Dykinson. 1997.

-Sánchez Cervelló, J.; Tubau, I.: *Felipe González*. Barcelona. Ediciones B. 2004.

-Sartorius, N. y Sabio, A.: *El final de la dictadura. La conquista de la democracia en España (noviembre de 1975-junio de 1977)*. Madrid. Temas de Hoy. 2007.

-Tamayo-Acosta, J. J. y Rodríguez Gómez, E.: *Aportación de la teología de la liberación a los derechos humanos*. Madrid. Dykinson. 2008.

-Tortella Casares, G.: *El desarrollo de la España contemporánea. Historia económica de los siglos xix y xx*. Madrid. Alianza Editorial. 2011.

-Tusquets, E.: *Pasqual Maragall, el hombre y el político*. Barcelona. Ediciones B. 2008.
-VV. AA.: *Culturas y políticas de la violencia. España siglo xx*. Madrid. Siete Mares. 2005.

Capítulo 12

-Álvarez Chillida, G.: *El antisemitismo en España. La imagen del judío (1812-2002)*. Madrid. Marcial Pons Historia. 2002.
-Álvarez Junco, J. (coord.): *Las historias de España, Visiones del pasado y construcción de identidad*. Barcelona, Crítica. Madrid. Marcial Pons. 2013.
-Balfour, S. y Quiroga, A.: *España reinventada. Nación e identidad desde la Transición*. Barcelona. Península, 2007.
-Bosch i Meda, J.: *El Estado de malestar. La lógica de la crisis. Corrupción, desigualdad y globalización*. Lérida. Milenio. 2013.
-Caparrós Lera, J. L.: *Historia del cine español*. Madrid. T&B. 2007.
-Carr, R. y Fusi, J. P.: *España 1808-2008*. Barcelona. Ariel. 2009.
-Cruz Martínez, R.: *Cultura y movilización en la España contemporánea*. Madrid. Alianza Editorial. 1997.
-Fernández Sánchez, J.: *El ecologismo español*. Madrid. Alianza Editorial. 1999.
-Fuentes Quintana, E. (director): *Economía y economistas españoles*. Barcelona. Random House Mondadori. 2009.
-Gracia, J. y Ródenas de Moya, D.: *El ensayo español, siglo xx*. Barcelona. Crítica. 2009.
-Gracia, J.: *Filosofía hispánica. Concepto, origen y foco historiográfico*. Universidad de Navarra. 1998.
-Juliá, S.: *Historias de las dos Españas*. Madrid. Taurus. 2004.
-Lechado García, J. M.: *La movida, una crónica de los 80*. Madrid. Algaba. 2005.
-Madrazo García de Lomana, R.: *Nuevo comportamiento laboral de las mujeres españolas. El impacto de la inmigración*. Madrid. Civitas. 2013.
-Marías, J.: *España inteligible. Razón histórica de las Españas*. Madrid. Alianza Editorial. 2005.
-Noya, F.J.: *La imagen de España en el exterior. Estado de la cuestión*. Madrid. Real instituto Elcano. 2002.
-Paramio, L.: *La socialdemocracia*. Madrid. Los Libros de la Catarata. 2009.
-Puerta, X.: *¡Buenos días, utopía! (De la posmodernidad a la neohistoria)*. Hondarribia. Hiru. 2006-2008.
-Romero de Pablos, A y Santesmases, M. J.: *Cien años de política científica en España*. Bilbao. Fundación BBVA. 2008.
-Sáez rueda, L.: *Movimientos filosóficos actuales*. Madrid. Trotta, 2001.
-Sampedro, J. L: *El mercado y la globalización*. Booket. 2013.
-Suances Marcos, M.: *Historia de la filosofía española contemporánea*. Madrid. Síntesis. 2006.

-Trujillo Trujillo, J. A.: *La discriminación. La inmigración en España*. Almería. Tutorial Formación. 2010.

-VV. AA.: *Historia del pensamiento político español. Del Renacimiento a nuestros días*. Madrid. UNED. 2016

-VV. AA.: *Historia económica de España*. Barcelona. Ariel. 2006.

-VV. AA.: Martín Prada, J.: *La apropiación posmoderna. Arte, práctica apropiacionista y teoría de la posmodernidad*. Madrid. Fundamentos. 2001.

-VV. AA.: *Pensamiento Filosófico Español. Del Barroco a nuestros días*. Madrid. Síntesis. 2002.

-Ysàs, P. y Molinero, C.: *La Transición, treinta años después*. Barcelona. Península. 2006.

Material para practicar
on-line

Accede a las «propuestas para la reflexión y comprensión» en
www.edelsa.es > Zona estudiante > Historia del pensamiento español.